Manfred L. Pirner

D1662942

ARBEITEN ZUR KIRCHLICHEN ZEITGESCHICHTE
REIHE B: DARSTELLUNGEN · BAND 26

V&R

ARBEITEN ZUR KIRCHLICHEN ZEITGESCHICHTE

Herausgegeben im Auftrag der Evangelischen Arbeitsgemeinschaft
für Kirchliche Zeitgeschichte von
Joachim Mehlhausen und Leonore Siegele-Wenschkewitz

REIHE B: DARSTELLUNGEN

Band 26

Björn Mensing
Pfarrer und Nationalsozialismus

GÖTTINGEN · VANDENHOECK & RUPRECHT · 1998

Pfarrer und Nationalsozialismus

Geschichte einer Verstrickung am Beispiel
der Evangelisch-Lutherischen Kirche in Bayern

von

Björn Mensing

GÖTTINGEN · VANDENHOECK & RUPRECHT · 1998

Redaktionelle Betreuung dieses Bandes:
Carsten Nicolaisen

Die Deutsche Bibliothek – CIP-Einheitsaufnahme

Mensing, Björn:
Pfarrer und Nationalsozialismus:
Geschichte einer Verstrickung am Beispiel der
Evangelisch-Lutherischen Kirche in Bayern / von Björn Mensing. –
Göttingen: Vandenhoeck und Ruprecht, 1998
(Arbeiten zur Kirchlichen Zeitgeschichte: Reihe B, Darstellungen; Bd. 26)
ISBN 3-525-55726-4

INHALTSVERZEICHNIS

VORWORT

Die vorliegende Arbeit ist die gekürzte und überarbeitete Fassung meiner Dissertation, die im Sommersemester 1991 von den Philosophischen Fakultäten der Ludwig-Maximilians-Universität München angenommen wurde. Sie wurde durch ein Stipendium des Freistaates Bayern zur Förderung des wissenschaftlichen Nachwuchses ermöglicht.

Mein Dank gilt vor allem Herrn Professor Dr. Wolfgang Zorn, em. Ordinarius für Sozial- und Wirtschaftsgeschichte, der die Arbeit wohlwollend betreute und förderte, ebenso Herrn Bischof Prof. Dr. Georg Kretschmar, em. Ordinarius für Kirchengeschichte, für das Korreferat. Für fachliche Anregungen schulde ich Herrn Dr. Paul Kremmel, Herrn D. Hugo Maser † und Herrn Dr. Clemens Vollnhals Dank. Zu Dank bin ich weiterhin den Mitarbeiterinnen und Mitarbeitern der staatlichen und kirchlichen Archive für ihre Auskunftsbereitschaft verpflichtet – stellvertretend sei hier Frau Annemarie Müller vom Landeskirchlichen Archiv in Nürnberg genannt.

Nicht aufzählen lassen sich an dieser Stelle die im Quellen- und Literaturverzeichnis genannten Namen der über 200 bayerischen Ruhestandspfarrer, die durch ihre Mitwirkung bei meinen Befragungen wichtige Quellen für diese Studie geliefert haben. Ein besonderes Dankeschön gebührt ihnen allen. Im Umfeld der Befragungen und bei der Erschließung der Personalakten haben mir der Landeskirchenrat und das Landeskirchenamt der Evangelisch-Lutherischen Kirche in Bayern unschätzbare Dienste erwiesen. Zu verdanken habe ich diese Unterstützung primär Herrn Oberkirchenrat D. Theodor Glaser. An dieser Stelle möchte ich ihm und seiner Sekretärin, Frau Gertrud Brunsch, die für mich unermüdlich tätig war, ganz herzlich danken.

Zutiefst dankbar bin ich der Evangelischen Arbeitsgemeinschaft für Kirchliche Zeitgeschichte für die Aufnahme der Studie in die *Arbeiten zur Kirchlichen Zeitgeschichte*. Auf dem langen Weg zur reproreifen Druckvorlage unterstützten mich aus der Evangelischen Arbeitsgemeinschaft und ihrer Münchener Geschäftsstelle Frau Hannelore Braun M. A., Frau Gertraud Grünzinger M. A., Frau Dr. Claudia Lepp, Frau Prof. Dr. Leonore Siegele-Wenschkewitz, Herr Dr. Heinz Boberach und ganz besonders der Vorsitzende, Herr Prof. Dr. Joachim Mehlhausen, der das Manuskript freundlicherweise kritisch-konstruktiv durchsah, sowie Herr Dr. Carsten Nicolaisen, der diesen Band in so überaus hilfreicher Weise redaktionell betreute.

Herr Prof. Dr. Wolfgang Schoberth ist wegen seiner freundlichen Unterstützung bei der Erstellung des Layouts dankend zu erwähnen. Für ganz unterschiedliche „Hilfsdienste" sei Frau Ursula Grauert, Frau Doris Kallmeyer, Frau Hilde Maser †, Frau Sigrid Nitschke, Herrn Hanns-Martin Hager, Herrn Pit Kallmeyer, Herrn Andreas Okken, Herrn Werner Schorlemmer † und Herrn Daniel Tenberg gedankt.

Dieses Buch wäre ohne die langjährige, verständnisvolle Unterstützung und Nachsicht meiner Frau, Dagmar Ahrens-Mensing, nicht zustande gekommen. Ihr und meinen beiden Töchtern Birte und Anika ist die Arbeit gewidmet.

EINLEITUNG

Das Verhältnis der evangelischen Kirche und des Protestantismus insgesamt zum Nationalsozialismus ist in den letzten Jahrzehnten Gegenstand einer regen Forschung geworden. Zeit-, Sozial-, und Kirchenhistoriker, Theologen, Soziologen, Politologen und Publizisten bearbeiten dieses zentrale Thema der jungen historischen Zweigdisziplin der Kirchlichen Zeitgeschichte aus verschiedenen Perspektiven und mit unterschiedlichen Intentionen[1]. Diese Studie behandelt das Thema primär aus einem sozialgeschichtlichen Blickwinkel, dem es darum geht, „die Einbindung des individuellen Glaubens und seiner sozialen Wirklichkeit sowie die Einordnung der Kirchen samt ihren Organisationen und Gliederungen in die sie umgebende gesellschaftliche Realität offenzulegen"[2] und „die [sc. wechselseitige] Durchdringung von Konfession und Gesellschaft, Kirche und Gemeinwesen [...] zu erfassen."[3] Es stellt sich daher zunächst die Frage, welchen Aspekten des Themenfeldes in der bisherigen Forschung nicht nur kirchen-, sondern auch allgemeingeschichtliche Relevanz zugeschrieben wurde.

Die ersten Anknüpfungspunkte ergaben sich bei der in ihrem Ursprung eher binnenkirchlichen Frage nach dem „Kirchenkampf"[4], dem Widerstand evangelischer Institutionen, Organisationen, Gruppierungen und Einzelpersonen gegen die Gleichschaltungsversuche der von den Nationalsozialisten protegierten evangelischen Kirchenparteien, die unter der Bezeichnung „Deutsche Christen" antraten. Diese Fragestellung wird fokussiert auf das allgemeingeschichtlich Relevante im Rahmen der historischen Widerstandsforschung bearbeitet[5]. Das Ergebnis fällt für die evangelische Kirche nach

---

[1] Vgl. zum aktuellen Forschungsstand J. MEHLHAUSEN, Nationalsozialismus, S. 43-78; zur Disziplin der Kirchlichen Zeitgeschichte allgemein: C. NICOLAISEN, Theologie; Kirchliche Zeitgeschichte 5, 1992, Heft 1 (Themenschwerpunkt: Zur Historik Kirchlicher Zeitgeschichte); A. DOERING-MANTEUFFEL/K. NOWAK (Hg.), Zeitgeschichte.

[2] M. GRESCHAT, Bedeutung, S. 105.

[3] A. DOERING-MANTEUFFEL/K. NOWAK (Hg.), Zeitgeschichte, S. 3 (Programm der seit 1988 erscheinenden Reihe „Konfession und Gesellschaft. Beiträge zur Zeitgeschichte").

[4] Dieser Begriff wird hier im engeren Sinne verwendet; auf seine traditionelle Verwendung als Epochenbezeichnung für die Kirchengeschichte zwischen 1933 und 1945 sollte verzichtet werden, weil das Wort bereits eine wertende Deutung des Geschehens enthält (vgl. J. MEHLHAUSEN, Nationalsozialismus, S. 43 f.).

[5] Innerhalb eines aus einer internationalen Konferenz von Historikern hervorgegangenen Sammelbandes, der als Standardwerk über den deutschen Widerstand gegen Hitler gelten kann (J. SCHMÄDEKE/ P. STEINBACH [Hg.], Widerstand), nimmt der Abschnitt „Kirchen und Konfessionen zwischen Kooperation und Teilwiderstand" (EBD., S. 227-326) mit sieben Aufsätzen einen nicht geringen Teil des Gesamtumfanges ein, wobei kirchlich-religiöse Gesichtspunkte auch in anderen Abschnitten vorkommen, insbesondere in dem über „politische und moralische Motivation beim Entschluß zum Widerstand" (EBD., S. 1089-1116); aufschlußreich ist auch der Bericht über die kontroverse Diskussion zur Rolle der Kirchen im „Dritten Reich" im Rahmen der o.g. Konferenz (EBD., S. 1125-1127). Einen Überblick

dem derzeitigen Forschungsstand[6] ernüchternd aus – zumindest wenn man den von der Kirche selbst vermittelten ethischen Wertmaßstab auch an ihr eigenes Verhalten im „Dritten Reich" anlegt und widerständiges Verhalten gegen die nationalsozialistischen Verbrechen als die moralisch gebotene Reaktionsweise einstuft[7]. Nicht nur bei den Deutschen Christen, sondern auch bei deren innerkirchlichen Kontrahenten, die sich in der sogenannten Bekennenden Kirche sammelten, und der breiten, kirchenpolitisch neutralen Mitte, gab es – wenn auch mit den Jahren abnehmend, aber bis in den Zweiten Weltkrieg hinein nicht erlöschend – weitgehend Kooperation mit dem nationalsozialistischen System. Gleichzeitig wuchs die partielle Bereitschaft zu Widersetzlichkeiten, zunächst seit 1933/34 zur Verteidigung der eigenen Organisationen, dann seit 1934/35 zur Verteidigung der kirchlichen Lehre und seit 1936 in zaghaften Ansätzen auch im gesellschaftlichen Bereich zur Verteidigung elementarer Menschenrechte. Aktiver politischer Widerstand wurde nur von einzelnen evangelischen Christen geleistet, für die die christlich-humanen Grundwerte das entscheidende Fundament ihres Widerstandes waren. Das Gesamtbild ist geprägt von einer mehr oder weniger tiefen Verstrickung der Kirche in den Nationalsozialismus.

Einen anderen geschichtswissenschaftlichen Zugang zur Verhältnisbestimmung von Protestantismus und Nationalsozialismus eröffnete schon frühzeitig die historische Wahlforschung. Bereits 1938 kam eine Studie nach einer Analyse der Reichstagswahlergebnisse von 1928 bis 1933 zu dem Ergebnis, daß neben den als maßgebliche Faktoren für das Wahlverhalten eingestuften sozialen und „landschaftlichen" Verhältnissen „eine kirchliche oder unkirchliche Gesinnung der wahlfähigen [sc. evangelischen] Bevölkerung von nicht zu unterschätzender Bedeutung für das politische Leben des Nachkriegsdeutschlands bis hin zur nationalsozialistischen Revolution gewesen"[8] ist. Je höher die Bindung der Bevölkerung an die evangelische Kirche, gemessen insbesondere an der Häufigkeit der Abendmahlsteilnahme, in einer Region gewesen ist, desto höher fielen die Wahlergebnisse der Rechtsparteien NSDAP und DNVP aus. Ernst Eberhard mußte aufgrund seines statistischen Materials und seines methodischen Instrumentari-

---

über den aktuellen Stand der Widerstandsforschung bietet I. KERSHAW, NS-Staat, S. 267-315; 305-308, zum Widerstandsverhalten der Kirchen. Vgl. zum christlich motivierten (politischen) Widerstand gegen den Nationalsozialismus in Europa A. DOERING-MANTEUFFEL/J. MEHLHAUSEN (Hg.), Ethos.

[6] Im folgenden referiert nach G. v. NORDEN, Kooperation, S. 227 ff.

[7] Dies tut der Verf., der selbst nicht in einer sterilen Wertneutralität lebt, sondern sich persönlich den christlichen Wertmaßstäben in ihrer evangelischen Ausprägung verpflichtet weiß. Im Bewußtsein solcher subjektiver Voreingenommenheit bemüht sich der Verf., nicht in tribunalisierende und moralisierende Konzeptionen von Kirchengeschichtsschreibung abzuleiten, die der angestrebten unideologischen, differenzierten Wahrheitsabbildung, die sich um solidarisches Verstehen bemüht, ebensowenig dienlich sind wie eine apologetische kirchliche „Hausgeschichtsschreibung". Im Blick auf seine Motivation zur Beschäftigung mit dieser Thematik steht der Verf. dem Ansatz von Joachim Mehlhausen nahe: „Wenn die Zeitgeschichtsforschung beharrlich versucht, die Verstrickungen der Kirchen in den Nationalsozialismus aufzudecken und zu erklären, so tut sie dies mit dem Ziel, aus dem Gesamtgeschehen wie aus den Details Wahrnehmungshilfen zu gewinnen, die für eine kritische Selbstprüfung kirchlichen Handelns in der Gegenwart dienlich sind" (J. MEHLHAUSEN, Nationalsozialismus, S. 71).

[8] E. EBERHARD, Kirchenvolk, S. 34; 60.

ums damals noch offen lassen, ob bei der festgestellten Wechselwirkung stärker die
Kirchenbindung die politische Einstellung oder umgekehrt die politische Einstellung
die Kirchenbindung beeinflußte. Spätere Untersuchungen bestätigten für die Weimarer
Republik einen engen Zusammenhang zwischen den Wahlerfolgen der NSDAP und
der konfessionellen Struktur der Bevölkerung. Die NSDAP erzielte seit 1930 die besten
Ergebnisse in Gebieten Deutschlands, in denen die Bevölkerung mehrheitlich evangelisch war. Die hoch ausdifferenzierte moderne historische Wahlforschung kommt zu
dem Ergebnis, daß kein anderes Sozialmerkmal den NSDAP-Wahlerfolg so stark beeinflußt hat wie die Konfessionszugehörigkeit, die, von anderen Größen unabhängig, einen „genuinen" Einflußfaktor für das Wahlverhalten darstellte. Im Gegensatz zum Protestantismus erwies sich der Katholizismus als starker Resistenzfaktor im Blick auf die
Anfälligkeit für den Nationalsozialismus. Die Protestanten waren im Schnitt doppelt so
anfällig für die NSDAP wie die Katholiken. Bei den Reichstagswahlen im Juli 1932
wählten etwa 40 % der Protestanten die NSDAP, aus der evangelischen Landbevölkerung gab der Partei jeder zweite seine Stimme, aus der Stadtbevölkerung jeder dritte[9].
Dagegen votierte in dieser Wahl nur jeder siebte Katholik für die NSDAP, so daß deren
Gesamtergebnis trotz der evangelischen Stimmen „nur" bei 37,4 % lag. Betrachtet man
die Zusammensetzung der NSDAP-Gesamtwählerschaft, so liegt der Anteil der Protestanten hier weit über deren Bevölkerungsanteil von rund 63 %: „Von ihren Wählern
her gesehen war die NSDAP [...] eine klar evangelisch geprägte [...] Partei."[10]

Wenn man in Rechnung stellt, daß Hitler ohne die geradezu kometenhaften
Wahlerfolge der NSDAP im Jahre 1932 mit an Sicherheit grenzender Wahrscheinlichkeit am 30. Januar 1933 nicht zum Reichskanzler ernannt worden wäre und damit die
Möglichkeit zur eigentlichen „Machtergreifung" erhalten hätte[11], bekommt das skizzierte Wahlverhalten der evangelischen Bevölkerung eine historisch entscheidende Bedeutung. Es war eine notwendige, wenn auch sicherlich nicht hinreichende Bedingung
für Hitlers Machtübernahme, der die Errichtung des „Dritten Reiches" folgte. An dem
Einfluß der Kirchenleitungen auf ihr Kirchenvolk kann der verhängnisvolle NSDAP-
Wahlerfolg im Protestantismus nicht gelegen haben. Während die Kirchenführer zwar
im Frühjahr 1933 auf Kooperationskurs mit der NSDAP einschwenkten, gaben sie vor
1933 keine direkten oder indirekten Wahlempfehlungen für die NSDAP ab – wie
auch für keine andere Partei, da sich dies mit ihrer grundsätzlich parteipolitisch neutralen Position „über den Parteien"[12] nicht vertragen hätte. Dagegen

> „gaben viele evangelische Pfarrer ihre Sympathie für die NSDAP offen zu erkennen. Nicht
> wenige schlossen sich zwischen 1930 und 1933 der Partei an, was durchaus eine nicht zu
> unterschätzende Vorbildwirkung auf das Kirchenvolk ausgeübt haben dürfte. Dies läßt ver-
> muten, daß innerhalb weiter, vor allem ländlicher protestantischer Kreise in der Tat nach
> 1930 ein für den Nationalsozialismus günstiges politisches Klima geherrscht haben dürfte,

---

[9] J. W. FALTER, Wähler, S. 184; 370.
[10] EBD., S. 287; 175 ff.
[11] EBD., S. 17 f.; 22 f.
[12] Zur politischen Haltung der Kirchenführer 1918-1933 vgl. J. R. C. WRIGHT, Parteien.

das die massenhaften Konversionen von den protestantisch-bürgerlichen Parteien zur NSDAP begreiflich macht."[13]

Zur historisch also überaus relevanten Anfälligkeit der evangelischen Pfarrerschaft für die NSDAP wie auch zum Ausmaß ihrer politischen Vorbildwirkung auf die evangelisch-kirchliche Bevölkerung, das protestantische Milieu, liegen bisher keine differenzierten, quantifizierenden Studien vor[14]. Auch der Einfluß von mentalitätsprägenden Sozialisationsfaktoren wie Elternhaus, Schule, Universität, Studentenverbindung, Freikorps und Generationszugehörigkeit auf die NSDAP-Anfälligkeit von Pfarrern ist bisher eher angedeutet denn systematisch erforscht worden.

Eine Verlängerung dieser Linien ins „Dritte Reich" hinein, auch über die Phase der „Machtergreifung" 1933/34 hinaus, fehlt fast völlig. Dabei wird der mentale Einfluß der Pfarrer in den Jahren der konsolidierten NS-Herrschaft mit der totalitären Durchdringung und ideologischen Mobilisierung der Gesellschaft, die Widersetzlichkeiten bei den Pfarrern geradezu provozierte, nicht wesentlich geringer gewesen sein als in der Weimarer Republik und während der „Machtergreifung".

Neben der Widerstands- und der Wahlforschung stellt in den letzten Jahren die historische Forschung zur politischen Säuberung nach dem Zweiten Weltkrieg, der sogenannten Entnazifizierung[15], gewissermaßen rückblickend Bezüge zur Verstrickung der evangelischen Kirche in den Nationalsozialismus her, die nun in Gestalt der politischen Belastung der kirchlichen Mitarbeiterinnen und Mitarbeiter, insbesondere der Pfarrer, durch ihre Mitgliedschaften in NS-Organisationen sichtbar wurde. So kommt Clemens Vollnhals für die im Bereich der amerikanischen Besatzungszone liegenden Landeskirchen zu dem Schluß: „Trotz aller angebrachter Vorbehalte wird man die Mitgliedszahlen dennoch als Beleg für die hohe Anfälligkeit der evangelischen Pfarrer für den Nationalsozialismus werten müssen."[16] Schon unmittelbar nach dem Ende des „Dritten Reiches" waren die politisch kompromittierten Pfarrer durch die Entnazifizierung gezwungen, sich mit ihrer nationalsozialistischen Vergangenheit zu beschäftigen. Zum

---

[13] J. W. FALTER, Wähler, S. 192 f.

[14] K. SCHOLDER, Kirchen I, S. 244; 787; Scholders Schätzung, daß 1931 reichsweit von rund 18.000 evangelischen Pfarrern nicht mehr als 100 NSDAP-Mitglieder waren, basiert auf früheren Schätzungen und muß deutlich nach oben korrigiert werden. – Nach Fertigstellung des Manuskriptes erschien eine Monographie zum Verhältnis der evangelischen und katholischen Pfarrerschaft in der Pfalz zum Nationalsozialismus 1930-1939 (T. FANDEL, Konfession). – Auch zum übergeordneten Themenbereich Pfarrerschaft und Politik gibt es Defizite; K.-W. DAHM, Pfarrer (1965), hat kaum Nachfolger gefunden. Insgesamt gilt nach wie vor die Defizitanzeige von K. NOWAK, Staatsbürger, S. 44: „Zeitgeschichtsschreibung und Politische Wissenschaft haben das Thema Pfarrerschaft – Politik im 20. Jahrhundert bislang eher annäherungsweise eingekreist denn systematisch erforscht." K. NOWAK, Gesprächsbeitrag, S. 28, weist auf die hohe mentalitäts- und alltagsgeschichtliche Relevanz des protestantischen Pfarrhauses für die Kirchliche Zeitgeschichte hin. Zur anderen, zahlenmäßig sehr viel kleineren kirchlichen Berufsgruppe, der Diakonenschaft, vgl. reichsweit M. HÄUSLER, Dienst; im Blick auf Bayern G. WEHR, Diakone.

[15] Vgl. K.-D. HENKE/H. WOLLER (Hg.), Säuberung; C. VOLLNHALS (Hg.), Entnazifizierung (1991); Überblicke: K.-D. HENKE, Trennung; C. VOLLNHALS, Entnazifizierung (1995).

[16] C. VOLLNHALS, Kirche (1989), S. 285.

Themenfeld Kirche und Entnazifizierung liegen bereits eingehende Studien vor[17]. Im Schlußkapitel werden deshalb nur als Ausblick auf die Nachkriegszeit die bisherigen Forschungsergebnisse anhand der für diese Studie ausgewerteten Quellen punktuell differenziert.

In der Forschung wurden die Verstrickungen der Pfarrerschaft in den Nationalsozialismus in der Weimarer Republik und der Phase der „Machtergreifung" sowie die partiellen Distanzierungen vom Nationalsozialismus im „Dritten Reich" noch kaum zusammen bearbeitet. Das Jahr 1933 stellte bisher eine Zäsur dar, die nur selten übersprungen wurde. Studien zur Weimarer Republik und zum „Dritten Reich" behandeln den jeweils anderen Zeitabschnitt bestenfalls überblicksartig mit. Dies führte häufig dazu, daß entweder die Verstrickungen oder die Distanzierungen überbetont wurden. Deshalb scheint es geboten, die Linien von den Anfängen der nationalsozialistischen Bewegung bis zum Untergang des „Dritten Reiches" durchzuziehen. Bei dieser Abgrenzung des Betrachtungszeitraumes wird nicht übersehen, daß die Wurzeln der Verstrickungen bis weit vor 1919 zurückreichen. Andererseits waren der Distanzierungsprozeß und erst recht die selbstkritische Reflexion der eigenen früheren NS-Anfälligkeit 1945 noch lange nicht abgeschlossen. Weil die grundlegenden Weichenstellungen sowohl für die politische Orientierung der Pfarrerschaft als auch für den Aufstieg der NSDAP vor 1933 erfolgten, werden in dieser Studie besonders detailliert die Entwicklungen in der Weimarer Republik untersucht.

Da eine Untersuchung der gesamten evangelischen Pfarrerschaft in Deutschland unter diesen Fragestellungen den Rahmen einer Monographie sprengen würde, wird exemplarisch die Pfarrerschaft im rechtsrheinischen Bayern[18] behandelt. Bayern ist aus dem Blickwinkel der Nationalsozialismusforschung von besonderem Interesse. In der Landeshauptstadt München entstand 1919/20 die NSDAP, und hier versuchte Adolf Hitler schon 1923 gewaltsam die Macht zu ergreifen. Nach dem mißlungenen Putsch verlagerte sich der Schwerpunkt der „Hitlerbewegung" von Oberbayern nach Franken. Hier lagen in den fast ausschließlich protestantischen Teilen Mittel- und Oberfrankens schon bei den Reichstagswahlen im Mai 1924 mit einer Ausnahme alle reichsweiten Hochburgen der Nationalsozialisten mit bis zu 47 % der Stimmen. Im Juli 1932 stellten diese Regionen vier der fünf Kreise mit einem NSDAP-Wahlergebnis von über 75 %[19]. Parallel dazu fällt auf, daß die Bindung der bayerischen Protestanten an ihre

---

[17] Ingesamt C. VOLLNHALS, Entnazifizierung (1989); zu den Landeskirchen in der amerikanischen Besatzungszone: C. VOLLNHALS, Kirche (1989); in der britischen: G. BESIER, „Selbstreinigung"; G. BESIER, Kirche (Hannover); K. E. POLLMANN, Entnazifizierung (Braunschweig); in der französischen: K. MUSTER, Reinigung (Baden); in der sowjetischen: J. J. SEIDEL, Trümmern.

[18] 1816-1946 gehörte ein Teil der „linksrheinischen" Pfalz zu Bayern, die aber kirchlich schon seit 1818 mit einer unierten „Vereinigten evangelischen Kirche", später „Vereinigten protestantisch-evangelisch-christlichen Kirche", eigene Wege ging. Wenn in dieser Studie von Bayern die Rede ist, ist immer das rechtsrheinische Bayern gemeint. – Zur Pfälzischen Landeskirche vgl. jetzt T. FANDEL, Konfession.

[19] J. W. FALTER/T. LINDENBERGER/S. SCHUMANN, Wahlen, S. 133; vgl. zum Wahlverhalten der bayerischen Protestanten in der Weimarer Republik D. THRÄNHARDT, Wahlen, S. 152 ff.; W. ZORN, Bevölkerung; R. HAMBRECHT, Aufstieg (für Mittel- und Oberfranken). Exakte Angaben für die Korrelation von Konfessionszugehörigkeit und NSDAP-Anfälligkeit auf der lokalen Ebene in konfessionell

Kirche und damit auch an ihre Pfarrer stärker als in allen anderen Landeskirchen war, was sich insbesondere an der statistisch erfaßten Beteiligung an Abendmahlsfeiern ablesen läßt. Auch das zahlenmäßige Verhältnis zwischen Pfarrstellen und Gemeindegliedern war in Bayern aus kirchlicher Sicht am günstigsten. Im überwiegend bäuerlich-kleinbürgerlich, vorindustriell geprägten Bayern war die Kirchlichkeit und die Kirchenautorität auch in der evangelischen Bevölkerung, selbst in der Arbeiterschaft, soziokulturell bedingt bis zur Mitte des 20. Jahrhunderts vergleichsweise hoch, so daß der mentale Einfluß der Geistlichen höher als in anderen Gebieten Deutschlands war[20]. Wie sich dieser Einfluß vor und nach 1933 politisch auswirkte, hat Martin Broszat bereits 1977 skizziert:

„Bei dem durchschlagenden Erfolg, den die nationalsozialistische Bewegung innerhalb der bürgerlich-mittelständischen und ländlichen Bevölkerung in den evangelischen Landesteilen Bayerns schon in den Jahren 1930-1932 zu verzeichnen hatten, spielten evangelische Pfarrer, Lehrer und aktive Laienchristen auf lokaler Ebene eine wesentliche Rolle [...]. Die [sc. 1933/34] enttäuschten [sc. volksmissionarischen] Erwartungen zahlreicher protestantischer Pfarrer, ebenso wie vieler protestantischer Gemeinden, die 1932/33 fast einhellig nationalsozialistisch eingestellt gewesen waren, bereiteten den Boden für den Willen zur Resistenz und zur Behauptung der zunehmend bedrängten Bastionen der Kirche in den folgenden Jahren des Dritten Reiches."[21]

Empirisch begründet wurde diese Einschätzung nur mit einigen wenigen punktuellen Quellenbelegen. Zu ihrer flächendeckenden Verifizierung, aber auch zu ihrer Differenzierung und Präzisierung will diese Studie einen Beitrag leisten.

Die bayerische Pfarrerschaft stellte im „Dritten Reich" ein Dreizehntel, in der Besatzungszeit ein Zehntel der deutschen Pfarrerschaft[22]. Repräsentativ ist die bayerische

---

gemischten bayerischen Landkreisen bieten: E. FRÖHLICH/M. BROSZAT, Macht (Memmingen); M. BROSZAT, Landkreis (Ebermannstadt); Z. ZOFKA, Ausbreitung (Günzburg); in allen Fällen waren evangelische Dörfer vor 1933 die NSDAP-Hochburgen.

[20] Vgl. W. K. BLESSING, Kirchengeschichte, S. 47-57; Statistiken im AMTSBLATT BAYERN. Vergleichszahlen bei E. EBERHARD, Kirchenvolk, S. 29; 25: Abendmahlsteilnahme in Bayern 1930 58,6 %, im Reichsdurchschnitt 25,8 %; in Bayern 1.320 Evangelische pro Pfarrstelle, im Reichsdurchschnitt 2.250. In Bayern gab es im Betrachtungszeitraum 1,5-2,3 Millionen Protestanten, recht konstant ein Viertel der Bevölkerung.

[21] M. BROSZAT, Lage, S. 370; 375 f. Zum Themenfeld Evangelisch-Lutherische Kirche in Bayern und Nationalsozialismus vgl. H. BAIER, Christen; H. BAIER, Kirche (1979); F. W. KANTZENBACH, Einzelne; H. WINTER (Hg.), Kanzel; K. MEIER, Kirchenkampf I, S. 455-468; II, S. 335-341; III, S. 461-474; P. KREMMEL, Pfarrer; S. MÜNCHENBACH, Landeskirche; U. DISTLER/J. KOLDER/B. MESTEL/W. SCHOLZ/G. SCHRÖTTEL, Anpassung; T. BREUER, Opposition, S. 305 ff.; C. NICOLAISEN, Meiser (in Vorbereitung ist eine überblicksartige Darstellung von Carsten Nicolaisen im „Handbuch der Geschichte der evangelischen Kirche in Bayern").

[22] Vgl. die Ergebnisse der Pfarrerfamilienstatistik von 1934: 1.442 von 18.842 Pfarrern (7,7 %) und von 1950: 1.875 von 17.276 Pfarrern (10,9 %) – 1934 ohne, 1950 mit Kandidaten; A. DEHMEL, Pfarrhaus, S. 13; AMTSBLATT EKD, Beilage 16, S. 1. Um eine vergleichbare Anzahl für beide Jahre zu erhalten, sind 1934 333 Kandidaten zu addieren (PERSONALSTAND 1934, S. 210-232). Vor 1934 wurde keine vollständige Pfarrerstatistik geführt. – Die Prozentangaben in dieser Arbeit werden auf eine Stelle

Pfarrerschaft insbesondere für die Pfarrerschaft der sogenannten „intakten" lutherischen Landeskirchen Hannover, Württemberg und Bayern, deren Kirchenleitungen im „Dritten Reich" nicht von den Deutschen Christen bzw. staatlich eingesetzten Landeskirchenausschüssen übernommen wurden. Alle übrigen Landeskirchen galten als „zerstört". Bekenntnistreue Pfarrer standen hier in Opposition zu ihrer offiziellen Kirchenleitung und waren in weit höherem Maße Repressionen auch von Staats- und Parteistellen ausgesetzt als ihre Kollegen in den „intakten" Landeskirchen, was auch Auswirkungen auf ihr Verhältnis zum Nationalsozialismus gehabt haben dürfte.

Zur bayerischen Pfarrerschaft werden in dieser Studie alle Geistlichen gezählt, die im Personalstand der Evangelisch-Lutherischen Kirche in Bayern verzeichnet sind: im Dienst der Landeskirche stehende ordinierte Pfarrer, Pfarramts- und Predigtamtskandidaten (Vikare), Vikarinnen[23] und Amtsaushilfen, die Geistlichen im Dienst der Äußeren und Inneren Mission, die Militärgeistlichen, die Professoren und Lehrer geistlichen Standes an öffentlichen Anstalten (Universität Erlangen, höhere Schulen, Mittel- und Volkshauptschulen), die Geistlichen der Reformierten Synode, die nur wenige Tausend evangelisch-reformierte Christen zu versorgen hatten, und die Ruhestandsgeistlichen. Eine exakte Gesamtzahl der Pfarrerschaft läßt sich für 1934 mit 1.775 und für 1950 mit 1.875 eruieren.

Die wichtigste Grundlage dieser Studie stellen unveröffentlichte Quellen dar. Für die Zugehörigkeit der Pfarrer zu NS-Organisationen wurden Archivalien des Landeskirchlichen Archivs Nürnberg und des Bayerischen Hauptstaatsarchivs ausgewertet[24]. Diese „Entnazifizierungsakten" haben allerdings den Nachteil, daß bayerische Pfarrer, die sich in der Besatzungszeit nicht mehr in Bayern befanden, dort nicht erfaßt sind. Diese Lücke konnte teilweise durch die Auswertung von Paul Kremmels Recherchen im Berlin Document Center geschlossen werden, die nur zu einem kleinen Teil Eingang in seine Dissertation[25] gefunden haben. Wo die Angaben in den Entnazifizierungsakten zur NSDAP-Mitgliedschaft ungenau oder widersprüchlich waren, wurden im Berlin Document Center, NSDAP Master File, die Pfarrer überprüft. Eine Abfrage aller weit über 2.000 Pfarrer, die im Betrachtungszeitraum in Bayern zumindest zeitweise Dienst taten, im Berlin Document Center wurde aus arbeitsökonomischen Gründen unterlassen. Um zu überprüfen, wie vollständig sich die NSDAP-Mitgliedschaften in der Pfarrerschaft über die Entnazifizierungsakten eruieren ließen, wurde

---

hinter dem Komma auf- bzw. abgerundet. Dadurch ergibt sich in der Addition der Prozentangaben nicht immer eine Gesamtsumme von exakt 100,0 %.

23 Vgl. G. NÜTZEL, Entwicklung: Obwohl es auch schon vorher vereinzelt akademisch gebildete und kirchlich examinierte Theologinnen im Bereich der Landeskirche gab, wurde erst 1944 mit dem Vikarinnengesetz das Amt der Vikarin in Bayern geschaffen; die Frauenordination wurde erst 1975 eingeführt. PERSONALSTAND 1948, S. 218, verzeichnet 12 Vikarinnen. Aus diesen Gründen, nicht etwa aus Vorbehalten, Geringschätzung oder Ignoranz des Verf. gegenüber Frauen im geistlichen Amt, ist in dieser Studie nur von Vikaren, Pfarrern und Pfarrerschaft die Rede.

24 LKA NÜRNBERG, LKR I, 142 (B) (214); (216); (223); LKR z. IV, 543a (Slg.); LKR IV 550 (Slg.); HStA München, MSo 1415; 2377.

25 P. KREMMEL, Pfarrer; Ergebnisse von Kremmels Recherchen im Berlin Document Center, die nicht Eingang in sein Buch gefunden haben, werden unter SAMMLUNG P. KREMMEL zitiert.

eine Stichprobe von etwa zehn Prozent der bayerischen Pfarrerschaft vom Stand 1937 in der NSDAP Master File überprüft[26]. Das Ergebnis der Stichprobe fiel so aus, daß nach der Aufnahme der elf neu über die Abfrage recherchierten Pg.-Pfarrer immer noch davon auszugehen ist, daß zu der eruierten Gesamtzahl der Pg.-Pfarrer von 278 50 % hinzuzuzählen sind. Bei einem Großteil dieser mutmaßlichen Pg. handelt es sich um Pfarrer, die vor der Entnazifizierung gestorben oder auf einem anderen Wege aus dem Dienst der bayerischen Landeskirche ausgeschieden sind. Im weiteren Verlauf der Studie wird die mutmaßliche Zahl der Pg.-Pfarrer immer mit dem Zusatz „vermutlich" versehen; ansonsten handelt es sich immer um die sicher eruierten Zahlen.

Die zentrale archivalische Quelle dieser Studie sind die landeskirchlichen Personalakten von 245 Pfarrern, die der NSDAP angehört haben. Der Landeskirchenrat der Evangelisch-Lutherischen Kirche in Bayern erteilte erstmals eine Sondergenehmigung, Personalakten in so großer Zahl vor Ablauf der Schutzfristen auszuwerten – unter strengen Anonymisierungsauflagen und bei den noch lebenden Pfarrern nur mit deren Einverständnis[27]. Die Analyse der Personalakten erfolgte mit Hilfe einer EDV-Datenbank, in die auch zahlreiche weitere personenbezogene Informationen aus anderen Quellen eingespeist wurden. Reinhard Mann stuft diese in der amerikanischen Psychologie entwickelte Methode der quantifizierenden Analyse von „Lebensgeschichte" als „vielversprechenden Ansatz auch in der Forschung mit historischen Daten"[28] ein. Um auch die Wahrnehmung der Pfarrer durch das NS-Regime miteinzubeziehen, wurde der Bestand Gestapostelle Würzburg im Staatsarchiv Würzburg für diese Studie ausgewertet. 92 Gestapo-Akten finden sich dort zu bayerischen Pfarrern.

Den höchsten Quellenwert für das Thema besitzen ohne Frage die zeitgenössischen Äußerungen der Pfarrer. Bei veröffentlichten Beiträgen in Zeitungen, Zeitschriften, Predigtreihen, Broschüren und Büchern stellt sich allerdings für die Zeit des „Dritten Reiches" und partiell auch für die Besatzungszeit das quellenkritische Problem, daß durch eine eingeschränkte Meinungsfreiheit die veröffentlichte Meinung nicht in jedem Fall mit der tatsächlichen Meinung deckungsgleich gewesen zu sein braucht. Kritik an der nationalsozialistischen Politik konnte in Veröffentlichungen nur indirekt

---

[26] Die 179 Personen (Gesamtpfarrerschaft Anfang 1937: ca 1.800) der Stichprobe setzten sich zusammen aus den Geistlichen der ganz unterschiedlich strukturierten Dekanate Aschaffenburg (12), München (54), Münchberg (13), Nürnberg (Prodekanat Lorenzer Stadtseite) (50) und Sulzbach (17) und jedem zehnten Emeriten (33) nach dem PERSONALSTAND 1937. Bei der NSDAP Master File handelt es sich um die zentrale Mitgliederkartei der NSDAP, die allerdings die Wirren von 1945 nicht ganz unversehrt überstanden hat. Nach einer Auskunft des Berlin Document Centers an den Verf. vom 25.2.1993 ist davon auszugehen, daß ca. 90 % der Karteikarten noch vorhanden sind; insbesondere in der Mitte des Alphabets fehlen Karten.

[27] Der Großteil der Betroffenen gab dieses Einverständnis. Wegen der Anonymisierungsauflage wird aus den Personalakten nur unter Angabe einer Nummer zitiert; eine Liste mit den entsprechenden Namen besitzt der Landeskirchenrat. Nach den geltenden landeskirchlichen Archivbestimmungen beträgt die Sperrfrist 50 Jahre ab dem Todesdatum. Wie schwierig sich die Auswertung von kirchlichen Personalakten für die zeitgeschichtliche Forschung gestaltet, zeigt die Studie von K. MUSTER, Reinigung, S. 8; von 35 anvisierten Akten konnte Muster nur in drei Einsicht nehmen.

[28] R. MANN, Einleitung, S. 14 f.

geübt werden, wollte man nicht sich selbst und andere gefährden. Häufig war kritischen Anmerkungen prophylaktisch eine Loyalitätsbekundung zum Regime vorangestellt. Um so wichtiger sind für diesen Zeitraum Briefwechsel, Rundbriefe und Tagebucheinträge. Die Verletzungen des Postgeheimnisses durch staatliche Stellen sind, nach Hinweisen in den Briefen selbst, den meisten Pfarrern wohl erst im Laufe des „Dritten Reiches" bewußt geworden; reagiert wurde darauf teilweise mit Abfassung der „gefährlichen" Passagen in Latein oder Griechisch. Neben einigen Nachlässen im Landeskirchlichen Archiv erwiesen sich die durch die Befragungen und die Aufrufe in kirchlichen Zeitschriften[29] erschlossenen Quellen als besonders ergiebig: Die überaus umfangreichen einschlägigen Tagebuchaufzeichnungen von Pfarrer Friedrich Bomhard (1884-1956) zeichnen über die persönlichen Einschätzungen des Verfassers hinaus auch ein facettenreiches Bild der Pfarrer in Bomhards Dekanat und seinem Verwandten- und Bekanntenkreis. Mit der Übertragung der teilweise stenographischen Tagebucheinträge hat Helmut Bomhard der Forschung einen großen Dienst erwiesen. In einem 31 Wachstuchhefte umfassenden Rundbrief korrespondierten 13 Pfarrern der Geburtsjahrgänge 1898 bis 1900, die in Erlangen der Studentenverbindung Wingolf angehört hatten, nach ihrem Studium von 1923 bis 1959. Elf Mitglieder der Rundbriefgemeinschaft waren in unterschiedlichen Dekanaten der bayerischen Landeskirche tätig, teilweise in exponierten Positionen.

Eine sozialgeschichtlich reichhaltige Teilgrundlage dieser Studie stellt die Primärliteratur der Theologenmemoiren dar, die fast alle nach dem Ende des „Dritten Reiches" geschrieben worden sind. Nach der systematischen, quellenkritischen Auswertung dieser und anderer nachträglich verfaßten autobiographischen Zeugnisse und mündlicher wie schriftlicher Auskünfte ist es nicht plausibel, weshalb ein Rückgriff auf spätere Stellungnahmen zum eigenen Verhältnis zum Nationalsozialismus für die Zeitgeschichtsforschung „unangemessen"[30] sein sollte. Besondere Vorsicht ist allerdings bei Stellungnahmen im Kontext der Entnazifizierung angebracht, da diese fast durchweg apologetischen Charakter haben. Zusätzlich zu den veröffentlichten Autobiographien konnten im Rahmen der Befragungen durch den Verfasser auch nur für den Familien- oder Bekanntenkreis bestimmte Erinnerungen von mehreren Pfarrern ausgewertet werden. Insgesamt ist der Quellenwert der unveröffentlichten Erinnerungen höher, weil gerade

---

[29] Sonntagsblatt. Evangelische Wochenzeitung für Bayern. Nr. 15. 9.4.1989, S. 6; KORRESPONDENZBLATT 104, 1989, S. 90.

[30] M. GRESCHAT, Bedeutung, S. 111; das grundsätzliche Verdikt wird damit begründet, daß die Erinnerung der Betroffenen sich „fast ausnahmslos als schief, wenn nicht gar falsch erwiesen" habe. Für einen großen Teil der für diese Studie ausgewerteten Erinnerungen trifft dieses Urteil so pauschal nicht zu. Es gilt allerdings für die Stellungnahmen, die nationalsozialistische Pfarrer im Rahmen ihrer Entnazifizierung abgegeben haben. Da aus der Zeit vor 1945 von relativ wenigen NSDAP-Pfarrern Stellungnahmen vorliegen, kann auf die Angaben im Rahmen der Entnazifizierung nicht ganz verzichtet werden. In den meisten Fällen, in denen Gegenproben möglich waren, zeigten sich Entnazifizierungsangaben eher als selektiv denn als falsch: Bestimmte Motive der Hinwendung zur NSDAP, insbesondere ihr Antisemitismus, wurden nach 1945 weggelassen, die eigenen späteren Distanzierungen und Konflikte im „Dritten Reich" übertrieben.

bei „heiklen" Themen wie dem eigenen Verhältnis zum Nationalsozialismus durch ein großes Publikum die Offenheit nicht selten eingeschränkt wird.

Über diese „konventionellen" Quellen hinaus wurden mit sozialwissenschaftlichen Methoden der „oral history" neue Materialien erschlossen. Die Anregung für eine schriftliche Befragung der Pfarrerschaft zum Themenkomplex stammte aus einer Studie zum Protestantismus in der Besatzungszeit[31], für die ein Zehntel der Ruhestandsgeistlichen der Evangelisch-lutherischen Landeskirche Hannovers, 62 Personen, angeschrieben worden waren. Unter Berücksichtigung von Anregungen der Zeitzeugen und ehemaligen Personalreferenten der bayerischen Landeskirche, Heinrich Riedel und Hugo Maser, wurde in Zusammenarbeit mit der Geschäftsstelle der Evangelischen Arbeitsgemeinschaft für Kirchliche Zeitgeschichte ein Fragebogen zum Thema Kirche und Entnazifizierung konzipiert, der am 19. November 1984 verschickt wurde. Da das Umfragethema von einigen Befragten als heikel und indiskret hätte eingeschätzt werden können, wurde im Anschreiben die Anonymisierung der erhobenen Daten bei der Auswertung und die Gewährleistung des Persönlichkeits- und Datenschutzes ausdrücklich zugesichert[32]. Nach dem erfolgreichen Verlauf der schriftlichen Befragung von 1984 konzipierte der Verfasser im Juli 1988 nach Vorbesprechungen mit Wolfgang Zorn, Hugo Maser und Carsten Nicolaisen einen neuen Fragebogen zum Thema Pfarrer und Nationalsozialismus, der am 3. September 1988 verschickt wurde. Neben den Fragen zum Thema fand sich in diesem Fragebogen auch die Bitte um eine Einsichtnahme in Quellen und ein Gespräch. Um die Reaktionsbereitschaft der Befragten im Vergleich zur Befragung von 1984 zu steigern, ersuchte der Verfasser den Landeskirchenrat der Evangelisch-Lutherischen Kirche in Bayern um ein Begleitschreiben zur Befragung. Im Auftrage des Landeskirchenrates verfaßte Hugo Maser ein Empfehlungsschreiben.

Als Zielgruppe der Befragung 1984 wurden die Pfarrer ausgewählt, die in dem Zeitraum 1945 bis 1949 zumindest zeitweise im aktiven pfarramtlichen Dienst der Landeskirche standen. Für die Befragung 1988 wurde die Zielgruppe auf alle Geistlichen erweitert, die zwischen 1919 und 1949 zumindest zeitweise zu der oben definierten bayerischen Pfarrerschaft gehörten. Bei der Befragung von 1984 gingen von den 494 erreichten Geistlichen 121 Rückmeldungen mit verwertbaren Antworten ein. Die Rücklaufquote lag damit bei 24,6 %[33]. 1988 fiel die Quote mit 193 verwertbaren Antworten (31,1 %) von 620 erreichten Pfarrern noch höher aus.

---

[31] E. HEIN-JANKE, Protestantismus, S. 321-340; zur schriftlichen Befragung als Methode der empirischen Sozialforschung vgl. J. FRIEDRICHS, Methoden, S. 236 ff.

[32] Aus diesem Grunde wird aus den Ergebnissen der Befragungen und dem Quellenmaterial, das im Rahmen der Befragungen zu Verfügung gestellt worden ist, nur mit „PFARRER" und einer Nummer zitiert. Eine Liste mit der Zuordnung der entsprechenden Namen besitzt der Verfasser. Eine alphabetische Aufstellung findet sich im Quellen- und Literaturverzeichnis.

[33] Zum Vergleich: Bei Hein-Jankes Befragung betrug der Anteil der auswertbaren Antworten 18,6 % (11 von 59); E. HEIN-JANKE, Protestantismus, S. 324.

Nachdem die Befragung von 1984 bereits im Rahmen der Magisterarbeit[34] des Verfassers 1986/87 im Leibniz-Rechenzentrum der Bayerischen Akademie der Wissenschaften mit dem „SPSS – Statistical Package for the Social Sciences"-EDV-Programm analysiert worden war, wurde mit Beratung dieses Rechenzentrums 1989 mit dem „SOLO – Statistical System"-EDV-Programm eine Datenbank mit allen Pfarrern erstellt, die sich an den Befragungen von 1984 und 1988 beteiligt hatten. Von den insgesamt 228 Personen wurden neben den Antworten auch die aus den landeskirchlichen Personalständen eruierten Daten über Geburtsjahr und -ort und Einsatz im kirchlichen Dienst im Betrachtungszeitraum eingespeist. Die Daten zu den Mitgliedschaften in NS-Organisationen und der Pfarrerbruderschaft wurden aus den einschlägigen Quellen vervollständigt.

Von zentraler Bedeutung für die Aussagekraft der Ergebnisse der Befragungen ist die Repräsentanz der Antwortenden für die Gesamtheit der Betrachtungsgruppe. Die bayerische Pfarrerschaft von 1934 (1.775 Personen) ist mit 96 Antworten (5,4 %) vertreten, die von 1950 (1.875 Personen) mit 228 Antworten (12,2 %)[35]. Erwartungsgemäß sind die jüngeren Jahrgänge erheblich stärker repräsentiert, weil ein größerer Teil der älteren zum Zeitpunkt der Befragungen bereits verstorben war. Während die Jahrgänge vor 1896 mit nur vier Pfarrern extrem schwach repräsentiert sind, sind 6,6 % der Jahrgänge 1896-1900, 14,0 % der Jahrgänge 1901-1905, 20,4 % der Jahrgänge 1906-1910, 24,6 % der Jahrgänge 1911-1915 und 11,2 % der Jahrgänge ab 1916 vertreten (Stand 1950). Repräsentative Aussagen sind also nur für die Nachkriegsgeneration ab Jahrgang 1901 möglich.

Schon bei der Konzeption der Fragebogen kam die Befürchtung auf, daß möglicherweise die durch eine frühere Mitgliedschaft in einer NS-Organisation „belasteten" Pfarrer dazu tendieren könnten, sich an den Befragungen nicht zu beteiligen – was die Aussagekraft der Ergebnisse eingeschränkt hätte. Die Auswertung hat aber ergeben, daß der Anteil der Mitgliedschaften bei den Fragebogenpfarrern nicht erheblich unter dem der gesamten Pfarrerschaft lag (30,4 % – 37,0 %)[36]. Greift man die NSDAP-Mitgliedschaften heraus, ergibt sich ein ähnliches Bild (11,9 % – 14,4 %)[37].

Grundsätzliche Bedenken gegen die Aussagekraft der Ergebnisse liegen in der langen zeitlichen Distanz zwischen den erfragten Ereignissen und Einschätzungen und dem Zeitpunkt der Befragungen begründet. Zudem besteht bei Fragen nach den eigenen Urteilen der Pfarrer zum Nationalsozialismus und zur Entnazifizierung in den Jahren 1919 bis 1949 die Gefahr, daß die Befragten nicht ihre damalige Einschätzung, sondern ihre heutige wiedergeben, die von der früheren abweichen kann. Alle diese Bedenken relativieren die Aussagekraft der Ergebnisse der schriftlichen Befragungen nicht

---

[34] B. MENSING, Haltung.

[35] Die Stichtage für die Pfarrerfamilienstatistiken waren der 1.5.1934 und der 31.10.1950. Es wurden die Fragebogenpfarrer angegeben, die bis einschließlich 1934 bzw. bis 1949 in den kirchlichen Dienst aufgenommen worden sind.

[36] Zu den NS-Organisationen ist hier auch der NSEP gerechnet. Vergleichsbasis sind die Ergebnisse von C. VOLLNHALS, Kirche (1989).

[37] Vergleichsbasis sind die Ergebnisse dieser Studie.

unerheblich. Andererseits lieferten die Befragungen wertvolles Material über die Pfarrerschaft, das sich aus archivalischen Quellen nicht eruieren läßt. Sie stellen eine fundierte Ergänzung, Konkretisierung und Relativierung der „konventionellen" Quellen
dar. Unter diesem Aspekt werden die Ergebnisse der Befragungen in der Arbeit herangezogen und interpretiert.

Nach den positiven Antworten auf die entsprechende Bitte im Fragebogen 1988 –
knapp die Hälfte der Rückmeldungen – wurde eine geographisch geordnete Liste der
in Bayern wohnhaften Interviewkandidaten erstellt. Hinzu kamen einige Interviews mit
Pfarrern, die erst auf die Aufrufe in den kirchlichen Zeitschriften hin ihre Gesprächsbereitschaft signalisiert bzw. trotz negativer Antwort im Fragebogen nach gezielter telefonischer Bitte um ein Interview eingewilligt hatten. Zwischen Oktober 1988 und
April 1990 wurden 110 mündlichen Befragungen in der Form von Intensivinterviews[38] durchgeführt. Als Leitfaden dienten die Fragebogen, an denen entlang unter
starkem Bezug auf den einzelnen Befragten die Schlüssel- und Eventualfragen formuliert wurden. Wichtige Voraussetzungen für die Ergiebigkeit der Interviews waren die
Vorkenntnisse des Interviewers über die Befragten durch die schriftliche Befragung und
die Auswertung der Literatur und die hohe Bereitschaft der Befragten zu „offenen"
Auskünften. Zu dieser Bereitschaft trug maßgeblich das affektive Verhältnis der Befragten zum Interviewer bei, das sich durch die geringe soziale Distanz zum angehenden
Amtsbruder in den meisten Fällen überaus positiv gestaltete. Zur Erhebungssituation
ist noch anzumerken, daß fast alle Gespräche in der Privatwohnung des Befragten
stattfanden, einige in Gegenwart und unter Beteiligung der Ehegattin. Die Intensivinterviews dauerten durchschnittlich zwei bis drei Stunden, in einigen Fällen gab es zwei
„Gesprächsrunden". Die Aufzeichnungen der Interviews erfolgten aus arbeitsökonomischen Gründen durch Notizen.

Durch die heterogenen Interaktionsprozesse der Interviews ist es schwierig, die Ergebnisse zu validieren und zu vergleichen. Trotz der in Rechnung gestellten Fehlerquellen ließ sich durch Antwortvergleiche und Außenkriterien wie schriftliche Quellen ein
hohes Maß an Validität erreichen. Die Intensivinterviews gaben wichtige Einblicke in
die komplexen Meinungsbildungsprozesse und Einstellungsmuster in der Betrachtungsgruppe und vertieften die Ergebnisse der schriftlichen Befragungen. Ein weiteres
„Ergebnis" der Gespräche war die Erschließung von schriftlichen Quellen aus dem
privaten Besitz der Befragten.

---

[38] Vgl. J. FRIEDRICHS, Methoden, S. 224-236.

I. DIE POLITISCHE SOZIALISATION DER PFARRERSCHAFT

A. Soziale Herkunft[1]

Die zentrale Quelle für diesen Abschnitt stellt die Pfarrerfamilienstatistik des Kirchenstatistischen Amtes der Evangelischen Kirche in Deutschland von 1950 dar, in der erstmals die Berufe der Väter erhoben wurden. In Bayern erfaßte man insgesamt 2.601 Theologen; 1.825 lebende, 50 vermißte und 726 verstorbene (über die Witwen)[2]. Da nur sehr wenige der erfaßten Pfarrer bereits vor 1919 verstorben bzw. erst 1950 in den Dienst getreten sein dürften, liefert die Pfarrerfamilienstatistik nahezu exakte Zahlen für die soziale Rekrutierung der Betrachtungsgruppe. Eine Aufschlüsselung der sozialen Herkunft nach Altersgruppen ist lediglich für den Bereich aller evangelischer Landeskirchen in Deutschland publiziert worden[3].

Bei der prozentualen Aufstellung der Väterberufe der bayerischen Pfarrerschaft fällt zunächst der hohe Anteil von Geistlichen (27,3 %) auf. In der Gruppe der Akademikerberufe (insgesamt 36 %) sind mit über einem Prozent sonst die Lehrer an höheren Schulen (2,3 %) und die „sonstigen höheren Beamten" (2,3 %) vertreten.

Unter den Nichtakademikern (59,7 %) sind die Volksschullehrer (11,5 %), die nichtleitenden Angestellten (7,2 %), die Beamten im höheren und gehobenen Dienst (7,1 %), die Landwirte und landwirtschaftlichen Arbeiter (6,9 %), die Beamten im mittleren Dienst (6,1 %) und die selbständigen Handwerker (5,2 %) mit über fünf Prozent repräsentiert.

Um die Aussagekraft der Berufsangaben zu erhöhen, werden im folgenden die Berufe zu weiteren Untergruppen zusammengefaßt. Bei einer Gliederung nach den arbeits- und sozialrechtlichen Bedingungen in Selbständige[4], Beamte[5], Angestellte[6] und Arbeiter[7] ergibt sich folgendes Bild[8]:

---

[1] Vgl. zur sozialen Rekrutierung der deutschen Pfarrerschaft K.-W. DAHM, Pfarrer III (1961); K.-W. DAHM, Beruf, S. 86-92; S. BORMANN-HEISCHKEIL, Herkunft; H. TITZE, Überproduktion.

[2] Die Zahlen für die Väter- und Schwiegerväterberufe der bayerischen Pfarrer sind im AMTSBLATT EKD, Beilage Nr. 16, S. 27; 29 abgedruckt. Zum Erhebungsmodus und den Rückmeldungen aus Bayern vgl. A. BURGER, Ergebnisse. Die Aufstellungen von Väterberufen der Kandidatenjahrgänge 1934-45 in den Materialien der Bayerischen Pfarrerbruderschaft o.D. (1938) (PFARRER 27, Sammlung) und H. BAIER, Kirche (1979), S. 208, sind wegen ihrer divergierenden Berufsgruppenschemata nur bedingt aussagekräftig.

[3] A. BURGER, Herkunft, S. 400 f.

[4] Berufsgruppen „Fabrikant, Großhändler, freier Beruf", „Rechtsanwalt, Notar", „Arzt, Zahnarzt, Tierarzt", „Apotheker", „Einzelhändler, selbständiger Gewerbetreibender", „selbständiger Handwerker" und „Landwirt, landwirtschaftlicher Arbeiter" – der Anteil der Arbeiter in dieser Gruppe dürfte minimal sein – 1913/14 und 1927/28 war unter den Erlanger Theologiestudenten kein Sohn eines landwirt-

Anstellungsverhältnisse der Väter und Schwiegerväter

	Väter	Schwiegerväter
Selbständige	18,6 %	21,9 %
Beamte	60,9 %	50,7 %
davon Pfarrer	27,3 %	21,9 %
Angestellte	11,8 %	14,2 %
Arbeiter	3,1 %	2,0 %
Unklar	5,6 %	11,2 %

Um die soziale Herkunft der Theologen in Relation zur sozialen Struktur der gesamten bayerischen Bevölkerung setzen zu können, seien hier die Vergleichswerte genannt. Erst seit 1925 lassen sich Statistiken über die Berufsstellung in Bayern erstellen[9]. Von den Erwerbspersonen waren 1925 20,9 % Selbständige (1939: 17,4 %; 1950: 17,1 %), 25,9 % mithelfende Familienangehörige (1939: 24,7 %; 1950: 19,8 %), 13 % Angestellte und Beamte (1939: 5,3 % Beamte, 10,8 % Angestellte; 1950: 3,7 % Beamte, 12,9 % Angestellte) und 40,2 % Arbeiter (1939: 41,8 %; 1950: 46,5 %).

Die Selbständigen und Angestellten waren unter den Vätern der Theologen folglich in etwa entsprechend ihrem Anteil an der Gesamtbevölkerung repräsentiert. In einer geradezu reziproken Relation zu ihrem Anteil an der Erwerbsbevölkerung sind die Arbeiter und Beamten repräsentiert; jene sind fast im selben Maße extrem unterrepräsentiert wie diese extrem überrepräsentiert sind.

Eine Untergliederung der Väter der Theologen in soziale Schichten ist mit den 25 Berufsgruppen der Pfarrerfamilienstatistik schwierig, zumal sich in der Forschung noch keine einheitliche Berufsklassifizierung für den Betrachtungszeitraum durchgesetzt hat. Dennoch sei in Anlehnung an Michael H. Katers Schichtmodell[10] eine Einordnung in

---

schaftlichen Arbeiters; A. EGGER (Bearb.), Schulwesen, S. 172* (die Seitenzahlen sind im entsprechenden Teil mit einem * versehen).

[5] Berufsgruppen „Hochschullehrer", „Lehrer (an höheren Schulen)", „Richter, Staatsanwalt", „höherer Medizinal-, Veterinärbeamter", „sonstiger höherer Beamter", „Offizier, Wehrmachtsbeamter", „Lehrer", „Beamter im höheren oder gehobenen Dienst", „Beamter im mittleren Dienst", „Beamter im einfachen Dienst" und „Geistlicher". Die Pfarrer hatten in Bayern bis 1918 arbeitsrechtlich den Status von Staatsbeamten, seit 1919 den von Kirchenbeamten.

[6] Berufsgruppen „leitender Angestellter", „sonstiger Angestellter", „Werkmeister" und „Diakon, Kantor, Organist".

[7] Berufsgruppe „unselbständiger Handwerker, Arbeiter".

[8] Unter „Unklar" sind die Berufsangaben „sonstiger Akademiker" (es dürfte sich dabei wohl um freie akademische Berufe, aber auch akademische Angestellte handeln), „sonstiger Beruf" und „ohne Angabe" subsumiert, wobei auffällt, daß fast doppelt so häufig bei den Schwiegervätern als bei den Vätern keine Angabe gemacht wurde (8,4 % – 4,3 %).

[9] W. ZORN, Sozialentwicklung, S. 848.

[10] M. H. KATER, Party, S. 256; M. H. KATER, Überlegungen, S. 173 f. Vgl. als zeitgenössisches Schichtmodell von 1928 K. KELLER, Schichtung, S. XII, für die Studierenden an den wissenschaftlichen Hochschulen; zur Problematik einer einheitlichen Berufsklassifizierung R. MANN, Einleitung, S. 17.

oberer Mittelstand bzw. upper middle class (elite)[11], unterer Mittelstand bzw. lower middle class[12] und Arbeiterschaft bzw. lower class (workers)[13] versucht:

Schichtzugehörigkeit der Väter und Schwiegerväter

	Väter	Schwiegerväter
Oberer Mittelstand	40,9 %	46,6 %
davon Pfarrer	27,3 %	21,9 %
Unterer Mittelstand	51,1 %	41,5 %
Arbeiterschaft	3,1 %	2,0 %
Unklar	4,9 %	9,9 %

Bei aller Problematik dieser Zuordnungen veranschaulicht das Ergebnis doch die fast ausschließliche Rekrutierung der Pfarrerschaft aus dem Mittelstand, insbesonders aus dem unteren Mittelstand. Der obere Mittelstand ist primär durch die Berufsvererbung vertreten. Im Vergleich zu den anderen klassischen akademischen Berufsgruppen der Juristen, Mediziner und Philologen war bei den Theologen die Gewohnheit, den Beruf des Vaters zu „erben", nicht überrepräsentiert. Der relativ hohe Anteil der Akademikersöhne unter den Pfarrern ist ein Indikator für die Integration des evangelischen Pfarrberufes im Bildungsbürgertum; „für die Söhne von Studienräten und Amtsrichtern bleibt der Pfarrberuf gewissermaßen auf dem ‚level' der Familie"[14]. Für den unteren Mittelstand fungierte der Beruf des Pfarrers als „Aufstiegsberuf"[15]. Berücksichtigt man zusätzlich die Funktion des Volksschullehrerberufes als Plattformberuf für den schrittweisen Aufstieg vom unteren Rand des unteren Mittelstandes, so ergibt sich eine Stufenleiter des sozialen Aufstiegs vom Kleinbürgertum über den Volksschullehrerberuf in den Pfarrberuf und zum Teil darüber hinaus. Die Daten zur sozialen Herkunft der Pfarrfrauen bestätigen die These vom Aufstiegsberuf. Die Pfarrer tendierten bei ihrer Partnerwahl zu Frauen, die einer höheren Schicht entstammten als sie selbst[16]. Der niedrige Anteil der Arbeiterschaft ist signifikant für die soziale Immobilität der unteren Schichten bis in die erste Hälfte des 20. Jahrhunderts hinein. Der direkte Aufstieg aus

---

[11] Berufsgruppen „Hochschullehrer", „Lehrer an höheren Schulen", „Geistlicher", „Richter, Staatsanwalt", „höherer Medizinal-, Veterinärbeamter", „sonstiger höherer Beamter", „Rechtsanwalt, Notar", „Arzt, Zahnarzt, Tierarzt", „Apotheker", „leitender Angestellter", „Fabrikant, Großhändler, freier Beruf" (von denen die nichtakademischen freien Berufe dem Mittelstand zuzurechnen sind), „sonstiger Akademiker". Zur sozialen Position der Pfarrer im Mittelstand vgl. W. MARHOLD, Stellung, S. 176 ff.

[12] Berufsgruppen „Lehrer", „Diakon, Kantor, Organist", „Beamter im höheren oder gehobenen Dienst" (es kann sich dabei nur um gehobene Beamte handeln, weil die höheren Beamten bereits in anderen Berufsgruppen aufgeführt sind), „Offizier, Wehrmachtsbeamter" (von denen ein Teil als höhere Beamte in den oberen Mittelstand gehören dürfte), „Beamter im mittleren Dienst", „Beamter im einfachen Dienst", „sonstiger Angestellter", „Werkmeister", „selbständiger Handwerker", „Einzelhändler, selbständiger Gewerbetreibender" und „Landwirt, landwirtschaftlicher Arbeiter".

[13] Berufsgruppe „unselbständiger Handwerker, Arbeiter".

[14] K.-W. DAHM, Beruf, S. 91.

[15] S. BORMANN-HEISCHKEIL, Herkunft, S. 166 f.

[16] A. BURGER, Pfarrerfamilienstatistik, S. 419; S. BORMANN-HEISCHKEIL, Herkunft, S. 167.

der Arbeiterschaft in den Pfarrberuf und damit in den oberen Mittelstand blieb die Ausnahme.

Für differenzierte Angaben zur sozialen Rekrutierung nach den verschiedenen Generationen in der bayerischen Pfarrerschaft fehlen zwar exakte Zahlen, aber im allgemeinen dürften die Ergebnisse für die gesamte deutsche Pfarrerschaft auch für Bayern zutreffen: Die Nachkriegsgeneration rekrutierte sich deutlich stärker aus dem unteren Mittelstand und der Arbeiterschaft als die älteren Generationen[17]. Ohne Frage besteht ein kausaler Zusammenhang zwischen dieser Verschiebung und der „Theologenschwemme", deren Hauptträger in Bayern die geburtenstarken Jahrgänge 1908 bis 1914 der jüngeren Nachkriegsgeneration waren, die von 1933 bis 1937 der Landeskirche extrem starke Aufnahmejahrgänge mit zwischen 82 und 110 Kandidaten bescherten. Von 1919 bis 1932 wurden jährlich durchschnittlich nur etwa 44 Kandidaten aufgenommen, bis 1940 sank ihre Zahl wieder auf den Tiefstand von 14. Die externen Einflüsse auf diese Entwicklung sind im Blick auf den Zeitpunkt des Studienbeginns unverkennbar: Aufschwung durch die Weltwirtschaftskrise, „in der das theologische Studium vor anderen Fächern begünstigte Berufsaussichten bot"[18], Abschwung durch das „Dritte Reich", in dem das soziale Prestige des Pfarrberufes deutlich abnahm und alternative Karrieren aussichtsreicher wurden. Die Auswirkungen der „Theologenschwemme" auf die soziale Rekrutierung entsprechen genau den für „Überfüllungskrisen" in allen akademischen Karrieren in Deutschland im 19. und 20. Jahrhundert nachgewiesenen Mechanismen: „Bei günstigen Berufsaussichten öffnen sich die Karrieren in ihrer sozialen Rekrutierung ein Stück weit nach ‚unten' in bildungsferne Schichten hinein."[19] Dieser „Sogeffekt" wirkt sich bei den offeneren Karrieren wie Theologie und Philologie stärker aus als bei den exklusiveren Karrieren wie Jura und Medizin.

Homogen stellt sich die Pfarrerschaft in ihrer landsmannschaftlichen Zugehörigkeit dar. Nach der Pfarrerfamilienstatistik von 1934 waren 93,9 % der Pfarrer bayerischer Herkunft, 4,9 % stammten aus dem übrigen Deutschland und 1,2 % aus dem Ausland[20]. Erst in den folgenden Jahren wurde die Zusammensetzung durch bekenntnistreue Theologen aus den „zerstörten" Landeskirchen und ab 1945 durch 320 aus dem Osten Deutschlands und Ost- und Südosteuropa geflüchtete bzw. vertriebene „Ostpfarrer" aufgelockert. Nach der Pfarrerfamilienstatistik von 1950 stammten 70,9 % aus Bayern, 21,5 % aus dem übrigen Deutschland und 7,6 % aus dem Ausland[21]. Die Fragebogenpfarrer bayerischer Herkunft hatten ihre Geburtsorte nach Regierungsbezirken zu 42,4 % in Mittelfranken, zu 21,2 % in Oberfranken, zu 11,8 % in Unterfranken, zu 11,2 % in Schwaben, zu 7,1 % in Oberbayern, zu 4,7 % in der Oberpfalz und zu 1,8 % in Niederbayern. Die Provenienz der Pfarrer entspricht demnach in etwa

---

[17] Vgl. die Statistik in A. BURGER, Herkunft, S. 400 f.

[18] A. BURGER, Pfarrerfamilienstatistik, S. 407; vgl. M. H. KATER, Studentenschaft, S. 71 f., der das Theologiestudium drastisch als „Verlegenheitsstudium für Arbeitsuchende seit 1925" bezeichnet.

[19] H. TITZE, Überproduktion, S. 93.

[20] F. BAUM, Pfarrhaus, o.P.

[21] Vgl. A. BURGER, Pfarrerfamilienstatistik, S. 412 f.; AMTSBLATT EKD, Beilage Nr. 16, S. 24; R. GEISENDÖRFER, Leben, S. 149.

der Verteilung der evangelischen Bevölkerung auf die Regierungsbezirke, wobei Ober-
und Mittelfranken sowie Oberbayern leicht unterrepräsentiert, die übrigen Bezirke
leicht überrepräsentiert sind[22]. Dennoch stammten fast zwei Drittel der Pfarrer aus den
mittel- und oberfränkischen Kernlanden des bayerischen Protestantismus. Gut die
Hälfte (51,2 %) kam aus Ortschaften mit weniger als 4.000 Einwohnern, 10,0 % aus
Kleinstädten und größeren Dörfern mit 4.000 bis 19.999 Einwohnern, 16,5 % aus
Mittelstädten mit 20.000 bis 99.999 Einwohnern und 22,4 % aus den Großstädten
München, Nürnberg und Augsburg[23].

Es stellt sich die Frage, inwieweit die Elternhäuser die Pfarrer politisch vorprägten.
Die Interviews und die Theologenmemoiren lassen auf die politische Orientierung
einige Schlüsse zu. Die Pfarrerssöhne wurden in „königlich bayerische" Pfarrhäuser
hineingeboren. Die evangelische Kirche war in Bayern wie in ganz Deutschland bis
1918 eine durch das landesherrliche Kirchenregiment in den Staatsapparat eingebun-
dene Kirche, die Pfarrer waren als Staatsbeamte durch ihren Treueid an den König als
Summus Episkopus gebunden und sahen in ihrer Mehrzahl diese Verbindung durchaus positiv. Nach Ausbildung, Einkommen und beruflicher Stellung als höhere öffentliche Beamte waren die Pfarrer im 19. Jahrhundert „deutlich ein Teil des gebildeten
und beamteten Bürgertums [...]. In Weltanschauung, Lebensstil und sozialen Kontak-
ten wiesen sie zunehmend Merkmale der kleinbürgerlich-kirchlichen Subkultur auf."[24]
Die Reichsgründung von 1871 unter Führung des evangelischen Preußen wurde stür-
misch begrüßt. Von den 28 interviewten Pfarrerssöhnen stufen 16 die politische Position ihrer Eltern in der Weimarer Republik als deutschnational ein. Nimmt man monarchistisch (2), patriotisch-vaterländisch (2) und rechts (1) zu diesem Typus hinzu, sind
ihm drei Viertel der Pfarrhäuser zuzurechnen. Zwei Elternhäuser waren nationalsozialistisch orientiert, wobei der Übergang von der deutschnationalen Position durchaus
gleitend war. Auch in den Autobiographien von Pfarrerssöhnen finden sich Beschrei-
bungen dieses Typus:

„Meine Eltern waren im Bismarckschen Reich von 1871 aufgewachsen und [...] Anhänger
der Monarchie gewesen. Die deutsche Niederlage 1918 und das Ende der Monarchie bedeutete für sie den Zusammenbruch einer Welt. Dabei verwoben sich ‚Dolchstoßlegende'
[...] mit der Verurteilung der Novemberrevolution, die daran schuld schien und zum
‚System' wurde, das beseitigt werden mußte."[25] „Politisch schloß er [i.e. mein Vater] sich
der deutschnationalen Partei an. [...] Anfang der dreißiger Jahre [begann er] sich als Deutschnationaler dem Nationalsozialismus zuzuneigen [...] und [begrüßte] die Machtübernahme [...] wenigstens grundsätzlich [...]."[26]

---

[22] Vgl. DIE BEVÖLKERUNG 1939, S. 8–10.

[23] Stand 1925 nach MÜNCHENER JAHRBUCH 1933, S. 79 f.

[24] O. JANZ, Amt, S. 194 (diese Einschätzung im Blick auf die preußische Pfarrerschaft dürfte auch
für Bayern zutreffen).

[25] W. RUPPRECHT, Reich, S. 1; Vater war bayerischer Pfarrer (Jg. 1884).

[26] W. RUPPRECHT, Kirchenkampf, S. 2.

„Die Einstellung meines Vaters war bekannt: national Kaiser-treu, freiwillig Offizier im Ersten Weltkrieg. Bei der Ermordung von Kurt Eisner [...] wollten dessen Anhänger [...] die
Glocken läuten. Papa stellte sich mit dem Spazierstock vor die Türe zum Turm und ver-
schreckte [...] die Angreifer, so daß diese sich zurückzogen, die Begebenheit aber wohl kaum
vergaßen. Wir waren in dieser Zeit bereit, das Haus im Falle eines Angriffs zu verteidigen."[27]

„Unsere ganze Familie, Eltern und Geschwister, ich selbst auch, sind der [sc. völkischen] Bewegung anfänglich erwartungsvoll offen gegenübergestanden."[28]

„Bei meinen Eltern wurde wenig über Parteien gesprochen. Ich würde sie damals den
Deutschnationalen zurechnen. Auch [...] der ‚Christlichsoziale Volksdienst' spielte bei ihnen
eine Zeit lang eine Rolle."[29]

Wer von der DNVP zu dem vom demokratisch geprägten Pietismus getragenen
Christlichen bzw. Christlichsozialen Volksdienst (CVD) kam, verließ damit das Lager
der grundsätzlichen Gegner der Weimarer Republik. Der CVD gehörte wie auch die
national-liberale Deutsche Volkspartei (DVP) und die liberale Deutsche Demokratische Partei (DDP) zu den staatstragenden bürgerlichen Parteien. In den Interviews
stuften zwei Pfarrerssöhne ihre Väter als Anhänger des CVD ein, einer berichtete von
der aktiven DVP-Mitgliedschaft seines Vaters: „Er [i.e. mein Vater] war – bis zu ihrer
Auflösung – Mitglied der Deutschen Volkspartei und mit Dr. Gustav Stresemann persönlich befreundet gewesen d.h. durch und durch national-liberal gesinnt."[30] Zwei
Pfarrerssöhne stuften ihr Elternhaus als „unpolitisch" ein. Ausführlich wird die politische Orientierung der Pfarrerschaft in der Weimarer Republik in Kapitel II dieser Studie behandelt.

53 Interviewte mit anderen Väterberufen äußerten sich zur politischen Orientierung ihrer Elternhäuser; 19 stuften ihr Elternhaus als deutschnational ein, nimmt man
konservativ, monarchistisch und rechts hinzu 25, knapp die Hälfte. Drei davon vermerkten einen späteren Schwenk zur NSDAP. Je vier gaben eine Nähe zur NSDAP, zur
DVP und zur DDP (zuzüglich „Demokrat" und „liberal" 6) an, einer zum CVD und
drei zur SPD. Zehn Elternhäuser waren unpolitisch. Die Rechten dominieren in nahezu allen vertretenen Berufsgruppen. Die Liberalen finden sich besonders unter den
Unternehmern und unter den Volksschullehrern. Bei den liberalen Vätern gaben allerdings einige Söhne ausdrücklich an, daß sie deren politische Anschauungen nicht

---

[27] PFARRER 167, Manuskript, S. 12 f.; Vater war bayerischer Pfarrer (Jg. 1871); zu katholischen Reaktionen auf Forderungen nach Glockengeläut zur Trauer um den bayerischen Ministerpräsidenten
Eisner 1919 vgl. W. K. BLESSING, Kirchenglocken.
[28] K. STEINBAUER, Zeugnis I, S. 20. Der Autor ist Jg. 1906, sein Vater Jg. 1867.
[29] PFARRER 99, Manuskript, S. 21; Vater war bayerischer Pfarrer (Jg. 1886). Vgl. auch die weiteren
Schilderungen von Pfarrersöhnen: W. KÜNNETH, Lebensführungen, S. 15 f.; W. TRILLHAAS, Vergangenheit, S. 50 ff.
[30] PFARRER 19, Brief an Verf., 24.11.1984; der Vater (Jg. 1881) war 1922-25 Wahlkreisvorsitzender
der DVP. Stresemann war 1918-1929 Vorsitzender der DVP, zeitweise auch Reichskanzler und Außenminister.

übernahmen. Ein Ingenieurssohn wurde durch seine sozialdemokratischen Großväter geprägt, ein Werkmeistersohn durch das Arbeitermilieu. Ein Sohn eines Landwirts und Handwerkers bezeichnet sein Elternhaus als pazifistisch[31].

Die Untersuchungen zum Wahlverhalten der kirchlich-evangelischen Bevölkerung in Bayern, aus der sich der Großteil der Pfarrerschaft rekrutierte, bestätigen diese Ergebnisse der Interviews[32]. Der kirchliche Protestantismus in Bayern neigte in seiner großen Mehrheit ab 1919 der deutschkonservativ-nationalen „Bayerischen Mittelpartei (Deutsch-christliche Volkspartei)" zu, die sich 1920 der DNVP anschloß. Von 1919 bis 1928 war die BMP/DNVP in fast allen agrarischen Landkreisen des evangelischen Mittel- und Oberfrankens stärkste Partei. Rothenburg, Ansbach, Dinkelsbühl (Land), Gunzenhausen und Uffenheim hatten die höchsten DNVP-Stimmenanteile im ganzen Reich mit bis zu 87 % der Stimmen. Ansbach (Stadt), Neustadt (bei Coburg), Coburg (Stadt), Weißenburg, Kulmbach (Stadt) und Bayreuth (Stadt) waren allerdings schon 1924 und 1928 Hochburgen des Völkischen Blockes bzw. der NSDAP.

1930 trat die von der DNVP abgespaltene Christlich-nationale Bauern- und Landvolkpartei in allen agrarischen Landkreisen mit Ausnahme von Scheinfeld, das bereits eine NSDAP-Mehrheit erhielt, das Erbe der DNVP als stärkste Partei an. In den mittelfränkischen Städten kam der CVD auf 5,2 %. Als 1932 die Landvolkpartei nicht mehr antrat, wurde die NSDAP bei den Landtagswahlen im April in allen überwiegend evangelischen Kreisen und kreisfreien Städten Frankens mit Ausnahme der SPD-dominierten Städte Weißenburg, Schwabach, Erlangen, Neustadt und Rodach bei Coburg zur stärksten Partei. Bei den Reichstagswahlen im Juli 1932 erzielte die NSDAP in Rothenburg, Uffenheim, Neustadt an der Aisch und Ansbach (Land) über 75 % der Stimmen.

Viele Gesprächspartner wiesen im Blick auf die politische Prägung durch ihr Elternhaus darauf hin, daß diese durch ihre frühzeitige Trennung vom Elternhaus nicht sehr intensiv gewesen sei. Mit etwa zehn Jahren bezogen viele angehende Pfarrer ein auswertiges Schülerwohnheim, um eine höhere Schule besuchen zu können. In Orten mit Progymnasium stand dieser Wechsel mit etwa 16 Jahren an. Die Eltern konnten in der Regel nur in den Ferien besucht werden. Unter Berücksichtigung dieser Gegebenheiten sei auf der folgenden Seite dennoch ein Blick auf die statistische Korrelation zwischen dem Vaterberuf und der NSDAP-Mitgliedschaft geworfen[33].

---

[31] Vgl. O. STEINER, Streifzug, S. 4, dessen Vater, Fabrikant, war bis 1932 aktives NSDAP-Mitglied gewesen; W. HÖCHSTÄDTER, Strudel, S. 48, dessen Vater, Amtsrichter, im Bund Oberland aktiv war; W. v. LOEWENICH, Theologie, S. 143, dessen Vater, Amtsrichter, ihm 1933 (erfolglos) zum Eintritt in die NSDAP riet; A. SOMMERAUER, Art, S. 79, der über sein Arbeiterelternhaus auch einen kommunistischen Freund hatte.

[32] Vgl. W. ZORN, Bevölkerung, S. 319-325; D. THRÄNHARDT, Wahlen, S. 152-162; J. W. FALTER/ T. LINDENBERGER/S. SCHUMANN, Wahlen, S. 132 f.

[33] Für 266 (95,7 %) der 278 Pg.-Pfarrer ließen sich Angaben zum Vaterberuf primär aus den Personalakten und den Vorarbeiten für das bayerische Pfarrerbuch (LKA NÜRNBERG), eruieren. Diese 266 Angaben werden in der folgenden Tabelle aufgeschlüsselt.

Väterberufe der Pg.-Pfarrer

Berufsgruppe	Anzahl	Prozent
Geistliche	87	32,7
Hochschullehrer	2	0,8
Lehrer an höheren Schulen	4	1,5
Richter, Staatsanwälte, Landgerichtsräte	1	0,4
sonstige höhere Beamte	7	2,6
höhere Beamte insgesamt (ohne Geistliche)	14	5,3
höhere Beamte insgesamt (mit Geistlichen)	101	38,0
Rechtsanwälte, Notare	1	0,4
Ärzte	4	1,5
Apotheker	1	0,4
akademische Freiberufler insgesamt	6	2,3
Unternehmer	2	0,8
Ingenieure	2	0,8
sonstige leitende Angestellte	4	1,5
leitende Angestellte insgesamt	6	2,3
oberer Mittelstand insgesamt	115	43,2
Offiziere	2	0,8
Volksschullehrer	34	12,8
sonstige gehobene Beamte	16	6,0
mittlere Beamte	15	5,6
untere Beamte	4	1,5
sonstige Beamte (ohne nähere Angabe)	9	3,4
untere, mittlere und gehobene Beamte insgesamt	80	30,1
Landwirte	10	3,8
Kaufleute, Gastwirte	18	6,8
Handwerksmeister	16	6,0
Werkmeister, Techniker	3	1,1
sonstige mittlere und untere Angestellte	7	2,6
mittlere und untere Angestellte insgesamt	10	3,8
unterer Mittelstand insgesamt	134	50,4
Handwerker, Facharbeiter	8	3,0
ungelernte Arbeiter	6	2,3
Arbeiterschaft insgesamt	14	5,3
sonstiger Beruf (nicht zuzuordnen)	3	1,1

Mit einem Anteil von einem Drittel waren die Pfarrerssöhne deutlich überrepräsentiert (32,7 % – 27,3 %). Außerdem waren die Söhne von Ärzten, Volksschullehrern, Kleingewerbetreibenden, Handwerksmeistern und Arbeitern überrepräsentiert. Stark unterrepräsentiert waren dagegen die Söhne von Unternehmern, Gymnasiallehrern, sonstigen gehobenen Beamten, Angestellten und Landwirten. Von den Schichten wa-

ren der obere Mittelstand (43,2 % – 40,9 %) leicht und die Arbeiterschaft (5,3 % –
3,1 %) stark über-, der untere Mittelstand (50,4 % – 51,1 %) geringfügig unterrepräsentiert. Betrachtet man allerdings den oberen Mittelstand ohne die Geistlichen, so ist
dieser deutlich unterrepräsentiert (10,5 % – 13,6 %). Im allgemeinen gilt aber für die
soziale Zusammensetzung der Pg.-Pfarrer der schon bei der gesamten bayerischen Pfarrerschaft festgestellte Befund. Eine dominierend bürgerliche, die Arbeiterschaft fast
völlig ausgrenzende Grundstruktur[34].

Das Bild wird differenzierter, wenn man die soziale Rekrutierung der Pg.-Pfarrer
nach Altersgruppen mit der gesamten Pfarrerschaft vergleicht[35]. In der älteren Vorkriegsgeneration der Geburtsjahrgänge vor 1881 waren unter den Pg.-Pfarrern der
obere Mittelstand (ohne Pfarrer) stark überrepräsentiert (18,2 % – 12,6 %), ebenso aus
dem unteren Mittelstand (51,5 % – 53,0 %) die Volksschullehrer (21,2 % – 15,5 %),
die Arbeiterschaft war überhaupt nicht vertreten. In der jüngeren Vorkriegsgeneration
(1881-1890) war der obere Mittelstand (10,4 % – 14,6 %) stark unter-, die Pfarrer
(39,6 % – 32,9 %) deutlich überrepräsentiert; sonst entsprachen sich die Anteile in
etwa. In der Kriegsgeneration (1891-1900) setzte sich die Tendenz der Vorläufergene-
ration im oberen Mittelstand fort. Während der Anteil der Pfarrer nun unter den Pg.-
Vätern fast doppelt so hoch war wie unter allen Pfarrervätern (46,0 % – 27,5 %), war
er nur noch halb so hoch beim übrigen oberen Mittelstand (7,9 % – 15,3 %). Der
untere Mittelstand war stark unterrepräsentiert (39,7 % – 53,3 %). In der älteren und
dem älteren Teil der jüngeren Nachkriegsgeneration (1901-1910) entsprach die Herkunft der Pg.-Pfarrer wieder stärker der der Gesamtpfarrerschaft; die Pfarrer (26,5 % –
23,1 %) waren nur noch deutlich über-, der übrige obere Mittelstand (10,2 – 14,8 %)
nicht mehr so stark unterrepräsentiert. Der untere Mittelstand (56,1 % – 56,3 %)
entsprach fast genau seinem Gesamtanteil; die Arbeiterschaft (7,1% – 4,0 %) war
erstmals stark überrepräsentiert. Der Trend setzt sich im jüngeren Teil der jüngeren
Nachkriegsgeneration und in der HJ-Generation noch fort: Die Arbeiterschaft (16,7 %
– 5,8 %) war nun fast dreifach überrepräsentiert, die Pfarrer (12,5 % – 16,5 %) waren
nun erstmals unterrepräsentiert, der übrige obere Mittelstand (8,3 % – 16,5 %) fiel
wieder auf den halben Anteil zurück. Nur der untere Mittelstand (58,3 % – 58,8 %)
entsprach seinem Anteil.

Für den starken Anstieg des Anteiles der Arbeitersöhne unter den jüngeren Pg.-
Pfarrern dürfte mit verantwortlich sein, daß diese Theologen in ihrer Studienzeit im
„Dritten Reich" stärker auf an politisches Wohlverhalten gekoppelte Unterstützungen
angewiesen waren als ihre Kommilitonen bürgerlicher Herkunft. Bei dem starken
Rückgang der Pfarrerssöhne unter den Pg.-Pfarrern mag die Erfahrung von der zunehmenden Kirchenfeindlichkeit des NS-Staates im eigenen Elterhaus eine Rolle gespielt haben. Es bleibt festzuhalten, daß in den Jahrgängen, die noch keiner Gängelung
im „Dritten Reich" ausgesetzt waren, die Pfarrerssöhne sehr stark zu einem Eintritt in

---

[34] Eine solche Grundstruktur hat M. JAMIN, Klassen, S. 138, auch für die soziale Herkunft der SA-
Führer eruiert.

[35] Vergleichsbasis kann hier leider nur die gesamte deutsche Pfarrerschaft sein; A. BURGER, Herkunft, S. 400 f.

die NSDAP neigten – mit Ausnahme der älteren Vorkriegsgeneration. Nicht zu unterschätzen ist für diese Tendenz sicher die Tatsache, daß die Pfarrerssöhne der Kriegs- und der älteren Nachkriegsgeneration die Revolutionszeit in ihrem Elternhaus intensiv miterlebt hatten. Die „Krisenmentalität"[36] der plötzlich durch die republikanische, demokratische und weltanschaulich neutrale Staatsverfassung in ihrem Status in Frage gestellten Väter scheint bei den Söhnen nachhaltiger die politische Entwicklung beeinflußt zu haben als bei den Vätern selbst; insbesondere bei den Jahrgängen 1894 bis 1906, die sich 1919 in ihrer Jugend- und damit Prägungsphase zwischen 13 und 25 Jahren befanden[37]. Aus dieser Jugendkohorte rekrutierten sich 98 Pg.-Pfarrer, davon 42 Pfarrerssöhne (42,9 %).

Für die soziale Herkunft ist auch die Region, in der das Elternhaus liegt, von Bedeutung: Im Vergleich zur Lage der Geburtsorte der gesamten Pfarrerschaft sind bei den Pg.-Pfarrern bayerischer Herkunft die Regierungsbezirke Unterfranken (15,9 % – 11,8 %) und Oberfranken (24,6 % – 21,2 %) deutlich über-, Schwaben (7,5 % – 11,2 %) stark, Oberbayern (6,0 % – 7,1 %) und Mittelfranken (39,7 % – 42,4 %) leicht unterrepräsentiert; die Oberpfalz (4,4 %) und Niederbayern (2,0 %) entsprechen in etwa ihrem Anteil[38]. Vier von fünf Pg.-Pfarrern mit bayerischer Herkunft stammten aus Franken. Bei der Größe der Geburtsorte sind die Großstädte (15,8 % – 22,4 %) deutlich unter-, die Orte unter 4.000 Einwohnern (57,7 % – 51,2 %) deutlich überrepräsentiert; Mittel- und Kleinstädte (16,2 % bzw. 10,3 %) entsprechen fast genau ihrem Anteil. Wer in einem ober- oder unterfränkischen Dorf zur Welt kam, war demnach in ganz besonderer Weise für eine spätere NSDAP-Mitgliedschaft gewissermaßen „prädestiniert"[39].

---

[36] Vgl. K.-W. DAHM, Pfarrer (1965), S. 33-76.

[37] W. JAIDE, Generationen, S. 18-20; 299. M. JAMIN, Klassen, S. 138 f., konnte bei den SA-Führern keinen signifikanten Zusammenhänge zwischen der sozialen Herkunft und der Generationszugehörigkeit nachweisen. Möglicherweise lag das an den starren Generationsvorgaben und dem groben Raster der Berufsgruppen.

[38] Von den Pg.-Pfarrern stammten 253 (91,0 %) aus Bayern, 17 aus einem anderen Teil Deutschlands; acht waren im Ausland geboren. Als Vergleichsbasis dienen die Geburtsorte der Fragebogenpfarrer, die allerdings stärker die jüngeren Generationen repräsentieren. Bei der Größe der Geburtsorte muß dies wegen der zunehmenden Urbanisierung Bayerns in Rechnung gestellt werden. Ein immer kleiner werdender Anteil lebte in kleinen Dörfern, ein stetig wachsender in Großstädten.

[39] Die Größen der Geburtsorte der SA-Führer weichen diametral von der Vergleichsgruppe ab; M. JAMIN, Klassen, S. 102 f., liegt also zumindest für den fränkischen Raum nicht richtig mit ihrer Schlußfolgerung, daß die NSDAP in ihrer Frühzeit ein städtisches Phänomen war.

B. Schulzeit

1. Die protestantischen Gymnasien in Windsbach, Ansbach und Augsburg

Es kann hier nicht um eine Untersuchung der politischen Orientierung des höheren Schulwesens in Bayern in der Weimarer Republik und im „Dritten Reich" gehen[40]. Von besonderem Interesse sind aber die von den Pfarrern stärker frequentierten Schulen. Von den 142 Fragebogenpfarrern, die in Bayern ihre Schulzeit verbracht haben[41], wurden mit Abstand das Progymnasium Windsbach (18 bzw. 12,7 %), das Gymnasium in Ansbach (19 bzw. 13,4 %) und das Gymnasium bei St. Anna in Augsburg (18 bzw. 12,7 %) am stärksten frequentiert. Es folgen das Alte Gymnasium in Nürnberg (12 bzw. 8,5 %), das Alte Gymnasium in Regensburg (9 bzw. 6,3 %), die Gymnasien in Hof (9 bzw. 6,3 %) und Erlangen (6 bzw. 4,2 %) und das Neue Gymnasium in Nürnberg (6 bzw. 4,2 %). Mit Ausnahme des Alten Gymnasiums in Regensburg hatten alle diese Schulen mehrheitlich evangelische Schüler. In Windsbach, Ansbach, Augsburg und Regensburg befanden sich bedeutende evangelische Schülerwohnheime.

Die Anstalten in Windsbach, Ansbach und Augsburg werden im folgenden eingehend untersucht. Das sechsklassige Progymnasium Windsbach war 1898 aus der städtischen Lateinschule und der Privatschule des dortigen Pfarrwaisenhauses hervorgegangen[42]. Rektoren bzw. Direktoren des Progymnasiums waren Johann Steinbauer (1909-1924), Dr. Wilhelm Bachmann (1925-1929), Dr. Emil Belzner (1929-1933), Dr. Otto Mebs (1933-1937) und Dr. Wilhelm Schelter (1937-1941). Die Schüler waren fast ausschließlich evangelisch; maximal ein halbes Dutzend der etwa 100 bis 140 Schüler waren Juden oder Katholiken. Die Lehrer waren alle evangelisch. Steinbauer war bayerischer Pfarrer. Seine politische Haltung beleuchtet ein von ihm verfaßtes Gedicht für die Einweihung des Windsbacher Kriegerdenkmales am 25. Juni 1922, in dem der Weltkrieg religiös-pathetisch im Sinne der Dolchstoßlegende verklärt, die neue demokratische Regierung als „Räuber, Mörder" verunglimpft und zum „wucht'gen Schlag" gegen die inneren und äußeren Feinde aufgerufen wird[43]. Steinbauer stand der völkischen Bewegung „erwartungsvoll offen"[44] gegenüber und trat in den Bund Oberland, eine aus dem gleichnamigen Freikorps hervorgegangene paramilitärische nationalistische Organisation, ein. Karl Steinbauer, der Sohn des Rektors, Schüler am Progymnasium 1917 bis 1923 und späterer Pfarrer, berichtet von einem Windsbacher Freundeskreis, der sich in den Sylvesternächten ab 1922 um das Kriegerdenkmal versammelte, um zu geloben: „Hitlers Geist im Herzen darf nicht untergehn! Sturmabteilung Hitler

---

[40] Vgl. zur Struktur des höheren Schulwesens in Bayern A. REBLE, Schulwesen, S. 966-985; M. LIEDTKE (Hg.), Handbuch III, S. 15-473; zur Statistik A. EGGER (Bearb.), Schulwesen, S. 60*-86*.

[41] Von insgesamt 176 Fragebogenpfarrern liegen Angaben vor. Bei der Auswertung wurden die Schulen berücksichtigt, an denen ein Schüler den Großteil der Klassen 1-6 und 7-9 (nach heutiger Zählung 5-10 bzw. 11-13) absolviert hat. Da sich nur für einen Teil der Pg.-Pfarrer der Schulbesuch eruieren ließ, konnte hier keine aussagekräftige Statistik erstellt werden.

[42] Vgl. H. BOHRER, Jahre, S. 68-77.

[43] K. STEINBAUER, Zeugnis I, S. 21-23 (Zitate S. 23).

[44] EBD., S. 20; 38; vgl. zum folgenden S. 19-24 ; 34 ff.

wird einst auferstehn!"[45] Der Windsbacher Gymnasiast trat 1922 dem Bund Oberland bei. Mit Schadenfreude sah Karl Steinbauer, wie die Häuser und Synagoge der Windsbacher Juden mit Hakenkreuzen beschmiert waren. Den freundschaftlichen Umgang mit jüdischen Gleichaltrigen hatten die Steinbauerkinder nach dem Kriegsende eingestellt, weil sie die Juden für die Schuldigen an der Niederlage hielten.

Die Beziehungen zwischen dem Pfarrwaisenhaus und dem Progymnasium waren in personeller Hinsicht sehr eng. Die Rektoren der Schule waren bis 1933 im Vorstand des Direktoriums des Pfarrwaisenhauses vertreten und der Inspektor und die Präfekten des Pfarrwaisenhauses erteilten Unterricht an der Schule. Die Zöglinge des Heimes stellten in der Weimarer Republik etwa vier Fünftel der Schülerschaft, auch im „Dritten Reich" noch über zwei Drittel[46]. Es handelt sich hier um ein extremes Beispiel dafür, wie stark der Schulcharakter und die Schultradition von einem Schülerheim beeinflußt sein kann, das einen Großteil der Schüler dieser Schule stellt[47]. Die späteren Theologen am Progymnasium lebten fast ausnahmslos im Pfarrwaisenhaus. Eine Stichprobe zeigt, daß von den 37 Predigtamtskandidaten des Aufnahmejahrgangs 1930 sieben, also fast ein Fünftel, das Pfarrwaisenhaus besucht hatte. Das Protestantische Pfarrwaisenhaus Windsbach war 1837 vom Windsbacher Dekan Christian Philipp Heinrich Brandt im Geiste der bayerischen Erweckungsbewegung als Bollwerk gegen den Rationalismus gegründet worden, um bayerische Pfarrwaisen und Pfarrerssöhne aufzunehmen, die bis 1927 die Mehrheit der Zöglinge bildeten[48].

Das Pfarrwaisenhaus wurde im Betrachtungszeitraum durch die Inspektoren Heinrich Stahl (1917-1926), Hans Thum (1926-1938) und Theodor Schmidt (1938-1941) geleitet. Alle waren bayerische Pfarrer. Dem Direktorium des Heimes stand traditionell der Dekan von Windsbach vor; während der Weimarer Republik und im „Dritten Reich" Friedrich Keil (1912-1934) und Hermann Bohrer (1935-1947). Als Erzieher, die hier Präfekten genannt wurden, fungierten jeweils für ein oder mehrere Jahre zwei bis sechs Lehr- und Predigtamtskandidaten[49]. Am 18. Oktober 1913 wurde von dem Präfekten und Turnlehrer Hugo Krauß der örtliche Wehrkraftverein „zur Förderung vaterländischen Denkens und zur Wehrertüchtigung"[50] gegründet, dem fast alle Zöglinge der oberen Klassen beitraten. Die Wehrkraftübungen wurden zum festen Bestandteil der Hausordnung für die Klassen 4 bis 6[51]. Der Präfekt und Turnlehrer Siegfried Leffler schilderte in seinen Memoiren die 1923/24 von ihm gestalteten Übungen, die nicht nur sportlicher Art waren:

---

[45] EBD., S. 21.

[46] Im Schuljahr 1919/20 90 von 108 (83,3 %) (JAHRESBERICHT WINDSBACH 1919/20, S. 18); 1932/33 92 von 118 (78,0 %) (JAHRESBERICHT WINDSBACH 1932/33, S. 10). 1935/36 88 von 125 (70,4 %) (JAHRESBERICHT WINDSBACH 1935/36, o.P.).

[47] F. V. BLOHN, Entwicklung, S. 25.

[48] Vgl. H. BOHRER, Jahre, S. 7 ff.; 157-159.

[49] Vgl. Präfektenliste in H. BOHRER, Jahre, S. 156.

[50] E. MEDICUS, Schüler, S. 25. Krauß fiel 1918 als Fliegerleutnant. Medicus war 1913-19 Heimbewohner. Vgl. W. RUF, Wehrkraftübung.

[51] Die Klassenstufen werden nach der damaligen Zählung angegeben.

„Voraus die Trommler und Pfeifenjungen, so marschierten wir stolz singend durch die Stadt
nach Hause. Gerne denke ich daran, wie wir uns auf diese Sonntagnachmittage freuten.
Wir wollten ja mithelfen an Deutschlands Erneuerung, deswegen war uns ein reichliches
Leben und jegliche Gleichgültigkeit in vaterländischen Dingen verhaßt und verpönt."[52]

Aus der Nachfolgeorganisation der Wehrkraft, Jungbayern, trat die Jugendkompanie
im Frühjahr 1931 aus, „weil der Kurs desselben zu sehr ins Zentrumslager hinüber-
ging"[53]. Die Ablehnung der Revolution durch die Leitung verstand sich von selbst:
„Auch die Wogen der Revolution schlugen bis an die Tore des Pfarrwaisenhauses. Am
10. Dezember 1918 wurde unter regster Beteiligung unserer Schüler ein Schülerrat gewählt. Im Pfarrwaisenhaus wurden aber sämtliche revolutionären Versuche von Grund
aus ausgerottet."[54] Ein bezeichnenderes Licht auf die Stimmung in der Schülerschaft
wirft das Abreißen von USPD-Wahlplakaten 1919 auf dem Weg zum Gottesdienst, das
allerdings aus disziplinarischen Gründen vom Inspektor scharf geahndet wurde[55]. Ein
damaliger Schüler beschreibt die politische Atmosphäre in seiner Autobiographie:

„Vor allem durch einige Präfekten, die Verbindung zu den nach dem Krieg entstandenen
Freikorps und zu den neuen ‚Bünden' hatten, z.B. durch Siegfried Leffler, kamen wir in Beziehung zu dem ‚Bund Oberland'; wir [...] hielten am Sonntagnachmittag auf den Dörfern
der Umgebung vaterländische Zusammenkünfte [...]. Wir begrüßten den passiven Widerstand im Ruhrgebiet 1923 und verfolgten Adolf Hitlers Weg, waren uns aber über die Bedeutung des Putsches vom 9. November 1923 kaum klar, zumal wir auch bei unseren Lehrern und Erziehern sehr unterschiedliche Auffassungen zu erkennen glaubten. [...] waren
wir nicht doch selber wenigstens in jener Zeit dem Antisemitismus sehr nahe [...] ?"[56]

Andere ehemalige Zöglinge des Pfarrwaisenhauses dieser Jahre bestätigten in den
Intensivinterviews die von einigen Präfekten vermittelten antisemitischen und völkischen Tendenzen. Ein von Rektor Steinbauer inszeniertes antisemitisches Theaterstück
kam im Heim zur Aufführung; die Schüler sägten aus Aluminiummünzen Hakenkreu-
ze[57]. Ein Schüler erinnert sich an eine allgemein begeisterte Aufnahme des Hitler-

---

[52] A. RINNEN, Kirchenmann, S. 141 (Zitat aus Lefflers unveröffentlichten Erinnerungen von ca.
1980). Siegfried Leffler war 1923/24 Präfekt; er hatte für ein Semester sein Theologiestudium unterbro-
chen, um als Turnlehrer in Windsbach zu arbeiten.
[53] H. BOHRER, Jahre, S. 123; vgl. auch S. 120. Zur Wehrkraft und Jungbayern vgl. W. KARL, Jugend, S. 85 ff.; 210 ff.
[54] H. BOHRER, Jahre, S. 121. Vgl. die „revolutionären Versuche" aus der Sicht des damaligen Vorsit-
zenden des Schülerrates E. MEDICUS, Schüler, S. 29.
[55] EBD.
[56] H. DIETZFELBINGER, Veränderung, S. 38. Dietzfelbinger war 1919-24 Heimbewohner. Lefflers
Agitation für den Bund Oberland wurde von der Heimleitung als Gefährdung der Schulzucht abgelehnt; H. BOHRER, Jahre, S. 122.
[57] PFARRER 215, Interview (Windsbach 1917-21), registrierte insgesamt eine sehr negative Haltung
zur Weimarer Republik – der völkisch orientierte Präfekt Helmut Kern (1919-21) hatte ihn begeistert;
nach PFARRER 196, Interview (Windsbach 1921-24), unternahm Inspektor Stahl nichts gegen den
offenkundigen Antisemitismus der Präfekten und der Jungen. PFARRER 112, Interview (Windsbach
1921-25), erinnert sich dagegen an eine körperliche Züchtigung durch Stahl wegen der Beschimpfung
eines vorbeigehenden Juden.

Putsches bei den Präfekten und Jungen[58]. Nach dem Weggang von Leffler und Steinbauer 1924 legten sich in Windsbach die politischen Leidenschaften zunächst[59].

1926 wurde mit Hans Thum ein Theologe der Kriegsgeneration Inspektor; als
Leutnant erwarb er sich u.a. das E.K. I und II. Nach dem Krieg kämpfte er mit dem
Freikorps Oberland in Oberschlesien. Am 13./14. Juli 1927 legte Thum im Rahmen
der Gedächtnisfeier zum neunzigjährigen Bestehen des Heimes am Kriegerdenkmal
einen Kranz nieder „mit Worten, die von echt deutschem vaterländischen Geiste zeug-
ten."[60] Thum leitete die Wehrkraftübungen persönlich. 1931/32 bildete sich eine ge-
heime nationalsozialistische Zelle im Pfarrwaisenhaus, die von einem Schüler der
6. Klasse geleitet wurde[61]. Einer der theologischen Präfekten (1930-1932) trat gegen
Ende seiner Dienstzeit in die NSDAP ein.

Im Progymnasium sprach im Dezember 1931 ein Redner des nationalistischen
Vereins für das Deutschtum im Ausland (VDA), am 1. Oktober 1932 fand eine Hin-
denburgfeier statt[62]. Von Januar bis August 1933 war Studienprofessor Rudolf Kapeller
kommissarischer Direktor. Sein Bericht über das Schuljahr 1932/33 von Ende März
1933 erwähnt die „Machtergreifung" mit keinem Wort; lediglich eine vaterländische
Feier am 21. März 1933 zur Reichstagseröffnung ist kommentarlos vermerkt[63]. Ganz
anders liest sich der nächste Schuljahresbericht vom neuen Direktor Dr. Otto Mebs
vom Februar 1934: „In der Schule fanden wichtige Tage dieses für unser Volk so be-
deutungsvollen Jahres gebührend Widerhall und Würdigung"[64]. Eifrig wurde den
Schülern nationalsozialistisches Gedankengut vermittelt. Die einschlägigen Schulfeiern
fanden im Betsaal des Pfarrwaisenhauses statt. Stolz vermerkte Mebs im Bericht
1936/37, daß das Progymnsasium am 6. Juni 1936 als Anerkennung für die geschlossene Mitgliedschaft der Schüler in der HJ die Genehmigung zur Führung der HJ-
Flagge erhalten habe[65]. Im Pfarrwaisenhaus ging die Gleichschaltung schneller:

> „Gleich im Frühjahr 1933 trat sie [sc. die Wehrkraft des Heimes] dann geschlossen in die
> Hitlerjugend ein. Daß unsere Jungen mit ihrem Inspektor und ihren Präfekten an allen ört-
> lichen Feiern und Aufmärschen, als das Dritte Reich angebrochen war, teilgenommen ha-
> ben, ist so selbstverständlich, daß es kaum erwähnt werden braucht."[66]

---

[58] PFARRER 112, Interview. Der damalige Präfekt Christian Nicol (1923-28) erinnert sich: „Der
Hitler-Putsch [...] brachte große Unruhe in unsere Jugend" (C. NICOL, Erinnerungen, S. 7).

[59] PFARRER 23, Interview, der 1924/25 als stud. theol. Präfekt war; nach seiner Erinnerung stand die
Versetzung Steinbauers zum Studienprofessor ans Neue Gymnasium Nürnberg im Zusammenhang mit
von Leffler organisierten antisemitischen Schülerdemonstrationen.

[60] JAHRESBERICHT WINDSBACH 1926/27, S. 9.

[61] PFARRER 154, Interview (Windsbach 1928-32).

[62] JAHRESBERICHT WINDSBACH 1931/32, S. 12; 1932/33, S. 12.

[63] JAHRESBERICHT WINDSBACH 1932/33, S. 12. Nach PFARRER 138, Interview, hat Kapeller wegen
seiner demokratischen Einstellung am 21.3.1933 die Bedeutung des Volkes hervorgehoben.

[64] JAHRESBERICHT WINDSBACH 1933/34, S. 11 f.; dieser Tenor findet sich auch in den folgenden
Jahresberichten.

[65] JAHRESBERICHT WINDSBACH 1936/37, S. 10 f.

[66] H. BOHRER, Jahre, S. 123. Vgl. PFARRER 138, Interview (Fackelzüge zur „Machtergreifung").

Die Heimzöglinge bildeten den Stamm der Windsbacher HJ-Gefolgschaft, die in den ersten Jahren von einem Präfekten geführt wurde; das Jungvolkfähnlein führte ein Schüler der 6. Klasse. Beide Präfekten, die als Gefolgschaftführer fungierten, waren Predigtamtskandidaten (1933/34 und 1934-1936). Die HJ-Stunden fanden im Pfarrwaisenhaus statt. Ab 1936 hatte ein Schüler die Führung inne; der „Dienst" wurde außerhalb des Heimes abgeleistet. 1937 konnte die Festschrift verkünden: „Von unserem Söller weht schon lange die Fahne der Hitlerjugend. [...] heute ist kein Zögling mehr im Pfarrwaisenhaus, der nicht der HJ oder dem JV [i.e. Deutsches Jungvolk] angehört."[67] Die kurzen Schilderungen der HJ-Führer im Jahresbericht erwähnen allerdings keine ideologische Schulung[68]. In der Hand des theologischen Präfekten lag auch die Leitung des Staatsjugendtages und der HJ-Gedenkfeier für Schlageter[69]. Die Art und Weise der Selbstgleichschaltung der Windsbacher Wehrkraft ist wohl typisch für die mehr oder weniger geräuschlose Einfügung eines Teiles der sich aus dem oberen Mittelstand rekrutierenden Jugendbewegung in die HJ und auch in das HJ-Führerkorps. Trotz des dahinterstehenden Bemühens um die Sicherung einer gewissen Eigenständigkeit innerhalb der HJ förderte dies indirekt die ideologische Integrationsfunktion der HJ in der bürgerlichen Jugend[70]. Inspektor Thum informierte in einem Vortrag am 29. November 1933 in der Windsbacher Stadthalle über den freiwilligen Arbeitsdienst[71]. 1934 war er Mitglied des NSEP. 1938 ging Thum als Heerespfarrer nach Hildesheim. Sein Nachfolger war bis zur Auflösung des Pfarrwaisenhauses 1941[72] der Pg.-Pfarrer Theodor Schmidt. Da der letzte Jahresbericht 1938 erschien, ist für Schmidts Amtszeit die Quellenlage schlecht.

Sicher ist es schwierig abzuschätzen, welchen Einfluß die Erziehung in Windsbach auf das spätere Verhältnis der Zöglinge zum Nationalsozialismus gehabt hat. Vor 1933 konnten sich politische Sympathien der Schüler ohnehin kaum in Mitgliedschaften niederschlagen, weil sie bereits mit 15 oder 16 Jahren Windsbach verließen. Die vom Heim vorgegebene Mitgliedschaft in der Wehrkraft während der Weimarer Republik und die in der HJ im „Dritten Reich" kann nicht als individuelle Entscheidung gewertet werden. Ein späterer Eintritt in die NSDAP kann auch nicht stringent von der Windsbacher Zeit abgeleitet werden. Allerdings läßt sich wohl durchaus konstatieren, daß die vom Progymnasium und insbesondere vom Pfarrwaisenhaus vermittelte „vaterländische", nationalprotestantische, militaristische und völkische Haltung mit ihren

---

[67] H. BOHRER, Jahre, S. 104. Angaben zur HJ-Struktur in Windsbach nach einem Kandidatenfragebogen (LKAMT MÜNCHEN, PA 27); PFARRER 196, Interview (Präfekt in Windsbach 1934-36 und 1937/38) und PFARRER 231, Interview (Zögling 1936/37).
[68] JAHRESBERICHT WINDSBACH 1934/35, o.P.
[69] JAHRESBERICHT WINDSBACH 1934/35, o.P.; 1935/36, o.P.; der frühere Freikorpsführer Albert Leo Schlageter war 1923 von den Franzosen wegen Beteiligung an Sabotageakten im „Ruhrkampf" gegen die französische Besetzung des Ruhrgebiets hingerichtet worden.
[70] M. H. KATER, Jugendbewegung, S. 173 f.; M. V. HELLFELD, Jugend, S. 213, zur illusionären Hoffnung der in den Jahren 1933 und 1934 einen erheblichen Teil der HJ- und Jungvolk-Führerschaft stellenden jugendbewegten Führer, die HJ in ihrem Sinne umstrukturieren zu können.
[71] JAHRESBERICHT WINDSBACH 1933/34, S. 12.
[72] Vgl. zur Auflösung H. SEIFERT, Festschrift, S. 19 f.; 1946 erfolgte die Wiedereröffnung.

antisemitischen und antidemokratischen Ressentiments bei den Zöglingen einen fruchtbaren Boden für den Nationalsozialismus bereiteten. Zu Beginn des „Dritten Reiches" wurden die traditionellen Erziehungsgrundsätze des Pfarrwaisenhauses von dessen Leitung als nahezu deckungsgleich mit den nationalsozialistischen Erziehungszielen angesehen. Erst als die nationalsozialistische Pädagogik eindeutig auf die Beseitigung des christlichen Einflusses abzielte und Rasse und Volk an die Stelle Gottes stellte, wurden die Widersprüche erkannt[73]. Das Resistenzpotential, das schon allein in der Existenz einer christlich geprägten Erziehungseinrichtung inmitten des ideologisch fast gänzlich gleichgeschalteten Erziehungswesens liegt, darf andererseits nicht unterschätzt werden. Auch die Freistellung eines Präfekten zum HJ-Gefolgschaftsführer bot die Möglichkeit, fremde Einflüsse von den Zöglingen fernzuhalten[74].

Wie Windsbach so liegt auch Ansbach im westmittelfränkischen Kernland des bayerischen Protestantismus. Das Gymnasium Ansbach wurde 1528 als Lateinschule im Geiste der Reformation gegründet und hatte im Betrachtungszeitraum als Vollgymnasium in Westmittelfranken eine Monopolstellung. Von den etwa 200 bis 290 Schülern waren in der Weimarer Republik 81,0 bis 86,5 % evangelisch, im „Dritten Reich" nahm der Anteil auf 76,5 % ab. Jüdische Schüler gab es nur einzelne. Rektor Hans Probst leitete die Schule von 1915 bis 1926, Direktor Hermann Schreibmüller von 1926 bis 1945[75].

Im Vergleich zu Windsbach war der Anteil der Zöglinge des 1552 gegründeten Protestantischen Alumneums an der Gesamtschülerschaft recht niedrig: in der Weimarer Republik lag er mit 50 bis 70 Jungen zwischen 20 und 30 %, im „Dritten Reich" ging er bis auf 35 Jungen bzw. 17,9 % 1938/39 zurück. Die Leitung des staatlich verwalteten Alumneums lag von 1912 bis 1935 bei Pfarrer Konrad Lauter, ihm folgte der Nicht-Theologe Fritz Rosenbauer als Direktor. Lauter erteilte am Gymnasium Religionsunterricht. Der Direktor wurde von einem Inspektor, einem Lehr- oder Predigtamtskandidaten, unterstützt.

Im Frühjahr 1919 nahmen die Kriegssonderklassen nahezu komplett an dem Freikorpseinsatz gegen die Münchener Räterepublik teil; dazu viele Schüler der 8. und einige aus der 7. Klasse[76]. Der Alumneumsinspektor und Theologiestudent Georg Steinbauer trat in das Freikorps Epp ein. Das Alumneum nahm am Bahnhof feierlich Abschied von seinen Zöglingen[77]. Ein Schüler und Alumne (1918-1921) erinnerte sich, daß die meisten Schüler 1919 bei der Ermordung Kurt Eisners auf seiten des Attentäters Graf Arco standen. Die Oberklassen rückten alle zwei Wochen zu Marsch- und Schießübungen aus. Ein Großteil ließ sich in der Ansbacher Zeitfreiwilligenkom-

---

[73] Vgl. H. BOHRER, Jahre, S. 103, zur Kongruenz; H. MEISER, Festpredigt, S. 3 ff., die er 1937 zur Hundertjahrfeier hielt, zur Gegensätzlichkeit der Erziehungsziele.

[74] Nach PFARRER 196, Interview, bat Inspektor Thum ihn mit diesem Argument, die HJ-Leitung zu übernehmen.

[75] Vgl. Zeittafel im JAHRESBERICHT ANSBACH 1977/78, S. 9-11.

[76] JAHRESBERICHT ANSBACH 1918/19, S. 22.

[77] JAHRESBERICHT ANSBACH 1918/19, S. 28. Steinbauer war ein Sohn des Windsbacher Progymnasiumsdirektors.

panie, der „Schwarzen Reichswehr", in den Ferien ausbilden. Die Gymnasiasten hatten in der Ulanenkaserne schon ihre eigenen Spinde. Von den acht Alumnen seiner Klasse waren sieben mit der Zeitfreiwilligenkompanie während des Kapp-Putsches 1920 für fast fünf Wochen im Einsatz zum Schutz der Kasernendepots vor „Sozis" – die Ulanen waren nach Nürnberg ausgerückt. Ein Lehrer begleitete die Schüler als Offizier. Der gesamte Unterricht in den Oberklassen wurde „stillgelegt"[78].

Viele Schüler schlossen sich in den folgenden Jahren dem Deutsch-Nationalen Jugendbund an, der eine DNVP-nahe Wehrsportorganisation war. Einige Schüler, besonders aus dem Alumneum, traten in den Bund Oberland ein, in dem ein Lehrer führend tätig war. Die Schüler trugen unbehelligt ihre Oberlandabzeichen. Alumneumsdirektor Lauter trug den Schülern im Religionsunterricht auf, Handzettel für die DNVP zu verteilen. Die Stimmung in der Schülerschaft und überwiegend auch in der Lehrerschaft war nationalistisch und antidemokratisch. Bei Schulausflügen wurden schwarz-weiß-rote Flaggen mitgeführt. Die wenigen jüdischen Mitschüler wurden teilweise angefeindet und isoliert; es herrschte eine antisemitische Grundstimmung[79].

Im November 1920 wurde die Schulgruppe des VDA gegründet, die unter Leitung eines Studienprofessors einen Stand von 170 Mitgliedern erreichte[80].

Während des Hitler-Putsches wurden die Ansbacher Zeitfreiwilligen in ständige Alarmbereitschaft versetzt. Karl Steinbauer, 1923/24 Schüler in Ansbach, schreibt in seinen Erinnerungen: „Brennend gern wären wir in München dabei gewesen. Voller Zorn und Grimm sahen wir den Putsch gescheitert, wie es uns dargestellt war durch üblen Verrat des [Gustav] von Kahr, [Otto] von Lossow und [Hans von] Seißer"[81]. Seit der zweiten Hälfte der zwanziger Jahre traten einige Schüler dem NS-Schülerbund bei und besuchten die Schule im Braunhemd. Der Lehrer Karl Frank machte im Braunhemd in der Schule Propaganda für die NSDAP, was nicht ohne Wirkung blieb: „Schon als Schüler wurde ich, angeregt durch Lehrer und ältere Kameraden, ein Anhänger Hitlers, ohne mich jedoch dem verbotenen Schülerbund der NSDAP anzuschließen"[82]. Im November 1930 schloß sich ein Schüler und Alumne dem NS-Schülerbund an: „Dort war eine Schülergruppe der HJ, und ich trat derselben auf Drängen der alteingesessenen Kameraden bei, schon aus dem Grunde, weil ich nicht aus der Reihe tanzen wollte, nachdem ich ja doch ein Arbeiterkind war"[83]. Auch soziale und volksmissionarische Motive führte er bei seiner Entnazifizierung an.

---

[78] PFARRER 73, Interview; vgl. JAHRESBERICHT ANSBACH 1919/20, S. 13.

[79] PFARRER 23, Interview (Ansbach 1919-22), erlebte 1922 bei einer größeren Jugendbundveranstaltung Erich Ludendorff als Attraktion. PFARRER 51, Interview (Ansbacher Alumne 1919-28) war beim Deutsch-Nationalen Jugendbund 1922-24. PFARRER 125, Interview (1920-29): seine ganze Klasse lehnte Schreibmüller ab, als er ein Buch mit einer Empfehlung von Stresemann veröffentlichte, und ignorierte nach Schlägereien die jüdischen Mitschüler auf den Rat von Alumneumsdirektor Lauter hin.

[80] JAHRESBERICHT ANSBACH 1920/21-26/27, S. 13 f.

[81] K. STEINBAUER, Zeugnis I, S. 36a f.; Steinbauer war auch im Bund Oberland.

[82] Schreiben vom 19.8.1946 an den LKR (LKA NÜRNBERG, PA 52). Der Autor war Alumne 1926-29. Frank wurde 1935 Oberstudiendirektor am Gymnasium Bayreuth.

[83] C. VOLLNHALS, Kirche (1989), S. 233 (1946 vor der Berufungskammer).

Im Alumneum war bis 1932 vom Nationalsozialismus wenig zu spüren. Lauter empfahl bei der Reichspräsidentenwahl 1932 den Stahlhelmkandidaten Theodor Duesterberg. Auch im Ansbacher Schülerbibelkreis fand der Nationalsozialismus bis 1932 keinen großen Anklang[84].

Im Gymnasium vermerkte noch der Ende März 1933 verfaßte Jahresbericht kommentarlos eine nationale Feier am 21. März 1933 anläßlich der Reichstagseröffnung mit einer Ansprache von Direktor Schreibmüller[85]. Positive Äußerungen zum Nationalsozialismus fehlten auch in Schreibmüllers Rede zur Abiturfeier am 5. April 1933. Dafür nahm Pfarrer Ernst Fikenscher im Schulschlußgottesdienst am folgenden Tag positiv Stellung zur „Machtergreifung"[86]. In den sehr knappen Mitteilungen des Alumneums in den Jahresberichten wurde kein Bezug auf die „Machtergreifung" genommen. Im vertrauten Kreis äußerte sich Lauter im Sommer 1933 als alter Deutschnationaler kritisch zum Nationalsozialismus. Im Januar 1934 bezeichnete er das „Dritte Reich" als „satanischen Staat"[87]. Lauter schloß sich auch der bekenntnistreuen Pfarrerbruderschaft an. Im November 1935 wurde er auf Drängen der Partei mit sofortiger Wirkung beurlaubt[88].

Ab November 1933 wurden die Ereignisse des „Dritten Reiches" pflichtgemäß mit „innigster Anteilnahme"[89] verfolgt. Die Mehrzahl der Lehrer blieb aber wie ihr Direktor politisch zurückhaltend, nur einzelne Lehrer waren fanatische Nationalsozialisten. Am 23. Juni 1935 besuchten der preußische Ministerpräsident Hermann Göring, der 1904/05 dort Schüler war, und Gauleiter Julius Streicher Gymnasium und Alumneum. Die beiden Gäste waren enttäuscht und verärgert über die wenig herzliche Begrüßungsansprache von Schreibmüller und das Fehlen eines Göringbildes in der Schule – neben dem großen Königsbild hing nur ein kleines Hitlerbild –, im Alumneum fehlte gar ein Hitlerbild, was zu Lauters Beurlaubung beigetragen haben dürfte. Der Direktor und die gesamte Schule wurden daraufhin von Streicher und der Presse heftig angegriffen[90]. In der Festrede zur 200-Jahr-Feier des Einzugs in das Schulgebäude 1937 ver-

---

[84] PFARRER 181, Interview (Ansbacher Alumne 1929-32).

[85] JAHRESBERICHT ANSBACH 1932/33, S. 8.

[86] F. BOMHARD, Tagebuch, 6.4.1933. PFARRER 12, Interview (Ansbach 1926-35): abgesehen von einem radikal nationalsozialistischen Lehrer sei das Lehrerkollegium bis 1935 politisch zurückhaltend gewesen, die Schülerschaft sei für Hitler eingestellt gewesen.

[87] Nach F. BOMHARD, Tagebuch, 4.7.1933; 9.1.1934 und weitere Einträge über Lauters „Unken".

[88] Konrad Lauter: LKR-Fragebogen „Maßnahmen gegen Geistliche 1933-1945" (LKA NÜRNBERG, LKR IV, 550 [Slg.]).

[89] JAHRESBERICHT ANSBACH 1933/34, S. 10 f.; so auch in den folgenden Jahresberichten. Pfarrerin 90, Interview (Ansbach 1934-39), wurde vom ihrem Vater, dem Ansbacher Kreisdekan Georg Kern, die BDM-Mitgliedschaft verboten; mit den jüdischen Mitschülern mußte sie samstags zu politischem Unterricht in die Schule, während alle anderen zum Dienst in der HJ schulfrei hatten. Der Mathematiklehrer Hermann Rieger, SA-Mann, kam nach der Reichskristallnacht verspätet in den Unterricht und schwärmte vor den Schülern über den „spontanen Volksaufbruch".

[90] Vgl. H. SCHWACKENHOFER, Festreden, S. 40 ff.; F. BOMHARD, Tagebuch, 24.6.1935; PFARRER 231, Interview (Alumne 34-36).

teidigte Schreibmüller tapfer die von Staat und Partei bedrohte Position der humanistischen Bildung[91].

Am Alumneum zog 1936 mit Direktor Rosenbauer der neue Geist ein. Er vermeldete 1938, daß auch in diesem Jahr alle Zöglinge der HJ angehören, und 1939, daß das Alumneum seine Zöglinge zur Diensterfüllung in der HJ ansporne. Im November 1938 übernahm das Kultusministerium die Aufsicht über das Alumneum[92].

Die dritte von den bayerischen Theologen sehr stark frequentierte humanistische Schule war das 1531 gegründete Gymnasium bei St. Anna in Augsburg. Gemäß der seit der Reformationszeit ausgeprägt protestantischen Tradition der Anstalt waren von den etwa 200 bis 350 Schülern im Betrachtungszeitraum gut vier Fünftel evangelisch; erst in der Zeit des Zweiten Weltkrieges ging der Anteil bis auf unter 60 % stark zurück. Die Anstaltsvorstände waren Dr. Paulus Geyer (1914-1924), Dr. Max Schunck (1924-1928) und Dr. Walter Heim (1928-1945).

Eng mit dem Gymnasium verbunden war das 1581 gegründete Protestantische Kollegium bei St. Anna. Als Direktoren des Schülerheimes fungierten nichttheologische Lehrkräfte des Gymnasiums: Gottlieb Hatz (1909-1923), Dr. Max Schunk (1923-1928), Friedrich Rödel (1928-1930) und Hans Weinrich (1930-1939). 1939 wurde das Kolleg in ein „Staatlich verwaltetes Schülerheim" umgewandelt. Zum Direktor wurde Studienassessor Dr. Karl Eduard von Erffa ernannt. Als Inspektoren dienten in der Regel zwei Lehramtsanwärter bzw. Studienassessoren, vereinzelt auch Predigtamtskandidaten. Die Anzahl der Zöglinge lag bis zum Krieg mit Ausnahme der Jahre 1921 bis 1923, in denen es nur 31 bzw. 34 waren, zwischen 66 und 84. Der Anteil an der Schülerschaft lag etwa zwischen 20 und 30 % – mit Ausnahme von 1921 bis 1923.

In den Jahren nach dem Ersten Weltkrieg gehörten viele Schüler dem Deutsch-Nationalen Jugendbund an. Ein extrem deutschnationaler Lehrer machte dafür Werbung. Im Kolleg und im Schülerbibelkreis spielte Politik in dieser Zeit keine Rolle[93]. Der Hitler-Putsch fand unter Schülern und Lehrern wohl nur wenig Zustimmung[94]. Einen Zwischenfall gab es am 9. November 1923 für das Kolleg. Beim allsonntäglichen Marsch der Zöglinge durch die Stadt wurde der Inspektor Paul Mayer unter dem Verdacht einer Beziehung zum Hitler-Putsch von der Polizei zur Vernehmung abgeführt. Mayer hat mit den Kollegiaten aber nie über Politik gesprochen.

Auf Initiative eines Zöglings besuchten 1925/26 etwa zehn Kollegiaten eine Hitler-Veranstaltung in Augsburg, die sie sehr beeindruckte[95]. Den Schülerbibelkreis leiteten 1925 bis 1927 die bei den Jungen sehr beliebten Vikare Siegfried Leffler und Julius Leutheuser, die völkisch orientiert waren. Im Bibelkreis haben sie aber nach der Erin-

---

[91] H. SCHWACKENHOFER, Festreden, S. 42 ff.

[92] JAHRESBERICHT ANSBACH 1937/38, S.15; 1938/39, S. 15.

[93] Nach PFARRER 126, Interview (Kollegiat 1919-1922), der in dieser Zeit allerdings in Augsburg eine NS-Veranstaltung mit Hanns Kerrl besuchte.

[94] PFARRER 22, Interview (1915-1924).

[95] PFARRER 18, Interview (Kollegiat 1919-1928).

nerung einiger Teilnehmer keine parteipolitische Propaganda betrieben[96]. Zum Bibelkreis gehörte auch Georg Lanzenstiel, der als Theologiestudent für die Sozialdemokratie schwärmte. Auf grundsätzlich theoretischer Ebene wurden soziale und politische
Fragen diskutiert, so auch das Kommunistische Manifest.

Die meisten Lehrer hielten sich in der Weimarer Republik parteipolitisch zurück,
warben allerdings intensiv für den VDA, dem sich ein Großteil der Schüler anschloß:
„Daß auch der vaterländische Gedanke an unserer Anstalt eine treu gehütete Heimstät-
te hat, beweist u.a. die Tatsache, daß rund 90 % unsrer Schüler dem Verein fürs
Deutschtum im Ausland angehören."[97] Anfang der dreißiger Jahre leitete der
Deutschlehrer Dr. Karl Hensold die VDA-Schulgruppe, die Sammlungen, Vortrags-
abende und Auslandsfahrten veranstaltete. Hensolt war Nationalsozialist und ließ im
Deutschunterricht betont NS-Literatur lesen[98].

Während von den Schülern zunächst der Stahlhelm stärker frequentiert wurde als
der NS-Schülerbund, nahmen die Eintritte 1932 zu, als die Mehrheit der Schüler sich
dem Nationalsozialismus zuwendete. Im Kolleg war die Stimmung eher und stärker
pronationalsozialistisch. 1931/32 rebellierten die Zöglinge gegen einen Inspektor, der
ihre Sympathien für die NSDAP nicht teilte. 1932/33 war ein Mitglied des NS-
Schülerbundes Kollegsenior, der für die offizielle Abiturfeier auf eigene Initiative eine
Hakenkreuzfahne besorgte und in der Feier nach dem Deutschlandlied das Horst-
Wessel-Lied anstimmte. Der Schulleiter ließ diesen Abiturienten daraufhin den Presse-
bericht über die Feier schreiben. Mit anderen Mitschülern absolvierte dieser Abiturient
den freiwilligen Reichsarbeitsdienst (RAD) und trat in die SA ein[99].

Die Anzahl der NS-Veranstaltungen an der Schule nahm von Jahr zu Jahr zu.
1934/35 waren 86,6 % der Schüler in HJ oder anderen NS-Organisationen, 1936
schließlich alle. Selbst der Religionslehrer, ein evangelischer Pfarrer, trug im Unterricht
sein Parteiabzeichen[100].

2. Engagement in NS-Organisationen als Schüler

Nur ein geringer Anteil der Pg.-Pfarrer war schon in ihrer Schulzeit in NS-Organisationen aktiv; in 15 Fällen ist eine Mitgliedschaft belegt, neun davon traten als Schüler in
die NSDAP ein. Es fällt auf, daß mit acht Pfarrern über die Hälfte der schon als Schüler aktiven Nationalsozialisten den Jahrgängen 1913 und 1914 angehörten. Bei den
übrigen Pfarrern sind nur zwei HJ-Mitgliedschaften vor 1933 belegt, elf ab 1933. Drei

[96] PFARRER 11, Interview (1919-1928), der allerdings aus Interesse an Hitler 1926/27 einen Teil von
„Mein Kampf" las und eine Hitler-Veranstaltung mit Begeisterung besuchte; PFARRER 153, Interview
(1923-1932); PFARRER 119, Interview (1923-1932).

[97] JAHRESBERICHT AUGSBURG 1930/31, S. 21. So auch PFARRER 153, Interview; PFARRER 60, Interview (Kollegiat 1924-1927).

[98] PFARRER 153, Interview. Vgl. JAHRESBERICHT AUGSBURG 1930/31, S.21; 1931/32, S. 20 f.

[99] PFARRER 170, Interview (Kollegiat 1930-1933).

[100] PFARRER 222, Interview (Kollegiat 1935-1937); von den Schülern auf sein Parteiabzeichen ange-
sprochen, begründete er es mit dem Gegensteuern gegen bestimmte Tendenzen in der Partei.

von ihnen hatten als Schüler Funktionen in der HJ inne. Dabei ist zu berücksichtigen,
daß es Schülern vor 1933 verboten war, sich parteipolitisch zu betätigen.

Bereits in der Frühphase der NSDAP waren zwei Gymnasiasten in NS-Jugendgrup-
pen eingetreten. Ein Münchener, Jahrgang 1905, kam über Freunde seiner Eltern
1921/22 in einen solchen frühen NS-Jugendkreis[101]. Ein Traunsteiner, Jahrgang 1910,
war schon in frühester Jugend vor dem Hitler-Putsch 1923 beim „Jungsturm des Ba-
taillons Chiemgau"[102] der NSDAP aktiv. Beide wurden Jahre später als Studenten Pg.
Ein anderer Münchener Gymnasiast, Heinrich Schulz, Jahrgang 1903, trat bereits vor
seiner Volljährigkeit 1921 in die NSDAP ein[103]. Auch ein Schüler des Progymnasiums
Neustadt an der Aisch, Jahrgang 1907, war schon 1923 in den Bann der nationalsozialistischen Bewegung geraten und 1925 als Schüler des Neuen Gymnasiums Nürnberg
in die NSDAP eingetreten[104]. Ein Schüler des Gymnasiums Schweinfurt, Jahrgang
1909, trat 1928 in die Partei ein, nachdem er „schon vorher lange SA-Dienst gemacht
hatte"[105]. Als Motive gab er 1947 vor der Spruchkammer an, daß er in Schweinfurt
„Proletariervolk im übelsten Sinne des Wortes" und „fürchterlichste Versammlungen
der Gottlosenverbände" erlebt habe; in der NSDAP habe er die Partei gesehen, die
dagegen Widerstand leisten könne[106]. 1932 schloß sich ein Schüler des Alten Gymnasiums Regensburg, Jahrgang 1914, aus Begeisterung für das NSDAP-Programm der
HJ und der Partei an[107]. Ein ehemaliger Präfekt des Alumneums, in dem dieser Schüler lebte, erinnerte sich, daß schon 1927/28 ein Großteil der Alumnen politisch auf
Hitlers Seite stand[108]. Ein Coburger Gymnasiast, Jahrgang 1913, trat im Herbst 1930
dem NS-Schülerbund und 1933 der NSDAP bei: „Im Laufe der [sc. Schul-]Abschluß-
feierlichkeiten wurde mir eine Beitrittserklärung zur NSDAP vorgelegt. In der Freude
über das bestandene Abitur und in jugendlicher Begeisterung für die Ziele der Partei
unterschrieb ich dieses Formular bedenkenlos."[109] Ebenfalls über den damals noch
illegalen NS-Schülerbund kam ein Augsburger Schüler und Kollegiat, Jahrgang 1913,
in die Partei: „Im Jahre 1931 trat ich in den NS-Schülerbund ein und 1933 vollzog ich
meinen Übertritt in die NSDAP."[110] Seine Motive waren wohl typisch für diese Schü-
lergeneration:

> „Als junger Mensch erlebte ich die letzten Zuckungen eines schwächlichen, demokratischen
> Parteienstaates mit allen Zersetzungserscheinungen, [...] nicht zu bezwingender Arbeitslo-
> sigkeit, eine Zuchtlosigkeit und Schamlosigkeit im öffentlichen Leben, die auf einen jun-
> gen, idealistisch denkenden Menschen nur abstoßend wirken konnte, und eine unerträgli-

---

[101] Pfr. an LKR, 4.6.1945 (LKAMT MÜNCHEN, PA 194).
[102] Lebenslauf 8.12.1933 (LKAMT MÜNCHEN, PA 68).
[103] Augsburger National Zeitung, 15.7.1938.
[104] Lebenslauf 24.3.1934 (LKAMT MÜNCHEN, PA 211).
[105] Lebenslauf o. D. (1938) (LKAMT MÜNCHEN, PA 129).
[106] C. VOLLNHALS, Kirche (1989), S. 262.
[107] Kandidatenfragebogen; Pfarrer an LKR, 24.1.1946 (LKA NÜRNBERG, PA 103).
[108] PFARRER 117, Interview.
[109] Pfr. an LKR, 1.9.1946 (LKAMT MÜNCHEN, PA 22).
[110] Lebenslauf 10.5.1937 (LKAMT MÜNCHEN, PA 114).

che Vermischung von Politik und Religion. [...] Das betonte, völkische Anliegen der NSDAP kam uns jungen Menschen, die mit einer heißen Liebe zu ihrem Volk stehen wollten, entgegen und machte uns aufnahmebereit und freudig für jede verheißungsvolle Aufgabe.“[111]

Ein Schüler des Alten Gymnasiums Würzburg, Jahrgang 1913, war bereits seit 1929 in der HJ und trat 1933 in die Partei ein; sein Vater war zeitweise NSDAP-Ortsgruppenleiter[112]. Ein anderer Schüler, ebenfalls Jahrgang 1913, wechselte 1930 auf das Alte Gymnasium Würzburg:

> „Der größte Teil der Schulkameraden war Feuer und Flamme für Hitler und seine Bewegung.“[113] „Im Wirbel der Politik um das Jahr 1930 wollte auch ich eingreifen. Mit zwei Mitschülern wurde die Hitlerjugend in Kitzingen gegründet. Hatte ich doch auf meinen Fahrten Gelegenheit dem Kommunismus direkt ins Gesicht zu sehen. Unsere Aufgabe war uns ernst. Es war für uns keine andere Wahl, mochte es auch verboten sein.“[114]

Der Gymnasiast war als Ortsgruppenführer und Schulungsleiter des NS-Schüler-bundes aktiv. Als Student wurde er Pg. Ein Schüler des Alten Gymnasiums in Nürnberg, Jahrgang 1914, war im Sommer 1931 in den NS-Schülerbund eingetreten, in dem er als Ringführer wirkte[115]. Ein Schulkamerad von ihm, Jahrgang 1914, wurde 1933 Pg.; vorher war er aber nach eigenen Angaben

> „politisch weder organisiert noch interessiert; meine freie Zeit gehörte dem CVJM und dem BK. [...] Kurz nach dem Abitur [...] trat ich im März 1933 der NSDAP bei [...]. Mit diesem Schritt folgte ich dem Einfluß einiger Lehrer meines Gymnasiums. Vor allem wollte ich meinen Gegensatz zum Bolschewismus damit dokumentieren.“[116]

Ein Weidener Gymnasiast und Alumne, Jahrgang 1915, war seit 1931 im Fränkischen Wanderbund, einer Deckorganisation der HJ, und später in der HJ Fähnleinführer, Unterbannschulungsleiter und Bannpressewart. Zur HJ war er nach der Wahrnehmung von Klassenhaß, Atheismus und sozialen Mißständen in seiner Heimatstadt Selb gestoßen in der Hoffnung, daß der Nationalsozialismus diese Übel beseitigen könne. 1935 wurde er von der HJ als Pg. angemeldet[117].

Ein Fürther Gymnasiast, Jahrgang 1917, gehörte seit 1933 der HJ an. „Nach vierjähriger Dienstzeit in der HJ wurde ich in die Partei aufgenommen mit dem eigenen Vermerk, daß ich als Christ auf dem Grund des Apostolischen Glaubensbekenntnisses

---

[111] Pfr. an LKR, 23.4.1946 (EBD.).

[112] Pfr. Bergdolt an LKR, 26.6.1937; Lebenslauf o.D. (1939) (LKAMT MÜNCHEN, PA 140).

[113] Pfr. an LKR, 16.3.1946 (LKAMT MÜNCHEN, PA 106).

[114] Lebenslauf o.D. (1936); vgl. Kandidatenbogen (EBD.).

[115] Lebenslauf 14.11.1936; Kandidatenbogen (LKAMT MÜNCHEN, PA 184). Der Pfarrer trat mit Studienbeginn in die NSDAP ein.

[116] Pfr. an LKR, 8.4.1946 (LKAMT MÜNCHEN, PA 177). BK. steht für Schülerbibelkreis.

[117] Lebenslauf 30.10.1937 (LKAMT MÜNCHEN, PA 17); die Motive für seine Hinwendung zum Nationalsozialismus stammen aus seinem Schreiben an die Spruchkammer, 25.9.1946 (EBD.).

stehe."[118] Am Gymnasium Fürth hatte die NSDAP auch schon vor 1933 Anhänger: „Durch Klassenkameraden war ich mit dem Gedankengut der NSDAP vertraut geworden. Sie schien mir das Ideal einer vaterländischen Bewegung zu sein, wie sie der Wunschtraum unserer Jugend war."[119]

Von einem Hofer Gymnasiasten, Jahrgang 1914, liegt eine sehr detaillierte Schilderung seines Weges zum Nationalsozialismus vor. Im Evangelischen Schülerheim Hof begeisterte ein Mitschüler den Jugendlichen für den Nationalsozialismus. Im Oktober 1929 nahm er an einer Grenzlandkundgebung in Waldsassen teil, bei der er Karl Holz und Adolf Wagner hörte. Wagner kannte die Eltern des Schülers und gab den Anstoß zum Theologiestudium: „Mensch, du stammst doch aus einem Pfarrhaus. Du studierst Theologie [...], solche Leute brauchen wir später."[120] 1931 schloß sich der Gymnasiast dem Hofer NS-Schülerbund an. „Ich war begeisterter Hitlerverehrer und bedauerte nur, daß ich zu jung war, um aktiven Dienst zu tun. Wenn eine der vielen Volksabstimmungen oder Wahlen war, habe ich den Großeltern [...] lange Briefe geschrieben und ihnen klarzumachen versucht, wie sie abstimmen sollten."[121] Gemeinsam mit der NSDAP-Ortsgruppe Hof nahm er am Deutschen Tag in Plauen teil, auf dem Hitler sprach. „Auf dem Marsch durch die Stadt wurden wir von Kommunisten angepöbelt, aber das empfanden wir als Ehre."[122] Ein anderer Pfarrer, der 1933 zu Beginn seines Studiums in die NSDAP eintrat, vermerkte zu seiner Hofer Gymnasialklasse: „Ich war schon am Gymnasium in einer Klasse, deren geistige Haltung dem Nationalsozialismus nahestand."[123]

C. Theologiestudium

Von den Pg.-Pfarrern waren mindestens 65 (23,7%) als Studenten in NS-Organisationen aktiv; neun waren schon seit der Schulzeit Pg., 48 wurden im Studium Pg. (17,5%), vier NSDStB-Mitglieder und vier SA-Männer traten nach dem Studium auch in die Partei ein. Außerdem gehörten mindestens 19 weitere bayerische Theologiestudenten dem NSDStB an, zwei vor 1933 der SA. Ab dem Wintersemester 1933/34 war der Dienst in der SA oder in einer anderen NS-Organisation für die Studenten Pflicht.

Von den bayerischen Predigtamtskandidaten der Prüfungsjahrgänge 1919 bis 1936 haben 99,1 % zumindest einige Semester an der Universität Erlangen, die als einzige bayerische Universität eine Fakultät für evangelische Theologie hatte, studiert[124]. An

---

[118] Lebenslauf 2.11.1940 (LKAMT MÜNCHEN, PA 10).
[119] Pfr. an LKR, 14.6.1946 (LKAMT MÜNCHEN, PA 196); der Pfarrer besuchte 1924-1933 das Gymnasium Fürth und trat zu Studienbeginn in die NSDAP ein.
[120] PFARRER 99, Manuskript, S. 18; vgl. insgesamt S. 17-22.
[121] EBD., S. 19.
[122] EBD., S. 21.
[123] Pfr. an LKR, 22.7.1946 (LKAMT MÜNCHEN, PA 247).
[124] Vgl. H. MASER, Kirche (1990), S. 49-52.

zweiter Stelle in der Gunst der Studenten lag Tübingen mit 46,7 %. Deutlich schwächer frequentiert waren die theologischen Fakultäten Leipzig (11,1 %), Rostock (9,9 %), Berlin (9,3 %), Marburg (5,3 %), Bonn (5,0 %), Greifswald (4,5 %) und Göttingen (4,4 %). Auch die philosophischen Fakultäten in München (9,8 %) und Würzburg (7,3 %) fanden aufgrund familiärer Beziehungen bzw. des Altsprachlichen Seminars regen Zuspruch.

Da Erlangen die „Stammuniversität" nahezu aller bayerischen Theologiestudenten war, erscheint eine Konzentration auf diese Universitätsstadt als sinnvoll. Nationalsozialistische Aktivitäten bayerischer Theologiestudenten in anderen Universitätsstädten werden im Kontext erwähnt. Das Altsprachliche Seminar für evangelische Theologiestudenten in Würzburg kommt wegen des auffallend intensiven nationalsozialistischen Engagements seiner Studenten hinzu. Für Tübingen kann auf einschlägige Studien verwiesen werden[125].

1. Erlangen

An der Universität Erlangen stieg der Anteil der Theologiestudenten in der Weimarer Republik von einem Zehntel auf fast ein Viertel der Studentenschaft. Ihre absolute Zahl stieg von 173 auf 461[126]; den Höchststand erreichte sie im „Dritten Reich" mit 661 im Wintersemester 1933/34[127]. Die Theologiestudenten rekrutierten sich zu einem Drittel aus Pfarrhäusern, keine andere Fakultät wies einen so hohen Grad an „Berufsvererbung" auf[128]. Mit fast einem Zehntel waren auch die Söhne von Volksschullehrern überrepräsentiert. Für den Durchschnitt des Sommersemesters 1927 und des Wintersemesters 1927/28 ergibt sich folgende Verteilung auf die sozialen Schichten:

---

[125] U. D. ADAM, Hochschule; L. SIEGELE-WENSCHKEWITZ, Fakultät; L. SIEGELE-WENSCHKEWITZ, Geschichtsverständnis; T. STÄHLIN, Stellung. Die Fragebogenpfarrer nannten als ihre prägendsten theologischen Lehrer häufig Tübinger Theologieprofessoren: an erster Stelle den Systematiker Karl Heim (20,2 %; lehrte in Tübingen 1920-39), gefolgt vom Praktischen Theologen Karl Fezer (4,8 %; lehrte in Tübingen 1926-59) und dem Neutestamentler und Systematiker Adolf von Schlatter (3,0 %; lehrte in Tübingen 1898-1922); vgl. auch H. MASER, Kirche (1990), S. 50-53. Heim, im schwäbischen Pietismus verwurzelt und in der weltweiten Ökumene aktiv, und von Schlatter standen dem CVD nahe (K. NOWAK, Kirche, S. 147). Heim war einer der Unterzeichner des gegen die Deutschen Christen gerichteten „Aufrufes der Jungreformatorischen Bewegung zum Neubau der Kirche" vom 9.5.1933 (K. SCHOLDER, Kirchen I, S. 408), stand aber wie viele der Unterzeichner der „nationalen Erneuerung" 1933 zunächst wohlwollend gegenüber (Z. KUCERA, Heim, S. 775). Fezer trat, wie vier weitere seiner Fakultätskollegen, in die NSDAP ein und schloß sich 1933 vorübergehend den Deutschen Christen an (C. H. MEISIEK, Theologiestudium, S. 289). Zum Theologiestudium und den theologischen Fakultäten im Betrachtungszeitraum allgemein: L. SIEGELE-WENSCHKEWITZ/C. NICOLAISEN (Hg.), Fakultäten; K. MEIER, Fakultäten; C. H. MEISIEK, Theologiestudium.

[126] S.S 1914: 17.9 % (235); W.S. 1922/23: 9,8 % (173); S.S. 1924: 11,7 % (176); W.S. 1929/30: 21,0 % (356); W.S. 1930/31: 23,7 % (461). Nach DEUTSCHE HOCHSCHULSTATISTIK.

[127] K. BEYSCHLAG, Theologie, S. 146. Zur Universität Erlangen in der Weimarer Republik und im „Dritten Reich" allgemein vgl. M. FRANZE, Studentenschaft; A. WENDEHORST, Geschichte, S. 145 ff.; G. JASPER, Universität.

[128] Vgl. E. JANSEN, Herkunft, S. 453 f.; 473; A. EGGER (Bearb.), Schulwesen, S. 171*-173*.

Väterberufe der Theologiestudenten in Erlangen nach Schichten

Oberer Mittelstand	48,7 %
davon Pfarrer	35,6 %
Unterer Mittelstand	43,7 %
Arbeiterschaft	2,1 %
Unklar	5,5 %

Väterberufe der Theologiestudenten in Erlangen nach Anstellungsverhältnis

Selbständige	17,8 %
Beamte	66,5 %
davon Pfarrer	35,6 %
Angestellte	8,9 %
Arbeiter	2,1 %
Unklar	4,7 %

Zwischen 1913 und 1925 entstammten 48,0 % der Theologiestudenten einer Akademikerfamilie (davon 37,5 % Pfarrer), 11,3 % der „finanzkräftigen Schicht" und 36,6 % der „nicht akademisch gebildeten und minderbemittelten Schicht"[129].

Eine zentrale Rolle im Studentenleben spielten die Studentenverbindungen. Der Direktor des Nürnberger Predigerseminares, Hans Meiser, urteilte 1926:

„Eine Besonderheit unserer bayerischen Theologen ist es, daß sie mit verschwindenden Ausnahmen einer Studentenverbindung angehören. Die alten ‚Theologenverbindungen' Uttenruthia, Wingolf, Bubenruthia üben auch nach dem Krieg ihre Anziehungskraft ungebrochen aus und lassen nicht einmal eine Vereinigung wie die Deutsche Christliche Studentenvereinigung recht aufkommen."[130]

Mehr als ein Viertel aller bayerischen Theologen, die in der Weimarer Republik und im „Dritten Reich" studierten, waren Uttenreuther (28,0 %)[131]. Die nichtschlagende christliche Verbindung Uttenruthia bestand im Betrachtungszeitraum zu gut drei Vierteln aus Theologiestudenten[132]. Zu den Ehrenphilistern gehörten die Theologieprofessoren Philipp Bachmann, Hans Preuß und Paul Althaus. Mit großem Abstand folgten die Burschenschaft Bubenruthia (11,4 %), die Deutsche Christliche Studentenvereinigung (7,4 %), die keine Korporation war, und der Wingolf (5,7 %). Nur aus Theologiestudenten bestand der kleine Theologische Studentenverein Erlangen (4,0 %), dessen wissenschaftliche Leitung als Präses stets ein Theologieprofessor ehrenamtlich übernahm: Philipp Bachmann (1902-1931), Wilhelm Vollrath (1931-1935) und Hermann Sasse (1935-1939). In den zwanziger Jahren hatte der Verein maximal ein Dutzend Aktive. Nachdem der Verein seit 1927 ein eigenes Haus hatte, wurde er

---

[129] E. JANSEN, Herkunft, S. 458; 452.

[130] KORRESPONDENZBLATT 51, 1926, S. 32.

[131] Ergebnisse der schriftlichen Befragung.

[132] J. KÜBEL, Uttenruthia, S. 308; W.S. 1914/15 bis S.S. 1926: 75,0 %; W.S. 1926/27 bis W.S. 1935/36: 80,5 %.

1930 zur Theologischen Verbindung Südmark ausgebaut. Die Mitgliederzahl stieg bis 1935 auf 48, davon 37 bayerische Theologiestudenten. Am 21. Februar 1936 wurde die Südmark verboten, existierte aber als „Studentengruppe des Luth. Einigungswerks" bis 1939 weiter. Nach dem Verbot des Philisterverbandes und der Beschlagnahme des Hauses 1939 konnte die Gruppe nur noch als privater Kreis zusammenkommen[133].

Die Theologiestudenten teilten in der Weimarer Republik und im „Dritten Reich" die politische Orientierung der gesamten Erlanger Studentenschaft[134]. In den „Kampf gegen den Bolschewismus" zogen auch viele Theologiestudenten in den Freikorps der Jahre nach dem Ersten Weltkrieg. Insgesamt waren die Erlanger Studenten mit etwa 350 Freiwilligen am stärksten im Freikorps Epp vertreten. Bubenruthia, Wingolf und Uttenruthia nahmen geschlossen oder überwiegend teil[135].

Im Juni 1919 wurde nach der Rückkehr der Freikorpskämpfer aus München die „Studenten-Freiwilligen-Kompanie Erlangen" aufgebaut, der sich 415 Studenten anschlossen. Fast alle Korporationen, einschließlich Uttenruthia, Bubenruthia, Wingolf, machten den Eintritt obligatorisch[136]. Die zweite Kompanie wurde von dem Theologiestudenten und Oberleutnant Friedrich Möbus, Jahrgang 1890, geführt. Während des rechtsextremistischen Kapp-Putsches im März 1920 wurde die Studentenkompanie mit 375 Zeitfreiwilligen von der Reichswehr wegen eines befürchteten linken Gegenputsches einberufen. In Nürnberg wurde die Studentenkompanie am 17. März 1920 gegen bewaffnete Matrosen eingesetzt[137]. Kurz nach dem Nürnberger Einsatz wurde die Studentenkompanie am 1. Mai 1920 im Vollzug der Bestimmungen des Versailler Vertrages aufgelöst. 1921 rückten Uttenreuther, Bubenreuther und Wingolfiten nach Oberschlesien mit dem Freikorps Oberland aus[138].

In der Erlanger SA engagierten sich seit deren Gründung 1922 einige Studenten[139]; an führender Stelle der Theologiestudent und Bubenreuther Willy Schneider, der allerdings nicht in den bayerischen Kirchendienst eintrat. Die NSDAP fand in der Erlanger Studentenschaft, die bisher fast in ihrer Gesamtheit aus scharfer Ablehnung der Weimarer Republik heraus alles verachtet hatte, was mit Parteien zu tun hatte, und der völkischen Bewegung mehrheitlich nahestand, seit einer Rede Hitlers am 17. Mai 1923 zunehmend Anhänger[140]. Im Oktober 1923 konstituierten sich etwa 120 studentische NSDAP-Mitglieder zu einer „Nationalsozialistischen Studentengruppe". Am 8./9. November 1923 standen in Erlangen SA, NSDAP und Bund Oberland zum Einsatz in München bereit. Auch aus der Uttenruthia waren zahlreiche Theologiestudenten 1923

---

[133] K. KRODEL, Bericht, S. 12-15.

[134] Vgl. für 1918-1945 M. FRANZE, Studentenschaft.

[135] W. IHLE, Zeit, S. 125 f.; Bericht über Teilnahme der Uttenruthia an der Eroberung Münchens (EBD., S. 126-128). Vgl. M. FRANZE, Studentenschaft, S. 22-28; H. KÖNIG, Burschen, S. 47.

[136] Vgl. M. FRANZE, Studentenschaft, S. 29-31.

[137] EBD., S. 68-72.

[138] EBD., S. 72.

[139] EBD., S. 80 f.

[140] Vgl. EBD., S. 78 ff. Einzelne Studenten sind auch schon früher mit dem Nationalsozialismus in Berührung gekommen; der Theologiestudent Julius Leutheuser, Jahrgang 1900, trat schon 1920/21 als Redner für die NSDAP auf (H. BAIER, Christen, S. 17).

im Bund Oberland, für den der in der Verbindung einflußreiche Karl Tröger, Erster Sprecher im Wintersemester 1922/23, warb[141].

Als die NSDAP nach dem Hitler-Putsch verboten wurde, benannte sich die Nationalsozialistische Studentengruppe in „Radikal-völkische Liste", später in „Deutschvölkische Studentenbewegung" um, die bei der AStA-Wahl am 20. November 1923 mit 46,4 % der Stimmen und 12 von 25 Mandaten die relative Mehrheit errang und den AStA-Vorsitzenden stellte. Im März 1925 hatte die Gruppe 86 Mitglieder. Die Burschenschaften Bubenruthia[142] (14), Germania (6) und Frankonia (4) waren besonders stark vertreten. Aus der Uttenruthia war Heinrich Schulz vertreten, der schon vor dem Putsch Pg. gewesen war: „In der Verbotszeit der Partei und in den späteren Jahren war Pg. Schulz als Studentenführer an der Eroberung der Universität Erlangen für den Nationalsozialismus beteiligt."[143] Im Herbst 1924 führten die Flügelkämpfe innerhalb der nationalsozialistischen Bewegung zu einem Rückgang ihrer Sympathisanten in der Studentenschaft. Im Wintersemester 1924/25 trat die Deutschvölkische Studentenbewegung nicht mehr mit einer eigenen Liste zu den AStA-Wahlen an. 1925 wurde ein Jurastudent, Jahrgang 1904, Ortsgruppenführer der NS-Studentengruppe und Pg.; die „antibolschewistische Einstellung"[144] der NSDAP sprach ihn besonders an. Auch nach seinem Wechsel zur Theologie 1926 blieb er Nationalsozialist: „Meine theologische Entwicklung war beeinflußt durch meine Zugehörigkeit zur nationalsozialistischen Bewegung, in deren Reihen ich seit 1923 stehe."[145]

1925 bis 1927 verlor die nationalsozialistische Studentengruppe immer mehr an Bedeutung. In dieser politisch ruhigen Phase stieß der Theologiestudent Eduard Putz zur NSDAP. Putz wurde 1907 als Pfarrerssohn in Altenschönbach geboren und studierte seit 1925 in Erlangen. In der Bubenruthia leitete Putz im Sommersemester 1926 das allgemeine Kränzchen des Bundes, dessen Aussprachen nach Höhne stark nationalsozialistischen Geist geatmet hatten[146]. Im Jahre 1927 trat er wie „eine ganze Reihe von Bundesbrüdern" der NSDAP bei. Putz selbst äußerte sich im März 1934 in einem Brief an Landesbischof Meiser indirekt zu seinem Parteieintritt: „Ich bin über die Klarheit [sc. der Bekennenden Kirche] ebenso beglückt wie über jene im März 1927, als ich nationalsozialistischer Parteigenosse wurde und in den Kampf eintrat."[147] Im Som-

---

141 PFARRER 89, Interview. Der Bund Oberland wurde 1921 von Teilen des aufgelösten Freikorps Oberland gegründet, hatte eine strikt antirepublikanische Ausrichtung und arbeitete unter seinem Leiter Friedrich Weber eng mit der NSDAP zusammen; vgl. W. RUDLOFF, Verbände, S. 58 f.
142 PFARRER 117, Interview, berichtete, daß 1923-1925 eine Mehrheit „seiner" Bubenruthia auf der Seite Hitlers stand. So auch PFARRER 13, Interview.
143 Augsburger National Zeitung, 15.7.1938; Schulz war im Sommersemester 1924 Zweiter Sprecher der Uttenruthia.
144 Pfr. an LKR, 8.4.1946 (LKAMT MÜNCHEN, PA 220).
145 Lebenslauf 26.3.1934 (EBD.).
146 E. HÖHNE, Bubenreuther, S. 101 ff. Höhnes Beurteilung und Schilderung der „Kampfjahre" des Nationalsozialismus wird sicher durch die Abfassung im Jahre 1936 relativiert, aber auch die Bubenruthia-Geschichte von 1967 (J. ANDREAE/F. GRIESSBACH, Burschenschaft, S. 43 ff.) merkt an, daß einige Bubenreuther eine führende Rolle im NSDStB gespielt haben.
147 C. NICOLAISEN, Weg, S. 11.

mersemester 1927 wechselte er für zwei Semester mit den bayerischen Theologiestudenten Hans Monninger und Karl Dörfler, beide Jahrgang 1906, an die Universität Tübingen, wo sie zusammen mit einigen anderen Studenten die Tübinger NSDStB-Hochschulgruppe gründeten[148]. Putz war der Redner der Gruppe und hielt auf dem Marktplatz von Tübingen in SA-Uniform eine aufsehenerregende Rede. Über die starke Beteiligung bayerischer Theologiestudenten an der Tübinger NSDStB-Gruppe berichtete auch Walter Höchstädter, der 1929 von einem Theologiestudenten aus dem polnischen Wartheland für den NSDStB angeworben war. Zu den NSDStB-Treffen sei regelmäßig „eine ganze Reihe von bayerischen Theologiestudenten"[149] gekommen. Höchstädter selbst, Jahrgang 1907, hörte in Tübingen 1929 Baldur von Schirach und Edmund Heines, las aber weder „Mein Kampf" noch das NSDAP-Programm: „Was mich und viele andere allein anzog, das war die nationale Begeisterung für ein besseres Deutschland und die Kampfansage gegen Korruption und wirtschaftliche Ausbeutung."[150] Kritisch stand er allerdings einer Demonstration der NSDStB-Gruppe gegen den Vortrag eines französischen christlichen Pazifisten gegenüber.

Im Sommersemester 1927 wurde auch in Erlangen eine Hochschulgruppe des seit 1926 bestehenden NSDStB gegründet[151]. Im folgenden Wintersemester kandidierte der Erlanger NSDStB bei den AStA-Wahlen und erreichte mit 22,1 % der Stimmen fünf Mandate. Einer der NSDStB-Kandidaten war ein Theologiestudent aus dem Theologischen Studentenverein. Der Großteil der 33 NSDStB-Mitglieder kam aus der Burschenschaft Frankonia und der Wehrschaft Franko-Bavaria; insgesamt gehörten drei Viertel den Korporationen an, die in Erlangen 54,1 % der Studentenschaft erfaßten[152]. Ein Theologiestudent, Jahrgang 1908, schloß sich 1927 der Burschenschaft Germania an, weil „deren Geist meiner politischen Einstellung – seit 1922 nationalsozialistisch – entsprach"[153]. Im Rahmen einer großen Werbekampagne sprachen im Dezember 1927 und im Januar 1928 Hans Schemm und im März 1928 Hitler in Erlangen.

Putz wurde im Sommersemester 1928 in Erlangen „Fuchsmajor" der Bubenreuther und nahm mit der „Fuchsenschar", den neuen Mitgliedern der Burschenschaft, an nationalsozialistischen Versammlungen teil. Im Lokal „Goldener Stern" sprach Putz an manchen Werbeabenden selbst für die NSDAP. Auch im Wintersemester 1928/29 gestaltete Putz einen Werbeabend: „Seine mitreißende Art und sein unerschrockener Glaube an die nationalsozialistische Idee vermochten es, die Hörer zu packen."[154] Die Zahl der Bubenreuther im NSDStB erhöhte sich von eins auf sieben. Ein Bubenreuther, Jahrgang 1909, der 1929 bis 1931 in Erlangen Theologie studierte, berichtet:

---

[148] E. HÖHNE, Bubenreuther, S. 358.

[149] W. HÖCHSTÄDTER, Strudel, S. 77 f. Dies bestätigt auch PFARRER 60, Interview.

[150] W. HÖCHSTÄDTER, Strudel, S. 77.

[151] Vgl. M. FRANZE, Studentenschaft, S. 101 ff. Die Wahlergebnisse nach EBD., S. 399 ff.

[152] Vgl. A. FAUST, Studentenbund II, S. 148.

[153] Lebenslauf 20.3.1934 (LKAMT MÜNCHEN, PA 108); der Pfarrer besuchte 1919-24 das Pfarrwaisenhaus Windsbach; 1924-27 das Gymnasium bei St. Anna, Augsburg, mit Kolleg.

[154] E. HÖHNE, Bubenreuther, S. 103.

„Der größte Teil meiner damals in Erlangen studierenden Bundesbrüder und viele meiner Freunde unter den Theologen waren Nationalsozialisten. Vorträge von Eduard Putz und anderen haben uns gewaltig mitgerissen und für die Sache Hitlers begeistert. Ich trat damals [i.e. im Sommersemester 1929] dem NSDStB bei. [...] Es ist bekannt, daß Erlangen damals schon sehr nationalsozialistisch war. [...] wir jungen Menschen [sahen] in Hitler den Mann, der allein Deutschland helfen konnte. Darum waren wir seine fanatischen Anhänger. Wer anders als wir Nationalsozialisten war in der Lage, dem gottlosen Kommunismus entgegenzutreten?"[155]

Im Dezember 1928 hatte der Bund 33 Mitglieder, zu denen an führender Stelle Putz und Monninger gehörten; Putz war 1928 Hochschulgruppenführer. Auch unter den Mitgliedern waren im Wintersemester 1928/29 die Theologiestudenten mit 36,3 % mit Abstand am stärksten überrepräsentiert; ihr Anteil an der Universität lag bei 21,3 %[156].

Vor der AStA-Wahl hatte der NSDStB ein scharf antisemitisches Flugblatt in hoher Auflage verteilt; das Rektorat schritt dagegen nicht ein. Der NSDStB konnte sein Ergebnis auf 32,8 % und acht Sitze verbessern, drei davon bekleideten Bubenreuther, u.a. Putz und Monninger. Putz selbst legte 1929 seine Aufnahmeprüfung bei der Landeskirche ab und trat sein Vikariat an. Er hatte sich „besonders verdient um die Durchdringung der Erlanger Studentenschaft mit dem Geist des Nationalsozialismus"[157] gemacht. Noch mit einem politischen Einakter, der 1930 in der Bubenruthia aufgeführt wurde, propagierte Putz den SA-Dienst[158].

Im Wintersemester 1928/29 waren bei den NSDStB-Sprechabenden neben Putz zwei weitere Theologiestudenten die Hauptredner. Einer davon, Jahrgang 1904, hatte in seiner Heimatstadt Kitzingen im Sommer 1925 die NSDAP-Ortsgruppe mitgegründet[159]. Er war Freistudent und stand der DCSV nahe. Der andere, Jahrgang 1908, wurde 1928 Pg. und warb in seiner Verbindung Uttenruthia weitere Theologiestudenten für den Nationalsozialismus[160].

Der Erfolg der Werbetätigkeit zeigte sich in einer rapiden Erhöhung der Mitgliederzahl. Der NSDStB zählte im Wintersemester 1929/30 100 Mitglieder. Zudem arbeiteten dort nun einige Korporationen mit, besonders die Burschenschaften. Die Theologiestudenten waren mit 30,0 % immer noch stärker als jede andere Fakultät überrepräsentiert[161]. Bei fünf der Pg.-Pfarrer ist ein NSDStB-Beitritt im Jahre 1929 belegt.

---

[155] Pfr. an LKR, 19.8.1946 (LKAMT MÜNCHEN, PA 52). In seinem Rostocker Semester trat er 1931 NSDAP und SA bei.

[156] M. K. KATER, Studentenschaft, S. 214.

[157] E. HÖHNE, Bubenreuther, S. 359.

[158] M. FRANZE, Studentenschaft, S. 212; Mitverfasser war der Vikar Werner Pürckhauer.

[159] Inhaltsangabe einer Rede des Pfr. vor der NSDAP-Ortsgruppe Kitzingen, 13.10.1934 (LKAMT MÜNCHEN, PA 139). Ein anderer Theologiestudent gründete 1932 die NSDAP-Sektion Nürnberg-Hofen mit und betätigte sich als Parteiredner; Lebenslauf 5.1.1938; Pfr. an LKR, 3.12.1945 (LKAMT MÜNCHEN, PA 144).

[160] PFARRER 104, Interview; der Interviewte wurde selbst 1930 von ihm zum Parteieintritt veranlaßt. Insgesamt habe es aber 1930 nur wenige Nationalsozialisten in der Uttenruthia gegeben.

[161] M. H. KATER, Studentenschaft, S. 214; Anteil an der Gesamtheit der Studierenden: 21,0 %.

Putz' Nachfolger als Hochschulgruppenführer wurde wieder ein Theologiestudent, Jahrgang 1907, der 1928 in den NSDStB eingetreten war. Seit dem Parteieintritt als Gymnasiast 1925 „kämpfte ich [...] ununterbrochen für Deutschland als SA-Mann, als Führer des Studentenbundes Erlangen und als Redner in zahllosen Versammlungen und Kundgebungen in Städten und Dörfern Frankens und Schwabens. Das wiederholte persönliche Zusammensein mit meinem Führer zählt zu den unvergeßlichsten Eindrücken meines Lebens."[162] Im Februar 1929 hatte der Theologiestudent einen AStA-Beschluß initiiert, in dem die Einführung einer Zulassungsbeschränkung „für Nichtdeutsche, besonders aber für Studierende der jüdischen Rasse" gefordert wurde[163]. Weitergehend wurde eine Ausschaltung des Judentums von allen Führungspositionen angestrebt. Der Beschluß wurde mit 24 von 25 Stimmen gefaßt.

Als im November 1929 der Hochschulring deutscher Art sich nicht mehr mit einer eigenen Liste an der AStA-Wahl beteiligte und der NSDStB einziger Repräsentant des völkischen Lagers war, erreichte er mit 54,4 % der Stimmen und 14 Sitzen die absolute Mehrheit, seine erste an einer Hochschule. Für den NSDStB zog auch ein Theologiestudent und Germane, Jahrgang 1907, in den AStA ein. Anfang 1930 trat er in die NSDAP und die SA ein und 1931 gehörte er dem Vorstand des AStA an[164].

Die DCSV, die seit 1925 eine Liste bei den AStA-Wahlen stellte, errang in einer Liste mit der Uttenruthia und der Jugendbewegung 16,4 % und vier Sitze. Bei den nächsten Wahlen verließ die Uttenruthia die Listengemeinschaft und 1931 kandidierte auch die DCSV nicht mehr.

Bis zum Wintersemester 1930/31 gelang es dem NSDStB seine führende Position in der Studentenschaft weiter auszubauen. Nach einer Rede Hitlers vor Professoren, Studenten und geladenen Gästen am Vorabend der Wahl erreichte der NSDStB im November 1930 bei einer sehr hohen Wahlbeteiligung 73,6 % der Stimmen und 19 Sitze[165]. Die Mitgliederzahl konnte auf 202 verdoppelt werden. Die Theologiestudenten waren mit 36,6 % wieder die am stärksten überrepräsentierte Fakultät[166]. Von den Verbindungen dominierten die Burschenschaften Bubenruthia (27), die auch den Gruppenführer stellte, und Germania (23). Nennenswert vertreten waren aber auch die von Theologiestudenten frequentierten Verbindungen Fridericiana (10), Uttenruthia (9), VDSt (8), Wingolf (8), Philadelphia (5) und Theologischer Studentenverein (3)[167]. Ein Mitglied der Gilde Nothung, Jahrgang 1908, war unter den Neuzugängen:

„Wie wohl alle jungen Menschen auf der Hochschule, beschäftigte auch ich mich damals mit den brennenden Fragen der Zeit, vor allem mit dem Problem eines deutschen Sozialismus. [...] Im kleinen Kreis der Bundesbrüder [...] wurden alle Fragen besprochen [...]. Ge-

---

[162] Lebenslauf 24.3.1934 (LKAMT MÜNCHEN, PA 211); vgl. anonymes Schreiben an den LKR, 16.9.1932: „Schon als Student war der Herr einer der eifrigsten Agitatoren der Hitlerpartei" (EBD.).

[163] Quellenbeleg darf wegen der sonst möglichen „Deanonymisierung" nicht genannt werden.

[164] Kandidatenbogen; Lebenslauf o.D. (1936) (LKAMT MÜNCHEN, PA 172).

[165] Vgl. M. FRANZE, Studentenschaft, S. 128 f.

[166] A. FAUST, Studentenbund II, S. 146; Anteil an der Gesamtheit der Studierenden: 23,7 %.

[167] M. FRANZE, Studentenschaft, S. 126.

gen Ende meines Studiums wurde ich für zwei Monate Mitglied des NSDStB in Erlangen (Januar/Februar 1931), um die dort vertretenen Gedanken näher kennen zu lernen."[168]

Im Sommersemester 1931 kam es im Erlanger NSDStB im Rahmen einer Krise im Gesamt-NSDStB zur Spaltung. Die Erlanger Führungsspitze um den AStA-Vorsitzenden Hermann Heubeck stellte sich gegen Reichsjugendführer Baldur von Schirach, trat aus dem Bund aus und kandidierte – ohne großen Erfolg – bei der AStA-Wahl 1931 als „Revolutionäre Studenten"[169]. Die Mitgliederzahl des NSDStB fiel durch die Austritte auf 104 zurück. Unter den Ausgetretenen waren die Theologiestudenten überrepräsentiert, so daß ihr Anteil an der NSDStB-Mitgliedschaft auf 22,3 % absank[170]. Einer der „Rebellen" schilderte später im Rahmen der Entnazifizierung seinen Austritt:

„Der NSDStB Erlangen führte [...] einen erbitterten Kampf gegen Schirach [...]. In diesem Kampf unterlagen wir, was meinen Austritt aus dem NSDStB etwa im Dezember 1931 zur Folge hatte. Aus der NSDAP [...] trat ich etwa zwei Monate später aus, ebenso aus der SA, also etwa Februar 1932, weil mir der damalige Sturmführer erklärte, die Nazis hätten das ‚Positive Christentum' nur auf ihre Fahnen geschrieben um Gimpel zu fangen. [...] Seit 1932 stand ich im Kampf gegen die Partei."[171]

Nach massiver Wahlkampfhilfe der NSDAP für den linientreuen NSDStB konnte dieser sich mit 62,2 % und 17 Sitzen weitgehend behaupten. Neuer Gruppenführer wurde ein von Hitler dazu nach Erlangen beorderter Theologiestudent und Pg., Jahrgang 1910:

„So stellte ich mich, als in Erlangen politische Schwarmgeister das ganze Aufbauwerk des NS zu zerstören drohten, dem Führer auf seine persönliche Frage hin zur Verfügung, die Hochschulgruppe trotz meiner Jugend zu übernehmen. Wie ich überall, auch in meiner Verbindung, der Uttenruthia, für den NS kämpfte [...]. Meine außenpolitische Tätigkeit in der Auslandsabteilung der RJF [i.e. Reichsjugendführung] gewährte mir in die äußeren Zusammenhänge [...] Einblick."[172]

In der Uttenruthia war der Student im Wintersemester 1931/32 einer der Sprecher. Zur neuen NSDStB-Führungsriege um den linientreuen AStA-Vorsitzenden Gerhard Mähner, der später zum NSDStB-Reichsschulungsleiter aufstieg, gehörte ein weiterer Theologiestudent, Jahrgang 1908, aus dem Theologischen Studentenverein, der sich zu Beginn seines Studiums mehr mit Fragen „‚sozialer' und ‚völkischer' Art"[173] als mit

---

[168] Pfr. an LKR, 6.7.1946 (LKAMT MÜNCHEN, PA 178).

[169] M. FRANZE, Studentenschaft, S. 151 ff.

[170] M. H. KATER, Studentenschaft, S. 214; Anteil an der Gesamtheit der Studierenden: 22,5 %. Für die weitere Mitgliederentwicklung des NSDStB Erlangen und seines „Theologenanteils" bieten weder A. FAUST, Studentenbund II, noch M. H. KATER, Studentenschaft, Angaben.

[171] Pfr. an Militärregierung München, 18.1.1946 (LKAMT MÜNCHEN, PA 174). Andere zogen nur die Konsequenz durch einen Austritt aus dem NSDStB, blieben aber in Partei und SA; vgl. Pfr. an LKR, 5.3.1946 (LKAMT MÜNCHEN, PA 129).

[172] Lebenslauf 8.12.1933 (LKAMT MÜNCHEN, PA 68).

[173] Lebenslauf 7.12.1931 (LKAMT MÜNCHEN, PA 67); vgl. Beurteilungsbogen, Eintrag 1936-40; Pfr. an LKR, 14.6.1936 (EBD.).

Theologie beschäftigte. 1931 gehörte er zu den Vertretern des AStA beim Studententag in Graz, auf dem der NSDStB die absolute Mehrheit errang. Auch als Nürnberger Vikar blieb er in der nationalsozialistischen Hochschularbeit aktiv. 1934 leitete er das Schulungsamt und das Kulturamt des NSDStB-Gaues Franken. Die NSDStB-Reichsführung wandte sich im November 1934 an den Landeskirchenrat mit der Bitte, den Vikar, der „zu den fähigsten Schulungsreferenten des NSDStB" gehöre, nur im Raum Nürnberg-Erlangen einzusetzen[174]. Besonders aktiv in der SA wurde ein Mitglied des VDSt, Jahrgang 1910:

> „Am 1. Februar 1932 wurde ich Mitglied der NSDAP, nachdem ich schon 1930 im NSDStB eingetreten war. Am 9. Juli 1932 ließ ich mich in den Stabssturm der SA Erlangen aufnehmen. Dort sah ich die große religiöse und sittliche Not der Arbeiter in Wirklichkeit. Hier einzugreifen und zu kämpfen im Innern gegen die furchtbaren Schäden der einzelnen und nach außen gegen den Kommunismus und Gottlose war mein fester Entschluß. So gelang es mir auch, durchzusetzen, daß ich fünfzig Andachten auf freiem Feld während des Exerzierens [sic!] schon vor dem 31. Januar 1933 halten konnte. Mit Gottes Hilfe konnte ich auch den Sturm vor jeglichen äußeren volkskirchlichen [sic!] und nordischen religiösen Einflüssen bewahren. Am 1. Mai [sc. 1933] wurde ich in dem Arbeitersturm Schar- und kürzlich Truppführer im Studentensturmbann."[175]

Als Nürnberger Vikar wirkte er 1934 als weltanschaulicher Referent eines SA-Sturmes, als Jungvolk- und HJ-Führer; im BDM hielt er Feierstunden. Im Herbst 1934 stellte er sich gegen Meiser, weil er die Reichskirche und den „nationalsozialistischen Reichsbischof", Ludwig Müller, für eine Notwendigkeit im totalen Staat hielt. Als er einer Versetzung im November 1934 nicht Folge leistete, strich ihn der Landeskirchenrat im März 1935 von der Kandidatenliste. Er wurde hauptamtlicher Referent der Landesstelle Franken des Reichspropagandaministeriums und Kulturhauptstellenleiter des Gaues Franken. 1936 trat er aus der Kirche aus[176].

1932 setzte sich der NSDStB tatkräftig für studentischen Arbeitsdienst und Wehrsport und für die Realisierung des Numerus clausus gegen „nichtdeutsche" Studenten ein. Bei der AStA-Wahl erhielt er 62,5 % der Stimmen und wieder 17 Sitze; neben ihm kandidierten nur noch der Stahlhelm und die Deutschnationalen Studenten. Für den NSDStB zog auch ein Theologiestudent, Jahrgang 1908, in den AStA ein, der schon 1929/30 als Seminarist in Würzburg in NSDStB, SA und NSDAP eingetreten war: „Seit dem W.S. 32/33 gehöre ich ununterbrochen dem Studentenausschuß der Erlanger Studentenschaft an und war dort als Leiter des Amtes für Wissenschaft, der

---

[174] NSDStB-Reichsführung an LKR, 29.11.1934 (EBD.); der LKR sagte am 13.12.1934 zwar zu, dieser Bitte nach Möglichkeit nachzukommen, bot dem Vikar aber 1935 eine Stelle im Raum Traunstein mit dem deutlichen Hinweis an, mit seinem NSDStB-Amt müsse er dann aufhören. Der Vikar nahm die Stelle an.

[175] Lebenslauf 14.12.1933 (LKAMT MÜNCHEN, PA 164); mit „volkskirchlich" dürfte wohl deutschkirchlich gemeint sein (seit 1934 nannte sich Arthur Dinters Gruppierung „Deutsche Volkskirche").

[176] Aufschlußreich ist die Angabe des Vikars in einem Schreiben an OKR Oskar Daumiller vom 5.10.1934 (EBD.), daß er Jungvolk und HJ „im Auftrag des Pfarramts" leite.

theologischen Fachschaft, des Fachschafts-, Schulungs-, und Vortragsamtes tätig."[177] Bei der Amtseinführung von Landesbischof Meiser am 11. Juni 1933 sprach der Student „als Vertreter der theologischen Fachschaft und der studentischen Jugend Erlangens" in SA-Uniform ein kurzes Grußwort: „Die Jugend erhofft und wünscht sich vor allem einen Führer, unter dessen Leitung das Wort gilt: ‚Einer für alle und alle für einen'"[178]. In der Landeskirche kursierte eine negative Beurteilung der hochschulpolitischen Aktivitäten dieses Studenten, „der als Fachschaftsleiter an der Universität Erlangen keine gute Rolle gespielt hat"[179]. 1932/33 trat er auch als Parteiredner auf.

An der Wende von der Weimarer Republik zum „Dritten Reich" angelangt, drängen sich im Rückblick zwei Fragen auf: Warum war gerade Erlangen die erste Universität, an der sich der Nationalsozialismus durchsetzen konnte? Warum waren gerade die evangelischen Theologiestudenten so anfällig für den Nationalsozialismus? Auf die erste Frage versucht Franze eine Antwort zu finden, indem er Faktoren für den besonderen Erfolg der Nationalsozialisten an der Universität Erlangen benennt:

„das Desinteresse an studentischer Sacharbeit – das völkisch-antirepublikanische Denken, das durch die überaus starke Position der Korporationen zum Wirken kam und sich kontinuierlich fortsetzte – die politische Konzeption der Studentenvertretung – die deutschnationale Einstellung der Professorenschaft – der energische und intensive Einsatz einiger weniger nationalsozialistischer Studenten – das Fehlen engagierter demokratischer Minderheiten."[180]

Neben diesen Faktoren, die einzeln auch an anderen Universitäten wirksam waren, sieht Franze als besonderes Kennzeichen des Erlanger Milieus die Herkunft eines Großteils der Studenten aus dem fränkischen Protestantismus: „Gerade der fränkische Protestantismus aber zeigte sich in besonderem Maße für nationale Töne und vaterländische Gefühle empfänglich"[181]. Ohne es zu beabsichtigen, gibt Franze damit auch eine Antwort auf die zweite Frage. Diese These würde auch erklären, warum die Theologiestudenten so viele führende nationalsozialistische Aktivisten und NSDStB-Mitglieder stellten. Waren sie doch besonders stark im Milieu des fränkischen Protestantismus, und damit auch in dessen politischer Mentalität verwurzelt. Da sich das nationalsozialistische Engagement keinesfalls auf die fränkischen Theologiestudenten, die nur eine Minderheit an der Erlanger Fakultät darstellten[182], beschränkte, müssen weitere Faktoren für die besondere Anfälligkeit der Theologiestudenten für den Nationalsozialismus eine Rolle gespielt haben. Dafür spricht auch, daß evangelische Theolo-

---

[177] Lebenslauf 9.12.1933 (LKAMT MÜNCHEN, PA 143).

[178] Quellenbeleg darf wegen der sonst möglichen „Deanonymisierung" nicht genannt werden.

[179] OKR Daumiller an LKR, 19.2.1938 (LKAMT MÜNCHEN, PA 143).

[180] M. FRANZE, Studentenschaft, S. 167.

[181] EBD., S. 171; über die Hälfte der Studenten stammten aus Franken, ca. 70 % waren evangelisch.

[182] DEUTSCHE HOCHSCHULSTATISTIK S.S. 1928, S. 242; W.S. 1929/30, S. 95: im Sommersemester 1928 stammten 115 (38,3 %) der 300 stud. theol. aus Franken, im Wintersemester 1929/30 137 (34,9 %) von 333.

giestudenten auch unter den NSDStB-Mitgliedern anderer Universitätsstädte überrepräsentiert waren, teilweise noch erheblich stärker als in Erlangen[183].

Umstritten ist in der Forschung die Frage, ob die schlechte soziale und wirtschaftliche Situation der Studenten in der Weimarer Republik als Faktor für deren Anfälligkeit für den Nationalsozialismus auch für die Theologiestudenten zutrifft. Gerade für die Anfangsjahre des NSDStB, in denen die Berufsaussichten für die Theologen vergleichsweise ausgesprochen gut waren, trifft dieser Faktor wohl kaum zu, selbst wenn einzelne wegen der schlechten Perspektiven in ihrem Wunschstudienfach voller Groll gegen die Gesellschaft zur Theologie gekommen waren[184]. Ein anderer allgemeiner Faktor, über die bereits von Franze genannten hinaus, trug mit Sicherheit zur politischen Radikalisierung auch der Theologiestudenten bei: der Generationenkonflikt zwischen der Kriegs- und der älteren Nachkriegsgeneration einerseits und den älteren Generationen, die vergleichsweise unbeschwert in der langen Friedenszeit vor 1914 studiert hatten, andererseits[185]. Als spezifischen Faktor bei den evangelischen Theologiestudenten eruiert Meisiek „die Offenheit für die gesellschaftspolitischen Fragestellungen", die eine stärkere „Aufnahme des Zeitgeistes"[186], in diesem Fall des nationalsozialistischen, bedingte. Dies ist wesentlich plausibler als Katers undifferenzierte Mutmaßung, daß die evangelischen Theologiestudenten wegen ihres noch ungefestigten Glaubens für den Nationalsozialismus erheblich anfälliger gewesen seien als die katholischen: „Indessen verwundert es niemanden, daß die im Glauben eher gefestigten römisch-katholischen Theologen [...] numerisch schwach [sc. als NSDStB-Mitglieder] registriert sind."[187]

Die Erlanger Studentenschaft huldigte der neuen Reichsregierung unter Hitler am 31. Januar 1933 in einem gemeinsamen Fackelzug mit der Erlanger NSDAP-Ortsgruppe[188]. Alle Verbindungen waren beteiligt. Ein Freundeskreis von Theologiestudenten, die als Freistudenten keiner Verbindung angehörten, nahm nicht am Fackelzug teil, weil er seit Hitlers Eintreten für die Mörder eines Kommunisten in Potempa im Sommer 1932 dem Nationalsozialismus skeptisch gegenüberstand. Im Sommersemester 1933 richtete der NSDStB mit Zustimmung der Verbindungen scharfe Angriffe gegen das Freistudententum[189]. Ein bayerischer Theologiestudent pries im Mai 1933

---

[183] A. FAUST, Studentenschaft II, S. 146; M. H. KATER, Studentenschaft, S. 215, bieten insgesamt für sieben weitere Universitäten mit evang.-theol. Fakultäten eine Aufstellung der NSDStB-Mitglieder nach Fakultäten; an fünf waren die stud. theol. zumindest zeitweise überrepräsentiert (Kiel, Marburg, Rostock, Göttingen, Münster), nur an zwei waren sie leicht unterrepräsentiert (Jena, Halle).

[184] Mit A. FAUST, Studentenschaft I, S. 117, gegen M. H. KATER, Studentenschaft, S. 124.

[185] M. H. KATER, Studentenschaft, S. 202 f.; C. H. MEISIEK, Theologiestudium, S. 68 ff.

[186] EBD., S. 76.

[187] M. H. KATER, Studentenschaft, S. 124.

[188] Vgl. M. FRANZE, Studentenschaft, S. 185 f.

[189] PFARRER 101, Manuskript, S. 16 f.; in der Mensa hielten sich am Abend des 31.1.1933 nur ganz wenige Studenten auf. Der Autor vermerkt, daß im Sommersemester 1933 einige Theologiestudenten im NSDStB besonders hervorgetreten seien.

in der *Fränkischen Hochschulzeitung* die „Machtergreifung" als „wunderbares Frühlings-
erwachen des deutschen Volkes"[190].

In der Uttenruthia hatte der Nationalsozialismus vor 1933 nur relativ wenige aktive
Anhänger. Nach lebhaften politischen Diskussionen zwischen 1929 und 1932, in der
die Nähe zum Nationalsozialismus oft von Semester zu Semester wechselte, fiel erst im
Januar 1933 die Entscheidung der Verbindung für den Nationalsozialismus, als die
Uttenruthia bei einer nicht unerheblichen Anzahl von Gegenstimmen die Teilnahme
am Fackelzug zur „Machtergreifung" beschloß. Im Sommersemester 1933 zog dann
mit der einstimmigen Wahl des bayerischen Theologiestudenten Ruprecht von Gilardi
zum Ersten Sprecher endgültig der Nationalsozialismus in der Uttenruthia ein[191]. In
seiner Antrittsrede als Erster Sprecher appellierte er an seine Bundesbrüder:

> „[...] wir müssen jetzt mit ungeteilter Kraft [...] in steter Arbeit die Fundamente des Neuen
> Reiches an unserer Baustelle abstützen, auf daß der werdende Bau fester und unerschütter-
> licher den Stürmen zu trotzen vermöge. [...] Wir werden predigen und sprechen für unser
> Ziel: ‚Gott und Nation' da ‚Christus im Volk und Volk in Christus' ist."[192]

Von Gilardi sah aber das „Neue Reich" nicht unkritisch: „Kampf jedem Materialismus, der sich wieder einzuschleichen wagt ins Dritte Reich, sei es als Blut- oder als
Rassematerialismus."[193] Noch im Sommersemester 1933 wurde der SA-Dienst für alle
Bundesbrüder bis zum 35. Lebensjahr zur Pflicht gemacht. Gilardi wurde ab Wintersemester 1933/34 „Verbindungsführer" der Uttenruthia. Der Kneipwart des Sommersemesters 1933, Hans Gerhard Koch, ein Berliner Theologiestudent, war der erste
Kreisführer des Studentenkampfbundes DC in Erlangen[194]. Der Studentenkampfbund
ermöglichte den ersten offiziellen Einbruch der Deutschen Christen in Bayern durch
den Vortrag des DC-Reichspropagandaleiters Fritz Keßel.

Auf dem Festkommers zum einhundertjährigen Bestehen der Bubenruthia hielt
Pfarrer Eduard Putz die Festansprache: „Die nationalsozialistische Idee ist deshalb die
wahrhaftige und berechtigte Erbin der altburschenschaftlichen Bewegung. [...] Wir
müssen ihm [i.e. Hitler] für diese Ehrenrettung unserer Fahnen aufs tiefste danken."[195]
Der Theologiestudent Heinrich Monninger, Jahrgang 1913, betonte im Semesterbe-
richt für das Sommersemester 1933 die innerliche Verwandtschaft zwischen den Erziehungszielen der Bubenruthia und des Nationalsozialismus[196].

Am 10. Mai 1933 wurde in Erlangen das neue Studentenrecht verkündet; an die
Stelle der Wahlen trat das Führerprinzip mit dem Studentenschaftsführer an der Spitze,

---

[190] M. FRANZE, Studentenschaft, S. 186.
[191] J. KÜBEL, Uttenruthia, S. 267; 331. Vgl. PFARRER 122, Manuskript, S. 40 ff.; G. W. ZWANZIG,
Uttenreuther.
[192] Uttenreuther Blätter, Mai 1933, S. 43.
[193] EBD.
[194] Vgl. H. BAIER, Christen, S. 46 f.; PFARRER 122, Manuskript, S. 46 f.: die DC-Studentengruppe
sei ein „Ulk aus jugendlichem Oppositionsgeist" gegen „die allzu reaktionäre Schwärze der bayerischen
Landeskirche" gewesen.
[195] M. FRANZE, Studentenschaft, S. 186.
[196] EBD., S. 187 f.

an die des AStA die Bündische Kammer, in der alle studentischen Vereinigungen vertreten waren[197]. Von 1933 bis Anfang 1936 war der Studentenschaftsführer gleichzeitig Hochschulgruppenführer des NSDStB. Zeitweise war dies der Theologiestudent Walter Bucher[198], der allerdings nicht in den bayerischen Kirchendienst eintrat. Alle Kompetenzen für die Fachschaftsorganisation und -arbeit erhielt das Hauptamt für politische Erziehung. Über die Fachschaften sollte die gesamte Studentenschaft ideologisch im Sinne des Nationalsozialismus geschult werden. Die Theologische Fachschaft erfaßte in Abteilung I das 1. bis 4. Semester, in Abteilung II das 5. bis 8. Semester. Als Leiter der Fachschaft wurde ein Theologiestudent, NSDStB- und NSDAP-Mitglied, eingesetzt, der vorher schon innerhalb der Studentenschaft das theologische Fachamt geleitet hatte[199]. Vor der Theologischen Fachschaft fand am 12. Juli 1933 eine Diskussion zwischen dem Mediziner Gottfried Ewald und dem Theologieprofessor Althaus über das Problem der Eugenik statt. Althaus' Beitrag hatte eine Zurechtweisung durch das bayerische Innenministerium zur Folge[200].

Ein weiterer Versuch der einheitlichen ideologischen Schulung der Studenten stellte die Kameradschaftserziehung dar. In Kameradschaftshäusern sollten die unteren Semester im soldatischen Stil kaserniert werden[201]. Im Sommersemester 1934 richteten die Erlanger Studentenschaft und der NSDStB ein Kameradschaftshaus ein, in dem Vertreter der Verbindungen für die Leitung ihrer Wohnkameradschaften geschult wurden. Von der Uttenruthia wurde ein Theologiestudent, Jahrgang 1913, delegiert, der schon in seiner Schulzeit im damals noch illegalen NS-Schülerbund aktiv gewesen und seit 1933 SA-Scharführer war. Im Wintersemester 1934/35 wurde der Theologiestudent Kameradschaftshaus-Führer und besuchte ein NSDStB-Schulungslager und einen Kurs der Reichsführerschule der NSDAP. Als bei letzterem Alfred Rosenberg einen christentumsfeindlichen Vortrag hielt und dieser als Parteilinie proklamiert wurde, distanzierte sich der Student innerlich vom Nationalsozialismus[202]. 1937 wurden alle Studienanfänger genötigt, „freiwillig" in eine Kameradschaft einzutreten. Theologiestudenten durften auf Anordnung des NSDStB ab 1. November 1938 nicht mehr in die Kameradschaften aufgenommen werden, auch wenn sie Pg. waren[203]. Dieses Verbot betraf auch zwei Mitglieder der vom Altherrenverband der Bubenruthia unterstützten Kameradschaft „Walter Flex", die dagegen protestierte.

Die Erlanger Verbindungen setzten sich seit 1934 mehr oder weniger intensiv für die Erhaltung ihrer Selbständigkeit gegenüber dem nationalsozialistischen Herrschafts-

---

[197] EBD., S. 195 ff.

[198] EBD., S. 302 (hier Schreibweise „Buchert", aber EBD., S. 195: „Bucher").

[199] Quellenbeleg darf wegen der sonst möglichen „Deanonymisierung" nicht genannt werden.

[200] R. P. ERICKSEN, Theologen, S. 139; zur Tätigkeit der Fachschaft 1933 vgl. K. MEIER, Fakultäten, S. 247 f.

[201] M. FRANZE, Studenschaft, S. 229 ff.

[202] PFARRER 170, Interview.

[203] M. FRANZE, Studentenschaft, S. 339; vgl. zum Hintergrund dieser reichsweiten Anordnung C. H. MEISIEK, Theologiestudium, S. 322 f.

anspruch ein[204]. Der Theologiestudent Max Schneider, Jahrgang 1913, trat beim Stiftungsfest der Germania im Juli 1934 Gleichschaltungsversuchen „schroff und entschieden"[205] entgegen. Als der Bundesführer der Deutschen Burschenschaft, Otto Schwab, „seine 150prozentige nationalsozialistische Gesinnung"[206] mit einer über den staatlichen „Arierparagraphen" noch hinausgehenden Regelung und anderen Maßnahmen beweisen wollte, versagten ihm in Erlangen Bubenruthia und Germania den Gehorsam. Die Ablehnung der Gleichschaltungsbestrebungen darf aber nicht mit einer Ablehnung des Nationalsozialismus gleichgesetzt werden. Es herrscht vielmehr in den Verbindungen die Überzeugung, „den Studenten in der Korporation am besten für seine spätere Mitarbeit am nationalsozialistischen Staat erziehen zu können"[207]. Am 31. Januar 1936 lösten sich die noch verbliebenen Erlanger Verbindungen, darunter Uttenruthia, Wingolf, Bubenruthia und Germania „freiwillig" auf, als ihren Mitgliedern der Ausschluß aus NSDStB, SA, SS und NSDAP angedroht worden war. Die Nationalsozialisten verloren durch ihre Gleichschaltungsmaßnahmen bis hin zur Auflösung der Verbindungen einen Teil ihrer Sympathien im Verbindungsstudententum[208]. Dabei war es doch hauptsächlich das „Verdienst" einiger Verbindungen gewesen, daß der Nationalsozialismus in der Studenterschaft schon frühzeitig so großen Anklang gefunden hatte. Unter den 37 Pg.-Pfarrern[209], die sich bereits als Theologiestudenten der NSDAP angeschlossen hatten, waren die Burschenschaftler mit sechs Bubenreuthern und zwei Germanen besonders stark überrepräsentiert gewesen. Während nur 13,1 % der bayerischen Pfarrer, die in der Weimarer Republik und im „Dritten Reich" studiert hatten, Mitglieder in diesen Burschenschaften waren, stellten Bubenruthia und Germania 21,6 % der NSDAP-Eintritte. Auch von den neun Pg.-Pfarrern, die schon als Schüler in die NSDAP eingetreten waren, schlossen sich drei einer dieser beiden Burschenschaften an. Deutlich überrepräsentiert waren von den nichtschlagenden Verbindungen der Wingolf (3), die DCSV (4) und der VDSt (2). Der Theologische Studentenverein (1) war dagegen deutlich unterproportional vertreten. Die geringste NS-Anfälligkeit zeigten die Uttenreuther (6 bzw. 16,2 %), die doch immerhin 28,0 % der Pfarrerschaft stellten.

Bei den Theologiestudenten wurde der Unmut über die als ungerecht empfundene Gleichschaltung ihrer Verbindungen noch durch die zunehmend antikirchliche und antichristliche Propaganda in SA, NSDStB und NSDAP gesteigert. In der SS konnten

---

[204] Vgl. M. FRANZE, Studentenschaft, S. 254 ff.

[205] EBD., S. 257 f. Vgl. auch schon ähnliche Stimmen der Theologen und Bubenreuther Eduard Putz und Hans Monninger aus dem Jahr 1933 EBD., S. 261.

[206] EBD., S. 260; Schwab erhielt für seine Anordnungen keine Rückendeckung von Parteiseite.

[207] EBD., S. 262.

[208] Diese Distanzierung wird von M. FRANZE, Studentenschaft, S. 286 f., wohl unterschätzt. Vgl. W. IHLE, Zeit, S. 196 f.

[209] Die zehn Pg.-Pfarrer, die während ihres Studiums am Altsprachlichen Seminar Würzburg in die NSDAP eingetreten waren, sind hier nicht eingerechnet, weil sich von ihnen überhaupt nur ein einziger später einer der klassischen Erlanger Verbindungen anschloß – bezeichnenderweise der Germania. Die Vergleichszahlen für die Gesamtpfarrerschaft stammen aus den schriftlichen Befragungen.

Theologiestudenten ohnehin seit 1935 nicht mehr Mitglied sein[210]. Dennoch gab es auch 1935 noch Theologiestudenten, die in ihrer nationalsozialistischen Begeisterung befangen blieben:

> „Gewiß, er ist Anhänger der Bekenntnisfront, glaubt es wenigstens zu sein, aber die Partei ist ihm wichtiger, wie jedem, der irgendein Pöstchen inne hat. Jedenfalls meint er immer noch, Nationalsozialismus habe mit dem Kampf gegen die Kirche nichts zu tun [...], man könne unbedingt Nationalsozialist und auch ganzer Christ sein [...]."[211]

Die meisten Uttenreuther wurden 1935 eingeschriebene Mitglieder der Bekenntnisgemeinschaft[212]. Der zitierte Brief zeigt auch, wie kritisch ein Teil der Theologiestudenten, der Verfasser war im Sommersemester 1935 Zweiter Sprecher der Uttenruthia, jeder Anbiederung ihrer Verbindung an NSDStB und Studentenschaft gegenüberstand. Die Uttenruthia verkaufte ihr Haus nach der Auflösung der Activitas der Landeskirche, für die der Landesverein für Innere Mission dort das Theologische Studienhaus einrichtete[213]. Leiter des Studienhauses waren die Uttenreuther Helmut Thielicke, Rudolf Schwarz, Rudolf Stählin und Hermann Greifenstein. Ein Großteil der Bewohner des Studienhauses schloß sich der „Ellipse", der illegalen Weiterführung der Uttenruthia, an. Im Krieg löste sich das Verbindungsleben ganz auf[214].

Auch im Studentenwerk, einem Organ der Studentenschaft, waren Theologiestudenten aktiv, so ein Bubenreuther, Jahrgang 1914, der 1933 in NSDAP, SA und NSDStB eingetreten war:

> „Zurückgekehrt vom Heer übernahm ich in Erlangen die Leitung des Studentenwerkes, in das ich schon vor meiner Militärzeit [i.e. 1934/35] als studentischer Sachbearbeiter für Theologen berufen worden war. [...] Mit dem Studentenbundführer, der Studentenschaftsführer wurde, hatte ich mehrere scharfe Zusammenstöße, weil er versuchte, Studenten, die nicht beim NSDStB waren, bei der Förderung zu übergehen. Gegen Ende des W.S. 35/36 trat ich [...] aus dem NSDStB aus. Das Amt des Studentenwerksleiters mußte ich niederlegen. Von da ab bekam ich keine Mensaermäßigung mehr."[215]

Ein schon als Schüler im NS-Schülerbund aktiver Student, Jahrgang 1914, der seit dem Sommersemester 1933 Mitglied in NSDAP, SA und NSDStB war, leitete 1936 die theologische Fachschaft[216].

---

[210] Lebenslauf o.D. (1938) (LKA NÜRNBERG, PA 132); er trat 1935 aus der SS aus, weil Theologiestudenten nicht mehr in der SS sein durften.

[211] Richard Häberlein an Hans Wiedemann, 27.4.1935 (PFARRER 153, Sammlung). Der betreffende bayerische Theologiestudent war seit 1932 Pg.

[212] Zum mutigen Auftreten von Erlanger Theologiestudenten gegen die kirchenfeindliche Hetze des stellvertretenden Gauleiters Karl Holz Ende 1936 vgl. W. RUCKDESCHEL, Leuchtzeichen.

[213] H. THIELICKE, Gast, S. 104; Thielicke war 1936 der erste Leiter des Studienhauses. PFARRER 104, Interview: die politische Stimmung im Studienheim sei 1936/37 geteilt gewesen.

[214] W. IHLE, Zeit, S. 198 ff.

[215] Pfr. an LKR, 14.6.1946 (LKAMT MÜNCHEN, PA 196); 1936 trat er nach kirchenkritischen Äußerungen seines Sturmführers auch aus der SA aus.

[216] LKAMT MÜNCHEN, PA 184.

Im Sommersemester 1933 wurden zunächst die Verbindungen veranlaßt, ihre Mitglieder zum Dienst in SA oder SS zu verpflichten[217]. Im November 1933 wurde in Erlangen ein SA-Hochschulamt eingerichtet, das alle eingeschriebenen Studenten der unteren Semester in Studentenstürmen zu Dienstleistungen verpflichtete. Nach dem „Röhm-Putsch" wurde am 31. Oktober 1934 das SA-Hochschulamt aufgelöst. Die Korporationsstudenten kamen aber bis zum Sommersemester 1935 weiterhin dem vorgeschriebenen SA-Dienst in den örtlichen Stürmen nach. 1935 wurde der SA durch die Einführung der allgemeinen Wehrpflicht und der Arbeitsdienstpflicht endgültig ihre Existenzberechtigung an der Universität entzogen.

In der SA übernahmen einige Theologiestudenten Funktionen. Ein Pg. seit 1931 und SA-Mann seit 1932, Jahrgang 1910, wurde 1933 zum Schar- und 1934 zum Oberscharführer des Studentensturmes Erlangen ernannt; im Sommersemester 1934 war er mit der Führung eines Sturmes beauftragt. 1935 trat er mit dem Examen aus der SA aus, „weil ich weder den Dienst in der SA noch die weltanschauliche Schulung mit dem vereinbaren konnte, was mir als Pfarrer [...] aufgetragen war."[218] Ein anderer alter Pg., Jahrgang 1909, schloß sich 1933 der SA an:

„[Ich] hatte über ein Jahr im Sturmbann II/14 für den ganzen Sturmbann das Referat für den weltanschaulichen Unterricht inne. Ein Jahr lang hatte ich auch das politische Referat. Im Herbst 1934 wurde ich beurlaubt wegen eines Disziplinarverfahrens, da ich mich im Sturmbannbüro [...] scharf gegen stellvertretenden Gauleiter Holz wandte, der kurz zuvor den ehrverletzenden Artikel gegen [...] Meiser [...] gebracht hatte. [...] war für mich ein weiteres Verbleiben in der SA unmöglich, da ich immer wieder scharfe kirchenpolitische Auseinandersetzungen mit SA-Führern und dem damaligen Stadtvikar [Heinz] Preiß, dem weltanschaulichen Referenten des Sturmes 14/14 hatte."[219]

Im Frühjahr 1935 schied er freiwillig – nach einer entsprechenden Aufforderung des Oberführers – aus der SA aus.

1934 führte ein Theologiestudent und Pg., Jahrgang 1914, die Geschäftsstelle des SA-Studentensturmes und wurde zum Scharführer ernannt[220]. 1936 vermerkte er in seinem Lebenslauf: „seit 1933 stehe ich mit viel Freude in der Partei und SA, wo ich auch als Theologe bisher voll anerkannt wurde. Ich will auf diesem Weg der Mitarbeit in der Partei so lange irgend möglich weitergehen"[221]. Nachdem er als Katechet wegen parteischädigender Äußerungen in der Gauleitung verwarnt worden war, bat er Anfang 1938 um seine Entlassung aus der SA.

---

[217] Vgl. als Beispiel PFARRER 19, Manuskript, S. 20 ff., der sich bei seinem SA-Beitritt als Bubenreuther im Sommersemester 1933 „überrumpelt" fühlte. Im Wintersemester 1934/35 trat er aus, weil Streicher in einer Rede Professoren verunglimpft hatte.

[218] Pfr. an LKR, 5.12.1945; Lebenslauf 9.12.1934 (LKAMT MÜNCHEN, PA 121). Der Student hatte sich NSDAP und SA in Bethel angeschlossen; im Sommersemester 1932 hielt ihn der SA-Dienst von der Hebräischprüfung ab.

[219] Lebenslauf 28.11.1935 (LKAMT MÜNCHEN, PA 110).

[220] Pfr. an LKR, 22.7.1946 (LKAMT MÜNCHEN, PA 247); der Pfr. hatte bereits 1933 als Student in Bethel die SA-Geschäftsstelle geleitet; später war er in Tübingen stellvertretender Scharführer.

[221] Lebenslauf o.D. (1936) (EBD.).

Ebenfalls Scharführer war ein Uttenreuther, Jahrgang 1910, der 1932 in SA, NSDStB und NSDAP eintrat[222]. Oberscharführer war 1933 bis 1935 ein Bubenreuther, Jahrgang 1913, der schon als Schüler in der HJ führend tätig war, für die er als Student 1934 ein Lager leitete[223]. 1935 wurde er Pg. Die Verleihung eines SA-Ranges war allerdings nicht immer mit der Führung einer SA-Einheit verbunden[224].

Für die zeitlich letzten Parteieintritte von Theologiestudenten, die in der Regel seit 1937 gar nicht mehr in die NSDAP aufgenommen wurden[225], sei ein SA-Mann, Jahrgang 1910, zitiert: „[1937] wurden die SA-Männer, die noch nicht der Partei angehörten, aufgefordert, sofort ihren Beitritt in die Partei zu erklären. Ich weigerte mich zunächst [...]. Da ich daraufhin mit schwersten Repressalien [...] bedroht wurde [...], trat ich in die Partei ein."[226]

Ein volksmissionarisches Motiv gab ein anderer Student, Jahrgang 1913, für seinen Eintritt im gleichen Jahr an:

„Bei der SA nahm ich immer wieder wahr, wie sich die Angehörigen der Partei und ihrer Gliederungen weigerten, den Gottesdienst von Pfarrern zu besuchen, die nicht bei der Partei waren. Ich lebte damals in dem Wahn, man hält einen Weg zum Herzen dieser Menschen offen, wenn man in die Partei eintreten würde."[227]

Es kam aber auch zum Austritt und Ausschluß von Theologiestudenten aus NS-Organisationen. Kurz vor seinem Examen 1933 erkannte ein Student, Jahrgang 1908, daß geistliches Amt und NSDAP-Mitgliedschaft „unvereinbar"[228] seien, und trat im Februar 1933 nach einjähriger Mitgliedschaft aus.

Ein Parteiausschlußverfahren fand 1935 gegen einen Studenten, Jahrgang 1914, wegen öffentlicher Kritik an der kirchenfeindlichen Linie der SS statt. Das Parteigericht lehnte wegen des jugendlichen Alters des Studenten den Ausschluß ab. Aus der SA war er bereits 1934 als „politischer Reaktionär" ausgestoßen worden[229]. Nachdem der Student bis 1935 noch auf eine innerparteiliche Revolution gehofft hatte, wuchs seine Distanz zum Nationalsozialismus: „Die demagogische Behandlung der Massen, der sichtbar werdende Byzantismus, die Wahrheit über das Privatleben führender Parteileute, die zunehmende Beugung des Rechts machten mich von Monat zu Monat mehr

---

[222] LKAMT MÜNCHEN, PA 124.

[223] Lebenslauf o.D. (1936) (LKAMT MÜNCHEN, PA 106); aus der SA wurde er 1935 wegen eines Auslandsstudiums in Dorpat „ehrenvoll" entlassen.

[224] Pfr. an LKR, 1.9.1946 (LKAMT MÜNCHEN, PA 22); der Student wurde wegen seiner frühen Zugehörigkeit zum NS-Schülerbund bis zum Oberscharführer befördert, obwohl er der Dienststellung nach nur SA-Mann war.

[225] C. H. MEISIEK, Theologiestudium, S. 313.

[226] Pfr. an LKR, 2.2.1946 (LKAMT MÜNCHEN, PA 21); er war im Juni 1933 SA und NSDStB beigetreten. Ein anderer Student wurde 1935 von der SA als NSDAP-Mitglied vorgeschlagen; Lebenslauf 15.12.1938 (LKA NÜRNBERG, PA 228). In Pfr. an LKR, 30.10.1945 (EBD.), gab er an, daß er wegen Stipendien und Ermäßigungen eingewilligt habe.

[227] Pfr. an LKR, 29.4.1946 (LKAMT MÜNCHEN, PA 152); der SA gehörte er seit 1.11.1933 an.

[228] Pfr. an LKR, 27.7.1946 (LKAMT MÜNCHEN, PA 98).

[229] Pfr. an LKR, 20.10.1945 (LKAMT MÜNCHEN, PA 177); er war Mitglied der Fridericiana.

zum Parteigegner.“[230] Zu einem 1936 erwogenen Parteiaustritt konnte er sich aber nicht durchringen.

Anfang 1937 wurde eine ganze Gruppe von zwölf Erlanger Theologiestudenten aus dem NSDStB ausgeschlossen, weil sie sich vom weiteren Dienst mit dem Hinweis auf eine kirchenfeindliche Rede bei einem NSDStB-Appell entschuldigt hatten[231]. Ende 1938 kam dann schließlich reichsweit der endgültige Ausschluß aller Theologiestudenten aus dem NSDStB[232].

Exkurs: Die Erlanger Theologieprofessoren und der Nationalsozialismus

In der kirchengeschichtlichen Forschung ist in der Vergangenheit der Einfluß von Theologieprofessoren und Theologien auf die politische Orientierung der Studenten und späteren Pfarrer wiederholt überschätzt worden[233]. Schon die bereits zitierte Tatsache, daß der Anteil der Theologiestudenten an der NSDStB-Mitgliedschaft an Universitäten mit ganz unterschiedlich theologisch orientierten Fakultäten gleichermaßen überproportional hoch war, belegt dies. Es hat sich sogar gezeigt, daß mitunter Professoren, die als politische Gegner des Nationalsozialismus bekannt waren, prägende theologische Lehrer von politisch ausgesprochen nationalsozialistisch orientierten Studenten werden konnten[234]. Auch die Personalakten und die Befragungen haben ergeben, daß es keinen monokausalen Zusammenhang zwischen einer bestimmten theologischen Orientierung und einer bestimmten Haltung zum Nationalsozialismus gab – abgesehen von der deutschchristlichen Theologie, die aber von keinem Erlanger Ordinarius vertreten worden ist.

Dennoch spielten die politischen und theologischen Positionen der Professoren als ein Faktor neben anderen durchaus eine Rolle für die politische Orientierung der Studenten. Für die Theologiestudenten gilt hier das, was Franze im Blick auf die ganze

---

[230] Pfr. an LKR, 8.4.1946 (EBD.).

[231] C. KRAUSE, Tagebuch 27.2.1937. Zum Verhalten beim Appell: „Ein Protest wird uns als judenfreundlich ausgelegt werden, so nehmen wir die uns so lächerliche Rede zitternd und stumm hin, einige versuchten höhnisch zu lachen“ (EBD., 18.2.1937).

[232] C. H. MEISIEK, Theologiestudium, S. 321.

[233] M. GRESCHAT, Bedeutung, S. 101 ff., bietet Beispiele für diese in der ersten Phase der Kirchenkampfforschung dominierende „Theologisierung“ in der Beschreibung des Verhältnisses zwischen Kirche und Nationalsozialismus. Die Diagnose des gesamten Zeitgeschehens erfolgte ausschließlich aus dem theologischen Blickwinkel, andere Ursachen und Wirkungen wurden weitestgehend ausgeblendet. K. NOWAK, Gesprächsbeitrag, S. 22, sieht „protestantische Theologisierungsneigungen“ auch in der gegenwärtigen kirchlichen Zeitgeschichtsschreibung.

[234] C. H. MEISIEK, Theologiestudium, S. 75; als Beispiele werden die „roten“ Professoren Karl Barth und Otto Piper genannt. Barth hatte auch bayerische „Schüler“; 7,7 % der Fragebogenpfarrer nannten ihn an erster Stelle als ihren prägenden theologischen Lehrer; vgl. H. MASER, Kirche (1990), S. 51. Barth war Professor für systematische Theologie in Göttingen (seit 1921), Münster (seit 1925) und Bonn (seit 1930). 1915 trat er in seiner Schweizer Heimat in die sozialdemokratische Partei ein; 1931 in Bonn in die SPD. Wegen der Verweigerung des uneingeschränkten Eides auf Hitler wurde er Ende 1934 dienstentlassen; trotz seiner erfolgreichen Revision gegen diese Entlassung wurde er im Juni 1935 in den Ruhestand versetzt (E. JÜNGEL, Barth, S. 253). Seit 1935 lehrte er in Basel.

Studentenschaft in Erlangen herausgearbeitet hat. Die deutschnationale Einstellung der Professorenschaft war ein Faktor für die hohe Anfälligkeit für den Nationalsozialismus[235]. Die Erlanger Theologieprofessoren der Weimarer Republik sind wohl alle dieser politischen Grundposition zuzuordnen[236]; einzelne exponierten sich auch publizistisch und parteipolitisch in diesem Sinne. Philipp Bachmann, Ordinarius für systematische Theologie, kandidierte 1919 für die BMP[237]. Der außerhalb der Fakultät lehrende Ordinarius für reformierte Theologie, Karl Müller, vertrat die BMP/DNVP von 1919 bis 1926 im Erlanger Stadtrat[238]. Der Kirchenhistoriker Hermann Jordan wandte sich fast ganz der politischen Publizistik zu[239]. Die Weimarer Republik empfand Jordan „überhaupt nicht für einen achtungswerten Staat [...], überhaupt nicht als eine Autorität"[240]:

> „Die Frage ist die, ob in den breiten Schichten des Volkes der nationale Gedanke wieder das Übergewicht gewinnt über den internationalen Gedanken, ob sich endlich wieder große Führer deutschen Blutes finden, die die Flamme nationalen Lebens lebendig erhalten über die Jahre der Not und Armut hinweg zu besseren Zeiten, wo unsere Söhne oder wenigstens unsere Enkel wieder über ein freies Land schreiten."[241]

Der auch von Theologiestudenten gern gehörte außerordentliche Philosophieprofessor Friedrich Brunstäd hielt auf dem Münchener Parteitag der DNVP 1921 den Hauptvortrag. Er sah in der Demokratie einen „kulturellen Tiefstand", einen Ausfluß „der alle organischen Kräfte zersetzenden westlichen Kultur" und hoffte auf eine „völkisch-nationale Erneuerung" nach einer „nationalen, idealistisch-konservativen" Konzeption, in der die „ursprüngliche Verbundenheit" der Volksgemeinschaft wiederhergestellt wird[242].

Fast gänzlich in die Politik wechselte Hermann Strathmann[243], Ordinarius für Neues Testament, der zunächst Landtagsabgeordneter der BMP (1919-1920), dann Reichstagsabgeordneter der DNVP (1920-1930), der sich die BMP inzwischen angeschlossen hatte, schließlich des CVD (1931-1933) war. Im November 1928 prophezeite Strathmann auf einer DNVP-Veranstaltung in Erlangen, daß Deutschland durch den „Egoismus der Parteien" zugrunde gehen müsse: „Einem solchen Parteistaat können deshalb selbstverständlich weite Kreise des Volkes nicht mit Vertrauen, Achtung und Hingabe gegenüberstehen."[244] In der Studentenschaft protegierte Strathmann den

---

[235] M. FRANZE, Studentenschaft, S. 167.
[236] K. BEYSCHLAG, Theologie, S. 147: alle Erlanger Theologieprofessoren seien „politisch national gesonnen" gewesen.
[237] W. ZORN, Bevölkerung, S. 327.
[238] EBD., S. 324.
[239] Vgl. H. JORDAN, Not.
[240] M. FRANZE, Studentenschaft, S. 51; vgl. insgesamt EBD., S. 48-51, die Jordan-Zitate.
[241] EBD., S. 50.
[242] EBD., S. 49-52. Brunstäd wurde 1925 Theologieprofessor in Rostock; vgl. H. MASER, Kirche (1990), S. 50 f.
[243] Vgl. O. HASS, Strathmann, S. 150-155; 176-184; 201 ff.; 207 ff.
[244] M. FRANZE, Studentenschaft, S. 103.

1929 als Nachfolger der DNVP-Hochschulgruppe konstituierten „Nationalen Studentenklub"[245]. 1930 wechselte er allerdings aus Protest gegen den rechtsextremistischen Kurs des DNVP-Parteivorsitzenden Alfred Hugenberg zum CVD, in dem er fortan reichsweit eine führende Rolle spielte.

Bei dieser gemeinsamen deutschnationalen Orientierung fielen aber die Stellungnahmen der Theologieprofessoren zum Nationalsozialismus vor und nach 1933 durchaus unterschiedlich aus. In einer Schriftreihe des Volksdienstes veröffentlichte Strathmann im Frühjahr 1931 eine Broschüre mit dem Titel „Nationalsozialistische Weltanschauung". In ihr würdigte Strathmann den „idealen politischen Gehalt" der nationalsozialistischen Bewegung; in ihr sei endlich der deutsche Freiheitswille gegen Versailles erwacht. Weltanschaulich sei der Nationalsozialismus wegen seines Widerspruchs zum Christentum jedoch abzulehnen: „Man muß feststellen, daß [...] das ‚positive Christentum' des nationalsozialistischen Programms durch den aus dem Rassegedanken stammenden völkischen Vorbehalt völlig entwertet und entleert worden ist."[246] Im einzelnen lehnte Strathmann besonders scharf die rassistische „Kreaturvergötterung" und die Beseitigung der „Untermenschen" einschließlich der Zwangssterilisation ab. Den Abwehrkampf gegen die zersetzenden Wirkungen des wurzellos gewordenen Judentums begrüßte er dagegen. Insgesamt stufte Strathmann alle Versuche, den Nationalsozialismus von innen her zu reinigen, als illusionär ein.

Nach der Ernennung Hitlers zum Reichskanzler sprach sich Strathmann bei einer CVD-Wahlveranstaltung am 27. Februar 1933 allerdings dafür aus, der neuen Regierung „den für ihre Arbeit nötigen freien Spielraum [zu] geben."[247]

Im Sommersemester 1933 amtierte Strathmann als Dekan der Fakultät. Im Juli 1933 eröffnete die *Fränkische Tageszeitung* eine große Kampagne gegen Strathmann: „Wir Erlanger werden nicht mehr lange zusehen, daß unsere Hochschuljugend in Strathmanns Geist bearbeitet wird. Jetzt wird endgültig Schluß gemacht."[248] Der NSDStB in Erlangen forderte auch seine Absetzung. Vorlesungen Strathmanns wurden gestört, vor seinem Haus gab es Tumulte. Ruprecht von Gilardi, der Erste Sprecher der Uttenruthia und „alte Kämpfer", setzte sich energisch für den Schutz Strathmanns ein. Als er andere Theologieprofessoren aufforderte, ihn zu Kultusminister Schemm zu begleiten, war keiner bereit, sich für Strathmann zu exponieren außer Otto Procksch. Bei Schemm konnten beide Strathmanns Verbleiben sichern, allerdings wurde er als Dekan abgesetzt[249].

Zu Beginn des Wintersemesters 1933/34 wurde der anwesende Strathmann bei einer Pflichtversammlung der Theologischen Fachschaft vom Studentenschaftsältesten,

---

[245] Vgl. EBD., S. 127.

[246] H. STRATHMANN, Weltanschauung, S. 37.

[247] M. FRANZE, Studentenschaft, S. 181.

[248] P. KREMMEL, Pfarrer, S. 612; vgl. EBD., S. 131. Kremmels Zitat aus Strathmanns Grußwort bei der Amtseinführung Meisers erweckt den Eindruck, als postuliere er für die Fakultät Freiheit dem Staat gegenüber. Strathmann bezog sich aber auf das Verhältnis zwischen Kirche und Fakultät; vgl. Text des Grußwortes im Gemeindeblatt Nürnberg, 18.6.1933, S. 319 f.

[249] W. v. LOEWENICH, Theologie, S. 161 f.; H. THIELICKE, Gast, S. 87 f.

Werner Saling, als „Schwein" beschimpft und zum Verlassen der Versammlung aufgefordert. Nachdem ein Teil der Studenten ihren Fachschaftsleiter vergeblich aufgefordert hatte, Protest gegen diese Ausfälligkeit einzulegen, beauftragten sie zwei Kommilitonen, Saling zu einer Entschuldigung bei Strathmann aufzufordern. Bei einer „Aussprache" im Erlanger Braunen Haus wurden beide mit Gummiknüppeln verprügelt[250]. Nach Schemms tödlichem Unfall erwog das bayerische Kultusministerium 1937 Strathmanns Ruhestandsversetzung wegen politischer Unzuverlässigkeit, von der es dann aber doch absah[251].

Kurz vor der „Machtergreifung" war mit Hermann Sasse ein weiterer Kritiker des Nationalsozialismus als außerordentlicher Professor für Kirchengeschichte, Dogmengeschichte und Symbolik nach Erlangen gekommen. Sasse war 1932 in einem Artikel im *Kirchlichen Jahrbuch* deutlich auf Distanz zum Nationalsozialismus gegangen[252]. Das Positive Christentum des NSDAP-Programms demaskierte er als mit dem christlichen Glauben unvereinbar. Auch nach der „Machtergreifung" ließ er sich nicht von volksmissionarischer Begeisterung anstecken. Obwohl ein Erlanger Kollege den NSDAP-Kultusminister Hans Schemm über Sasses politische Vergangenheit informierte, ernannte Schemm ihn zum außerordentlichen Professor; eine spätere Beförderung zum Ordinarius blieb ihm aber versperrt[253]. In einer Adventspredigt stellte er 1933 in Erlangen fest, daß die Stellung des Volkes zu Christus sich mit der „Machtergreifung" nicht gewandelt hat. „Damit ist noch nichts geändert, daß die Menschen sich vom Atheismus zu einer anderen Weltanschauung wenden."[254]

Weniger deutlich fielen die öffentlichen kritischen Äußerungen von Otto Procksch, seit 1925 Erlanger Professor für Altes Testament, nach 1933 aus. Er war Monarchist und hielt an jedem 27. Januar zum Geburtstag von Wilhelm II. in der Vorlesung eine Laudatio auf den Kaiser – bis ins „Dritte Reich" hinein. In seinen Veranstaltungen spürten die Studenten aus seinen ironischen Randbemerkungen seine kritische Haltung zum Nationalsozialismus[255]. Hitler entsprach offensichtlich nicht seinen Vorstellungen vom „deutschen Helden", von dem er sich in einer Rektoratsrede in Greifswald 1924 in einer Mischung aus christlicher Messiaserwartung und völkischer Weltanschauung eine Revision des „Friedensdiktates" von Versailles erhofft hatte: „Wenn deutsche Art und christlicher Glaube sich verbinden, dann sind wir gerettet. Dann wollen wir arbei-

---

[250] Vgl. den Bericht eines dieser beiden über den Vorfall (PFARRER 105, Sammlung); s. auch Spruchkammerurteil, 24.1.1947 (LKAMT MÜNCHEN, PA 225). Franzes Angabe (M. FRANZE, Studentenschaft, S. 343), es sei zu keinen studentischen Aktionen gegen politisch mißliebige Professoren gekommen, ist also nicht zutreffend.

[251] A. WENDEHORST, Geschichte, S. 206.

[252] KIRCHLICHES JAHRBUCH 1932, S. 65 ff.

[253] H. HEIBER, Universität I, S. 325; K. BEYSCHLAG, Theologie, S. 284 f.

[254] H. SASSE, Zeugnisse, S. 39.

[255] H. THIELICKE, Gast, S. 88; K. BEYSCHLAG, Theologie, S. 147; Auskünfte seiner ehemaligen Studenten in zahlreichen Interviews.

ten mit unseren Händen und des Tages warten, bis daß der deutsche Held komme, er komme als Prophet oder als König."[256]

Als einziger Theologieprofessor verlor Friedrich Ulmer, Professor für praktische Theologie, Pädagogik und Didaktik, aufgrund des Gesetzes zur Wiederherstellung des Berufsbeamtentums im Juni 1937 seinen Lehrstuhl und wurde in den Ruhestand versetzt[257]. Hauptgrund war ein Artikel Ulmers in der *Lutherischen Kirche* im Mai 1936, in dem er deutlich gegen die kirchenfeindlichen Äußerungen führender Nationalsozialisten, insbesondere des Reichsorganisationsleiters Robert Ley, protestiert hatte[258]. Unangenehm war Ulmer den Nationalsozialisten auch als Leiter des „Auslandstheologenheimes" des Martin-Luther-Bundes aufgefallen. 1938 wurde er genötigt, von der Leitung des Martin-Luther-Bundes zurückzutreten. Dabei war Ulmer anfangs vom „Dritten Reich" sehr angetan gewesen. Am 1. Oktober 1933 war er in die Reichsschaft Hochschullehrer des NSLB eingetreten[259], im April 1934 hatte er sich in der *Lutherischen Kirche* zum „Führer" bekannt[260].

Wesentlich länger hielt sich die Begeisterung für den Nationalsozialismus bei Wilhelm Vollrath, von 1924 bis 1939 außerordentlicher Professor für Religionssoziologie und für Grenzgebiete der systematischen Theologie. Vollrath wurde 1931 Mitglied des „Kampfbundes für deutsche Kultur" und galt bereits seit dieser Zeit als Anhänger der NSDAP, trat aber vor der „Machtergreifung" nicht politisch hervor. Am 1. April 1933 wurde er Mitglied in der Reichsschaft Hochschullehrer des NSLB; in die NSDAP trat er aber erst 1937 ein[261], möglicherweise im Kontext seiner Bemühungen um den Lehrstuhl von Ulmer. Im Wintersemester 1933/34 wurde Vollrath vom neuen nationalsozialistischen Universitätsrektor zum Senator berufen. In Ortsgruppenabenden der NSDAP hielt er Vorträge. Kirchenpolitisch schloß er sich als einziger Professor den Deutschen Christen an[262], was seine Isolierung in der Fakultät zur Folge hatte. Relativ wirkungslos blieb damit Vollraths Ernennung zum Vertreter der Dozentenschaft in der Fakultät durch den Dozentenschaftsleiter und Gauführer des NS-Dozentenbundes[263].

Von den Ordinarien stand wohl Hans Preuß, seit 1914 als Professor für Kirchengeschichte und Kunstarchäologie, dem Nationalsozialismus am nächsten. Als Universitätsrektor rief Preuß 1923 die Professoren und Studenten zu einer Schlageter-Feier zusammen, in der er „der heißen Empörung über Verrat und Erschießung dieses Wak-

---

[256] K. SONTHEIMER, Denken, S. 220; Procksch wird hier als einer der Wegbereiter des Führermythos im antidemokratischen Denken genannt.

[257] M. FRANZE, Studentenschaft, S. 344.

[258] H. HEIBER, Universität I, S. 285 f.

[259] BDC, NSDAP Master File.

[260] K. MEIER, Fakultäten, S. 87.

[261] BDC, NSDAP Master File; er beantragte die Aufnahme am 5.11.1937, die Mitgliedskarte wurde am 10.5.1938 ausgestellt, das Aufnahmedatum auf den 1.5.1937 rückdatiert.

[262] SD-Abschnitt Nürnberg an Gauleitung Franken, 20.3.1941 (SAMMLUNG P. KREMMEL); zu den DC-Aktivitäten vgl. H. BAIER, Christen, S. 289; 297; 327.

[263] K. BEYSCHLAG, Theologie, S. 271 f.; 282 f. (die Fakultät lehnte die von der NSDAP gewünschte Berufung Vollraths auf Ulmers Lehrstuhl ab); H. HEIBER, Universität I, S. 352.

keren und über die ganze unwürdige Lage, in der wir uns befanden, Ausdruck gab."[264]
Beim Deutschen Tag in Nürnberg im September 1923, auf dem Ludendorff und Hitler sprachen, überbrachte er die Grüße der Universität[265]. In seinen Memoiren
schwärmte er noch rückblickend von der völkischen Orientierung der Studentenschaft
in diesem Jahr: „Die Haltung der Studenten war mit ganz verschwindenden Ausnahmen vorzüglich; schon regten sich damals die Anfänge der nationalsozialistischen Bewegung gerade auch bei unsern Studenten."[266] Preuß unterzeichnete eine am 5. November 1932 im *Völkischen Beobachter* veröffentlichte Erklärung „Deutsche Hochschullehrer für Adolf Hitler" und einen Aufruf, am 5. März 1933 für die NSDAP zu
stimmen[267]. Ende April 1933 trat Preuß als einziger Ordinarius in den Erlanger
Kampfausschuß für die „Aktion wider den undeutschen Geist"[268], der Kampagne „gegen das zersetzende jüdisch-marxistische Schrifttum" ein, der die Bücherverbrennung
am 12. Mai 1933 vorbereitete. Zur Bücherverbrennung sonderte er eigenhändig Bü-
cher aus dem Akademischen Lesezimmer der Universität aus[269]. Damit qualifizierte er
sich offenbar für die Funktion des „Vertrauensmannes" des gleichgeschalteten bayerischen Kultusministeriums an der Universität Erlangen[270]. Im selbem Jahr verfaßte er
den Artikel „Luther und Hitler", der auch als Broschüre erschien. Darin lieferte er den
vermeintlichen Nachweis „grundsätzlicher Parallelen" zwischen beiden: „Luther und
Hitler fühlten sich vor ihrem Volke tief mit Gott verbunden."[271] Am Ende des Sommersemesters 1933 löste Preuß Strathmann als Dekan der Theologischen Fakultät ab.
Im Wintersemester 1933/34 ernannte der neue nationalsozialistische Universitätsrektor
Preuß zu seinem Stellvertreter. Es überrascht, daß Preuß nicht in die NSDAP eingetre-
ten war, aber er hielt es für „unanständig", das in der „Kampfzeit" Versäumte nach der
„Machtergreifung" nachzuholen[272].

Umstritten ist der politische Einfluß, den die beiden zugkräftigsten Erlanger Theologieprofessoren, Paul Althaus und Werner Elert, auf ihre Studenten ausübten[273].
Theologisch prägten sie die Studenten stärker als alle ihre Fakultätskollegen[274]. Ein
bayerischer Theologiestudent, Jahrgang 1910, der 1932 in die NSDAP eintrat, ver-

---

[264] H. PREUSS, Miniaturen, S. 104.

[265] A. WENDEHORST, Geschichte, S. 163 f.

[266] H. PREUSS, Miniaturen, S. 103.

[267] A. WENDEHORST, Geschichte, S. 180 f.; nur ein weiterer Erlanger Professor gehörte zu den Un-
terzeichnern von 1932, fünf weitere 1933.

[268] M. FRANZE, Studentenschaft, S. 189 f.

[269] A. WENDEHORST, Geschichte, S. 184; die Bücherverbrennung hatte in den meisten anderen
Städten schon zwei Tage eher stattgefunden.

[270] H. HEIBER, Universität II/1, S. 139.

[271] H. PREUSS, Luther, S. 10; Preuß' 1934 erschienene Studie „Luther der Deutsche" war nach
K. BEYSCHLAG, Theologie, S. 180, „partienweise eine peinliche Verbeugung vor der NS-Rassenkunde".

[272] A. WENDEHORST, Geschichte, S. 200.

[273] Differenziert-kritisch: B. HAMM, Schuld; B. HAMM, Christ; apologetisch: K. BEYSCHLAG, Althaus; K. BEYSCHLAG, Theologie, S. 160-170.

[274] Von den Fragebogenpfarrern nannten 25,0 % Althaus, 11,3 % Elert an erster Stelle als für sie
prägende Theologen; an nächster Stelle folgt Procksch mit 3,0 %.

merkte 1933 in seinem Lebenslauf: „Auf die theologische Wertung des Volkstums hingewiesen zu sein, verdanke ich Herrn Professor Althaus."[275]

Paul Althaus kam 1925 als Ordinarius für systematische und neutestamentliche Theologie nach Erlangen und wurde bald zum Mittelpunkt der Fakultät. Darüber hinaus wirkte er als Universitätsprediger und durch Vorträge auch in eine breite Öffentlichkeit hinein. In Althaus' Ethik erscheinen nicht nur die Ehe, sondern auch Volkstum, Recht, Staat und Wirtschaft als Schöpfungsordnungen, als lebenserhaltende Gaben und den Mensch in Anspruch nehmendes Gesetz. Es gibt aber nach Althaus auch Sünde, Dämonie und Fluch in den Ordnungen, insbesondere wenn diese einer säkularen, gottlosen Eigengesetzlichkeit überlassen werden. Der Christ habe deshalb dafür zu kämpfen, daß die Ordnungen konkret so ausgestaltet werden, wie sie sein sollten, ohne dabei aber selbst aus entstellten Ordnungen zu fliehen[276]. Auf den Staat bezogen bedeutete das bei Althaus: „Der Staat ist nicht gleich dem Willen der jeweiligen Generation, sondern er steht über ihr als sein Soll."[277] So konnte Althaus 1926 ein „Recht auf Revolution dort, wo das Parlament versage", postulieren – zum „Schutz des Staates wider seine Verderber". Die Weimarer Republik lehnte Althaus als „schwachen Staat" mit der „Stickluft des Parteiwesens" ab; polemisch zog er über die als individualistisch-rationalistisch-verantwortungslos denunzierte Demokratie her. Bei der Frage nach dem „Soll" des Staates spielten für Althaus, der in der Tradition des deutschen Nationalgedankens stand und im Ersten Weltkrieg als Lazarettpfarrer in Polen dem bedrohten deutschen Volkstum begegnet war, Volk und Volkstum eine entscheidende Rolle. Der Volksbegriff wird dabei religiös überhöht: „Volksgemeinschaft" erscheint als ethischer Wert, „Volkheit ist der Wille Gottes über ein Volk". Als Staatsideal erscheint eine anti-aufklärerisch-monistische Volksstaatlichkeit. Damit stand Althaus der völkischen Bewegung nahe, die er 1927 zur Kirche rief.

Die nationalsozialistische „Machtergreifung" und den neuen, starken Staat legitimierte Althaus in „einer unreflektierten Identifikation von göttlichem Willen und eigenem politischen Vorurteil."[278] Franze stuft Althaus' positive Würdigung der „Machtergreifung" als repräsentativ für die Erlanger Professorenschaft ein[279]. Zu Althaus' politischem Standpunkt seit 1933 kommt Ericksen zu folgendem Ergebnis: „In seinen Schriften der Jahre 1933 bis 1937 verteidigte Althaus den totalitären Staat, das Führerprinzip sowie völkische Ideen im allgemeinen und das ‚gute Regiment' Hitlers im be-

---

[275] Lebenslauf 9.12.1933 (LKAMT MÜNCHEN, PA 125). Vgl. auch PFARRER 85, Interview; Althaus habe sich zwar nicht politisch geäußert, seine theologische Wertung von Volk und Rasse habe die Studenten aber für den Nationalsozialismus empfänglicher gemacht.

[276] H. GRASS, Althaus, S. 334.

[277] C. SCHWARKE, Althaus, S. 147; auch die folgenden Althaus-Zitate aus der Weimarer Republik EBD., S. 146 ff. Vgl. zu Althaus' politischer Theologie auch M. MEISER, Althaus, S. 405 f.

[278] C. SCHWARKE, Althaus, S. 141. Die häufig nach 1945 als theologischer Hintergrund dieser Legitimation angeführte Zwei-Reiche-Lehre spielt dabei gerade keine zentrale Rolle.

[279] M. FRANZE, Studentenschaft, S. 180.

sonderen."[280] Hervorzuheben sind hier zwei maßgeblich von Althaus und Elert verfaßte Stellungnahmen. Das theologische Gutachten der Erlanger Fakultät über die Zulassung von Christen jüdischer Herkunft zu den Ämtern der Deutschen Evangelischen Kirche vom 25. September 1933 sprach sich für eine „Zurückhaltung" sogenannter „Judenchristen" von kirchlichen Ämtern aus, lehnte aber eine generelle Entlassung der bereits im Amt befindlichen „Judenstämmigen" ab. Der „Ansbacher Ratschlag" vom 11. Juni 1934 richtete sich gegen die Barmer Theologische Erklärung der Bekennenden Kirche, insondere gegen die Verwerfung der Lehre von Gottes Offenbarung in den Schöpfungsordnungen, und gipfelt in einem Dank an Gott, „daß er unserem Volk in seiner Not den Führer als ‚frommen und getreuen Oberherrn' geschenkt hat und in der nationalsozialistischen Staatsordnung ‚gut Regiment', ein Regiment mit ‚Zucht und Ehre' bereiten will."[281] Trotz der scharfen Abgrenzung von der Barmer Theologischen Erklärung nahm Althaus im Oktober 1934 an der Bekenntnissynode in Berlin-Dahlem teil. In den folgenden Jahren ließ er sich aber zusammen mit Elert in die Theologische Kammer des Reichskirchenausschusses berufen, die 1936 die staatliche Einsetzung der Kirchenausschüsse theologisch und kirchenrechtlich legitimierte[282]. In Einzelfragen vertrat Althaus auch einen vom Nationalsozialismus abweichenden Standpunkt, beispielsweise im Juli 1933 in seinem bereits zitierten Vortrag über Euthanasie[283]. Von 1937 an wurde Althaus insgesamt immer kritischer dem NS-Regime gegenüber.

Werner Elert, einer der führenden Theologen des konfessionellen Luthertums in Deutschland, wurde 1923 auf einen Lehrstuhl für Kirchengeschichte berufen, wechselte 1932 auf einen Lehrstuhl für systematische Theologie und war 1928/29 und dann von 1935 bis 1943 Dekan der Fakultät. Schon vor seiner Lehrtätigkeit in Erlangen wandte er sich in einem rassisch getönten Nationalismus gegen „westlerischen Internationalismus"[284] und jüdische „Desorganisation der Lebensgestaltung". In Elerts Theologie begegnet Gottes Schöpferwille dem Menschen schicksalhaft als Gesetz seiner Ordnungen. „Elert denkt dabei an Gemeinschaftsordnungen wie Familie, Volk, Staat und biologische Blutsgemeinschaft, die Bindung an Blut und Boden. Bemerkenswert ist die stark autoritäre Struktur dieser Ordnungen"[285]; die Demokratie der Weimarer Republik stufte Elert als eine unnatürliche, gottwidrige Staatsform ein. Im „Dritten Reich" dagegen sah er die Ordnungen konkret inhaltlich gefüllt durch die Autorität des NS-Staates, den er in seinen Schriften befürwortet: „Es braucht kaum hinzugefügt werden, daß der Christ aus diesem Grunde, gerade weil er sich hier dem Schöpfer

[280] R. P. ERICKSEN, Theologen, S. 119-140; Zitat S. 164; zu einem ähnlichen Urteil kommt F. G. M. FEIGE, Varieties, S. 251-290; 453 f.; zu Althaus' Stellung zum Judentum vgl. auch M. SMID, Protestantismus, S. 281-289.

[281] Allgemeine Evangelisch-Lutherische Kirchenzeitung 67, 1934, Sp. 585. Im Entwurf von Elert war ursprünglich „bereitet hat" vorgesehen, was auf Althaus' Anregung hin in „bereiten will" abgemildert wurde (K. SCHOLDER, Kirchen II, S. 210).

[282] K. MEIER, Fakultäten, S. 145.

[283] R. P. ERICKSEN, Theologen, S. 139.

[284] A. PETERS, Elert, S. 496 (Zitate aus einer Schrift Elerts von 1921).

[285] B. HAMM, Christ, S. 14.

verpflichtet weiß, mit entschlossenem Ernst auch für die biologische Reinhaltung des deutschen Blutes einzusetzen hat, die heute durch unsere Gesetzgebung gefordert und gefördert wird."[286] Ethisch verpflichtet sah Elert den Christen auch zu völkischer Wehrhaftigkeit; der traditionelle religiös verklärte Militarismus des deutschen Nationalprotestantismus fand sich bei ihm besonders stark ausgeprägt. Allerdings trat neben die Bindung an Volk und Staat für Elert stets die Bindung an Kirche und Bekenntnis, so daß seine Stellungnahmen seit 1933 eine deutliche Zweigleisigkeit zeigen:

> „Einerseits eine aus innerer Überzeugung kommende Zustimmung zum Nazi-Staat und eine scharfe Kritik an den kirchlichen und theologischen Kräften, die die ethische Bindung des Christen an diesen Staat und seine völkischen Ziele relativieren und in Frage stellen – diese Kritik richtete sich vor allem gegen Karl Barth und die Bekennende Kirche. Andererseits die Betonung der Selbständigkeit der Konfessionskirche, sofern es um ihre Bindung an Schrift und Bekenntnis geht – diese Kritik wendet sich vor allem gegen die Deutschen Christen, aber auch gegen die Bekennende Kirche von Barmen."[287]

Dieser doppelten Loyalität Elerts ist es aber auch zu verdanken, daß er als Dekan die Fakultät von deutschchristlichen Einflüssen weitestgehend freihalten konnte. An der „intakten" Fakultät konnten unter Elerts Schutz auch angehende Pfarrer aus der Bekennenden Kirche in den „zerstörten" Landeskirchen studieren. Auch Theologiestudenten mit „jüdischer Abstammung" verhalf er zur Immatrikulation[288].

2. Altsprachliches Seminar Würzburg

Als sich in den zwanziger Jahren auch in Bayern zunehmend Absolventen von Oberrealschulen und Realgymnasien dem Theologiestudium zuwandten, richtete die Kirchengemeinde Würzburg im Frühjahr 1929 ein „Altsprachliches Seminar für Theologiestudierende mit realistischer Reifeprüfung" ein. Unterkunft und Sprachkurse wurden im Seminar angeboten. Die Seminaristen immatrikulierten sich in der Regel an der Philosophischen Fakultät der Universität Würzburg und belegten einige Veranstaltungen[289]. Von den 384 Examenskandidaten der Jahre 1933 bis 1936 hatten 55 (14,3 %) das Seminar besucht.

Mindestens 18,2 % (10), vermutlich 27,3 % (15) dieser Studenten wurden in ihrer Würzburger Zeit NSDAP-Mitglieder. Besonders stark war das nationalsozialistische Engagement der Seminaristen 1929/30; neun wurden in dieser Zeit Pg. 1929 trat ein Seminarist und Gildenmitglied, Jahrgang 1909, in SA und NSDAP ein, „weil ich der Überzeugung war, daß allein diese Partei imstande sei, die drohende Bolschewisierung

---

[286] EBD., S. 21; Zitat aus einer Schrift Elerts von 1937 [sic!].

[287] EBD., S. 10.

[288] K. BEYSCHLAG, Theologie, S. 161; 279 f.; C. H. MEISIEK, Theologiestudium, S. 287 ff.: neben Erlangen galten seit der „Zerstörung" der anderen Fakultäten durch Umbesetzungen der Lehrstühle 1933-1935 nur noch Tübingen und bis 1937 Rostock als „intakt".

[289] Vgl. KORRESPONDENZBLATT 54, 1929, S. 95. Ein zur gleichen Zeit im Anschluß an das Pfarrwaisenhaus Windsbach errichtetes Sprachenkonvikt wurde von den angehenden Theologiestudenten nicht so stark frequentiert.

Deutschlands aufzuhalten."[290] Ein Kollege, Jahrgang 1909, in SA und NSDStB seit 1929, Pg. seit 1930, schrieb rückblickend zu den Motiven der Seminaristen: „Was uns junge Menschen, die eben zu politischem Denken erwacht waren, dorthin zog, war die Sehnsucht nach nationaler Würde und Ehre und der Wunsch, das eigene Volk aus der Ohnmacht [...] herausgeführt zu sehen."[291] Die jungen Studenten, die in der Regel in Würzburg in keiner Verbindung aktiv wurden, widmeten einen Teil ihrer Zeit und Kraft dem Nationalsozialismus[292]. Sicher brachten viele ihre Symphatien für die völkische Bewegung schon aus der Schulzeit mit. Im folgenden Zitat beschreibt das ein Seminarist – er spricht dabei von sich selbst in der dritten Person:

> „Da er aus einer armen Arbeiterfamilie stammt, die doch wieder zu sehr mit Grund und Boden und mit der Heimat verwurzelt ist, so wurde er davor bewahrt im allgemeinen Brei des proletarischen Arbeitertums der Nachkriegszeit unterzugehen. Durch seine älteren Freunde und durch die Schule stets im vaterländischen Sinne angeregt, durfte er schon als junger Mensch auf weiten Fußwanderungen [...] unser Vaterland und seine Nachbarn kennenlernen. So kam er völkisch sehr interessiert von der Schulbank weg an die alma mater. Am 1. Juni 1930 trat er in Würzburg der Freiheitsbewegung Adolf Hitlers als SA-Mann bei und hat da in den verschiedensten Stürmen Seite an Seite mit den anderen Kameraden in der SA den Kampf Adolf Hitlers mit zum Siege führen helfen dürfen. Zurzeit [i.e. 1933] steht er als Truppführer beim Sturm 45/24 in Erlangen."[293]

In seiner mittelfränkischen Heimatstadt wurde der Student und Pg. als HJ-Führer verwendet. Mit Eintritt in den kirchlichen Dienst stellte er seine politische Betätigung ein, auch aus Enttäuschung über den zunehmend kirchenfeindlichen Kurs des NS-Regimes: „Denn keinem kann die Entwicklung der Dinge weher tun als dem, der mit Begeisterung [...] an dem Bau des Dritten Reiches so tatkräftig mitgearbeitet hat."[294]
Ein Seminarist, Jahrgang 1909, wurde im Wintersemester 1931/32 für den NSDStB in den AStA der Universität Würzburg gewählt[295]. Die Seminaristen dürften mit dazu beigetragen haben, daß im NSDStB Würzburg die Zweitsemester und die Freistudenten im Wintersemester 1931/32 extrem überrepräsentiert waren[296]. Die angehenden Theologiestudenten begannen ihr Studium zumeist im Sommersemester und blieben selten länger als zwei Semester in Würzburg, einer Verbindung schlossen sie sich in der Regel erst am Ort der Aufnahme ihres eigentlichen Theologiestudiums an. Peter Spitznagel hat in seinen Studien zu Studentenschaft und Nationalsozialismus in Würzburg das Altsprachliche Seminar leider nicht berücksichtigt. Er kommt aber zu dem Ergebnis, daß der ansteigende Anteil von evangelischen Studenten in Würzburg

---

[290] Pfr. an LKR, 8.3.1946 (LKAMT MÜNCHEN, PA 212). Der Pg. war ein Semester Präfekt des evangelischen Schülerheimes Würzburg.
[291] Pfr. an Dekanat Hof, 11.6.1946 (LKAMT MÜNCHEN, PA 250).
[292] Pfr. an LKR, 25.6.1935 (LKAMT MÜNCHEN, PA 165).
[293] Lebenslauf 10.12.1933 (LKAMT MÜNCHEN, PA 210).
[294] Lebenslauf 22.10.1936 (EBD.).
[295] Lebenslauf 28.11.1935 (LKAMT MÜNCHEN, PA 110); vor seiner Seminarzeit war er 1930 als Student der Zahnmedizin Pg. geworden.
[296] Vgl. A. FAUST, Studentenbund II, S. 147 f.

seit 1928 sich fördernd auf den dortigen NSDStB ausgewirkt hat[297]. Die angehenden evangelischen Theologiestudenten dürften dazu einen nicht unwesentlichen Beitrag geleistet haben.

Im Seminar scheint von den aktivistischen Nationalsozialisten intensiv für ihre Sache geworben worden zu sein: „Meine Verbindung mit der SA und der Partei bestand darin, daß ich auf Zureden von Studienkameraden an Veranstaltungen der SA teilnahm, um mir aus eigener Anschauung ein Urteil über den Nationalsozialismus bilden zu können."[298] Ein Seminarist, der 1929 einer Aufforderung zum Eintritt in den NSDStB nicht folgte, wurde von seinen Kommilitonen verprügelt[299].

Einige stellten ihr nationalsozialistisches Engagement mit dem Wechsel von Würzburg weg ein. Ein Student, Jahrgang 1911, trat 1931 mit Beginn des eigentlichen Theologiestudiums aus der NSDAP aus, nachdem er eine Rede Streichers gehört hatte[300]. Ein anderer, Jahrgang 1910, suchte aus Studienrücksichten nach einem dreiviertel Jahr 1931 um Abschied aus der SA nach[301].

---

297 P. SPITZNAGEL, Studentenschaft (1974), S. 181; P. SPITZNAGEL, Studentenschaft (1982), S. 99.

298 Pfr. an LKR, 18.3.1946 (LKAMT MÜNCHEN, PA 15); vgl. Pfr. an LKR, 15.12.1945 (EBD.), wo von massiven Bedrängungen die Rede ist.

299 PFARRER 175, Interview.

300 Spruchkammerurteil, 24.1.1947 (LKAMT MÜNCHEN, PA 225).

301 Lebenslauf o.D. (1933) (LKAMT MÜNCHEN, PA 15).

II. PFARRER UND NATIONALSOZIALISMUS
IN DER WEIMARER REPUBLIK

A. Bis zu den Reichstagswahlen im September 1930

1. Pfarrerschaft und Politik

Das Verhältnis der Pfarrerschaft zur NSDAP bis zu deren Durchbruch bei den Reichstagswahlen 1930 läßt sich nur schwer eruieren. Im *Korrespondenzblatt,* dem Diskussionspodium der bayerischen Pfarrerschaft, war der Nationalsozialismus beispielsweise bis 1930 kein eigenes Thema. Dennoch reichen die Wurzeln der späteren Erfolge der Nationalsozialisten in der Pfarrerschaft weit zurück. Die politische Mentalität der mit dem Nationalsozialismus konfrontierten Theologengenerationen war teilweise noch im Kaiserreich geprägt worden. Von besonderer Bedeutung für diese Mentalität war der Einschnitt der Jahre 1918 und 1919, der das alte politische System von heute auf morgen entfernte und zu einer neuen Positionsbestimmung im Gefüge des parlamentarisch-demokratischen Staatswesens nötigte. Hier setzt deshalb die Darstellung des Verhältnisses der Pfarrerschaft zur Politik ein. Ein besonderes Augenmerk wird dabei auf die völkische Bewegung gelegt. Auch wenn völkische Bewegung und Nationalsozialismus nicht kongruent waren, so bestand doch auf ideologischer, organisatorischer und personeller Ebene eine enge Verquickung, die schließlich bis 1933 in eine weitgehende Absorbierung der übrigen völkischen Gruppierungen durch die NSDAP einmündete.

Auch für die bayerische Pfarrerschaft stellte sich nach der einhellig negativ beurteilten Revolution 1918 die Frage, wo sie in der Republik ihre politische Heimat finden könnte[1]. In Bayern war diese Orientierungsphase stark konfessionell geprägt, weil es galt, sich als Minorität gegen den mächtigen und gut organisierten politischen Katholizismus zu behaupten. Schon am 18. November 1918 lag dem *Korrespondenzblatt* ein Gründungsaufruf der von evangelisch-konservativen Gruppen getragenen BMP, der späteren DNVP in Bayern bei, in dem die Vertretung evangelischer Standpunkte zum Parteiziel erhoben wird[2]. Als besonders positiv hob der angesehene Ansbacher Pfarrer

---

[1] Vgl. zur politischen Orientierung der bayerischen Pfarrerschaft in der Weimarer Republik auch Abschnitt I.A. dieser Studie; zu Reaktionen von Münchener Pfarrern auf die Revolution 1918 und die Räterepublik 1919 vgl. B. MENSING, Hitler, S. 94 ff.; zur Reaktion der bayerischen Kirchenpresse, deren Artikel überwiegend von Pfarrern stammten, vgl. G. MEIER-REUTTI, Politik, S. 273 ff.

[2] KORRESPONDENZBLATT 43, 1918, Beilage zum Heft vom 18.11.1918; vgl. auch den Aufruf von Katechet Gustav Bub, EBD., S. 359 f., und den zustimmenden Kommentar der Schriftleitung S. 365. Der Erlanger reformierte Theologieprofessor Karl Müller, der nicht zur (lutherischen) Theologischen Fakultät gehörte, aber dennoch auch bei vielen lutherischen Theologiestudenten und Pfarrern geschätzt

Hermann Steinlein in Korrespondenzblattbeiträgen die Kandidatur von evangelischen Theologen, dem Theologieprofessor Hermann Strathmann und dem Katecheten Gustav Bub, für die BMP hervor. Auch die Schriftleitung rief – erfolgreich – zur Wahlwerbung der Pfarrer für Strathmann auf[3]. Von 1919 bis 1928 war die BMP bzw. DNVP in fast allen agrarischen Landkreisen des evangelischen Mittel- und Oberfrankens stärkste Partei[4].

Es fehlte aber auch nicht an mahnenden Stimmen gegen ein parteipolitisches Engagement von Pfarrern für die BMP. Dies führe bei politisch Andersdenkenden, besonders in der Arbeiterschaft, zur Abwendung von der Kirche. Die Kirche müsse deshalb „über den Parteien stehen"[5]. Seit 1919 finden sich bei kirchlichen Tagungen und in Artikeln auch Voten gegen eine pauschale Verurteilung von Sozialdemokratie und Sozialismus. Die soziale Frage wird dabei primär mit apologetischer und volksmissionarischer Intention bearbeitet[6].

Einige Rückschlüsse auf die politische Orientierung der Pfarrerschaft läßt die 1919 bis 1921 heftig geführte Debatte über „Pazifismus und Christentum" im *Korrespondenzblatt* zu. Bei der breiten Palette der Meinungen vom radikalen Pazifisten über gemäßigte Positionen zum extremen Militaristen überwiegen die nationalistisch-militaristischen Beiträge. Ganze Pfarrkonferenzen und der Pfarrerverein protestierten gegen den Abdruck von radikal-pazifizistischen Artikeln des Stadtvikars Christian Berger. Die Schriftleitung bedauerte daraufhin diese „Zumutung" an die vaterländische Gesinnung der Leser[7].

Der Münchener Dekan Hermann Lembert trat im Frühjahr 1920 in der Öffentlichkeit als eine der führenden Persönlichkeiten des Bayerischen Ordnungsblockes in Erscheinung. Der Ordnungsblock war ein im März 1920 gegründeter Dachverband von nationalistischen und antisozialistischen Vereinigungen, dem auch die NSDAP angehörte[8]. Nach Angriffen auf Lembert aus der sozialdemokratischen Presse wies der Präsident des Oberkonsistoriums München, Friedrich Veit, ihn an, vor weiteren öffentlichen politischen Äußerungen das Oberkonsistorium zu informieren[9].

Der Gemeindeverein der Matthäus-Kirchengemeinde veranstaltete am 4. Februar 1921 einen gut besuchten Abend zum Thema „Der Christ und der Antisemitismus".

---

war, votierte bei der Mitgliederversammlung des Pfarrervereins am 25.11.1918 ebenfalls für die Gründung einer evangelischen Volkspartei (EBD., S. 377); vgl. zu Müller: H. MASER, Kirche (1990), S. 45.

[3] Vgl. KORRESPONDENZBLATT 43, 1918, S. 412 f.; 44, 1919, S. 5-7. Strathmann schrieb in den folgenden Jahren im *Korrespondenzblatt* mehrfach über seine politische Arbeit. Pfarrer berichteten über ihr Werben für die BMP/DNVP z.B. EBD. 45, 1920, S.177 f.

[4] Vgl. oben Abschnitt I.A.

[5] EBD. 44, 1919, S. 23; vgl. EBD. 43, 1918, S. 403; 45, 1920, S. 36 f. (Dr. Friedrich Eppelein).

[6] Vgl. EBD. 44, 1919, S. 176; 238 f. (Georg Merz); 234; 315 f. u.ö.

[7] Auslöser war die Artikelserie „Völkerfriede und Christentum" von Christian Berger. Zu den Protesten KORRESPONDENZBLATT 45, 1920, S. 347; 368 u.ö.; vgl. zur reichsweiten Debatte über „Krieg und Frieden" in der Pfarrerschaft K.-W. DAHM, Pfarrer (1965), S. 113 ff.; K. NOWAK, Kirche, S. 188 ff.

[8] W. RUDLOFF, Verbände, S. 60 f.

[9] Münchener Post vom 13.4.1920 und Schreiben Veits an Lembert vom 14.4.1920 (LKA NÜRNBERG, LKR XV, 1665a Bd. I).

Nachdem sich der Erste Pfarrer der Gemeinde, Martin Joch, in seiner Begrüßung als Antisemit bekannt hatte, nahm der Zweite Pfarrer, Friedrich Langenfaß, in seinem Vortrag auch völkisch-antisemitische Parolen auf:

> „Denn mit zunehmender Bitterkeit machte unser Volk seine Beobachtungen, im Feld und daheim, an den jüdischen Mitbürgern: Drückebergerei und Kriegsgewinnlertum wurden ihnen mit gutem Grund zur Last gelegt, währenddem ganz entsprechend an der jüdisch-kapitalistisch beeinflußten Presse [...] ihre mangelnde nationale Haltung und die Zerstörung der Geschlossenheit des kämpfenden deutschen Volkes schwer getadelt werden mußte. Und als mit der Revolution die Ordnungen unseres staatlichen Lebens zerbrochen wurden, zogen die Revolutionsgewinner und Ostjuden daraus den Gewinn: in diesen Kreisen sah man kaum einen, der wie die ehrlichen Deutschen unterernährt war.“[10]

Rassismus und Judenverfolgung lehnte Langenfaß allerdings ab. Zur Beseitigung des vom Judentum verbreiteten Materialismus empfahl er die Bekehrung der Juden zum Christentum. In der anschließenden Diskussion fanden die Ausführungen uneingeschränkte Zustimmung. Justizrat von Zezschwitz nutzte die Gelegenheit, um über „die Ziele des als Abwehrbewegung entstandenen Deutschvölkischen Schutz- und Trutzbundes dankenswerte Aufklärung“[11] zu geben.

Auf der anderen Seite äußerte sich der Münchener Religionslehrer Georg Merz im *Münchener Gemeindeblatt* dezidiert kritisch zu den Aktivitäten der völkisch-antisemitischen Szene:

> „Dagegen müssen wir uns ihrer [i.e. der Judenfrage] ethischen und religiösen Seite zuwenden. Wir müssen es, weil Demagogie, die immer vom Übel ist, zum Frevel wird, wenn sie sich in das Gewand der ethischen und religiösen Überheblichkeit kleidet. So steht es aber heute mit der antisemitischen Propaganda. [...] Wenn aber eine Bewegung [...] nicht nur im politischen Leben Gewalt für erlaubt hält, sondern [...] sogar die Beschimpfung israelitischer Gotteshäuser mit in den Kreis ihrer Betätigung zieht, so muß gerade von evangelischer Seite solche Verrohung als die Schmach hingestellt werden, die sie ist.“[12]

Auf einer Pastoralkonferenz am 16. Juli 1923 nahm Friedrich Loy, Rügland, in einem Referat zum Thema „Nationalismus und Christentum“ eine ähnliche Position ein. Er rief zum „Kampf gegen dünkelhaften Chauvinismus und kraftlosen Hurrapatriotismus“ und zur „Mitarbeit an der Gestaltung des Volkslebens im Geiste sittlicher Zucht und sozialer Gerechtigkeit“[13] auf. Mit seiner deutlichen Absage an die völkische „Verabsolutierung nationaler Güter“ verband er die Berücksichtigung der „Lebensrech-

---

[10] Bericht über die Veranstaltung von Stadtvikar Friedrich von Ammon im Münchener Gemeindeblatt 1921, S. 46 f.

[11] EBD. Der Deutschvölkische Schutz- und Trutzbund wurde Anfang 1919 als Sammelorganisation von mehreren antisemitischen Vereinigungen gegründet, betrieb bis 1923 durch Propagandaschriften antijüdische Hetze; der Münchener Ortsgruppe gehörten 1920 fast alle führenden Persönlichkeiten der völkischen Bewegung an; vgl. W. RUDLOFF, Verbände, S. 55 f.

[12] Münchener Gemeindeblatt 1921, S. 192 f.

[13] KORRESPONDENZBLATT 48, 1923, S. 117 (Thesen des Referates); 138 f. (Bericht über die Diskussion auf der Pastoralkonferenz).

te der eigenen Nation". Insgesamt wichen die Diskutanten in der Pastoralkonferenz nicht von der Linie des Referenten ab[14]. Ein namentlich nicht genannter Pfarrer aus dem Dekanat Coburg empfahl seinen Kollegen politische Neutralität. Hintergrund dieser Empfehlung dürfte das Engagement eines seiner Kollegen aus dem Pfarrkapitel sein. Der Pfarrer von Gauerstadt, Helmuth Johnsen, hochdekorierter Frontoffizier im Ersten Weltkrieg, baute gemeinsam mit Hans Dietrich, dem in Coburg lebenden nordbayerischen Gauleiter des Deutschvölkischen Schutz- und Trutzbundes, 1923 höchst erfolgreich den paramilitärischen Jungdeutschen Orden (Jungdo) zur stärksten völkischen Organisation aus und wurde der Komtur der Ballei Franken[15]. Beim Deutschen Tag in Coburg am 8. Juli 1923 hielt Johnsen die Fahnenrede und nahm gemeinsam mit Herzog Carl Eduard und einem General die Parade der „vaterländischen Verbände" ab. Er fungierte gemeinsam mit Dietrich als Mitherausgeber und Autor der *Coburger Warte*, der Zeitung des Jungdo Coburg.

Seine leidenschaftliche antisemitische Agitation und sein geplanter Marsch auf Berlin zum Sturz der Reichsregierung[16] führten zu Beanstandungen Johnsens durch den Bezirksamtsvorstand, den Dekan Georg Kükenthal und den Kirchenpräsidenten Friedrich Veit[17]. Veit stellte ihn schließlich am 28. November 1923 vor die Alternative, entweder seine führende Tätigkeit beim Jungdo oder sein kirchliches Amt aufzugeben, weil beides nicht miteinander vereinbar sei. Dabei ging es Veit aber ausdrücklich nicht um eine Bemängelung von Johnsens politischer Überzeugung: „Es muß vielmehr sympathisch berühren, mit welch glühender Begeisterung Pfarrer Johnsen unser Vaterland liebt, wie ihm die völkische Not das Herz bewegt, mit welch vorgehendem Eifer er sich in den Dienst des Vaterlandes stellt und auf seine Befreiung aus der Knechtschaft hinarbeitet."[18] Ein von Kükenthal und Kreisdekan Karl Prieser angeregtes generelles Verbot der führenden Tätigkeit von Pfarrern in den nationalen Kampfverbänden erließ Veit nicht[19]. Der Coburger Pfarrerverein stellte sich dagegen mit 24 zu vier Stimmen

---

[14] Ein abweichendes Einzelvotum von Missionsinspektor Karl Steck tradiert F. BOMHARD, Tagebuch, 3.8.1923: „[...] erwies sich Steck als Rechtsradikaler, indem er als politisches Glaubensbekenntnis ausführte, unser Volk ist aus der Wahrheit und höret Gottes Stimme. Unsere Aufgabe sei es, ‚das welthistorische Gesindel', die Entente, auszurotten."

[15] Vgl. zu Johnsens politischen Aktivitäten D. KUESSNER, Johnsen, S. 3-22 (Dokumentation S. 100-112); zu seinem Antisemitismus auch H. FROMM, Juden, S. 22-29. Kuessners Ergebnisse werden hier nur kurz zusammengefaßt.

[16] Johnsen bat am 2.11.1923, als die Spannungen zwischen der rechtskonservativen bayerischen Landesregierung und der Reichsregierung kulminierten, den bayerischen Generalstaatskommissar von Kahr öffentlich um den Befehl zum Marsch nach Berlin; vgl. zu den Spannungen Bayern-Reich W. ZORN, Geschichte, S. 270 ff.

[17] Als Ergänzung zu Kuessner vgl. Prieser an LKR, 9.11.1923 (LKA NÜRNBERG, LKR IV, 543a): Auch der Bayreuther Kreisdekan Prieser äußerte sich kritisch zu Johnsens Führung des Jungdo und besonders zu seiner dem Evangelium widersprechenden „Aufforderung zur Judenhetze".

[18] D. KUESSNER, Johnsen, S. 107.

[19] Im ebenfalls im Kirchenkreis Priesers gelegenen Grafengehaig hatte Pfarrer Friedrich Klein 1922 einen Wehrverband gegründet, den er 1923 in die NSDAP überführte; vgl. H. BRAUN/C. NICOLAISEN (Bearb.), Verantwortung I, S. 535. Vgl. zur ablehnenden Haltung der katholischen Kirche zu den natio-

hinter Johnsens politisch-militärisches Engagement. Insgesamt standen im Herbst 1923 sechs Pfarrer aus dem Dekanat Coburg in nationalen Kampfverbänden[20]. Johnsen legte schließlich die Schriftleitung der *Coburger Warte* nieder und änderte die Strategie des Jungdo vom bewaffneten zum politischen Kampf. Weil ihm von der Kirchenleitung die Führung des Jungdo-Sturmregimentes untersagt worden war, traten zahlreiche seiner jugendlichen Anhänger aus der Kirche aus[21].

Seit 1923 finden sich im *Korrespondenzblatt* positive Besprechungen zu Veröffentlichungen des Fessenheimer Pfarrers Wolfgang Meyer. Anläßlich des Rieser Kriegertages 1923 in Nördlingen verfaßte Meyer die völkisch ausgerichtete Tragödie „Das deutsche Leid" über den Ruhrkampf. Später erschienen unter dem Titel „Nordische Seher und Helden" eine Schriftenreihe von ihm im völkischen J. F. Lehmann-Verlag[22].

Erste Reaktionen von Pfarrern auf Adolf Hitler und seine NSDAP finden sich in München, wo Hitler vom Wehrmachtsspitzel zum „Führer" avancierte und zunächst seine breitangelegte Propagandatätigkeit entfaltete. Auf besonderes Interesse stieß der Nationalsozialismus bei einigen Münchener Vikaren: „Kürzlich hörte ich Adolf Hitler, er scheint mir Zukunft zu haben"[23], vermerkte ein Vikar, der als Weltkriegsoffizier und Freikorpskämpfer dem Bund Oberland beigetreten war, im Juli 1922 in seinem Tagebuch. Ein ungutes Gefühl beschlich den Vikar allerdings, als er eine Hitlerrede vor dem Nationalverband deutscher Offiziere im Februar 1923 hörte. Bei einer Veranstaltung der NSDAP am 21. Juni 1923 im Bürgerbräu-Keller zum Thema „Nationalsozialismus und Christentum", zu der auch drei oder vier Vikare erschienen waren, ergriff einer von ihnen in der Diskussion das Wort: „Ich begrüßte den Willen zur nationalen Erneuerung, erklärte aber, daß alle Erneuerung von innen heraus kommen müsse. Wir kämpfen gegen den jüdischen Geist, aber nicht gegen die Juden."[24] Das scharf antisemitische und völkisch-synkretistische Hauptreferat hatte Dr. Georg Schott, ein ehemaliger bayerischer Pfarrer, der seit 1922/23 als Vorkämpfer der nationalsozialistischen Bewegung auftrat, gehalten[25].

---

nalen Kampfverbänden W. VOGEL, Kirche; eine vergleichbare Studie zur evangelischen Kirche ist bisher noch nicht erschienen.

[20] D. KUESSNER, Johnsen, S. 105 (Angabe von Kükenthal). Einer dieser Pfarrer bekundete 1937 gegenüber dem LKR seine gemeinsame politische Haltung mit Johnsen in den zwanziger Jahren; 1946 gab er seine Mitgliedschaft beim Jungdo von 1922-24 an (LKA NÜRNBERG, PA 135). Ein anderer gab 1946 an: „Nach dem Novemberputsch von 1923 habe ich mich vom Jungdeutschen Orden zurückgezogen" (LKAMT MÜNCHEN, PA 213). Von den vier namentlich bekannten Pfarrern aus dem Jungdo Coburg traten drei 1933 in die NSDAP ein, alle schlossen sich dem NSEP und den DC an.

[21] G. KÜKENTHAL, Weg, S. 237.

[22] Vgl. KORRESPONDENZBLATT 48, 1923, S. 151; KORRESPONDENZBLATT 52, 1927, S. 141 f.; KORRESPONDENZBLATT 53, 1928, S. 33 f. Der Rezensent, Studienprofessor Johannes Rupprecht, Augsburg, schwächt dabei die „rassekundlichen" Elemente in der Reihe ab, moniert aber eine zu starke Betonung der Vorzüge des nordischen Menschen. Wolfgang Meyer nannte sich auch Wolf Meyer-Erlach.

[23] PFARRER 189, Manuskript, S. 68. Zum folgenden vgl. EBD., S. 65 ff.; A. L. BÜHLER, Kirchenkampf, S. 6-14; G. MERZ, Predigerseminar, S. 87.

[24] A. L. BÜHLER, Kirchenkampf, S. 12 f.

[25] Schott war als liberaler Theologe 1912 auf eigenen Wunsch aus dem Kirchendienst entlassen worden und hatte in München aus dem liberalen Protestantismus eine vom Dekanat noch 1921 gutgehei-

Zu einem Vikar an der Johannes-Kirche vermerkt ein ehemaliges Gemeindeglied: „[Bernhard] Weber, der Bruder des Oberlandführers [...] war damals selbstverständlich politisch engagiert, wenn das auch in seinen Predigten oder in seiner sonstigen Gemeindearbeit selten bemerkbar wurde."[26] Für die Gesamtheit der Münchener Vikare kommt Georg Merz im Blick auf ihr Verhältnis zum Nationalsozialismus vor dem Hitler-Putsch zu der Einschätzung: „Leidenschaftlich bewegt hat sie nur einzelne."[27]

Die wohlwollende Wahrnehmung des Nationalsozialismus als Teil der konservativen, antidemokratischen Kräfte durch Pfarrer Oskar Daumiller dürfte wohl charakteristisch für die ganze bayerische Pfarrerschaft sein: „Am 4. November 1923 hatte ich noch bei der Grundsteinlegung des Kriegerdenkmals vor dem Armeemuseum in München bei meiner Ansprache [...] den Kronprinzen Rupprecht, die Generalität und Adolf Hitler beisammen gesehen."[28] Schon wenige Tage später skizzierte Daumiller in der Wochenschau des *Münchener Gemeindeblattes* den Verlauf und Ausgang des Hitler-Putsches und kommentierte voller Betroffenheit:

„Der Versuch, jetzt eine nationale Diktatur zu schaffen, war gescheitert. Das entsetzliche Geschehnis hat in der Münchener Bevölkerung die tiefsten Wellen geworfen. Tiefschmerzlich ist der Verlust der teuren Menschenleben, tiefschmerzlich das Gegeneinanderstehen der Männer, die im Grunde das Gleiche wollten. Was jetzt an Gefühlen das Herz durchbebt, darf nicht die klare Überlegung rauben; die große Not des Volkes zwingt über allem Furchtbaren, das geschah, zu neuer Sammlung."[29]

Welche Gefühle einen Teil der Pfarrerschaft nach der Niederschlagung des Putsches bewegten, sei an zwei Beispielen gezeigt:

„Unvergeßlich wird mir der 9. November 1923 auch deshalb sein, weil ich Johannes Schattenmann, den Oberländer, verzweifelt, am Ende in seinem Stüblein antraf. Er hatte mit der ganzen Inbrunst seiner romantischen Seele an den Aufstieg des neuen Deutschland geglaubt und nahm die unglückliche Begegnung am Odeonsplatz als Zeichen, daß seine Hoffnungen gescheitert seien."[30]

„Der Dekan von München, Hermann Lembert, trat am folgenden Sonntag in seiner Predigt für Hitler ein, worauf ihm aus der Gemeinde ein ‚bravo' zugerufen wurde."[31]

ßene „Gemeinde" um sich gesammelt; mit seiner Hinwendung zum Nationalsozialismus brach er seine Kontakte zum kirchlichen Leben ab. Vgl. Münchener Gemeindeblatt 1921, S. 212; G. MERZ, Predigerseminar, S. 82.

[26] PFARRER 101, Manuskript, S. 11.

[27] G. MERZ, Predigerseminar, S. 87. Merz stand 1918-1930 in einem engen Kontakt zu vielen Münchener Vikaren.

[28] O. DAUMILLER, Schatten, S. 62 f.

[29] Gemeindebatt München 1923, S. 209.

[30] G. MERZ, Predigerseminar, S. 87. Schattenmann war zufällig Zeuge des Marsches auf die Feldherrnhalle geworden.

[31] PFARRER 189, Manuskript, S. 67; nach dem Münchener Gemeindeblatt 1923, S. 206, hat Lembert am 11.11.1923 in der Markuskirche den Hauptgottesdienst gehalten.

Kirchenpräsident Friedrich Veit registrierte die emotionalen Parteinahmen einiger Geistlicher für die Putschisten kritisch: „Unstreitig liegt in den Auswüchsen eines überhitzten Nationalismus eine Gefahr vor, von der wir gegenwärtig in München bedenkliche Proben zu genießen bekommen. [...] auch in den Köpfen mancher Geistlicher [beginnt] eine bedenkliche Verwirrung um sich zu greifen."[32] Unter den Münchener Vikaren wurden nach dem Prozeß viele Gespräche über den Nationalsozialismus geführt; die Prognosen, ob er sich positiv oder negativ entwickeln werde, fielen unterschiedlich aus[33].

Insgesamt wurde der Hitler-Putsch in der Pfarrerschaft primär aus konfessioneller Perspektive beurteilt. Von dem evangelischen Ludendorff, neben Hitler Anführer des Putsches, erhoffte man sich eine Wiederaufrichtung des protestantisch-preußisch dominierten Kaiserreiches. Der Schriftleiter des *Korrespondenzblattes* 1921 bis 1930, Pfarrer Dr. Hans Hofer, Nördlingen, richtete nach dem Hitler-Putsch eine Presseschau unter dem Titel „Streiflichter über die konfessionell-politische Lage" ein, um die Gefahr aufzuzeigen, „daß nämlich ein Zusammengehen mit unseren katholischen Mitbürgern zur religiösen und politisch-patriotischen Erneuerung Deutschlands an neuen Konflikten scheitere."[34] Die Presseschau stellte der im Evangelischen Bund aktive Erlanger Pfarrer Ernst Dorn zusammen. Im Januar 1924 konnte dann auch die Gründung von neuen Zweigvereinen des Evangelischen Bundes in Oberfranken gemeldet werden[35]. Die angespannte Lage veranlaßte den Vorstand des Pfarrervereins, am 28. Februar 1924 die Kollegen dazu aufzufordern, im beginnenden Wahlkampf alles zu unterlassen, was der evangelischen Kirche schaden könne[36].

Im *Korrespondenzblatt* begann die Diskussion über die völkische Bewegung erst 1924 mit einem Artikel von Hermann Strathmann über Arthur Dinter, neben Theodor Fritsch und Dietrich Eckart der bekannteste völkische Agitator[37]. Strathmann thematisierte anhand einer Analyse von Dinters „Evangelium"[38] das Verhältnis der Völkischen zum Christentum mit dem Ergebnis, daß „also eigentlich das Ariertum die Religion und das Evangelium Dinters [ist]":

---

[32] Veit am 12.11.1923 an den LKR (LKA NÜRNBERG, LKR IV, 543a). Die auch gegen den politischen Katholizismus gerichteten Äußerungen hatten eine monatelange Störung des konfessionellen Friedens in der Stadt zur Folge. Veit versuchte in einem öffentlichen Vortrag in München am 19. November 1923, mäßigend auf die erregten Gemüter einzuwirken (Münchener Gemeindeblatt 1923, S. 217-219; 226-228; 235 f.; Münchener Gemeindeblatt 1924, S. 27 f.). Scharfe Angriffe gegen den politischen Katholizismus brachte Lembert auch in seinem Bericht vor der Bezirkssynode 1924 vor (EBD., S. 328; 338).

[33] PFARRER 214, Interview; der Pfarrer war damals Vikar in München.

[34] KORRESPONDENZBLATT 49, 1924, S. 2. Zum Hitler-Putsch EBD., S. 3; 6 f.

[35] EBD., S. 25.

[36] EBD., S. 37.

[37] EBD., S. 47; 50 f. (Zitate S. 51). Vgl. zur weiteren Entwicklung von Dinters „Geistchristentum" KORRESPONDENZBLATT 53, 1928, S. 257-259. Zur Diskussion über die völkische Bewegung im *Korrespondenzblatt* vgl. auch W. ALLGAIER, Pastoren.

[38] A. DINTER, Evangelium.

„Im völkischen Gedanken liegt, recht verstanden, tiefe Wahrheit, liegen hohe geistige, sittliche, kulturelle, politische Aufgaben! Aber wenn das, was Dinter [...] uns vorsetzt, ,völkisch' ist, wenn im besonderen dies die ,völkische Religion', das ,völkische Christentum' darstellt, so kann man davon schwerlich eine tiefgreifende heilende Wirkung auf unser krankes Volk erwarten."[39]

Der Artikel hatte eine scharfe Erwiderung von Edgar Stelzner, einem Gerichtsreferendar und Landtagskandidaten des Völkischen Blockes, zur Folge; Strathmann habe den christlichen Glauben zu Parteipolitik für die BMP mißbraucht. Bei dem „Evangelium" handele es sich um Dinters Privatmeinung; die völkische Bewegung stehe für Christentum und Kirche: „Viele evangelische Geistliche bekennen sich heute zur völkischen Bewegung, der junge evangelische Nachwuchs geistlichen und nichtgeistlichen Standes ist ihr zum größten Teil ergeben. Gegen sie alle streut Herr D. Strathmann mit seinen Unterstellungen unberechtigtes Mißtrauen aus."[40] Die Schriftleitung freute sich, daß in Stelzners Leserbrief die religiöse Ansicht Dinters abgelehnt werde. Ohnehin „[wissen] wohl alle unsere Leser zwischen Dinter und der völkischen Bewegung selbstverständlich zu unterscheiden"[41]. Pfarrer Emerich Eder, Lehenthal, Dekanat Kulmbach, bekundete mit einem offenen Bekenntnis zur völkischen Ideologie seine Zustimmung zu Stelzner:

„Wahres Christentum und völkischer Geist, die sich gegenseitig bedingen, werden uns nur retten. Möge der völkische Gedanke sich immer mehr als sittlicher Wille und seelische Kraft auswirken und immer inniger mit den religiösen und sittlichen Kräften deutsch-christlichen Wesens verbinden."[42]

Interessant ist der Verweis Eders auf „die eifrige Betätigung vieler jüngerer evangelischer Geistlicher [sc. in der völkischen Bewegung], die oft zu Vorträgen und Reden gebeten werden." Er wird wohl besonders an Pfarrer Helmuth Johnsen gedacht haben, der nach dem Ende seiner paramilitärischen Karriere zu den Initiatoren und Führern des Völkischen Blockes in Bayern, einer der Nachfolgeorganisationen der nach dem Hitler-Putsch verbotenen NSDAP, gehörte und deren Landtagskandidat im Wahlkreis Coburg wurde. Nach einem harten Wahlkampf errang der Pfarrer am 6. April 1924 einen erstaunlichen Wahlsieg und zog in den Landtag ein[43]. Insgesamt dürfte die

---

[39] Strathmann verweist dazu empfehlend auf F. BRUNSTÄD, Erneuerung. Es handelt sich um den gedruckten Vortrag von Brunstäd auf dem Münchener Parteitag der DNVP 1921.

[40] KORRESPONDENZBLATT 49, 1924, S. 55.

[41] EBD. Strathmann reagierte mit einer Zurückweisung von Stelzners Kritik und dem Hinweis, daß in der gesamten völkischen Presse bisher noch keine Distanzierung von Dinters Religion zu finden gewesen sei (EBD., S. 58).

[42] EBD., S. 68 f.

[43] D. KUESSNER, Johnsen, S. 18-22; als der Völkische Block nach der Haftentlassung Hitlers und der Wiederzulassung der NSDAP 1925 zerfiel, schloß Johnsen sich nicht der NSDAP-Fraktion an, sondern blieb beim Völkischen Block. Johnsens Coburger Jungdo, dessen Komtur seit 1924 der Neustädter Pfarrer Willi Döbrich war, distanzierte sich von der NSDAP. Ludendorff und Hindenburg wurden die neuen Idole. Der Landeskirchenrat stellte Johnsen für die Zeit des Landtagsmandates einen Privatvikar für die Gemeindearbeit in Gauerstadt zu Verfügung. Bei der Landtagswahl 1928 verlor Johnsen sein

Wahlwerbung von völkischen Pfarrern dazu beigetragen haben, daß der Völkische Block im überwiegend evangelischen Mittel- und Oberfranken mit 25,4 % bzw. 26,4 % bei einem gesamtbayerischen Stimmanteil von 17,1 % zur stärksten Partei wurde. Seine Hochburgen lagen in den mittelständisch-kleinbürgerlich strukturierten Klein- und Mittelstädten mit evangelischer Bevölkerungsmehrheit. Neustadt bei Coburg, Hof, Bayreuth, Kulmbach und Weißenburg verzeichneten über 40 %, Coburg und Ansbach sogar über 50 %. In einem Großteil der agrarischen evangelischen Landkreise, insbesondere in Mittelfranken, blieb allerdings die DNVP, die nun unter der Bezeichnung Vereinigte Nationale Rechte kandidierte, stärkste Partei. Bei den Reichstagswahlen vom 4. Mai 1924 konnte der Völkische Block seine Stellung im allgemeinen behaupten[44].

Im Mai 1924 tagte die Hohenecker Konferenz, die jährlich auf der Burg Hoheneck[45] in Mittelfranken von in der Jugendbewegung engagierten, überwiegend jüngeren Theologen veranstaltet wurde, zum Thema „Kirche und völkische Bewegung"[46]. Als völkische Referenten waren der Arzt und Schriftsteller Dr. Gustav Sondermann, ein prominenter ehemaliger Oberland-Führer und zum Zeitpunkt der Konferenz Mitglied der NSDAP-Nachfolgeorganisation Deutsche Arbeiter-Partei (DAP), und der Lehrer Alfred Roedl eingeladen. Roedl appellierte an die Pfarrer: „Die Kirche hat die dringliche, ernste Pflicht, diese Erziehungsarbeit zur völkischen Gemeinschaft, zur Erwekkung neuer seelischer Kräfte zu unterstützen."[47] Sondermann hob als markantesten Vertreter des völkischen Ideals Ludendorff und den Oberland-Führer Friedrich Weber hervor: „Von der Mitarbeit der Kirche wird in erster Linie das Gelingen abhängen, unangenehme Typen (Streicher-Nürnberg wurde vor allem genannt!) zurückzudrängen und auszuscheiden."[48] In den Diskussionen vermißten die Pfarrer einen Vertreter der NSDAP. Den allgemein völkischen Ausführungen der Referenten konnten „eigentlich auch die Hakenkreuz-Gegner nur restlos zustimmen."[49] Der Bericht gibt allerdings auch zwei kritische Stimmen zum erbetenen Engagement von Pfarrern in der völkischen Bewegung wieder:

> „Valentin Söllner [...] erhob den sicher nicht ganz unberechtigten Vorwurf, die Kirche würde in der völkischen Bewegung zur Handlangerin der politischen Parteiziele, die Kanzel zur Stätte, da diese Ansichten ins Volk hineingehämmert werden sollen, wo das aber nicht ge-

---

Mandat; DNVP und NSDAP überflügelten im rechten Lager deutlich den Völkisch-nationalen Block. Johnsen kehrte wieder ganz in sein Pfarramt zurück und zog sich aus der Politik zurück. Im Sommer 1929 wurde er Hauptpastor am Lübecker Dom.

[44] R. HAMBRECHT, Aufstieg, S. 66 ff.

[45] Die Burg gehörte dem völkischen Verleger Julius Friedrich Lehmann, dem Schwiegervater des Oberland-Führers Friedrich Weber, und diente als Tagungsstätte für den Bund Oberland (EBD., S. 102).

[46] Bericht über die Konferenz im KORRESPONDENZBLATT 49, 1924, S. 103-105.

[47] EBD., S. 104.

[48] EBD., S. 105. Der katholische Nürnberger Volksschullehrer Julius Streicher war seit 1920 der führende antisemitische und völkische Propagandist in Franken, seit 1922 Vorkämpfer der NSDAP in Nordbayern, seit 1925 NSDAP-Gauleiter in Franken; vgl. R. HAMBRECHT, Aufstieg, S. 23 ff.

[49] KORRESPONDENZBLATT 49, 1924, S. 104.

schieht, kommt man nicht mehr zur Kirche und hält sie für überflüssig. [...] Herr Oberkirchenrat Boeckh warnte vor der neuen, ernsten Gefahr, Kirche und Partei, Protestantismus und völkische Bewegung zu identifizieren."[50]

Theologische Anknüpfungspunkte bei der völkischen Bewegung sah der Nürnberger Pfarrer Wilhelm Stählin, Führer des Bundes deutscher Jugendvereine, in seinem Vortrag „Von der christlichen Verantwortung gegenüber der völkischen Bewegung". Ausgehend von der Faszination, die die völkische Bewegung auf die Jugend ausübte, postulierte Stählin: „Wir dürfen nicht nur das Verkehrte, Unchristliche in der völkischen Bewegung herausheben, es gilt vielmehr, sich nach Ansatz- und Anknüpfungspunkten umzusehen, wo sich Verheißungen zeigen vom ‚unbekannten Gott‘, dem hier Menschen dienen, ohne daß sie von ihm wissen."[51] Einen Teil der Gründe für die völkische Begeisterung der Jugend kann Stählin nachvollziehen: das die individuelle Beschränktheit zerbrechende Gebundensein des Menschen an sein Volk, die Liebe zu Hitler wegen seiner selbstlosen Heldentat an der Feldherrnhalle und „ein neues Gefühl der solidarischen Verpflichtung für das gemeinsame geistige Schicksal". Aus der christlichen Verantwortung den Menschen gegenüber müßten die Völkischen davor bewahrt werden, sich mit dem jüdischen Volk als Sündenbock an der eigenen Bußfertigkeit vorbeizudrücken, die politische Aktivität gegenüber der Innerlichkeit zu überschätzen und der „Gefahr der frechen Selbstsucht und Selbstvergottung" von Staat und Volk zu erliegen. Während Stählin aus der schöpfungsgemäßen Erhaltung eines jeden Volkes heraus einen Ausschluß der Juden „aus allen öffentlichen Ämtern, vor allem aus dem Lehramt", für berechtigt hält, verurteilt er den völkischen Antisemitismus scharf als „Volksverblödung" und „Schande für unser Volk"[52].

Der Berichterstatter bilanzierte kritisch das Ergebnis der Konferenz: „Alles in allem genommen, haben wir den Eindruck, daß es ungeheuer schwierig sei, über die völkische Bewegung zur Klarheit zu kommen, weil unter ein und demselben Hakenkreuzzeichen sich so verschiedene, heterogene Elemente sammeln."[53]

Überaus leidenschaftlich reagierte im *Korrespondenzblatt* der völkische Pfarrer Heinrich Derleder, Kasendorf, auf den seiner Meinung nach zu negativen Vortrag von Stählin. Die völkische Bewegung wolle die Religion bei ihrem Kampf gegen den widerchristlichen Materialismus nicht entbehren; so äußere sich auch Hitler in seinen Reden. Die Kritik am völkischen Antisemitismus als Sündenbockmechanismus weist er entschieden zurück: „Wenn man sagen würde, die Juden hätten das deutsche Volk zum Schlachtschaf gemacht, so wäre meines Erachtens die Sachlage richtiger getroffen."[54] Verharmlosend spielt er die Folgen der antisemitischen Hetze herunter. Pogrome seien

---

[50] EBD., S. 105; Söllner war Stadtvikar in Erlangen, Friedrich Boeckh OKR im LKR München.

[51] EBD., S. 104 f.

[52] EBD., S. 105. Seine Gedanken zu der Thematik führte er noch weiter aus in W. STÄHLIN, Bewegung; vgl. U. SCHWAB, Jugendarbeit, S. 337 ff.

[53] KORRESPONDENZBLATT 49, 1924, S. 105. Auch auf der Steinacher Konferenz am 18.6.1924 wurde über „die völkische Bewegung gesprochen" (EBD., S. 123).

[54] EBD., S. 131; vgl. 126; 131 f.; 134.

von den Völkischen ohnehin nicht beabsichtigt[55]. Derleder kritisierte seinerseits an der christlichen Jugendbewegung eine mangelhafte vaterländische Gesinnung[56]. Die völkische Bewegung sei weder „Privat- oder Parteisache", sondern „eine heilige Volkssache", die Adolf Stoeckers Bewegung und die Bewegung von 1914 zur Volkserneuerung fortsetze. Die Mitarbeit der Pfarrer sei in der Bewegung „von ganzem Herzen" erwünscht. Nähmen die Pfarrer die Aufgabe der religiösen und christlichen Fundierung der Bewegung nicht wahr, „dann soll sich die Kirche nicht wundern, wenn die völkische Bewegung in anderen Bahnen verläuft, als es der Kirche lieb ist."[57] Die Anmerkungen der Korrespondenzblattschriftleitung zu dem Artikel lassen das Wohlwollen Hofers für die völkische Bewegung spüren: „Wir freuen uns aber alle, wenn der Idealismus in ihr sich durchsetzen und die Arbeit z.B. der Pfarrer in ihr durchdringend wirken sollte."[58] Symptomatisch für die von der konkreten Tagespolitik abgehobene Diskussionsebene der Pfarrerschaft zu politischen Themen ist die Bitte von Hofer, „daß eine Debatte der politischen Seite der völkischen Bewegung in unserem Blatte von keiner Seite versucht wird."[59] Dennoch druckte Hofer auch Derleders pathetischen Bericht von seiner Begegnung mit Ludendorff am 24. April 1924 beim Tag der Not- und Kampfgemeinschaft Thurnau, bei dem Derleder als Referent mitwirkt hatte, ab. Auf Ludendorffs Bemerkung hin, daß „eigentlich [...] alle unsere evangelischen Pfarrer völkisch sein [sollten]"[60], versicherte ihm Derleder, daß im Dekanat Thurnau fast alle Pfarrer völkisch gewählt hätten.

Das trifft mit Sicherheit auch für den Münchener Dekan Lembert zu, der in seinem Bericht vor den 184 Mitgliedern der Bezirkssynode im Juni 1924 einen wichtigen Bestandteil der völkischen Propaganda, die jüdische Weltverschwörung, verbreitete:

„Es ist gar kein Zufall alsdann, wenn die jüdische Gefahr schier überall empfunden wird, wenn die Möglichkeit, daß ein kleines, überall in der Welt zerstreutes Volk von 12 Millionen bewußt oder unbewußt nach Weltherrschaft strebt, ja sie zum Teil schon in Händen hat, die Völker auf's tiefste beunruhigt, so daß im Gegensatz dazu die nationalen Gefühle sich überall leidenschaftlicher regen."[61]

Im seinem Synodalbericht 1927 folgten die völkischen Parolen von der Volksgemeinschaft und dem Ruf nach dem Führer: „Sie [i.e. die völkische Bewegung] könnte und möchte die Rettung unseres in zwei, drei Völker zerfallenden Volkes sein. [...] wo ist ein Retter, der uns den Weg aus dieser Not zeigt?"[62] Nur den übertriebenen Rassis-

---

[55] Seit 1923 hatte es in Bayern völkisch motivierte Ausschreitungen gegen jüdische Gemeinderäume, Friedhöfe und Mitbürger gegeben; vgl. R. HAMBRECHT, Aufstieg, S. 39.

[56] Vgl. dazu die Richtigstellung des Führers des bayerischen evangelischen Jungmännerbundes, Pfarrer August Kornacher, in der die Vaterlandsliebe als ein Erziehungsziel des Bundes hervorgehoben, die völkische Bewegung aber inhaltlich abgelehnt wird (KORRESPONDENZBLATT 49, 1924, S. 137).

[57] EBD., S. 134.

[58] EBD.

[59] EBD., S. 126.

[60] EBD.

[61] Münchener Gemeindeblatt 1924, S. 328.

[62] Münchener Gemeindeblatt 1927, S. 385.

mus erachtete er als schädlichen Bestandteil in dieser „schönen Bewegung". Ende 1929 ging Lembert in den Ruhestand. Georg Merz hat Lembert zu Recht als „völkischen Enthusiasten" [63] charakterisiert.

Auch in anderen Dekanaten gab es aktive völkische Pfarrer. Ein Pfarrer aus dem Dekanat Rothenburg machte seine Gemeinde zum Hauptstützpunkt der völkischen Bewegung in der Uffenheimer und Rothenburger Gegend[64]. In Weiden hielt ein völkischer Pfarrer die Festpredigt beim Deutschen Tag im September 1923. 1924 betätigte er sich als Diskussionsredner für den Völkischen Block, ohne allerdings Mitglied zu sein[65]. Auch der Weidener Vikar Christian Richter war 1924 in der völkischen Bewegung aktiv: „Sein Nationalsozialismus und [seine] militärisch lebhafte Art machen ihn hier beliebt."[66] In Hersbruck hielt der Dekan einen Feldgottesdienst zur Eröffnung des Deutschen Tages 1923[67].

Ohne eine Einladung oder einen Bericht im *Korrespondenzblatt* fand am 23. April 1924 ein informelles Treffen von völkischen Pfarrern aus Bayern statt. Einmütig sprachen sich die Anwesenden für die Bildung einer Arbeitsgemeinschaft völkischer Pfarrer aus. Als Leitung wurde ein vorläufiger Arbeitsausschuß gebildet, dessen Vorsitz der Nürnberger Studienprofessor Konrad Hoefler übernahm. Hoefler war Vorstand des Nürnberger Zweigvereines des Evangelischen Bundes und sehr aktiver Agitationsredner der DAP bzw. des Völkischen Blockes, „einer von den vielen Pfarrern, die sich bisher von der Politik zurückgehalten hatten und nun plötzlich, bedrückt von der, freilich des rechten Wirklichkeitssinnes baren, himmelstürmenden Begeisterung der völkischen ‚Bewegung', hineinstürzten mit dem Bewußtsein, allein zu sehen, was Volk und Reich not tut."[68] Im Juli 1924 hatte der Vorsitzende eine Audienz bei einer führenden Persönlichkeit der völkischen Bewegung, am 1. September 1924 hielt er in der Sitzung des bayerischen Hauptvereins des Evangelischen Bundes in München den Vortrag „Protestantismus und völkische Bewegung", in dem er u.a. betonte: Die völkische Forderung der Vaterlandsliebe sei zugleich eine Forderung der christlichen Nächstenliebe. Der völkische Kampf gegen das Judentum sei „vollständig berechtigt und notwendig", der Abwehrkampf gegen rassische und geistige Überfremdung sei christliche Pflicht[69]. Als negativ vermerkte Hoefler nur den „Radauantisemitismus" einiger völkischer Gruppen und den theologischen Dilettantismus von Angriffen auf das Alte Testament und vom

---

[63] G. MERZ, Briefe (o. P.); es handelt sich hier um den Brief vom 2.9.1924.

[64] Spruchkammerurteil vom 29.8.1947 (LKAMT MÜNCHEN, PA 148).

[65] Pfr. an LKR, 2.11.1945 (LKA NÜRNBERG, PA 100).

[66] So sein Weidener Vikarskollege Friedrich Rohn in WINGOLFRUNDBRIEF, H. 1/2, 6.2.1924; vgl. H. 4, 26.5.1924. Richter hatte als Frontsoldat das EK I und II erworben, trat 1922 in den kirchlichen Dienst und wurde 1925 aus dem Dienst entlassen (vgl. EBD., H. 6, 30.6.1925).

[67] PFARRER 60, Interview.

[68] K. LAUTER, Rundschau 1922 ff., S. 152 f. (zu Lauter vgl. oben in I.B.1.). Vgl. zu Hoefler auch R. HAMBRECHT, Aufstieg, S. 527. Die Entstehungsgeschichte der Arbeitsgemeinschaft völkischer Pfarrer läßt sich nun durch ein Flugblatt der Arbeitsgemeinschaft vom 15.9.1924 und ein Schreiben des führenden Mitglieds Ernst Dorn vom 3.10.1924 rekonstruieren (LKA NÜRNBERG, Personen XXV, 5).

[69] K. HOEFLER, Protestantismus, S. 8 f.

Neuheidentum[70]. Protestantismus und völkische Bewegung seien gemeinsam berufen, die deutschen Lebensbedürfnisse gegen ultramontane Machtansprüche zu schützen[71].

Zu der Sitzung hatte der Vorsitzende des Hauptvereins, der Nürnberger reformierte Pfarrer Dr. Christoph Fikenscher, auch Ludendorff eingeladen, der aber aus Termingründen seine Teilnahme in einem freundlichen Schreiben absagte. Die Sitzung fand im Rahmen der vom 28. August bis zum 2. September 1924 tagenden 28. Generalsynode des Evangelischen Bundes statt, die insgesamt stark im Zeichen der völkischen Bewegung stand. In seiner Eröffnungsrede versuchte der neue Präsident, der ehemalige Hofprediger und Altkonservative Bruno Doehring, den Bund auf eine eindeutige politische Linie zu bringen. Geog Merz berichtete über die Tagung in der *Christlichen Welt*:

> „Aber die Stellen, die am meisten wirkten, hätten ebenso gut in einer völkischen Versammlung gesprochen werden können. [...] Man konnte sich wirklich nicht des Eindruckes erwehren, daß [...] ein großer, anscheinend bestimmender Teil des Evangelischen Bundes das ‚Weitergehen der Reformation‘ [...] in einem engen Zusammengehen mit der völkischen Bewegung sieht. Tatsächlich wirkte die schwarz-weiß-rote Fahne, die während der Tagung von der Matthäuskirche wehte [...], durchaus in diesem Sinne."[72]

Besonders der Vortrag von Hoefler wurde im *Bayerischen Kurier* am 4. September 1924 scharf kritisiert; auf die Arbeitsgemeinschaft wurde ebenfalls hingewiesen. Evangelischer Bund und Arbeitsgemeinschaft waren unangenehm überrascht – hatte es sich doch um eine geschlossene Veranstaltung gehandelt[73].

Am 24. September 1924 fand in Nürnberg die Herbsttagung der Arbeitsgemeinschaft statt, zu der die Teilnehmer des April-Treffens und weitere völkische Pfarrer, insgesamt etwa 80, am 15. September 1924 von Ernst Dorn eingeladen worden waren. Auf der Tagesordnung stand eine Wiederholung von Hoeflers Vortrag, ein Bericht über die bisherige Arbeit und die Entscheidung über die Form der weiteren Arbeit. Als Referenten waren Dorn und als Nicht-Theologe Dr. Karl Braun, der Gründer des hitlertreuen Wehrverbandes Altreichsflagge, geladen. Es sprachen auch Pfarrer Willi Döbrich, der Komtur des Jungdo in Coburg, über seine Organisation, und Fikenscher über das Erwachen evangelischen Bewußtseins in der Nürnberger Stadtpolitik. Auf der Tagung sagten sich die Teilnehmer von jeder „Parteibildung" in der völkischen Bewegung los und gaben dem mit der Umbenennung in „Arbeitsgemeinschaft völkisch gesinnter Pfarrer" Ausdruck. Ein Ziel der Arbeitsgemeinschaft sei nun der Kampf gegen Angriffe auf das Alte Testament aus dem völkischen Lager[74].

---

[70] EBD., S. 9 f.

[71] EBD., S. 12; vgl. auch die Analyse des Vortrages von K. SCHOLDER, Kirchen I, S. 134 ff.

[72] G. MERZ: Tagung, Sp. 803; G. MERZ: Briefe (o. P. – hier Brief vom 2.9.1924); Programm s. Münchener Gemeindeblatt 1924, S. 347 f. Berichte und Kommentare im KORRESPONDENZBLATT 49, 1924, S. 197 f.; 202-204; 221.

[73] Vgl. den Abdruck des *Bayerischen Kurier*-Artikels in K. HOEFLER, Protestantismus, S. 13-15.

[74] Vgl. Dorn an Steinlein, 3.10.1924 (LKA NÜRNBERG, Personen XXV, 5); F. BOMHARD, Tagebuch, 3.10.1924; Bomhards Kommentar als Teilnehmer dieser Tagung: „Ich hatte den Eindruck, daß diese völkischen Pfarrer mit der Stange etwas im Nebel der Politik herumfahren und sich selbst über vieles nicht klar sind."

Das weitere Schicksal der Arbeitsgemeinschaft läßt sich wegen der schlechten Quellenlage kaum weiterverfolgen. 1926/27 war Pfarrer Friedrich Möbus, Kairlindach, Vorsitzender der Arbeitsgemeinschaft[75]. Die engen Verflechtungen zwischen Arbeitsgemeinschaft und Evangelischem Bund sind auf inhaltlicher wie personeller Ebene evident. Fikenscher und Hoefler, der 1930 den Vorsitz des bayerischen Hauptvereins übernahm, gehörten zu den aktivsten Persönlichkeiten des Evangelischen Bundes in Bayern[76]. Dorn war der Leiter des Pressedienstes des Hauptvereins und arbeitete seit 1925 bei der *Fränkischen Wacht*, dem Organ des Hauptvereins, mit[77].

Mit dem Niedergang des Völkischen Blockes ließ offensichtlich auch das Interesse und das Engagement der Pfarrerschaft für die völkische Bewegung nach. In den Reichstagswahlen vom 7. Dezember 1924 rutschten die nun unter der Bezeichnung Nationalsozialistische Freiheitsbewegung Großdeutschland kandidierenden Völkischen in Ober- und Mittelfranken auf etwa 9 % bei gesamtbayerischen 5,6 % ab. Erhebliche Teile des Mittelstandes wechselten vom Völkischen Block zurück zur DNVP, die ihr Ergebnis sogar im Vergleich zu 1920 in Franken erhöhen konnte. Die Gründe für den Niedergang lagen primär in der Richtungs- und Führerlosigkeit, der Zerstrittenheit, den persönlichen Rivalitäten und der Parteiüberdrüssigkeit im völkischen Lager[78].

In der Pfarrerschaft trübte vorrangig der religiöse Kurs der Völkischen nun zunehmend die anfängliche Sympathie:

„Es ist wahrhaft tragisch, daß die völkische Bewegung von nicht wenigen ihrer Führer in das Fahrwasser der Bibelfeindlichkeit und Kirchenbekämpfung gelenkt werden soll und z. T. schon gelenkt worden ist. Die Herren Kollegen, die zur völkischen Bewegung gehören, würden sich um Kirche und völkische Bewegung ein großes Verdienst erwerben, wenn sie diese Schwenkung verhindern und rückgängig machen würden.“[79]

Pfarrer Karl Alt, Kaufbeuren, ging noch einen Schritt weiter und forderte die völkischen Pfarrer auf, ihre Aktivitäten einzustellen[80]. Der angesehene Lutherforscher Hermann Steinlein stufte eine völkisch-christliche Festpredigt, in der Jesus zum Arier erklärt wurde, als konsequenten Ausfluß der völkischen Weltanschauung ein: „Und zwar handelt es sich bei dieser schroffen Bekämpfung der nicht-arischen Abkunft Jesu nicht etwa um irgend eine private Schrulle, sondern um eine ganz folgerichtige Auswirkung des in radikal-völkischen Kreisen vielfach vertretenen krassen Rassen-Materialismus.“[81]

Die völkischen Pfarrer reagierten auf die Kritik zunehmend defensiv. Über die neue Zielsetzung der Arbeitsgemeinschaft völkischer Pfarrer wurde schon berichtet. Im *Korrespondenzblatt* versuchte der in die Defensive geratene völkische Hilfsgeistliche Karl

---

[75] E. HÖHNE, Bubenreuther, S. 323.

[76] H. MASER, Kirche (1990), S. 134 f.

[77] Briefwechsel Dorn-Steinlein 1925 (LKA NÜRNBERG, Personen XXV, 5).

[78] R. HAMBRECHT, Aufstieg, S. 66-69; 83 f.

[79] Schriftleiter Hofer in KORRESPONDENZBLATT 49, 1924, S. 271.

[80] EBD., S. 271.

[81] EBD., S. 279. Zur Zurückweisung völkischer Angriffe auf das Alte Testament vgl. KORRESPONDENZBLATT 50, 1925, S. 330.

Engelhardt, Nürnberg, mit einer Schrift von Gustav Sondermann, die schließlich auch die Zustimmung von Hitler, Ludendorff und Weber habe, doch noch die „Christlichkeit" der Völkischen zu beweisen[82].

Seit 1925 war die völkische Bewegung im *Korrespondenzblatt* und bei kirchlichen Tagungen kein zentrales Thema mehr. In der „kirchlichen Rundschau" des weit verbreiteten *Jahrbuches für die evangelisch-lutherische Landeskirche Bayerns* zog 1926 Pfarrer Konrad Lauter, Ansbach, rückblickend eine kritische Bilanz zum völkischen Engagement seiner Kollegen:

> „Erst nach dieser Wandlung [sc. von der Bewegung zur Partei 1924], ist sie von vielen gesehen worden und gerade von vielen evangelischen Geistlichen in eingebildeter Weitsicht, die doch nur katastrophale Kurzsichtigkeit war, gefördert worden. So hat man selbst der politischen Vertretung des Katholizismus zu einer Macht verholfen, wie sie sie kaum mehr erwartet hatte. [...] Die allzu eifrige und oft unkluge Art, mit der man das Völkische mit dem Konfessionellen verquickte, die völkische Parteisache mit konfessioneller Hetze zu stärken versuchte, hat nur dazu geholfen, den Zug auch katholischer Kreise nach rechts zu hemmen."[83]

Daß einzelne Pfarrer aber weiterhin völkisch aktiv waren, läßt sich aus dem Appell des bayerischen Pfarrervereins vom Herbst 1926 ablesen, bei betont politischer Tätigkeit Rücksicht auf Amt und Kirche zu nehmen[84]. Die in diesem Sinne erlassene Verordnung des Landeskirchenrates vom 23. Dezember 1926 wurde von der Generalversammlung des Pfarrervereins am 2. Februar 1927 begrüßt[85]. Ein Antrag von Hofer, den Landeskirchenrat um eine restriktive Handhabung der Vorschriften und um eine zusätzliche Empfehlung zur möglichsten Zurückhaltung auch bei der inoffiziellen Beteiligung zu bitten, kam nicht zur Abstimmung, weil ein Teil der Pfarrer sich für die Teilnahme an Fahnenweihen und ähnlichen Veranstaltungen aussprach. Hofer riet den Pfarrern eindringlich von der Teilnahme an solchen Veranstaltungen ab, „um nicht den Anschein einseitiger politischer Teilnahme und Begünstigung zu erwecken und so die Volksgemeinschaft noch mehr zu zerreißen als es bereits der Fall ist."[86]

Völkische „Rassenkunde" empfahlen 1926/27 von zwei Pfarrern in mehreren Beiträgen im *Korrespondenzblatt* ihren Amtsbrüdern als Hilfsmittel in der Gemeindearbeit, ohne daß ihnen widersprochen wurde[87]. 1928/29 verbreitete der Ruhestandspfar-

---

[82] KORRESPONDENZBLATT 50, 1925, S. 14. Es handelt sich um die Schrift G. SONDERMANN, Sinn. Vgl. die Replik Alts dazu KORRESPONDENZBLATT 50, 1925, S. 82, in der er den völkischen Gedanken weiterhin begrüßte, die „Parteivölkischen" aber ablehnte.

[83] K. LAUTER, Rundschau 1922 ff., S. 137; 153; im Rückblick auf die Tagung des Evangelischen Bundes 1924 in München kritisierte Lauter die Wahl des „ausgesprochenen Parteivertreters" Hoefler als Referenten und des Themas.

[84] KORRESPONDENZBLATT 51, 1926, S. 373. Die Beteiligung von Pfarrern als „Privatpersonen" an Feldgottesdiensten wird in dem Vorstandsbeschluß ausdrücklich nicht beanstandet.

[85] KORRESPONDENZBLATT 52, 1927, S. 57 f.

[86] EBD., S. 57.

[87] 1926 berichtete im KORRESPONDENZBLATT 51, 1926, S. 328 f., ein Pfarrer anonym über seine aus der Lektüre der Rassenkunde von Hans F. K. Günther gewonnenen Anregungen für die Gemein-

rer Matthias Ittameier seine obskuren antijudaistischen und antisemitischen Anschauungen in mehreren Artikeln[88].

In der allgemeinen politischen Diskussion der Pfarrerschaft trat ab 1925 der vom demokratisch geprägten Pietismus getragene CVD in Erscheinung, für den der Studienrat und Pfarrer Johann Oberndörfer 1924 in den Nürnberger Stadtrat gewählt worden war. In Bayern war der Volksdienst eine evangelische Sammelbewegung aus Vertretern der Inneren Mission, des CVJM, der Gemeinschaftsbewegung und der Freikirchen[89]. Oberndörfer referierte beispielsweise am 24. Februar 1924 vor dem Bruderkreis jüngerer Theologen und am 8. Juli 1924 vor dem sozialpolitischen Ausschuß der frischgegründeten bayerischen Arbeitsgemeinschaft für Volksmission: „Aus der Sehnsucht nach lebendigen und tätigen Gemeinden ist allerorts die Bewegung des Christlichen Volksdienstes geboren, die aus dem Getriebe der politischen Parteien herausstrebt und die Belange des öffentlichen Lebens nach den Grundsätzen des an Gottes Wort gebundenen christlichen Gewissens geregelt sehen möchte."[90] Gerade weil Oberndörfer seine CVD-Aktivitäten strikt von jeglicher Parteipolitik abgrenzte, nahm die Pfarrerschaft sie wohlwollend auf.

„Tiefgehende Empörung"[91] rief dagegen 1926 ein Artikel von Pfarrer Matthias Simon, Arzberg, in der Pfarrerschaft hervor. Simon hatte in der *Oberfränkischen Volkszeitung* für den Volksentscheid zur Enteignung des Fürstenvermögens votiert; der Artikel wurde auch auf einem Flugblatt verbreitet. Simon war in der Weimarer Republik wohl als einziger bayerischer Pfarrer SPD-Mitglied[92].

Anläßlich des Wahlkampfes zu den gleichzeitig stattfindenden Reichs-, Land- und Kreistagswahlen am 20. Mai 1928 wurde das Thema Pfarrer und Politik wieder virulent. In Hof war einer der Pfarrer als DNVP-Mitglied schon 1927 sehr aktiv für seine Partei tätig; unter Mißachtung mehrfacher Appelle seines Dekans, Thomas Breit, zu parteipolitischer Neutralität flaggte er schwarz-weiß-rot, weihte Fahnen und trat in Zeitungsartikeln an die Öffentlichkeit. Als er auch noch für den Wahlkampf seine Unterstützung ankündigte, initiierte Breit mit Zustimmung von Kreisdekan Karl Prieser Ende 1927 eine Erklärung des Pfarrkapitels Hof gegen das parteipolitische Engage-

---

dearbeit an Menschen der „ostischen Rasse": „Die Rassenkunde war zu einem geistlichen Hilfsmittel geworden." Vgl. auch vom selben Verfasser KORRESPONDENZBLATT 52, 1927, S. 156, und von Pfarrer Georg Werlin, Berolzheim, KORRESPONDENZBLATT 52, 1927, S. 263 f.; 305; KORRESPONDENZBLATT 53, 1928, S. 299-301.

[88] KORRESPONDENZBLATT 53, 1928, S. 170 f.; 218-220; 231-233; KORRESPONDENZBLATT 54, 1929, S. 144-147. Ittameiers apokalyptische Hauptthese lautet, daß der Antichrist im Kontext der jüdischen Staatsbildung in Palästina aus dem jüdischen Volk hervorgehen werde.

[89] P. KREMMEL, Volksdienst, S. 2. Vgl. K. NOWAK, Kirche, S.145-151.

[90] KORRESPONDENZBLATT 50, 1925, S. 79; vgl. auch 438 ff.; 451 f.; KORRESPONDENZBLATT 52, 1927, S. 462.

[91] Pfarrer Kurt Halbach, Münchberg, im KORRESPONDENZBLATT 51, 1926, S. 251; Wortlaut des Flugblattes EBD., S. 250 f. Verteidigung von Simon EBD., S. 308-310, in der er auch auf zustimmende Reaktionen von Pfarrern verwies. Zwei weitere Angriffe auf Simon EBD., S. 320 f.

[92] F. W. KANTZENBACH, Einzelne, S. 123 f.

ment von Pfarrern, die im Januar 1928 im *Korrespondenzblatt* veröffentlicht wurde[93]. Die Verfasser, Breit, Wilhelm Nicol und Theodor Ellwein, „behaupten [...] die unwiderrufliche Verpflichtung des evangelischen Pfarrers, sich jeglicher parteipolitischer Tätigkeit zu enthalten." Sie müßten aussprechen, „was sich uns seit vielen Jahren als schwere Last auf die Seele gelegt hat." Eine Diskussion der Erklärung lehnen die Verfasser ab. Pfarrer Karl Girstenbreu, Feucht, wandte sich in einem Artikel gegen die Aufstellung „unwiderruflicher Verpflichtungen" zur politischen Betätigung oder Nichtbetätigung der Pfarrer. Er selbst teile in Wahlzeiten den danach fragenden Gemeindegliedern seinen politischen Standpunkt offen mit[94].

Kurz vor der Wahl druckte das *Korrespondenzblatt* einen Beitrag von Pfarrer Johannes Gloel, Ostheim, der einem Wahlaufruf für den CVD nahekam, und den Wahlvorschlag des CVD, auf dem sich unter den 23 Landtags- und Kreistagskandidaten vier evangelische Pfarrer und ein Prediger fanden, ab[95]. Eine regelrechte Wahlempfehlung zugunsten des CVD gab die von Pfarrern dominierte Leitung des Bundes der Evangelischen Arbeitervereine in Bayern in der Verbandszeitschrift *Der christliche Arbeiter* ab, die ansonsten in der Weimarer Republik strikte Überparteilichkeit wahrte und vor keiner anderen Wahl Stellung bezog[96]. Der CVD erreichte in Bayern bei den Landtagswahlen nur 1,3 % und verfehlte den Einzug in den Landtag. Bei den Kreistagswahlen war in Mittelfranken der Fürther Pfarrer Paul Fronmüller erfolgreich[97]. Die NSDAP erreichte demgegenüber bei einem gesamtbayerischen Ergebnis von 6,4 % in Oberfranken 10,8 % und in Mittelfranken 9,1 % der Stimmen[98], was in etwa dem Ergebnis des Völkischen Blockes bei der Reichstagswahl vom Dezember 1924 entsprach. Nach der Wahl kritisierte das DNVP-Mitglied Pfarrer Konrad Lauter die Wahlwerbung vieler Pfarrer für den CVD auf Kosten der DNVP[99]. Die DNVP war beim Reichstagswahlergebnis in Franken von 23,6 % auf 18,8 % abgerutscht[100].

---

[93] KORRESPONDENZBLATT 53, 1928, S. 30; zur Vorgeschichte vgl. die Schreiben Breits an den LKR, 4.10.1927; 28.11.27 (LKA NÜRNBERG, PA 74). Außer dem DNVP-Pfarrer hatten alle Pfarrer im Dekanat Hof der Erklärung zugestimmt. In Hof hatten auch schon vorher parteipolitisch aktive Pfarrer Ärgernis erregt. Aus dieser Erklärung indirekt auf eine große Zahl von nationalsozialistischen Pfarrern schließen zu wollen (so F. KÜHNEL, Schemm, S. 193), ist unbegründet.

[94] KORRESPONDENZBLATT 53, 1928, S. 50.

[95] EBD., S. 171 f. Auf dem Wahlvorschlag fand sich auch der schon oben zitierte und 1924 für den Völkischen Block in den Landtag gewählte evangelische Jurist Edgar Stelzner, der 1927 zum CVD übergetreten war, was auf der theologischen Steinacher Konferenz begrüßt worden war (EBD., S. 130).

[96] D.-M. KRENN, Arbeiterbewegung, S. 483 f.; 611; der bayerische Landesverband wich damit signifikant von der Linie des DNVP-orientierten Gesamtverbandes auf Reichsebene ab, dem er nicht angehörte. In den 62 bayerischen Arbeitervereinen, die 1930 insgesamt 19.155 Mitglieder hatten, lag der Vorsitz immer bei einem Pfarrer. Johannes Baumgärtner, Zweiter Vorsitzender des Landesverbandes, Vorsitzender des verbandseigenen Jugendbundes und Bundesführer der Deutschen Evangelischen Arbeiterjugend, kandidierte 1929 erfolglos für den CVD bei der Kommunalwahl in Schweinfurt.

[97] Vgl. P. KREMMEL, Volksdienst, S. 5 ff.

[98] Vgl. R. HAMBRECHT, Aufstieg, S. 133-136.

[99] KORRESPONDENZBLATT 53, 1928, S. 204 f. Die Schriftleitung erklärte mit dem Beitrag die politische Debatte für beendet, druckte aber dennoch die Antwort Gloels auf die Vorwürfe ab (Ebd., S. 213).

[100] J. W. FALTER/T. LINDENBERGER/S. SCHUMANN, Wahlen, S. 70 f.

Es fällt auf, daß in keinem der Korrespondenzblattbeiträge zur Landtagswahl die NSDAP erwähnt worden war. Expressis verbis setzte sich erst Anfang 1929 ein Pfarrer in einem anonymen Beitrag für die NSDAP ein; Hitlers Distanzierung von Dinter und dessen Parteiausschluß werden „zur Aufklärung"[101] den Pfarrern vermeldet. Dieser geschickte Zug in Hitlers Religions- und Kirchenpolitik dürfte auf die Pfarrer, die sich von der völkischen Bewegung aus kirchlich-theologischen Gründen insbesondere wegen Gestalten wie Dinter distanziert hatten, die gewünschte Wirkung gehabt haben[102].

Auf der Landessynode in Ansbach im August 1930 wurde auch das Thema Pfarrer und Politik behandelt: „Dem Geistlichen kann der Anschluß an eine bestimmte politische Partei nicht verwehrt werden, nur dürfe dadurch keine Schädigung seiner seelsorgerlichen Tätigkeit gegenüber den Mitgliedern anderer Parteien entstehen."[103]

Auffällig ist das gänzliche Fehlen von politischen Beiträgen im Vorfeld der Reichstagswahlen am 14. September 1930 im *Korrespondenzblatt.* Lediglich eine lebhafte Aussprache über die Wahlen bei der Steinacher Konferenz, einer nach dem mittelfränkischen Tagungsort benannten regelmäßigen Zusammenkunft von Pfarrern, am 10. September 1930 wird ohne weitere Angaben vermerkt[104].

Vor einem Blick auf die Ergebnisse dieser Reichstagswahlen soll noch einmal der gesamte Zeitraum von 1924 bis 1930 im Spiegel des Wingolfrundbriefes Revue passieren, in dem ein Freundeskreis junger Pfarrer auch den politischen Meinungsaustausch pflegte. Zum Hitler-Putsch bemerkte das noch im Ersten Examen stehende Bund Oberland-Mitglied Ludwig Luther: „Mit dem Zeitpunkt und der Art und Weise ihres Unternehmens bin ich nicht einverstanden."[105] Dennoch hielt er Hitler und Ludendorff für „ehrliche, aufrichtige Männer der Tat" und verfolgte voll Interesse den Hitler-Prozeß. Aus dem Nürnberger Predigerseminar berichtete Heinrich Schorn: „Natürlich hat auch der Hitler-Prozeß uns in die nötige Spannung versetzt. [...] Mit großem Interesse lesen wir jetzt die Verteidigungsreden in München, die z.T. ganz genial sind."[106] Auch die Rechtsstreitigkeiten zwischen dem liberalen Nürnberger Bürgermeister Hermann Luppe und Julius Streicher, dem Führer des fränkischen Nationalsozialismus, wurden voller Interesse verfolgt.

Auf diese beiden Äußerungen hin eröffnete Hermann Eisenhut eine Diskussion des Themas Pfarrer und Politik im Rundbrief, die eine „Runde" von April bis August 1924 anhielt: „Treibt nicht allzu viel Politik! Sie verdirbt uns unsere Wirksamkeit. Als ‚Nazi' [...] hätte ich mir den Weg zu meinen Arbeitern ohne weiteres verbaut. Ich mache gewiß kein Hehl aus meiner vaterländisch-nationalen Gesinnung, das nehmen sie mir

---

101 KORRESPONDENZBLATT 54, 1929, S. 22; ein Hinweis auf das positive Christentum im NSDAP-Programm durfte natürlich auch nicht fehlen.
102 K. MEIER, Kreuz, S. 11: Artur Dinter war 1927 wegen seiner völkisch-freireligiösen „Deutschen Volkskirche" als thüringischer NSDAP-Gauleiter abgelöst worden; 1928 erfolgte der Parteiausschluß.
103 KORRESPONDENZBLATT 55, 1930, S. 333.
104 EBD., S. 413.
105 WINGOLFRUNDBRIEF, H. 1/2, 2.3.1924.
106 EBD., H. 3, 26.3.1924.

alle nicht übel. Aber alles andere müssen wir lassen."[107] Als erster reagierte Theodor Kühl auf Eisenhuts Appell:

> „Neulich [...] hörte ich Ludendorff in Bayreuth sprechen und war ganz begeistert von seiner Rede, wie ich überhaupt dem Nationalsozialismus Sympathien entgegenbringe, wenn ich auch nicht mit allen Punkten seines Programmes übereinstimme. Mit der Ansicht Eisenhuts über den Nationalsozialismus kann ich mich nicht ganz einverstanden erklären. [...] Ich könnte auch aus meiner Gesinnung kein Hehl machen anderen gegenüber, die eine andere Ansicht als ich verträten. Wenn ich deswegen schief angeschaut würde, [...] so ist das sehr traurig, aber muß von mir eben in Kauf genommen werden."[108]

Friedrich Rohn berichtete über die negativen Auswirkungen vom völkischen Engagement seines Weidener Vikarskollegen Christian Richter auf die Gemeindearbeit[109]. Eduard Weber, das geistige Haupt des Rundbriefkreises, wandte sich an Luther und Kühl: „Wir Pfarrer sind in allererster Linie Arbeiter am Reiche Gottes und nicht am deutschen Reiche. [...] alles vaterländische Handeln muß sich einstellen und im Konfliktfall korrigieren lassen nach den Maßstäben unseres eigentlichen Berufes."[110] Auch Werner Gollner schloß sich Eisenhuts Meinung an: „Alles völkische Geschrei und alle vaterländischen Feiern nützen uns nichts, solange unser Volk sich nicht wieder auf Gott besinnt und seine verheerende Unmoral verliert. [...] wir sollen ja Seelsorger, nicht Parteiagitatoren sein [...]. Einer meiner Vorgänger hat hier viel ruiniert!"[111] Gollner hatte angesichts der Not der Arbeitslosen in seiner Gemeinde Verständnis für deren überwiegend kommunistische Einstellung. In einem Beitrag 1926 blieb er auf dieser arbeiterfreundlichen Linie: „Es tut einem ja [...] weh, wenn man [...] sieht wie sich jetzt viele Gemeindeglieder wieder wegen der Stellung der Kirche zur Fürstenabfindung von der Kirche abwenden. Wehe uns, wenn wir die Arbeiterschaft ganz verlieren."[112]

Die letzte Stellungnahme zur völkischen Bewegung im Rundbrief findet sich in einem insgesamt positiven Bericht Rudolf Neunhöffers über die Tagung des Evangelischen Bundes in München 1924: „Daß nebenher viel ‚Mist' verzapft worden ist, vor allem in der deutschvölkischen Sache, kann den ersten Eindruck nicht verwischen."[113]

1928 fand der CVD in der Rundbriefgemeinschaft im Kontext einer Debatte zur sozialen Frage, zur Arbeiterbewegung und zum Kommunismus eine breite Anerkennung. Hilmar Ratz sah in ihm die einzige wählbare Liste, weil alle anderen Parteien nur egoistische Interessenpolitik betrieben. Ratz berichtete von der konstituierenden Sitzung des CVD in München mit Edgar Stelzner und empfahl die Zeitschrift *Der Volksdienst*. Rudolf Neunhöffer schloß sich dem positiven Votum von Ratz an und wollte in

---

[107] EBD., H. 3, 24.4.1924. Eisenhut empfahl EBD., H.4, 19.8.1924, die Lektüre von Hans Hofer: Christentum und Nationalsozialismus, die ihm ein „rechter Wegweiser" gewesen sei.

[108] EBD., H. 3, ohne Datum (April/Mai 1924).

[109] EBD., H. 4, 26.5.1924.

[110] EBD., H. 4, 11.6.1924.

[111] EBD., H. 4, 29.6.1924.

[112] EBD., H. 8, 7.7.1926. Vgl. aber auch seine scharfe Verurteilung des Kommunismus wegen dessen Christentumsfeindschaft EBD., H. 12, 13.3.1928.

[113] EBD., H. 5, 10.9.1924.

seiner Gemeinde bei Gemeindeabenden für den CVD werben; „denn Volksdienst ist keine Politik, Volksdienst ist notwendigster Dienst am Volk: Evangeliumspredigt." Eisenhut sah in Stelzner einen Garanten der guten Sache des CVD. Rohn nahm in Hof an einer CVD-Versammlung mit Oberndörfer teil; den CVD könne er nun auch Arbeitern, die ihn zur Wahl um einen Rat bäten, empfehlen. Nach der Wahl bedauerte Schorn zutiefst, daß für den CVD nicht einmal Stelzner in den Landtag gewählt wurde[114]. Mehrfach wurde in den Einträgen erwähnt, daß der CVD die Bewegung sei, auf die man lange gewartet habe.

Die Nationalsozialisten fanden expressis verbis erst wieder im Sommer 1929 Erwähnung, als Schorn über den Nürnberger Parteitag der NSDAP berichtete: „Die Nationalsozialisten, die erst in den letzten Tagen da waren, haben zwar einen strammen Eindruck gemacht; aber es waren doch viel weniger [sc. als beim Arbeitersportfest in Nürnberg]. Sie sind politisch Gegner des Marxismus, aber weltanschaulich doch auch vielfach Heiden."[115] Im Herbst 1929 machte Kühl als Vertrauensmann der DNVP Werbung für den Volksentscheid gegen den Young-Plan: „Wenn ich für das Volksbegehren eintrete, dann tue ich es nicht nur als Deutscher, der sein Vaterland liebt, sondern auch als Christ und evangelischer Christ, der sich auflehnt gegen die Unwahrhaftigkeit der äußeren und inneren Feinde."[116] Neunhöffer befürwortete das Volksbegehren um der Wahrheit willen, weil nur das offene Anprangern des offensichtlichen Unrechtes dem Volk zu neuer seelischer Größe helfen könne. Von der unentschiedenen Haltung des CVD, für den er in Miesbach und Umgebung als Vertrauensmann fungierte, war er tief enttäuscht[117]. Die anderen Rundbriefschreiber äußerten sich nicht zum Volksbegehren. Ebenso fehlen Stellungnahmen vor der Reichstagswahl 1930.

Für den Zeitraum 1923 bis 1930 fällt insgesamt auf, daß mehrfach in Einträgen gefordert wurde, die Politik, gemeint war damit primär die Tages- und Parteipolitik, nicht in den Rundbrief hineinzutragen. Mehrere Pfarrer, die sich 1924 strikt gegen parteipolitisches Engagement von Geistlichen ausgesprochen hatten, engagierten sich spätestens seit 1928 für den CVD; mindestens zwei warben auch in ihren Gemeinden für diese Partei. Insgesamt stand mindestens die Hälfte der Rundbriefpfarrer 1928 dem CVD nahe. Zum Engagement für eine andere Partei bekennt sich im Rundbrief nur Kühl, der 1929 als DNVP-Vertrauensmann fungierte. Gewisse Sympathien für die NSDAP klangen 1924 bei drei Pfarrern durch, von denen dann aber später je einer dem CVD und der DNVP nahestand.

Bei den Reichstagswahlen am 14. September 1930 gelang der NSDAP der Sprung von der Splitterpartei zur stärksten Rechtspartei im Reich. Während die NSDAP bei der Wahl reichsweit 14,8 % erreichte, lag ihr Stimmanteil unter den Protestanten bei

---

[114] Vgl. EBD., H. 12, 27.2.1928 (Ratz); 2.3.1928 (Neunhöffer); 13.3.1928 (Gollner, der sich für die Empfehlung des CVD bedankte); 28.3.1928 (Eisenhut); 10.5.1928 (Rohn); 1.6.1928 (Schorn).
[115] EBD., H. 14, 8.8.1929. Vgl. zum Parteitag 1929 R. HAMBRECHT, Aufstieg, S. 170 f.; er gibt die Teilnehmerzahl mit 55.-65.000 an. Beim Arbeitersportfest waren es nach Schorn 100.000.
[116] WINGOLFRUNDBRIEF, H. 14, 29.10.1929.
[117] EBD., H. 14, 23.2.1930.

etwa 18 %; in der Stadt bei etwa 16 %, auf dem Lande bei etwa 19 %[118]. In Bayern wurde sie mit einem Stimmenanteil von 17,3 % hinter BVP und SPD zur drittstärksten politischen Kraft, in Mittel- und Oberfranken mit fast 24 % zur zweitstärksten hinter der SPD. Gegen den reichsweiten Trend[119] erzielte die NSDAP im evangelischen Franken in den Mittel- und Kleinstädten bessere Ergebnisse als auf dem Lande. In den Städten Coburg, Neustadt bei Coburg, Marktredwitz, Ansbach, Dinkelsbühl, Rothenburg und Weißenburg und in den Bezirken Naila und Scheinfeld erreichte die NSDAP die relative Mehrheit der Stimmen. Über 30 % der Stimmen erreichte sie auch in den Städten Bayreuth und Kulmbach und im Bezirk Neustadt an der Aisch[120]. In den fast ausschließlich ländlich geprägten Kreisen, die einen Protestantenanteil von über 90 % aufwiesen, erreichte die NSDAP 27,0 % der Stimmen[121]. Die Nationalsozialisten hatten im evangelischen Franken in etwa das Ergebnis des Völkischen Blocks vom Frühjahr 1924 erreicht. Der Wahlkampfeinsatz der nationalsozialistischen Pfarrer, von dem im nächsten Abschnitt die Rede sein wird, dürfte dazu einen nicht unerheblichen Teil beigetragen haben. Allerdings ist der Anteil der NSDAP-Wähler innerhalb der Pfarrerschaft nach den Ergebnissen der Befragungen und der Auswertung der anderen Quellen nur auf etwa 20 % zu schätzen; CVD und DNVP dürften im September 1930 jeweils von mehr Pfarrern gewählt worden sein.

2. Nationalsozialistische Pfarrer

Das Engagement von Pfarrern in der Frühgeschichte der NSDAP bis zum Hitler-Putsch und dem Parteiverbot 1923 läßt sich nicht exakt quantifizieren. Zum einen war die organisatorische Struktur der neuen Partei noch wenig gefestigt[122], zum anderen verschwammen noch die Grenzen zu den anderen völkischen Organisationen und nationalen Kampfverbänden. Vom Engagement von Pfarrern in diesen Gruppierungen war schon im letzten Abschnitt die Rede. Da bei der Entnazifizierung Mitgliedschaft bzw. Engagement in der NSDAP vor deren Neugründung 1925 kaum angegeben wurde, ist die Quellenlage für diese Frühzeit lückenhaft. Seit 1925 ist die Quellenlage erheblich besser und kann zumindest für die Pfarrer, die zur Zeit der Entnazifizierung noch in Bayern lebten, einen Anspruch auf Vollständigkeit erheben.

Rainer Hambrecht gibt an, daß im Mai 1923 neben anderen kleinstädtischen Honoratioren auch evangelische Pfarrer „die faktische oder geistige Führung"[123] in

---

[118] J. W. Falter, Wähler, S. 184.

[119] Ebd., S. 144; 184.

[120] Vgl. R. Hambrecht, Aufstieg, S. 190-193.

[121] Errechnet aus Zeitschrift der Bayerischen Statistischen Landesamtes 1931, S. 86 ff.; in den Kreisen, die in Oberfranken lagen (die kreisunmittelbaren Städte Neustadt bei Coburg und Rodach bei Coburg; die Landkreise Coburg, Hof, Kulmbach, Münchberg und Naila): NSDAP 26,7 %; in den mittelfränkischen (die Landkreise Ansbach, Fürth, Hersbruck, Neustadt an der Aisch, Rothenburg und Uffenheim) NSDAP 27,2 %.

[122] Vgl. J. Genuneit, Probleme.

[123] Vgl. R. Hambrecht, Aufstieg, S. 36. Eine Umfrage der Polizeidirektion München vom 9.5.1923 über die Aktivitäten und Führungen aller bestehenden NSDAP-Ortsgruppen in Bayern ergab

NSDAP-Ortsgruppen in Ober- und Mittelfranken besaßen. Unter den Ende 1923 gegründeten Tarn-, Auffang- und Nachfolgeorganisationen, die sich Anfang 1924 mit anderen völkischen Gruppen im Völkischen Block zusammenschlossen, setzte die von Streicher geführte DAP am deutlichsten die Arbeit der NSDAP fort. Als Redner für die DAP traten 1924 auch Pfarrer, unter anderem der Nürnberger Studienprofessor Konrad Hoefler, auf[124].

Einer der aktivsten nationalsozialistischen Pfarrer in Mittelfranken war Max Sauerteig, Ansbach. Schon vor der Verbotszeit stieß Sauerteig zur NSDAP und wurde zum „Kampfgefährten"[125] Streichers. 1924 unterstützte er den Völkischen Block und im September 1925 trat er mit seiner ganzen Familie in die neugegründete NSDAP ein. Hitler, Streicher und Rudolf Heß waren am 20. November 1925 erstmals zu Gast im Ansbacher Pfarrhaus. Zahlreiche Besuche, auch von anderen führenden Nationalsozialisten, folgten. Im Ansbacher evangelischen Vereinshaus veranstaltete Sauerteig 1926 eine Geburtstagsfeier für Hitler. Zu seinem eigenen 60. Geburtstag am 22. April 1927 besuchten ihn wieder Hitler, Streicher und Heß. Auch agitatorisch wurde Sauerteig für die Partei aktiv; er hißte am Pfarrhaus die Hakenkreuzfahne und trat häufig als Versammlungsredner, auch in Oberfranken, auf.

Nur wenige Monate nach Sauerteig trat im Dezember 1925 der Nürnberger Pfarrer Dr. Martin Weigel in die NSDAP ein, der sich allerdings zu diesem Zeitpunkt bereits im Ruhestand befand. Das gab ihm ab Sommer 1926 den Freiraum, aktiv für die NSDAP tätig zu werden. Seinen ersten spektakulären Einsatz hatte er Anfang August 1926, als er in der Lorenzkirche die Weihe der Nürnberger SA-Standarte, die bereits beim vorangehenden Reichsparteitag in Weimar erfolgt war, wiederholte, „was damals einen mächtigen Eindruck machte."[126] Im Anschluß an die Fahnenweihe marschierten Nürnberger SA, SS und HJ durch die Stadt[127]. Weigel weihte in den folgenden Jahren die Fahne des NSDStB Erlangen und zahlreiche Ortsgruppenfahnen in Mittelfranken. Sein Hauptbetätigungsfeld in der NSDAP hatte Weigel allerdings als Parteiredner. Schon 1926 sprach er auf einer Versammlung in München vor der NS-Prominenz. Es folgten bis 1936 Rednereinsätze „bei etwa 400-500 Gelegenheiten" in der mittelfränkischen NSDAP, aber auch in den nationalen Verbänden und Jugendorganisationen, „das alles, wie ich sah und hörte, nicht ohne Erfolg für die Partei." Unter Weigels Kollegen hielt sich die Begeisterung über seine Einsätze in Grenzen. Für die SA-Fahnenweihe 1926 mußte die Lorenzkirche nach Weigels eigenen Angaben erst „erobert" werden; in der Nürnberger Pfarrerschaft habe er wegen seines nationalsozialistischen Engagements viel „durchzumachen" gehabt.

---

allerdings in keinem Fall die Mitwirkung eines Geistlichen oder auch nur eines Theologiestudenten an führender Stelle (STA MÜNCHEN, Pol. Dir. München 6706).

[124] R. HAMBRECHT, Aufstieg, S. 63; 527.

[125] Bote von Altdorf und Umgebung, 22.4.1937; 8-Uhr-Blatt, Nürnberg 23.4.1937. Vgl. auch H. BAIER, Christen, S. 257; R. HAMBRECHT, Aufstieg, S. 245; 288; P. KREMMEL, Pfarrer, S. 35.

[126] Weigels undatierter Tätigkeitsbericht für die NSDAP (P. KREMMEL, Pfarrer, S. 581); daraus stammen auch die folgenden Zitate.

[127] R. HAMBRECHT, Aufstieg, S. 117 f.

Als dritter Pfarrer trat 1925 ein Altersgenosse von Sauerteig und Weigel im Dekanat Weiden in die NSDAP ein. Seit 1926 leitete er ein Pfarramt im Dekanat Ansbach. Er scheint sich nicht öffentlich für die Partei exponiert zu haben[128].

1926 wurde ein Vikar Reiseprediger in Oberbayern, der 1925 als Student in die NSDAP eingetreten war. Nach seinen eigenen Angaben wurde er erst Ende 1930 wieder für die Partei aktiv:

> „Im Jahre 1930 wurde ich [...] vom Pfarramt [...] gebeten in Vertretung des verreisten Pfarrers [...] einen Gottesdienst für die NSDAP anläßlich einer Tagung zu halten, um den von Gottfried Feder ausdrücklich nachgesucht worden war. Eine Aussprache mit letzterem über die Stellung der Partei zum Christentum, sowie deren Versprechen nach Erringung der Macht, alle Parteien, auch die NSDAP aufzulösen und einen Ständestaat nach Stein'schen Ideen zu errichten, veranlaßten mich im November 1930 der Partei wieder beizutreten."[129]

1927 traten mit Friedrich Bomhard und Friedrich Klein zwei Pfarrer in die Partei ein. Klein hatte schon 1923 einen von ihm in seiner oberfränkischen Gemeinde Grafengehaig 1922 gegründeten Wehrverband in die NSDAP überführt. Seit 1927 fungierte er häufig als Parteiredner[130].

Für Bomhards politische Entwicklung liegt durch seine Tagebucheinträge eine hervorragende Quelle vor. Der Tagebuchautor nahm im Herbst 1923 in seiner Gemeinde die Aufnahmen in die Reichsflagge vor, einen monarchistischen Wehrverband, der aber im Oktober 1923 mit seinem Führer, Hauptmann Adolf Heiß, aus dem Deutschen Kampfbund mit Bund Oberland und SA wieder austrat. Bomhard, der im Ersten Weltkrieg als Feldgeistlicher gedient hatte, nahm auch weiterhin selbst aktiv an der Arbeit der Reichsflagge und später des Stahlhelms in seiner Gemeinde teil[131]. Immer wieder klingt sein monarchistisches Ideal durch die wehmütigen Erinnerungen an den „verratenen Kaiser" durch. Das Scheitern des Hitler-Putsches und Hitlers Haft bedauerte er: „Wie viele Millionen gute Deutsche gibt es, die willig folgen würden, wenn der Führer hochkommen könnte! Aber Gott läßt uns noch nicht frei werden, wir haben es noch nicht verdient, der Teufel soll immer noch eine Zeit lang Macht haben über uns."[132] Sollte beim Hitler-Prozeß kein Freispruch erfolgen, „dann wünschen wir deutschen Männer, soweit wir unser Volk lieben und keine Angst vor den römischen, jüdischen und französischen Feinden haben, daß ein gewaltiger Aufstand den Hurenstaat

---

[128] Vgl. SAMMLUNG P. KREMMEL.

[129] Pfr. an LKR 1.12.1945 (LKAMT MÜNCHEN, PA 118). Er war durch seinen Wegzug aus Erlangen 1926 aus der Partei ausgeschieden und wurde am 1.6.1929 wieder aufgenommen – seine Erinnerung war 1945 wohl nicht mehr ganz genau (SAMMLUNG P. KREMMEL).

[130] Vgl. FÜHRERLEXIKON, S. 235; F. KÜHNEL, Schemm, S. 193; 233.

[131] Vgl. F. BOMHARD, Tagebuch, 30.10.1923; 31.1.1927; 24.3.1927. Im Herbst 1927 ließ sich Bomhard mit der Reichsflagge in den Stahlhelm überführen, für den er auch aktiv war; vgl. EBD., 19.12.1930. Ein Pfarrer im benachbarten Dekanat Windsbach war ebenfalls in der Reichsflagge aktiv; Meldebogen Militärische Dienstverhältnisse o.D. (LKA NÜRNBERG, PA 75). Vgl. zu den nationalen Wehrverbänden Reichsflagge und Stahlhelm W. RUDLOFF, Verbände, S. 59 f.; 62 f.

[132] F. BOMHARD, Tagebuch, 21.12.1923.

der Novemberrevolution wegfegt."[133] Zu Bomhards politischer Meinungsbildung trug in dieser Zeit maßgeblich die Lektüre der völkischen Zeitschrift *Deutschlands Erneue-rung* bei, die von dem nationalsozialistisch engagierten Münchener Verleger Julius Friedrich Lehmann herausgegeben wurde[134].

Bei der Landtagswahl 1924 wählte Bomhard den Völkischen Block. Er berichtete aber enttäuscht, daß im Kapitel Ansbach der Großteil der Pfarrer weiterhin der BMP/DNVP nahestünden, nur eine kleine Minderheit von vier Pfarrern sei „völkisch" eingestellt. Die einflußreichen Ansbacher Pfarrer Hermann Steinlein und Julius Groß-mann übten am Theologenstammtisch scharfe Kritik am Völkischen Block[135]. Am 24. September 1924 nahm Bomhard mit gemischten Gefühlen an der bereits erwähn-ten Herbsttagung der Arbeitsgemeinschaft völkischer Pfarrer teil; weitere Besuche von Treffen der Arbeitsgemeinschaft sind nicht vermerkt. Die Wahl Paul Hindenburgs zum Reichspräsidenten am 26. April 1925 feierte Bomhard als „das erste erfreuliche Ereignis in unserer Politik seit 7 ½ Jahren! [...] Ich möchte am liebsten einen Dankgottesdienst halten."[136] Hindenburg war im zweiten, entscheidenden Wahlgang der gemeinsame Kandidat von DNVP, DVP, BVP und NSDAP. 1925 näherte Bomhard sich der DNVP, von der er sich einen Rechtsputsch erhoffte. Ein besonderes Ärgernis war ihm die außenpolitische Annäherung Deutschlands an die Siegermächte des Ersten Welt-krieges unter Außenminister Gustav Stresemann, die er als „Erfüllungspolitik" diffa-mierte. Zum politischen Schlüsselerlebnis wurde für Bomhard eine Hitlerrede am 21. November 1925 in Ansbach:

> „Er ist ein Herrenmensch, der uns alle unter seine Idee zwingen wollte. Die Liebe zum Va-terland ist ihm Religion, Glaubensbekenntnis. In seinen Ausführungen erinnert er mich an den Apostel Paulus. [...] Hahn und ich sahen uns immer wieder begeistert an, so einfach und überwältigend zugleich wirkte auf uns diese politische Predigt. Dem Hitler muß man folgen, wenn man sein Vaterland liebt!"[137]

Voller Vorfreude besuchte Bomhard am 26. März 1927 die nächste Hitlerrede in Ansbach, bei der er auch „manchen Pfarrer" im Saal erkannte. Diesmal begeisterten ihn besonders Hitlers Ausführungen zur Schaffung einer Volksgemeinschaft aus Bürgertum und Proletariat durch die NSDAP unter dem Motto „Volk und Vaterland, Freiheit und Brot!". Lobend vermerkte Bomhard auch die „Zucht" im Saal und in der Stadt[138]. Im gleichen Jahr trat Bomhard der NSDAP bei[139]. 1929 unterstützte er das Volksbegehren gegen den Young-Plan. Mehrfach vertraute er dem Tagebuch seinen Wunsch nach einem Diktator an, der dem Parteienunwesen ein Ende machen werde.

---

[133] EBD., 1.4.1924.

[134] Vgl. J. H. ULBRICHT, Publizistik, S. 133.

[135] F. BOMHARD, Tagebuch, 8.4.1924.

[136] EBD., 28.4.1925.

[137] EBD., 8.12.1925. Friedrich Hahn war Pfarrer in Weihenzell.

[138] EBD., 24.3.1927; 28.3.1927.

[139] Was er eigentümlicherweise nicht im Tagebuch vermerkt hat; es läßt sich aber rückschließen aus dem Eintrag vom 6.5.1933.

1928 trat mit Heinrich Kalb, Weißenburg, ein weiterer Vertreter der jüngeren Vorkriegsgeneration in die NSDAP ein. Er hat sich aber vor 1931 nicht öffentlich für die Partei engagiert[140]. Auch ein anderer mittelfränkischer Pfarrer, der sich 1928 der Partei anschloß, hat sich scheinbar in dieser Zeit zurückgehalten[141].

Der 1. Oktober 1928 sollte im „Dritten Reich" bei der Einführung des sogenannten Goldenen Ehrenzeichens der NSDAP zu einem wichtigen Stichtag werden. An diesem Tag wurde die Mitgliedsnummer 100.000 überschritten; eine niedrigere Mitgliedsnummer war eine Vorraussetzung für die Verleihung dieses Goldenen Parteiabzeichens[142]. Es stand also auch allen bisher eingetretenen Pfarrern, mit Ausnahme von Bomhard, der 1932 aus der Partei austrat, und Kalb, der zwar am 1. Oktober 1928 eintrat, aber eine höhere Nummer erhielt, zu.

Über Klein kam 1929 dessen Schwager Friedrich Hanemann, Pfarrer im Dekanat Bayreuth, zur NSDAP, in der er sich zunächst nicht exponierte[143]. Ebenfalls 1929 trat der Mühldorfer Pfarrer Hans Gollwitzer, Weltkriegsoffizier und Freikorpskämpfer, der Partei bei, der er wohl schon 1923 nahegestanden hatte[144]. Obwohl er sich schon vor 1931 zur NSDAP bekannte, ist konkretes Engagement in diesem Zeitraum nicht zu eruieren[145]. In das Predigerseminar München trat 1929 Eduard Putz ein, der schon in seiner Studentenzeit als aktiver Nationalsozialist hervorgetreten war. Georg Merz, ein Kenner des Münchener Predigerseminars, sah in Putz den Protagonisten eines neuen Pfarrertyps:

„Wieder eine neue Epoche [...] begann, als Eduard Putz einzog. [...] Was ihn bewegte, ist mir [...] klar geworden, als er mir schilderte, wie der Vertrag von Versailles auf ihn, den Ansbacher Gymnasiasten, gewirkt hatte. Was er mir darlegte, war das Ereignis des nationalsozialistischen Erlebnisses. [...] bei Putz [war] [...] ein neuer Typus entstanden, leidenschaftlicher, ungestümer, in manchem überraschend, schier verletzend, aber dem, der genau zusah, zeigte sich auch hinter diesen Zügen die ernsthafte Sorge um Geltendmachung und Reinhaltung des aufgetragenen Amtes."[146]

Merz sah „das politische Erlebnis der nationalen Erweckung" als prägend für Putz' Pfarrergeneration an. Nach seinem Eintritt in den kirchlichen Dienst hatte Putz sich

---

[140] P. KREMMEL, Pfarrer, S. 17 f. passim. Die von Kremmel vermutete volksmissionarische Motivation für Kalbs Parteieintritt dürfte kaum in Frage kommen; die NSDAP war 1928 mehr Splitterpartei als Volksbewegung. Kalbs Ansprache bei der Heldengedenkfeier der Weißenburger Kriegervereine 1929 (EBD., S. 23 f.) dürfte kaum als parteipolitische Stellungnahme zu werten sein.

[141] LKA NÜRNBERG, PA 117; SAMMLUNG P. KREMMEL.

[142] M. JAMIN, Klassen, S. 74.

[143] Vgl. F. KÜHNEL, Schemm, S. 234; 416.

[144] SAMMLUNG P. KREMMEL; H. BAIER, Christen, S. 49, für die dort angegebene NSDAP-Mitgliedschaft seit 1923 wird keine Quelle genannt.

[145] Die einschlägigen Archivalien sind im Blick auf die Pfarrerschaft bisher erst für Mittel- und Oberfranken in R. HAMBRECHT, Aufstieg, und F. KÜHNEL, Schemm, systematisch ausgewertet.

[146] G. MERZ, Predigerseminar, S. 89. Merz ist hier ein Fehler unterlaufen: Putz hatte das Alte Gymnasium Regensburg besucht.

parteipolitisch zurückgehalten; mit der massiven Werbung unter seinen Kollegen für die NSDAP begann er erst 1931.

In den bayerischen Kommunalwahlen von 1929 wurde ein Pfarrer für die NSDAP in einen Stadt- bzw. Gemeinderat gewählt[147]. Insgesamt konnte die NSDAP nur 2,0 % der Mandate erringen. Wegen des hohen Anteils der freien Interessengruppen erzielten allerdings auch die anderen Parteien relativ niedrige Prozentwerte.

1930 nahmen auch schon vor dem Reichstagswahlerfolg der NSDAP die Eintritte von Pfarrern leicht zu. Im April 1930 trat ein Nürnberger Stadtvikar in die Partei ein, der er schon einmal als achtzehnjähriger Schüler und Freikorpskämpfer in ihrer Frühzeit 1921 beigetreten war. Der Vikar wurde sofort als Parteiredner aktiv. Sein Dekan, Erhard Weigel, ging darauf in der Kandidatenqualifikation Anfang 1931 ein: „In der nationalsozialistischen Bewegung sucht er die Verbindung mit der Kirche herzustellen.“[148] Kurz nach seiner Aufnahmeprüfung trat im Mai 1930 ein oberfränkischer Privatvikar in die Partei ein. Anlaß war eine Rede des NSDAP-Gauleiters Hans Schemm, den er bereits privat vom Schachspielen her kannte. Als Hauptmotiv für den Eintritt nannte er nach 1945 die kirchenfreundliche Haltung der NSDAP, in der er den einzigen Wall gegen die kirchenfeindliche Propaganda der Linksparteien gesehen habe. Außerdem erhoffte er von der Partei eine Beseitigung der Massenarbeitslosigkeit[149]. Vermutlich ist es der Begeisterung des Privatvikars für die NSDAP zuzuschreiben, daß der schon ältere Pfarrer, den er dienstlich unterstützte, im September 1930 ebenfalls in die Partei eintrat[150]. Als der junge Geistliche wenig später Stadtvikar in Bayreuth wurde, war er oft mit Schemm zusammen, der ihn zum Kreisschulungsleiter ernannte[151]. Sehr aktiv scheint er in dieser Funktion aber nicht gewesen zu sein[152].

Ganz anders agierten die beiden NSDAP-Neuzugänge vom Juni 1930. Hans Wegener, seit 1926 Pfarrer der erst im gleichen Jahr gegründeten evangelisch-reformierten Gemeinde in München, ging schon in den zwanziger Jahren als theologisch liberal und politisch national orientierter Pfarrer in Familienabenden auf Themen wie „Christentum und Volkstum“ ein. Rückblickend schrieb er im März 1931:

> „Ich glaube nicht fehl zu gehen, wenn ich annehme, daß der Grund [sc. für die deutliche Zunahme des Gottesdienstbesuches] z.T. auf der lutherischen Seite liegt, wo man in völkischer Beziehung sehr gleichgültig und gegen Rom sehr nachgiebig ist [...]. Ich habe mich

---

[147] ZEITSCHRIFT DES BAYERISCHEN STATISTISCHEN LANDESAMTES 1930, S. 477; ein anderer Pfarrer zog dagegen für den CVD in ein Kommunalparlament ein. Die katholischen Geistlichen stellten immerhin elf Ratsherren für die BVP.

[148] Qualifikation vom 1.2.1931 (LKA NÜRNBERG, PA 201).

[149] PFARRER 197, Interview; vgl. auch Beilage zum Fragebogen der amerikanischen Militärregierung (o.D.); Zusammenstellung für die Spruchkammer (o.D.) (PFARRER 197, Sammlung), wo er als dritten Grund sein Bemühen nannte, diese Bewegung vor einem Abgleiten in „minderwertige Bestrebungen“ zu bewahren.

[150] SAMMLUNG P. KREMMEL. Höchstwahrscheinlich ist der Privatvikar der „junge Pfarrer“, der nach R. HAMBRECHT, Aufstieg, S. 288, im Bezirksamt Pegnitz an der Gründung und Leitung einer NSDAP-Ortsgruppe beteiligt war.

[151] SAMMLUNG P. KREMMEL.

[152] Vgl. F. KÜHNEL, Schemm, S. 233 f.

offen zum Nationalsozialismus bekannt und versuche nun durch Vorträge und Besprechungsabende, die besser besucht werden als unsere Gemeindeabende, die vorhandene Bewegung zu vertiefen."[153]

Wegener warb in Flugschriften und auf Vortragsreisen für die Partei. Er erreichte viele völkisch eingestellte, mit der politischen Haltung ihrer eigenen Kirche unzufriedene Lutheraner und Katholiken, von denen ein Teil zur reformierten Kirche übertrat. Die Gemeinde wuchs von 90 Seelen 1926 auf fast 3.000 um 1940. Auf der anderen Seite traten Gemeindeglieder und Presbyter aus Protest gegen Wegener aus der Gemeinde aus. Den zugewählten Presbytern legte Wegener 1933 u.a. die Frage „Bejahen Sie den neuen Staat?" vor, und die Gemeindeglieder jüdischer Abstammung forderte er auf, aus der Kirche auszutreten. Der Pfarrer trat im Braunhemd auf und engagierte sich im Kirchenkampf stark bei den Deutschen Christen. Im Januar 1945 ging Wegener in den Ruhestand; die Gemeinde löste sich auf.

Hochbetagt trat im Juni 1930 der dreiundachtzigjährige Matthias Ittameier der NSDAP bei. Ittameier, der im oberfränkischen Gräfenberg im Ruhestand bei seinem Bruder, einem Arzt und NSDAP-Ortsgruppenleiter, lebte, wurde sogleich als Wahlredner im Reichstagswahlkampf aktiv. Auch in den kommenden Jahren fungierte Ittameier als Parteiredner in Oberfranken[154]. Im August 1930 folgte ein Ansbacher Pfarrer; nach 1945 nannte er als Motive seine Beschäftigung mit der sozialen Frage seit seinem Studium und die volksmissionarische Intention: „Mir lag an einer Begegnung zwischen der christlichen Botschaft und dem völkischen Aufbruch der Jugend."[155] Zwei Wochen vor der Reichstagswahl trat am 1. September 1930 im Dekanat Regensburg ein Stadtvikar in die NSDAP ein, den sein Dekan im März 1931 als „überzeugten Nationalsozialisten"[156] einstufte. Der mit der völkischen Bewegung in Regensburg eng verbundene Vikar sei bei der Jugend beliebt und ein tüchtiger Geistlicher. Ein Kollege, der zur gleichen Zeit in Regensburg tätig war, vermerkte dagegen in seinen Erinnerungen kritisch, daß der Vikar schon vor 1933 ein „leidenschaftlicher Vorkämpfer der Partei"[157] und trotz ernster Bedenken der Amtsbrüder und des Kirchenvorstandes eifrig in der NSDAP tätig gewesen sei; in großen Versammlungen sei er als Redner aufgetreten.

Zu der Gruppe der nationalsozialistischen Pfarrer vor der Septemberwahl 1930 sind noch einige Personen zu ergänzen, die sich zwar aktiv für die NSDAP betätigten, aber selbst nicht beziehungsweise noch nicht in die Partei eingetreten waren. Von 1924 bis zu ihrem freiwilligen Ausscheiden 1927 standen die Freunde Julius Leutheuser und Siegfried Leffler als Kandidaten im Dienst der Landeskirche. Leutheuser, der bereits als

---

[153] W. KOEPPEN, Jahre, S. 41; zu Wegener insgesamt S. 39-43. Vgl. auch K. E. HAAS, Kirche, S. 177-179; 269 f.; BDC, NSDAP Master File.

[154] Vgl. BDC, NSDAP Master File; F. KÜHNEL, Schemm, S. 193; 203; 233; 416. Kühnel gibt für Ittameier fälschlicherweise den Vornamen Ernst an (S. 457). Im *Korrespondenzblatt* hatte Ittameier 1928/29 einige antisemitische Artikel veröffentlicht (s. oben in II.A.1.).

[155] Pfr. an LKR, 6.10.1945; vgl. auch Pfr. an LKR, 8.8.1946 (LKAMT MÜNCHEN, PA 57).

[156] Kandidatenbeurteilungen durch Dekan Christoph Köberlin, 20.3.1931; 29.1.1932 (LKA NÜRNBERG, PA 35).

[157] Quellenbeleg darf wegen der sonst möglichen „Deanonymisierung" nicht genannt werden.

Student im Freikorps Oberland 1920/21 als Redner für die NSDAP aufgetreten war, hielt als Hilfsgeistlicher 1925 in Marktredwitz eine NS-Weihnachtsfeier[158]. Leffler warb als Präfekt 1923/24 im Pfarrwaisenhaus Windsbach und 1924/25 im evangelischen Schülerwohnheim Johanneum in Schweinfurt für Hitler. 1925 kamen beide nach Augsburg, wo sie im Schülerbibelkreis völkische Gedanken verbreiteten[159]. Die beiden Vikare gerieten aufgrund ihrer radikal-völkischen Einstellung in Konflikt mit den theologischen Grundsätzen ihrer Landeskirche und wechselten im April 1927 in die für ihre freizügigere Grundhaltung bekannte Thüringer evangelische Kirche. Der zuständige bayerische Kreisdekan äußerte sich zu Lefflers Motiven für den Landeskirchenwechsel: „Von den Kriegseindrücken her hat er eine starke Liebe zum Deutschtum. Als Verweser von Langerringen wollte er gerne nach Siebenbürgen, um den dortigen deutschen Evangelischen als Seelsorger zu dienen. Nun ist er ganz in rassekundliche Anschauung verfallen, sieht in den Konfessionskirchen eine Hemmung für das Christentum und die Kirche Jesu Christi."[160] Leutheuser und Leffler traten 1929 in Thüringen in die NSDAP ein und gründeten 1930 in ihren Gemeinden die NSDAP-Ortsgruppe und später die reichsweite „Kirchenbewegung Deutsche Christen (Nationalkirchliche Bewegung)"[161].

Ein Pfarrer im Bezirk Kulmbach war schon früh für den Nationalsozialismus so aktiv, daß sein Dekan ihm 1935 attestierte: „Er hatte sich, bevor im Thurnauer Land jemand vom Nationalsozialismus wußte, für das Werk Hitlers lebhaft eingesetzt und war wohl als der älteste Kämpfer in der Gegend zu bezeichnen."[162]

Daß zusätzlich zu den Parteimitgliedern und Aktivisten unter den Pfarrern eine ganze Reihe von Pfarrern der NSDAP nahestanden, aber aus verschiedenen Gründen nicht eintraten, ist wohl anzunehmen und sei an einem Beispiel aufgezeigt. In Augsburg-Lechhausen symphatisierte 1923 Pfarrer Julius Schieder mit der NSDAP, weil „wackere junge Leute"[163] aus seiner Gemeinde Nationalsozialisten waren. Während des „Ruhrkampfes", des passiven deutschen Widerstandes gegen die französische und belgische Besetzung des Ruhrgebietes 1923, hielt Schieder in Lechhausen und seiner Heimatstadt Weißenburg den Vortrag „Unpolitische Gedanken zur Politik", in dem er sich auch zum Nationalsozialismus äußerte: „Ich wünsche ihm [i.e. dem Nationalsozialismus], daß er durch Bedrängnisse gehen müsse und dadurch geläutert werde." Von einem Eintritt in die NSDAP hielt Schieder 1923 nur seine grundsätzliche Ablehnung des parteipolitischen Engagements von Pfarrern ab. In den folgenden Jahren hörte

---

[158] R. HAMBRECHT, Aufstieg, S. 288. Zu Leffler und Leutheuser vgl. H. BAIER, Christen, S. 17 f.; A. RINNEN, Kirchenmann.

[159] Vgl. zu Windsbach und Augsburg oben unter I.B.1.; zu Schweinfurt PFARRER 85, Interview, der Mitglied der Werwolfgruppe war.

[160] A. RINNEN, Kirchenmann, S. 65 (Zitat aus Schreiben von Kreisdekan Karl Baum an den LKR München, 2.3.1927).

[161] EBD., S. 76 ff.

[162] Beurteilung durch das Dekanat Thurnau, 20.12.1935 (LKA NÜRNBERG, PA 38). In BDC, NSDAP Master File, findet sich dieser Pfarrer nicht.

[163] Julius Schieder: Vor 1933 (undatiertes Manuskript, verfaßt ca. 1961) (LKA NÜRNBERG, Personen LXXV, 5), dort auch die folgenden Zitate.

Schieder in Augsburg Anton Drexler und auch Hitler, der einen guten Eindruck auf
ihn machte. Die Wertschätzung der Arbeitskraft des Volkes und der Aufruf zur politischen Mitwirkung der Bürger auch über die Wahlen hinaus sagten ihm zu.

Vor den Wahlen zum Reichs- und Landtag 1928, in denen die NSDAP auch in
Mittel- und Oberfranken, abgesehen von einigen Hochburgen, eine Splitterpartei
blieb, hatten wohl nur Sauerteig, Weigel und Klein öffentlich für ihre Partei geworben.
Dagegen wurden 1930 mehrere nationalsozialistische Pfarrer im Vorfeld der Reichstagswahlen, besonders in Oberfranken, aktiv. Neben den bereits erwähnten NSDAP-
Mitgliedern ist hier an erster Stelle Pastor Franz Lossin zu nennen. Er stand als Hei-
matmissionar im Dienst der Neuendettelsauer Missionsanstalt und war in Bayreuth
stationiert, wo er auch Aufgaben in der Gemeindearbeit übernahm[164]. Lossin trat im
Januar 1930 dem wenige Monate zuvor von Hans Schemm gegründeten NSLB bei,
rief im April 1930 in einem Artikel in der NSDAP-Zeitung *Die Flamme* seine Pfarrers-
kollegen auf, sich der nationalsozialistischen Bewegung anzuschließen, und trat im
Wahlkampf als Parteiredner auf. Wegen seines starken Engagements für die NSDAP
wurde er im Juni 1930 vom Direktorat der Missionsanstalt entlassen, was „beträchtli-
ches Aufsehen"[165] erregte. Im Wahlkampf 1930 traten außerdem Richard Zwörner
und Ferdinand Grißhammer als Redner für die NSDAP auf, die beide zu diesem Zeitpunkt keine Parteigenossen waren[166]. Innerhalb der Pfarrerschaft dagegen hielten sich
die nationalsozialistischen Pfarrer mit offener Werbung für ihre Partei noch zurück.

Da die Reichstagswahl vom 14. September 1930 eine wesentliche Zäsur in der Geschichte der NSDAP darstellt, ist ein Blick auf die Struktur der Pg.-Pfarrer zu diesem
Zeitpunkt angebracht. Innerhalb der bayerischen Pfarrerschaft bildeten die NSDAP-
Mitglieder eine verschwindend kleine Gruppe von nachweislich 18 Personen oder etwa
1,1 %[167] (vermutlich[168] 27 bzw. 1,7 %). Im Vergleich zur stimmberechtigten männli-
chen Bevölkerung Bayerns mit 0,8 % NSDAP-Mitgliedern[169] war ihr Anteil an der
Pfarrerschaft aber überdurchschnittlich hoch. Eine weitere aussagekräftige regionale
Differenzierung läßt sich hier aufgrund des statistischen Materials nicht vornehmen.

---

[164] OKR Prieser an LKR 8.11.1923 (LKA NÜRNBERG, PA 54 - nicht PA von Lossin). Vgl. zu Lossin
R. HAMBRECHT, Aufstieg, S. 290; 292; F. KÜHNEL, Schemm, S. 193 passim; SAMMLUNG P. KREMMEL.

[165] R. HAMBRECHT, Aufstieg, S. 292.

[166] F. KÜHNEL, Schemm, S. 193; Kühnels Angabe zur Parteimitgliedschaft Grißhammers (EBD.,
S. 234) ist unzutreffend. Er war nach einem Schreiben von Dekan Breit an den LKR, 12.3.1932 (LKA
NÜRNBERG, LKR XV, 1665a, Bd. II), aktives DNVP-Mitglied und findet sich auch nicht in BDC,
NSDAP Master File.

[167] Auf der Grundlage der Pfarrerfamilienstatistik von 1934 und unter Berücksichtigung der starken
Aufnahmejahrgänge in den kirchlichen Dienst Anfang der dreißiger Jahre wird die Gesamtzahl im
Herbst 1930 auf ca. 1600 geschätzt.

[168] Vgl. zur Verwendung von „vermutlich" im Kontext von Angaben zur Anzahl der Pg.-Pfarrer
oben die Einleitung.

[169] Errechnet aus J. W. FALTER/T. LINDENBERGER/S. SCHUMANN, Wahlen, S. 72 (Wahlberechtige
bei der Reichstagswahl am 14.9.1930), und PARTEI-STATISTIK I, S. 28 (männliche Parteigenossen mit
Parteieintritt bis 14.9.1930); 43 (Verteilung der wahlberechtigten Bevölkerung nach Geschlechtern, liegt
nur für das ganze Reichsgebiet vor).

Vergleicht man im Blick auf die frühen NSDAP-Mitgliedschaften die Pfarrerschaft mit anderen Berufsgruppen, für die nur reichsweite Zahlen vorliegen[170], so entspricht ihr Anteil in etwa dem Durchschnitt des oberen Mittelstandes. Im Vergleich zur Gesamtgruppe der höheren Beamten waren die Pfarrer etwas stärker überrepräsentiert. Deutlich über den Pfarrern lagen noch die akademischen Freiberufler. Aus den anderen Schichten waren in etwa so stark wie die Pfarrer nur die Kaufleute und die Landwirte überrepräsentiert. Dieses Bild verschiebt sich allerdings, wenn man berücksichtigt, daß unter den NSDAP-Mitgliedern die Evangelischen insgesamt deutlich überrepräsentiert waren[171]. Im Vergleich zum evangelischen Teil der Bevölkerung und der Berufsgruppen waren die evangelischen Pfarrer also weniger stark überrepräsentiert. Ihr Anteil lag zwar immer noch über dem Durchschnitt der evangelischen Bevölkerung, aber unter dem Durchschnitt der evangelischen Angehörigen des oberen Mittelstandes; er dürfte in etwa dem Anteil der Gesamtgruppe der evangelischen höheren Beamten entsprochen haben.

Bei der Altersstruktur ergibt sich eine breite Streuung über alle Generationen hinweg. Auffällig hoch ist der Anteil der Pfarrer aus der älteren Vorkriegsgeneration über sechzig Jahre; fünf sind zwischen 1847 und 1869 geboren. Diese Altersgruppe stellte im September 1930 nur 7,2 % der bayerischen NSDAP-Mitglieder[172]. Im Vergleich zu den bayerischen NSDAP-Mitgliedern (31,1 %) dagegen deutlich unterrepräsentiert ist die Altersgruppe der Einunddreißig- bis Vierzigjährigen, die Kriegsgeneration, mit drei Pfarrern; zwei davon ältere, einer jüngere Kriegsgeneration. Die übrigen Altersgruppen sind in etwa entsprechend ihrem Anteil an den bayerischen NSDAP-Mitgliedern vertreten: ältere Nachkriegsgeneration (23-30 Jahre) fünf Pfarrer, jüngere Vorkriegsgeneration (41-50 Jahre) drei Pfarrer, ältere Vorkriegsgeneration (51-60 Jahre) zwei Pfarrer. Für einen Vergleich zur Altersstruktur der bayerischen Pfarrerschaft 1930 liegen keine exakten statistischen Angaben vor. Orientiert an den Zahlen von 1934[173], erscheint die Altersgruppe der über sechzigjährigen Pfarrer unter den Pg.-Pfarrern stark, die ältere Nachkriegsgeneration leicht überrepräsentiert, die Pfarrer zwischen 51 und 60 leicht, die Pfarrer zwischen 31 und 50 deutlich unterrepräsentiert.

Bei der regionalen Verteilung sind die Kirchenkreise Ansbach (7) und Bayreuth (6) leicht unter-, München (5) deutlich überrepräsentiert; die Regierungsbezirke Oberfranken (5) leicht, Oberbayern (4) und Oberpfalz (2) stark überrepräsentiert, Mittelfranken (7) leicht unterrepräsentiert[174]; Unterfranken, Schwaben und Niederbayern

---

[170] M. H. KATER, Party, S. 241; 244 f.; 47 ff.

[171] Die Erstellung einer Konfessionsstatistik der NSDAP-Mitglieder ist überaus schwierig, weil in der NSDAP-Mitgliederkartei (BDC, NSDAP Master File) eine Angabe der Konfession nur auf den Karteikarten der NSLB-Mitglieder vorgesehen ist. Einen wichtigen Anhaltspunkt bietet M. JAMIN, Klassen, S. 90, mit der Ermittlung der ursprünglichen Konfessionszugehörigkeit der SA-Führer: bei einem reichsweiten Bevölkerungsanteil von etwa 63 % (1933) waren die Evangelischen unter den SA-Führern mit 83 % deutlich überrepräsentiert.

[172] Errechnet aus PARTEI-STATISTIK I, S. 202.

[173] F. BAUM, Pfarrhaus, o. P.; abzüglich der Kandidaten.

[174] Vergleichsbasis: Zahl der Stellen nach PERSONALSTAND 1930, S. 315-317.

sind gar nicht vertreten. Das Dekanat Ansbach ist mit drei Pfarrern zahlenmäßig am stärksten vertreten. Mit Ausnahme von zwei Ruheständlern, einem Religionslehrer und einem Predigerseminaristen standen 1930 alle im Gemeindedienst.

B. Nach den Reichstagswahlen im September 1930

1. Nationalsozialistische Pfarrer

Nach den Wahlen verzeichnete die NSDAP reichsweit eine Eintrittswelle. Noch im Herbst 1930 traten auch zwei Pfarrer und zwei Kandidaten der NSDAP bei. Im Dekanat Ansbach wurde ein Landpfarrer Pg., den ein ebenfalls nationalsozialistischer Kollege folgendermaßen charakterisierte:

> „[...] ein unpolitischer Kopf, hat sich vor dem Krieg den Teufel um innere Politik geschert und sich nachher über den heillosen Saustall so gegrämt wie ich. Nun hat er sich seit Jahresfrist der NSDAP angeschlossen und tut begeistert mit. Als Pfarrer steht er an hervorragender Stelle und meint, er müsse alles Volk in seinem Sinne politisch beeinflussen. [...] Das große Kamel [...] wußte sich auch mit einer herrlichen Gloriole zu umgeben, indem es von seinem Beisammensein mit Hitler und dem Gespräch mit Prinz August Wilhelm von Preußen sprach. Eins aber freut mich [...], nämlich daß er sich ehrlich über Streicher ärgert und diesen Mann und seine pöbelhafte Art zu kämpfen, ablehnt!"[175]

Der Pfarrer ließ 1931 Schemm und Streicher in seiner Gemeinde sprechen und besuchte Streicher in seiner Nürnberger Wohnung zu einem längeren Gespräch[176]. Anfang 1932 trat er auch in den NSLB ein und hielt vor der Reichspräsidentenwahl 1932 für die NSDAP in mehreren Orten rund um den Hesselberg Vorträge über das Verhältnis der NSDAP zum Christentum. In den Gemeinden wurden 80 bis 100 % der Stimmen für Hitler abgegeben[177]. Im Januar 1933 ließ Kirchenpräsident Veit den Pfarrer durch den Dekan auffordern, sich an die Parochialordnung zu halten[178], die es einem Pfarrer verwehrt, außerhalb seiner Gemeinde ohne vorherige Zustimmung des dortigen Amtsbruders zu wirken.

Im oberfränkischen Dekanat Selb schloß sich im Herbst 1930 ein Pfarrer der Partei an, der in den folgenden Jahren einer der aktivsten Pg.-Pfarrer wurde. Er war mit Schemm befreundet, in dessen NSLB er 1931 eintrat. In seinem Wohnort kandidierte er im Oktober 1932 erfolgreich bei den Stadtratsneuwahlen für die NSDAP. Nach der Wahl bat er den Landeskirchenrat um die Genehmigung, sich zum Zweiten [ehren-

---

175 F. BOMHARD, Tagebuch, 30.10.1931. Der Pg. sah in Schemm den künftigen Innenminister. Das Gespräch Bomhards mit diesem Pfarrer fand am 28.10.1931 statt.

176 WINGOLFRUNDBRIEF, H.16, 11.8.1931 (der Autor Hermann Schreiber war Nachbarkollege des Pg.). Der Pg.-Pfarrer verbreitete anscheinend im Kollegenkreis, er habe Streicher über das Wesen des Christentums aufgeklärt. Auch in diesem Rundbriefeintrag wird ein Gespräch des Pfarrers mit Hitler im Braunen Haus erwähnt.

177 Leserbrief in einer Zeitung, 8.4.1932 (LKA NÜRNBERG, PA 100).

178 Veit an Dekanat Ansbach, 30.1.1933 (LKA NÜRNBERG, LKR IV, 543a).

amtlichen] Bürgermeister wählen zu lassen. Die Bitte wurde am 31. Oktober 1932 abschlägig beschieden, weil die vielen Pflichten eines Bürgermeisters mit denen eines Pfarrers unvereinbar seien. Dennoch ließ sich der Pg.-Pfarrer am 16. November 1932 von der NSDAP-Stadtratsmehrheit zum Zweiten Bürgermeister wählen. Als der Erste Bürgermeister den Landeskirchenrat um Genehmigung der Amtsübernahme durch den Pfarrer bat und dieser ablehnte, legte der Pfarrer nach einer Woche das Bürgermeisteramt nieder. Seinen Rücktritt begründete er öffentlich mit der Weigerung des Landeskirchenrates, ihm einen Vikar zur Verfügung zu stellen; ein Verbot zur Wahl habe nicht vorgelegen. Als er auf diese falschen Angaben hin vom Landeskirchenrat befragt wurde, leitete er gegen sich selbst ein Disziplinarverfahren ein. Am 18. Februar 1933 erging als Urteil ein „geschärfter Verweis" gegen den Pfarrer, weil er gegen die Pflicht der Wahrhaftigkeit verstoßen habe. Der Moral der politischen Parteien, der Zweck heilige die Mittel, „dieser für einen evangelischen Geistlichen unerträglichen Anschauung ist offenbar auch Pfarrer Ocken zum Opfer gefallen. [...] Die politische Leidenschaft hat ihm den klaren Blick für die Pflichten seines Amtes und Standes getrübt."[179] In Zukunft müsse er bei seiner politischen Betätigung mehr Rücksicht auf sein kirchliches Amt nehmen. Der Pfarrer blieb NSDAP-Stadtrat und betrieb im Sommer 1933 erfolgreich die Ruhestandsversetzung des Ersten Bürgermeisters nach dem Gesetz zur Wiederherstellung des Berufsbeamtentums, indem er diesem unterstellte, er habe vor 1933 versucht, ihn wegen seiner nationalsozialistischen Einstellung aus der Krankenhausseelsorge zu verdrängen[180].

Im Dekanat Roth trat Ende 1930 ein junger Stadtvikar in die Partei ein; 1931 folgte die NSLB-Mitgliedschaft. Seine politischen Aktivitäten wurden vom Dekan im März 1931 unkommentiert in einer Beurteilung vermerkt[181], von einem SPD-Redner dagegen im Juli 1931 scharf angegriffen[182]. Der Vikar selbst beteuerte 1932 gegenüber dem Landeskirchenrat: „Gerade wegen meiner Betätigung in der nationalsozialistischen Bewegung habe ich die Aufgaben meines Berufes doppelt gewissenhaft ausgeübt."[183] Im April 1933 wurde er von seiner Ortsgruppe anläßlich seines Stellenwechsels feierlich verabschiedet. Bei dieser Gelegenheit lobte er selbst „seinen langjährigen Kampf wider das Pharisäertum"[184], das ihm in Gestalt der Kritik innerhalb der Gemeinde an seiner NSDAP-Mitgliedschaft entgegengetreten sei. Seinen Kameraden rief er zum Abschied zu: „Deshalb kämpft im Geiste unseres Volkskanzlers, dann erfüllt ihr eure Pflicht als Christen, dann feiert ihr: Gottesdienst!"

---

[179] Urteil vom 18.2.1933 [Name der Pfarrers vom Verf. geändert] (LKA NÜRNBERG, PA 252).

[180] Dekan Hermann Bohrer an LKR, 18.12.1933 (LKA NÜRNBERG, PA 252); der Dekan hatte es abgelehnt, dem Pfarrer diese Vorwürfe zu bestätigen, weil sie nicht der Wahrheit entsprächen. Der aufgrund der unwahren Vorwürfe entlassene Erste Bürgermeister wandte sich mehrfach mit der Bitte um Hilfe an den LKR. Mit den folgenschweren Unterstellungen wollte sich der Pfarrer vermutlich dafür rächen, daß er in seinem kirchlichen Disziplinarverfahren durch die – völlig korrekte – Zeugenaussage des Ersten Bürgermeisters der Unwahrhaftigkeit überführt worden war.

[181] Dekan Karl Schornbaum an LKR, 20.3.1931 (LKAMT MÜNCHEN, PA 214).

[182] Quellenbeleg darf wegen der sonst möglichen „Deanonymisierung" nicht genannt werden.

[183] Lebenslauf vom 26.4.1932 (LKAMT MÜNCHEN, PA 214).

[184] Zeitungsbericht über die Abschiedsfeier (EBD.); daraus auch das folgende Zitat.

Zum gleichen Examensjahrgang gehörte ein Nürnberger Stadtvikar, der schon als Münchener Gymnasiast mit dem Bund Oberland am Hitler-Putsch teilgenommen hatte. 1946 begründete er rückblickend seinen NSDAP-Eintritt im Herbst 1930 mit seiner Anteilnahme an der Arbeitslosennot in Nürnberg und seiner Sehnsucht nach einer wahren Volkspartei. Den Anstoß zum Eintritt habe die Rede eines norddeutschen Amtsbruders bei einer NSDAP-Kundgebung gegeben. Die anderen Parteien schienen sich für ihn

> „nur gegenseitig zu hindern, da sie sich für die Sonderinteressen eines Standes, einer Volksschicht, einer Kirche in der Hauptsache einsetzten und nicht für das ganze Volk in gleicher Weise. Nur eine Partei schien mir meinem Ideal nahe zu kommen und das war die NSDAP. [...] Nach einer Massenkundgebung am 7. September 1930, bei der auch Pastor Münchmeyer von Borkum gesprochen hatte, meldete ich meinen Eintritt zur NSDAP an. [...] Die Zugehörigkeit zur NSDAP hat mich in keiner Weise in meinem kirchlichen Amt beeinflußt."[185]

Diese Beteuerung scheint fragwürdig, da der Vikar im Januar 1931 in einer Nürnberger NS-Versammlung den Nationalsozialismus als Vorkämpfer gegen das Antichristentum pries – was vom CVD deutlich zurückgewiesen wurde[186]. 1932 hielt er bei der Weihnachtsfeier seiner Ortsgruppe eine religiöse Ansprache[187].

1931 bekundeten mindestens acht Pfarrer und sechs Kandidaten durch ihren Parteieintritt ihre Unterstützung der NSDAP; zwei gehörten der älteren, einer der jüngeren Vorkriegsgeneration, einer der älteren und vier der jüngeren Kriegsgeneration und sechs der älteren Nachkriegsgeneration an. Im Vergleich zur Altersstruktur der Pg.-Pfarrer im September 1930 ist die Vorkriegsgeneration stark zurückgetreten, die jüngere Kriegsgeneration hat stark zugelegt; die ältere Nachkriegsgeneration konnte ihren Anteil deutlich erhöhen.

Aus der Vorkriegsgeneration war ein etwa sechzigjähriger Pfarrer aus dem Dekanat Coburg der älteste Neuzugang[188]. Auch schon über fünfzig war ein Pfarrer aus dem Dekanat Bayreuth bei seinem Parteieintritt, 1931 schloß er sich dem frischgegründeten NSEP und 1932 auch dem NSLB[189] an. Ein Anstaltsgeistlicher aus dem Dekanat Bamberg trat nach seinen Angaben von 1945 „aus reinem Idealismus" ein. Das soziale Elend, das er in seiner Arbeit im Zuchthaus als Ursache der Kriminalität erkannte, habe er am wirkungsvollsten von der NSDAP bekämpft gesehen. Eine NS-Versammlung mit Schemm habe dann den Ausschlag zum Eintritt gegeben[190].

---

[185] Pfr. an den LKR, 21.2.1946 (LKAMT MÜNCHEN, PA 202); Ludwig Münchmeyer wurde einer der erfolgreichsten NS-Propagandaredner in Niedersachsen – und wie diese Quelle zeigt auch darüber hinaus, nachdem er wegen moralischer Verfehlungen aus dem Pfarrdienst der hannoverschen Landeskirche entlassen worden war (K. NOWAK, Kirche, S. 305).

[186] Quellenbeleg darf wegen der sonst möglichen „Deanonymisierung" nicht genannt werden.

[187] Pfr. an den LKR, 21.2.1946 (LKAMT MÜNCHEN, PA 202).

[188] LKA NÜRNBERG, LKR IV, 550 (Slg.). LKA NÜRNBERG, PA 217 beinhaltet keine Hinweise auf sein NS-Engagement.

[189] Spruchkammerurteil vom 11.7.1947 (LKA NÜRNBERG, PA 193).

[190] Pfr. an LKR, 9.7.1945 (LKA NÜRNBERG, PA 170).

Ebenfalls in Oberfranken traten zwei der vier Pfarrer aus der Kriegsgeneration in die Partei ein: einer, der 1932 auch in der SA aktiv wurde[191], im Dekanat Michelau, der andere im Dekanat Naila. Beide waren Front- und Freikorpskämpfer gewesen. Letzterer war schon 1922/23 als Student in NSDAP und SA aktiv gewesen und hatte sich im Nürnberger Predigerseminar mehr für außertheologische Themen interessiert: „Rassenfragen, Fragen des deutschen Aufbaus"[192]. Als Motive für seinen Wiedereintritt gab er 1945 rückblickend seine damalige Einschätzung an, daß nur der Nationalsozialismus Deutschland retten und eine Volksgemeinschaft ohne Klassengegensätze erreichen könne[193]; die „Rassenfragen" wurden im Kontext der Entnazifizierung lieber verschwiegen.

Im mittelfränkischen Dekanat Ansbach schloß sich ein Pfarrer der Kriegsgeneration der Partei an, der schon in der völkischen Bewegung aktiv gewesen war. Nachdem er sich bereits vor seinem Eintritt volksmissionarisch in der NSDAP betätigt hatte, entschloß er sich bei der Tagung der Arbeitsgemeinschaft für Volksmission im Juli 1931 in Neuendettelsau, „einer persönlichen Aufforderung Schemms entsprechend den Antrag auf Aufnahme in die Partei auszufüllen."[194] Der Pfarrer versuchte durch zahlreiche Vorträge und Ansprachen in Mittelfranken volksmissionarisch in der HJ und der NSDAP zu wirken. Mit seiner Gemeindejugendgruppe veranstaltete er Pfingsttreffen mit der HJ Ansbach. Der fränkische SA-Gruppenführer Wilhelm Stegmann übertrug ihm die seelsorgerliche Betreuung der SA. In dieser Funktion konnte er allerdings nur einen SA-Feldgottesdienst halten, weil Stegmann sich innerhalb der SA mit den Seelsorgeplänen nicht durchsetzen konnte[195]. Für das volksmissionarische Wirken in der NSDAP warb der Pfarrer auch bei einem Treffen in Neuendettelsau im Oktober 1931; die Pfarrer müßten der Kampfansage der NSDAP gegen den „Kulturbolschewismus"[196] zustimmen.

Im unterfränkischen Dekanat Rothhausen war 1931 ein Eintritt zu verzeichnen. Der Pfarrer aus der Kriegsgeneration hatte sich bereits als Vikar und Mitglied des völkischen Bundes Frankenland 1923 als „nationalsozialistischer Redner"[197] betätigt. In sei-

---

[191] LKAMT MÜNCHEN, PA 122; Gutachten vom 22.3.1946 (LKA NÜRNBERG, LKR 223).

[192] Beurteilung durch das Predigerseminar Nürnberg o.D. (1925) (LKA NÜRNBERG, PA 105).

[193] Pfr. an LKR, 15.10.1945 (EBD.).

[194] Pfarrer an LKR, 2.11.1945 (LKA NÜRNBERG, PA 100). Der Pfarrer hatte schon im März 1931 an dem Treffen von Volksmissionaren mit Schemm teilgenommen; zu den Treffen vgl. unten II.B.3.

[195] Pfarrer an LKR, 2.11.1945 (EBD.); Wilhelm Stegmann stieg seit 1926 zu einer der führenden Gestalten des fränkischen Nationalsozialismus auf und erfreute sich besonders im evangelischen agrarischen Westmittelfranken großer Popularität. 1930 erhielt er die Führung der SA in Ober-, Mittel- und Unterfranken und zog in den Reichstag. Seit 1932 hatte Stegmann schwere Auseinandersetzungen mit der (mittel-)fränkischen NSDAP-Gauleitung um den auf Kadavergehorsam bestehenden, psychopathischen Streicher, in denen er am 18.1.1933 mit der Masse der mittelfränkischen SA-Leute aus der SA austrat und ein eigenes nationalsozialistisches „Freikorps Franken" gründete. Im März 1933 setzte eine von der NSDAP initiierte Verfolgung maßgeblicher Stegmann-Anhänger ein, das Freikorps Franken wurde verboten (R. HAMBRECHT, Aufstieg, S. 318 ff. passim).

[196] Quellenbeleg darf wegen der sonst möglichen „Deanonymisierung" nicht genannt werden.

[197] Gutachten der SD-Hauptaußenstelle Würzburg 21.9.1942; Gutachten der NSDAP-Kreisleitung Königshofen-Hofheim 18.9.1942 (STA WÜRZBURG, Gestapostelle Würzburg 12685); daraus die folgenden Zitate.

ner Gemeinde machte er sich „um den Aufbau der dortigen Ortsgruppe sehr verdient. [...] Schon vor der Machtübernahme nahm er trotz seines Berufes [sic!] offen für den Führer und die NSDAP Stellung." Ebenfalls in Unterfranken trat ein Pfarrer aus der älteren Nachkriegsgeneration im Dekanat Lohr am Main in die Partei ein. Nach dem Urteil seines Dekans war er „von 1931-35 ein allem Anschein nach sogar sehr eifriger Pg., der für die Herbeiführung des Dritten Reiches in der Kampfzeit sich mit aller Kraft einsetzte."[198] Sehr eifrig war auch seine öffentliche antisemitische Hetze, als er Anfang 1932 in einem vollbesetzten Kraftpostwagen mit Blick auf einen jüdischen Fahrgast ironisch ausrief: „Wenn nur die Juden Platz haben, das ist die Hauptsache."[199] Als der Landeskirchenrat aufgrund einer Beschwerde des Centralvereins deutscher Staatsbürger jüdischen Glaubens den Pfarrer zu einer Stellungnahme aufforderte, verwies dieser zu seiner Rechtfertigung auf eine vermeintliche Hetze der Juden gegen die Pfarrer unter den Bauern seiner Gegend[200]. Nach einem weiteren Zwischenfall ermahnte der Landeskirchenrat im Mai 1932 den Pfarrer, sich in seiner außeramtlichen Betätigung „der gebotenen Zurückhaltung zu befleißigen."[201] Der Pfarrer wies diese Ermahnung weit von sich; er sei nie politisch aktiv gewesen oder habe für eine Partei geworben. Den Gegenbeweis lieferte er allerdings im selben Schreiben gleich mit: „Wenn mich persönlich während des Wahlkampfes ein Gemeindeglied fragte, was es wählen solle, dann sagte ich regelmäßig ‚Ich wähle diese oder jene Partei!' ohne dem anderen meine Meinung aufzuzwängen."[202]

Auffallend ist, daß von den sechs Kandidaten, die 1931 in die NSDAP eintraten, drei bereits im folgenden Jahr wieder austraten. Besonders ungewöhnlich ist dieser Befund allerdings nicht; war doch innerhalb der gesamten NSDAP-Mitgliedschaft vor der „Machtergreifung" eine hohe Fluktuationsrate zu verzeichnen[203]. Ein schon älterer Exponierter Vikar aus dem Dekanat Weiden, der einzige Kandidat unter den NSDAP-Neuzugängen noch aus der Kriegsgeneration, schloß sich, zumindest nach seinem Spruchkammerurteil von 1946, der Partei im „Glauben an etwas Großes und Schönes"[204] an, aus der er aber schon 1932 wegen deren Rassismus, Antisemitismus und Kampf gegen das Christentum wieder austrat. Ebenfalls in der Oberpfalz trat ein weiterer Exponierter Vikar im Dekanat Neumarkt in die NSDAP ein[205]. In Nürnberg war ein Stadtvikar neun Monate in der Partei. Den Eintritt erklärte er 1945 damit, daß er

---

[198] Dekan Adolf Jäger an LKR, 1.7.1936 (LKAMT MÜNCHEN, PA 109).

[199] Pfarrer an LKR, 14.3.1932 (EBD.); nach einem Schreiben des Centralvereins deutscher Staatsbürger jüdischen Glaubens, Landesverband Bayern, an das Kreisdekanat Ansbach, 18.2.1932 (EBD.), lautete der Ausruf: „Für den Juden ist Platz, aber für mich nicht."

[200] Pfarrer an LKR, 14.3.1932 (EBD.). Auch Oberamtsrichter Thoma verwies in einer Beschwerde bei Kreisdekan Wilhelm Rüdel, 8.4.1932 (EBD.), auf die „ostentative Judenhetze" dieses Pfarrers.

[201] LKR an Pfarrer, 11.5.1932 (EBD.).

[202] Pfarrer an LKR, 14.5.1932 (EBD.).

[203] M. JAMIN, Klassen, S. 2 f.

[204] Spruchkammerurteil vom 24.6.1946 (LKAMT MÜNCHEN, PA 4); dort finden sich auch die im folgenden zitierten Austrittsgründe. Die Quelle für die im Urteil genannten Ein- und Austrittsgründe dürften im wesentlichen die eigenen Angaben des Pfarrers gewesen sein.

[205] BDC, NSDAP Master File.

in der NSDAP die einzige Rettung aus der inneren Krise des Volkes und vor dem Bolschewismus gesehen habe. Aktiv sei er in der Partei nicht hervorgetreten; er besuchte
einige Parteiveranstaltungen und las den *Völkischen Beobachter.* Während seiner Mitgliedschaft trat er auch dem NSEP und dem NSLB bei, um in der Partei den christlichen Gedanken zur Geltung bringen zu können[206]. Karl Steinbauer, der schon als
Schüler mit den Völkischen sympathisiert hatte, gab rückblickend als Grund für seinen
Eintritt im Herbst 1931, er war damals Stadtvikar im oberfränkischen Heiligenstadt,
an, daß er sich von der Partei erhofft habe, sie könnte die Justiz von der Parteienbeein-
flussung befreien. Als diese Illusionen ad absurdum geführt worden waren, zog er die
Konsequenzen. Im September 1932 meldete er seinen Austritt, weil Hitler im August
1932 den von SA-Männern im schlesischen Potempa verübten, brutalen Mord an einem wehrlosen Kommunisten gebilligt und die Justiz wegen der Ahndung des Verbre-
chens beschimpft hatte. Die wahre Stellung Hitlers zum Rechtsstaat sei ihm dabei
deutlich geworden[207].

Hitlers Reaktion auf den Potempa-Mord hatte auch den Austritt von Friedrich
Bomhard zur Folge: „Wie groß, wie gewaltig und herzerhebend, wie hinreißend und
unwiderstehlich geht diese Bewegung immer noch ihren Weg, aber wie ist sie von Nar-
retei durchseucht und von blindem Fanatismus geführt! Schweren Herzens trete ich
aus.“[208] Von den Reichstagswahlen 1930 bis August 1932 hatte Bomhard noch ganz
im Bann des Nationalsozialismus gestanden. Das gute Abschneiden der NSDAP bei
den Reichstagswahlen 1930 hatte ihm wieder Hoffnung auf bessere Zeiten gemacht:

„Ganz in aller Stille will ich hier bemerken, daß ich auch diese tatkräftige, todesmutige,
selbstlose und zielbewußte Richtung wählte, deren Glied ich seit mehreren Jahren bin. Gott
gebe, daß bald ein Frühlingssturm losbricht und mit dem Unrat aufräumt, unter dem das
deutsche Volk schmachtet!“[209]

Wenige Wochen später trug er ein: „Hitler ist unsre einzige Hoffnung.“[210] Im Oktober 1931 versuchte er in einem Gespräch, einen befreundeten Kollegen für die
NSDAP zu gewinnen, der an deren Antisemitismus Anstoß nahm. Von einer nahen
„Machtergreifung“ Hitlers ging Bomhard einen Monat später aus. Im Januar 1932
rechnete Bomhard es den Nationalsozialisten hoch an, daß sie nie Ausschreitungen
begehen [sic!]. Die Lektüre von Hans Grimms weit verbreitetem Werk „Volk ohne

---

[206] Vikar an LKR, 11.12.1945 (LKAMT MÜNCHEN, PA 241); zum Motiv für den Austritt findet
sich keine Angabe. Da er zum 1.9.1932 erfolgte, könnte er in Zusammenhang mit dem Potempa-Mord
stehen. Der Pfarrer wurde 1935 wegen einer Predigtäußerung gegen die nationalsozialistische Rassen-
vergötzung vom *Stürmer* angegriffen.

[207] K. STEINBAUER, Zeugnis I, S. 39 ff. Vgl. P. KREMMEL, Pfarrer, S. 67; *Licht und Leben,* die Zeitschrift der Gemeinschaftsbewegung, verurteilte Hitlers Haltung in scharfer Form, der *Volksdienst* zitierte
aus diesem Artikel. Steinbauer wurde im „Dritten Reich“ wegen seines Widerstandes von Kirchenleitung und Staat – bis hin zur KZ-Haft – gemaßregelt. Vgl. F. MILDENBERGER/M. SEITZ (Hg.), Gott.

[208] F. BOMHARD, Tagebuch, 27.8.1932.

[209] EBD., 17.9.1930.

[210] EBD., 29.10.1930.

Raum"[211], das Hitler viele Schlagworte für seine expansionistische „Lebensraum-
politik" lieferte, fesselte ihn sehr. Politische Versammlungen besuchte Bomhard in seiner Gemeinde allerdings nicht. Am 22. Februar 1932 hielt Max Sauerteig auf der Ansbacher Pfarrkonferenz einen Vortrag über die Gottlosenbewegung, in der er die
NSDAP als einzigen Schutzwall gegen die Gottlosenbewegung hinstellte und den CVD
diffamierte. Karl Alt blieb mit seiner Verteidigung des CVD und Hindenburgs in der
Konferenz allein, an der auch Oberkirchenrat Wilhelm Rüdel teilnahm. Die Auseinandersetzung schilderte der selbst sonst oft politisierende Bomhard in seinem Tagebuch
mit einem selbstkritischen Unterton:

> „Sauerteig ist ein fanatischer Kämpfer, der keine Rücksichten kennt, wenn er aufs ganze
> geht, und Alt ist ein warmherziger gewandter Fechter für seine Ideale, aber er ist zu emp-
> findlich. In Sauerteigs Schlußrede warf er fortwährend Bemerkungen ein, so daß sich
> schließlich [Oskar] Döderlein erhob und ihn sackgrob zurückwies. [...] Ja, ja es ist immer
> peinlich, wenn wir Pfarrer ganz und gar ins politische Fahrwasser hineinsegeln. Da gibt es
> keine Verständigungsmöglichkeiten mehr, wenn man sich auf eine bestimmte Partei festge-
> legt hat."[212]

Im gleichen Monat störte Bomhard das unwürdige Verhalten der Nationalsozialisten
im Reichstag; dennoch favorisierte er bei der Reichspräsidentenwahl Hitler:

> „Natürlich soll ich als Stahlhelmführer für Duesterberg eintreten. Ich bin aber mehr für
> Hitler; denn wenn es schon mit Hindenburg nicht mehr geht, dann ist nur Hitler möglich.
> [...] Es ist ein Skandal, daß wir immer noch keinen Kaiser haben [...]. Ich persönlich will
> mich nicht mit diesen Sachen befassen, das paßt sich nicht für einen Pfarrer, und meine
> Unterführer sorgen dafür, daß der Stahlhelm Adolf Hitler wählt."[213]

Am 11. März 1932 betätigte sich Bomhard aber doch direkt als Werber für Hitler
in einem Bauerndorf. Das Wahlergebnis von Bomhards eigener Gemeinde fiel zu seiner Zufriedenheit aus; schon im ersten Wahlgang 71,0 % für Hitler[214], während ihn in
den mittelfränkischen agrarischen Landkreisen durchschnittlich „nur" 56,0 % wählten[215]. Bomhard nahm durchaus auch kritische Stimmen zum Nationalsozialismus zur
Kenntnis. Ernst Niekischs Schrift „Hitler – ein deutsches Verhängnis" konnte ihn allerdings nicht überzeugen, auch wenn er sich zunehmend Sorgen über die NSDAP
machte wegen seiner Erfahrung, „daß 90 % Narren in der NSDAP sprechen und führen und daß Hitler sich mehr und mehr die Leitung entwinden läßt durch rabiate
Unterführer."[216] Seit Juni 1932 setzte er Hoffnungen in die Regierung Franz von Papen. Bei aller Freude über den Wahlerfolg der NSDAP im Juli 1932 sah er auch die

---

[211] Hans Grimm gehörte zum rechtsintellektuellen „Ring-Kreis", der den Nationalsozialisten nahestand, und bekannte sich 1932 offen zum Nationalsozialismus (W. MASER, Sturm, S. 192; 237).

[212] F. BOMHARD, Tagebuch, 25.2.1932.

[213] EBD., 28.2.1932; 29.2.1932.

[214] EBD., 14.3.1932; Hitler 206, Duesterberg 72, Hindenburg 11, Ernst Thälmann 1.

[215] R. HAMBRECHT, Aufstieg, S. 338; das Ergebnis in Weihenzell entsprach in etwa dem des gesamten Landkreises Ansbach.

[216] F. BOMHARD, Tagebuch, 14.3.1932.

Gefahr einer auf Hitler projizierten politischen Messiasidee. Nach seinem Austritt aus der NSDAP im August 1932 stand Bomhard der DNVP und von Papen nahe; im Stahlhelm blieb er als Ortsgruppenführer aktiv. Seine Sympathien für Hitler hatte er aber nicht gänzlich aufgegeben.

Ein junger Stadtvikar in Augsburg war seit 1931 so aktiv für die Partei, daß es Niederschlag in seiner dienstlichen Beurteilung fand: „Auch überwiegt sein Eifer für den Nationalsozialismus – er ist Kulturwart der Partei mit eigenem Büro – wohl sein Interesse für das kirchliche Amt"[217]. Nach seinem Wechsel nach Nürnberg 1932 scheint er nicht mehr politisch hervorgetreten zu sein. Im oberfränkischen Dekanat Kronach trat ein Stadtvikar im Juni 1931 in die Partei ein, der bereits 1925/26 als Jurastudent Pg. gewesen war. 1946 nannte er als Grund für seinen Eintritt von 1931, daß er in der NSDAP das einzige wirkungsvolle Bollwerk gegen die vermeintlich kirchenfeindliche SPD und die KPD gesehen habe: „Es war dies die Zeit, in der sich die Gottlosenbewegung dem Höhepunkt ihrer Wirksamkeit näherte [...]. In der NSDAP sah ich die politische Bewegung, die den von der Gottlosenbewegung beeinflußten politischen Parteien den nachhaltigsten Widerstand zu leisten vermochte."[218] In Hitler habe er den Mann gesehen, der in der völkischen Bewegung die Grundsätze des Christentums zum Durchbruch bringen könnte; die NSDAP habe eine betont kirchliche Haltung an den Tag gelegt.

Mit dem Examensjahrgang 1931 gelangten sechs Kandidaten in den Kirchendienst, die bereits als Schüler oder Theologiestudenten in die NSDAP eingetreten waren; erstmals waren unter ihnen Vertreter der jüngeren Nachkriegsgeneration[219]. Ein Stadtvikar im Dekanat Rosenheim setzte auch im Vorbereitungsdienst sein Engagement für die NSDAP fort, was wegen der Auswirkungen auf den Dienst von seinem jeweiligen Dekan negativ vermerkt wurde:

„Seine Begeisterung für den Nationalsozialismus wird er bei der Amtsbetätigung zurücktreten lassen müssen." „Nachzutragen ist, daß der Kandidat in seinen Predigten mehrfach das politische und nationale Moment so sehr in den Vordergrund gestellt hat, daß die Wortverkündigung dabei zu kurz kam, was von nicht wenigen Hörern schmerzlich empfunden wurde."[220]

Im August 1932 verteidigte der Vikar im Anzeigenblatt seiner Heimatstadt als Erwiderung auf einen CVD-Wahlaufruf den Nationalsozialismus; weder predige dieser Haß noch vergotte er Rasse und Hitler, sondern sei „lauter Liebe" zur deutschen Nation und erhalte Rasse und Volk als göttliche Schöpfungsordnungen rein. Die Reinhal-

---

[217] Beurteilung 1931 durch Dekan Wilhelm Schiller, o.D. (LKA NÜRNBERG, PA 3).

[218] Pfarrer an LKR, 8.4.1946 (LKAMT MÜNCHEN, PA 220); als Motiv für seinen Eintritt 1925 nannte er die „antibolschewistische Einstellung" der NSDAP, der Austritt 1926 lag nur an einer Abneigung gegen den Ortsgruppenleiter und bedeutete keine Änderung der politischen Einstellung. Im Lebenslauf vom 26.3.1934 gab der Pfarrer an, schon seit 1923 in den Reihen der „nationalsozialistischen Bewegung" zu stehen. Nach dem Spruchkammerurteil vom 7.10.1948 war der Pfarrer schon 1923 Pg.

[219] Von den 42 Kandidaten des Jahrgangs 1931 war also mindestens jeder siebte Pg.

[220] Kandidatenbeurteilung durch Dekan Friedrich Ringler/Ingolstadt, 7.1.32, und durch Dekan Franz Schmid/Rosenheim o.D. (Anfang 1933) (LKAMT MÜNCHEN, PA 211).

tung der Rasse sei „ein hohes göttliches Gebot". Der Vikar zeigte sich mit dieser Wertung von Volk und Rasse als gelehriger Schüler von Werner Elert, den er in seinem Lebenslauf als prägendsten theologischen Lehrer nannte[221]. In seinen weiteren Ausführungen stilisierte der Vikar Hitler in einer synkretistischen Mischung aus biblischer Messiaserwartung und nationalistischem Führermythos zum völkischen Messias: Der Nationalsozialist sehe

> „vor allem in Adolf Hitler den von Gott gesandten Führer in Deutschlands größter Erniedrigung. Diesem [...] reinen Führermenschen gehört daher unsere ganze Verehrung, Liebe und Treue. Ich empfinde es als höchstes Glück, in konfessioneller Beziehung einem Dr. Martin Luther und in politischer Hinsicht einem Adolf Hitler verschworen zu sein auf Tod und Leben!"[222]

Mit dieser obskuren Mischung stand der Vikar keineswegs alleine. Selbst der Erlanger Theologieprofessor Otto Procksch teilte diese völkische Messiaserwartung, auch wenn er sie nicht in Hitler erfüllt sah[223]. Der Geistliche erhielt auf den Artikel hin eine Vorladung in den Landeskirchenrat,

> „wo ihm von Herrn Vicepräsident D. [Karl] Gebhard und Oberkirchenrat [Ernst] Burger aufs ernstlichste bedeutet wurde, daß ein solches Hinaustreten in die Öffentlichkeit an sich sehr bedenklich und [...] durchaus zu mißbilligen sei. Weiteres dürfte zunächst nicht veranlaßt sein; daß den politischen Neigungen des Stadtvikars besondere Aufmerksamkeit zugewendet wird, glauben wir voraussetzen zu dürfen."[224]

Auch in der Heimatstadt des Vikars hatte der Artikel Proteste zur Folge. Der Ortsvertreter des CVD wandte sich in einem offenen Brief an den Vikar scharf gegen dessen Äußerungen als Geistlicher, ein Gemeindeglied protestierte anonym beim Landeskirchenrat: „Schon als Student war der Herr einer der eifrigsten Agitatoren der Hitlerpartei [...]. Möge der Himmel unsere evangelische Kirche vor noch mehr solcher verbohrten Fanatikern bewahren!"[225]

Ein Nürnberger Vikar, der 1930 als Student in die NSDAP und 1931 in den kirchlichen Dienst eingetreten war, gab bei der Entnazifizierung an, daß er bereits 1932 den Austritt aus der NSDAP erwogen habe, weil ihm im Predigerseminar bei einer Arbeit zu „Altem Testament und deutschem Volkstum" Alfred Rosenbergs Position abgestoßen habe. Von Parteiseite sei auf seine Bedenken mit der Versicherung reagiert worden, daß es sich hier nur um Rosenbergs Privatmeinung, nicht um die offizielle Parteilinie handle[226]. Dies entsprach in der Tat der kirchenpolitischen Taktik der NSDAP, die sich im Blick auf die kirchlichen Wählerstimmen von Rosenbergs 1930 erschienenem völ-

---

[221] Lebenslauf, 24.3.1934 (Ebd.): zu Elert vgl. oben S. 68 f.

[222] Zeitungsausschnitt vom 2.8.1932 (EBD.). Im Artikel nannte der Vikar sein kirchliches Amt; zum Ruf nach dem Führer als Grundüberzeugung der antidemokratischen Rechten in der Weimarer Republik vgl. K. SONTHEIMER, Denken, S. 214 ff.

[223] Vgl. oben S. 64 f.

[224] LKR an Dekanat Rosenheim, 3.9.1932 (LKAMT MÜNCHEN, PA 211).

[225] Anonymes Schreiben an LKR, 16.9.1932 (EBD.); mit dem offenen Brief als Anlage.

[226] Spruchkammerurteil vom 9.10.1946 (LKAMT MÜNCHEN, PA 239).

kisch-neuheidnischen „Mythus des 20. Jahrhunderts" distanzierte, obgleich der Autor einer ihrer wichtigsten Ideologen war.

Ein Augsburger Stadtvikar, der ebenfalls 1930 als Student in die NSDAP und 1931 in den kirchlichen Dienst eingetreten war, ließ sich offenbar in seinen Bedenken nicht beschwichtigen; er trat im Mai 1933 aus der NSDAP aus[227]. Auch wenn sich für den Austritt keine Gründe eruieren lassen, ist es doch auffällig, daß dieser Vikar wie sein Nürnberger Kollege 1931/32 das Nürnberger Predigerseminar durchlaufen hatte. Dessen Direktor, Julius Schieder, der vor seiner Zeit in Nürnberg selbst mit der NSDAP sympathisiert hatte, war zu diesem Zeitpunkt durch das Miterleben von Streichers antisemitischer Hetze und durch theologische Vorbehalte gegen den von den Nationalsozialisten erstrebten totalen Staat bereits kritisch geworden[228] – und gab das offensichtlich auch an seine Vikare weiter.

Ein Münchener Stadtvikar, NSDAP-Mitglied seit 1930, im Kirchendienst seit 1931, erinnerte sich im Interview an die Mahnung des Kirchenpräsidenten Veit an die Vikare, keine Politik zu treiben; er habe sich damals streng daran gehalten[229].

Zu Beginn des Jahres 1932, in dem die für den Weg der NSDAP zur „Machtergreifung" so entscheidenden Wahlen stattfinden sollten, waren damit nachweislich 42 (vermutlich 63) bayerische Geistliche NSDAP-Mitglieder. Seit dem Sommer 1930 hatte sich ihre Zahl und damit auch ihr Anteil an der Pfarrerschaft mehr als verdoppelt. Im Verlauf dieses Jahres stagnierte allerdings die Zahl der Eintritte im Vergleich zum Vorjahr mit neun Pfarrern und vier Kandidaten; drei gehörten der älteren, einer der jüngeren Vorkriegsgeneration, fünf der jüngeren Kriegsgeneration und vier der älteren Nachkriegsgeneration an, ältere Kriegsgeneration und jüngere Nachkriegsgeneration waren nicht vertreten. Die Altersstruktur entspricht in etwa den Neuzugängen von 1931 bei einem deutlichen Rückgang der älteren Nachkriegsgeneration.

Zwei Pfarrer waren bei ihrem Eintritt etwa 55 Jahre alt. Joseph Ruck trat Anfang August 1932 in Nennslingen, Dekanat Thalmässing, in die Partei ein. Im November 1932 stimmten in seiner Gemeinde 92,3 % für die NSDAP[230], obwohl die Partei in den mittelfränkischen Landkreisen im Vergleich zu den Juliwahlen bis zu 10 % verlor und durchschnittlich „nur" 53,6 % erzielte[231]. Ein Pfarrer im Dekanat Bayreuth gab 1946 als Grund für seinen Eintritt an, daß ihm in seinem Schmerz über die Staats- und Volksnot Hitler als „wohl von Gott gesandter"[232] Retter erschienen sei, dessen kirchenfreundlichen Äußerungen er geglaubt habe.

Sieben Pg.-Pfarrer waren in den Jahren unmittelbar vor oder nach dem Ersten Weltkrieg in den kirchlichen Dienst getreten. Im Dekanat Dinkelsbühl fand ein Pfarrer zur

---

[227] Lebenslauf o. D. (1934) (LKAMT MÜNCHEN, PA 13) – Gründe finden sich im PA nicht dafür.

[228] Julius Schieder: Vor 1933 (undatiertes Manuskript, verfaßt ca. 1961) (LKA NÜRNBERG, Personen LXXV, 5).

[229] PFARRER 60, Interview.

[230] P. KREMMEL, Pfarrer, S. 86.

[231] R. HAMBRECHT, Aufstieg, S. 367.

[232] Pfarrer an LKR, 6.9.1946 (LKA NÜRNBERG, PA 51).

Partei, der sich bereits 1923 „den Ideen Hitlers erschlossen"[233] hatte. Schon vor seinem
Parteieintritt kannte die Gemeinde seine politische Einstellung. Der Pfarrer begrüßte
1932 die Gründung der NSDAP-Ortsgruppe als Gegengewicht gegen den „unheilvol-
len Einfluß" der Juden im Ort. Obwohl er sich auch nach seinem Eintritt parteipolitisch zurückgehalten habe [sic!], sei ihm von einem „Judenknecht" ein Fenster einge-
worfen worden. Erst am 31. Januar 1933 habe er bei einem Fackelzug der SA gesprochen. Im März 1933 habe er versucht, den Bürgermeister durch dessen NSDAP-Eintritt im Amt zu halten. Auf der anderen Seite bat er im gleichen Monat Kultusminister
Schemm, einen bestimmten Lehrer im Ort durch einen „durch und durch nationalsozialistischen Lehrer"[234] zu ersetzen, damit er selbst „nicht immer in vorderster Front"
stehen müsse. Seine Witwe gab 1935 an, daß er in seiner Gemeinde für die NSDAP
geworben und Geldopfer gebracht habe; zudem seien SA, HJ und BDM in dem Ort
von ihm initiiert worden[235].

Im unterfränkischen Dekanat Eyrichshof traten zwei Pfarrer und Frontkämpfer ein.
Der eine Pfarrer gab bei der Entnazifizierung soziale Motive für seinen Eintritt an[236].
Der andere Pfarrer ist ein Beispiel dafür, wie stark manche Pfarrer schon vor ihrem
Eintritt für die NSDAP tätig waren. Seit dem Volksbegehren gegen den Young-Plan
1929 warb er für die NSDAP. 1936 rühmte er sich gegenüber seiner Kirchenleitung, er
habe mitgewirkt, „die hiesige früher marxistisch stark beeinflußte Gemeinde für die
Bewegung zu gewinnen. Ich habe auch wiederholt in auswärtigen Ortschaften der
Umgebung für die Partei in Versammlungen gesprochen. Nachdem die Gemeinde fast
restlos für die Bewegung schon in der Kampfzeit gewonnen war, trat ich am 1. März
1932 der Partei als Mitglied bei."[237] Als Hauptmotiv nannte er 1948 den Kampf gegen
den antichristlichen Kommunismus[238].

Ebenfalls in Unterfranken, im Dekanat Kitzingen, trat ein Pfarrer kurz vor seinem
Wechsel zur Inneren Mission in die Partei ein[239]. Im Dekanat Schweinfurt schloß sich
ein ehemaliger Missionar der Partei an, weil er sich von ihr eine Rettung vor dem in
Schweinfurt schon starken Bolschewismus erhoffte[240]. Was der Pfarrer unter Bolschewismus verstand, zeigt ein Blick auf die Wahlergebnisse. Die KPD war im 1929 gewählten Stadtrat überhaupt nicht vertreten und erzielte bei den Reichstagswahlen 1930
7,1 % der Stimmen, im Juli 1932 dann 9,8 %. Diese Ergebnisse sind zwar für Bayern
relativ hoch, aber doch alles andere als bedrohlich. Die Industriestadt war vielmehr
politisch dominiert von der SPD, die 13 der 30 Stadträte stellte, 1930 36,2 % und im

---

[233] Pfarrer an LKR, 20.7.1933 (LKA NÜRNBERG, PA 24); dort auch die folgenden Zitate.

[234] Quellenbeleg darf wegen der sonst möglichen „Deanonymisierung" nicht genannt werden.

[235] Durchschlag eines Schreibens der Witwe an die NSDAP vom März 1935 (LKA NÜRNBERG,
Personen XLVII, 3 [nicht der Nachlaß des betreffenden Pfarrers]), in dem sie beantragte, ihr Mann
möge in die Liste der Opfer der Bewegung aufgenommen werden.

[236] Spruchkammerurteil des Pfarrers (HSTA MÜNCHEN, MSo 1415).

[237] Pfarrer an LKR, 21.7.1936 (LKA NÜRNBERG, PA 104). Im PA befindet sich auch eine Bestäti-
gung von Ortsgruppen- und Kreisleitung von 1933 zu diesem Engagement.

[238] Pfarrer an LKR, 29.1.1948 (EBD.).

[239] LKA NÜRNBERG, PA 234; LKA NÜRNBERG, LKR IV, 550 (Slg.).

[240] Gesprächsnotiz von Landesbischof Meiser, 6.11.1942 (LKA NÜRNBERG, PA 82).

Juli 1932 34,8 % erreichte[241]. Wie viele seiner Kollegen belegte dieser Pfarrer also undifferenziert KPD und auch SPD mit der Bezeichnung, die das Streben nach Zuständen wie in der UdSSR, einschließlich der dort herrschenden Kirchenverfolgungen, suggeriert. Diese verhängnisvolle Fehleinschätzung der deutschen Sozialdemokratie, diese Ignoranz gegenüber der stabilisierenden Rolle, die die SPD in der bürgerlichen Weimarer Republik offenkundig spielte, gehörte zu den stärksten Motiven für die Hinwendung so vieler Pfarrer zum Nationalsozialismus vor 1933.

Als der Pfarrer Anfang 1932 in der Zeitung *Der Freistaat* wegen nationalsozialistischer Äußerungen im Religionsunterricht scharf angegriffen wurde, erklärte er: „Ich bin nationalsozialistisch; bezeuge aber, daß ich niemals politische Momente in den Religionsunterricht hineintrage."[242] Im Herbst 1932 traute er den im Braunhemd erschienenen NSDAP-Landtagsabgeordneten Ludwig Pösl. Die Anwesenden begleiteten den Auszug des Paares aus der Kirche mit dem Hitlergruß, was Kreisdekan Prieser als Parteidemonstration verurteilte. In der Gemeinde nahmen viele an der Parteizugehörigkeit des Pfarrers Anstoß[243].

Im Dekanat Kulmbach schlossen sich zwei Pfarrer der Partei an, die erst nach dem Fronteinsatz ihr Theologiestudium aufgenommen hatten. Im Mai 1932 trat der eine, der schon seit den zwanziger Jahren mit nationalsozialistischen Pfarrern befreundet war, nach einem Gespräch mit Schemm am Rande einer NSDAP-Versammlung in seiner Gemeinde ein. Nach seiner Erinnerung hatte er Schemm in dem Gespräch drei Fragen zu den Zielen der NSDAP gestellt, auf die der Gauleiter zu seiner vollsten Zufriedenheit antwortete: Die Partei läge in der Judenfrage nicht auf Streichers Vernichtungslinie, sondern wolle die Bedeutung der Juden „nur" auf die eines einflußlosen Gastvolkes reduzieren – also ganz auf der Linie des christlichen Antisemitismus Adolf Stoeckers –, die Religion der Nationalsozialisten sei Christus, der Bolschewismus sei ihr Hauptfeind, und Hitler werde keinen neuen Krieg anfangen[244]. Als Hauptmotiv für seinen Eintritt nannte er im Interview soziale Gründe; durch seine Tätigkeit als Vorstand der örtlichen Armenpflege hatte er das Elend der Arbeitslosen im Frankenwald kennengelernt. Das NSDAP-Programm und Hitlers „Mein Kampf", den er etwa 1930 gelesen hatte, hielt er im großen und ganzen für vertretbar. Seinen Weg zu Hitler stellte er fast neunzigjährig im Rückblick in einen größeren Rahmen:

„Schon von Jugend auf stark politisch und sozial-ethisch interessiert, besonders als Frontsoldat des Ersten Weltkriegs [...], und anschließend Theologiestudent in der ‚Weimarer Republik' merkte ich, daß in dieser Republik mit zuletzt sechs Millionen Arbeitslosen, einer schreienden wirtschaftlich-sozialen Not und einem bodenlosen Chaos von Parteien, Programmen und Regierungen keine Genesung des deutschen Volkes zu erwarten war, [...] und

---

[241] Wahlergebnisse nach ZEITSCHRIFT DES BAYERISCHEN STATISTISCHEN LANDESAMTS 1930, S. 472; 1931, S. 89; 1932, S. 467.

[242] Pfarrer an Dekanat Schweinfurt, 20.3.1932 (LKA NÜRNBERG, PA 82).

[243] Kreisdekan Prieser an LKR, 17.10.1932; Dekan Wilhelm Fabri an LKR, 17.10.1932 (LKA NÜRNBERG, LKR XV, 1665a, Bd. II), der aber auch vermerkt, daß der Pfarrer sich in der Verkündigung mit politischer Agitation zurückhalte.

[244] PFARRER 20, Interview; BDC, NSDAP Master File.

beschloß deshalb, wie unzählige gewissenhafte Menschen, nach einem vorübergehenden Versuch mit der DNVP und ähnlichen Gruppen, die aber auch keinen Umschwung brachten, es bis auf weiters einmal mit der nationalsozialistischen Hitler-Regierung zu versuchen [...]."[245]

Die Gemeinde kannte diese politische Einstellung ihres Pfarrers. Auch in der Pfarrkonferenz vertrat der Pfarrer den Standpunkt, es mit Hitler versuchen zu müssen; der Dekan Friedrich Hanemann, selbst Pg., habe diese Position geteilt. Nach der Einschätzung des Pfarrers waren 1932 80 bis 90 % der bayerischen Pfarrer dieser Auffassung, was aber wohl nur für das oberfränkische Umfeld des Pfarrers im Dunstkreis von Schemm zutreffen dürfte.

Der andere Pfarrer aus dem Dekanat Kulmbach war nach seinen Angaben im Interview zunächst aktives Mitglied im CVD gewesen. Im Sommer 1932 bewogen ihn die Bedeutungslosigkeit des Volksdienstes und die vermeintliche Gefahr eines kommunistischen Putsches im nahen Thüringen als ehemaligen Freikorps-Oberland-Kämpfer zur NSDAP zu wechseln. Dem ihm schon bekannten Schemm teilte er seinen Eintritt mit. Besonders die sozialistischen Ziele Hitlers und das „positive Christentum" hätten ihm zugesagt, den „Radauantisemitismus" habe er nicht ernstgenommen[246]. Im Herbst 1932 wechselte er ins Dekanat Feuchtwangen.

Die vier Kandidaten traten in verschiedenen Regierungsbezirken der NSDAP bei. Im Dekanat Sulzbach hatte ein Stadtvikar schon seit Jahren den „wirtschaftlichen, politischen und seelischen Niedergang unseres Volkes" beobachtet. 1945 rechtfertigte er seinen Eintritt weiter mit der breiten Zustimmung zur NSDAP innerhalb seiner Gemeinde und der gesamten deutschen Bevölkerung:

„Als deutscher Mann glaubte ich, wie so viele brave Gemeindeglieder, der von Wahl zu Wahl zunehmenden NSDAP meine Sympathie und Wahlstimme nicht versagen zu können. Besonders der 24. Punkt des Parteiprogramms [...] war dazu angetan, viele deutsche Menschen für die nationalsozialistische Sache zu gewinnen. Als ich am 1. April 1932 der Partei beitrat, hatten ja bereits über 13 Millionen Deutsche bei der Wahl Hitler ihre Stimme gegeben. [...] Um meines Volkes willen tat ich damals diesen Schritt. [...] ich [habe] in aller Offenheit und Wahrhaftigkeit [...] meine politische Gesinnung, wenn es notwendig war, bezeugt."[247]

Es stellt sich bei diesem Eintrittsmotiv, das im Rahmen der Entnazifizierung öfters genannt wurde, die Frage, ob hier nicht rückblickend Ursache und Wirkung vertauscht worden sind. Hat nicht die Sympathie des Stadtvikars, dessen öffentlich bezeugte politische Gesinnung nicht erst mit dem Eintritt in die NSDAP begann, dazu beigetragen,

---

[245] PFARRER 20, Brief an Verf., 27.11.1988.

[246] PFARRER 74, Interview. In einem Bericht vom 24.1.1946 im Rahmen der Entnazifizierung (PFARRER 74, Sammlung) nannte der Pfarrer mit deutlich apologetischer Intention als Anlaß zum Eintritt den bevorstehenden Wechsel in einen Ort, der stark nationalsozialistisch war; er habe damit Mißtrauen in der Gemeinde gegen ihn vermeiden wollen.

[247] Pfarrer an LKR, 31.8.1945 (LKAMT MÜNCHEN, PA 162); Hitler hatte im ersten Wahlgang am 13.3.1932 11,3 Millionen Stimmen erhalten, erst im zweiten am 10.4.1932 13,4 Millionen.

daß sich in seinem Diasporawohnort das Ergebnis der NSDAP maßgeblich mit Hilfe evangelischer Stimmen von nur zwei von insgesamt 30 Stadtratssitzen 1929 über 17,7 % 1930 auf 27,3 % bei der Landtagswahl im April 1932 im Vergleich mit den anderen Städten dieses Regierungsbezirkes überproportional stark erhöhte? Im Juli 1932 wechselte der Geistliche in eine Gemeinde im Dekanat Weißenburg, das ohnehin eine NSDAP-Hochburg war. Am 9. November 1932 hielt er die Rede bei der Totengedenkfeier der Weißenburger NSDAP-Ortsgruppe im evangelischen Vereinshaus[248].

Ähnliche Eintrittsmotive nannte ein Münchener Stadtvikar bei der Entnazifizierung; er habe sich der Partei angeschlossen, um so die Verbindung zu seinen Gemeindegliedern, die schon Parteigenossen waren, zu halten und die Arbeitslosigkeit zu bekämpfen[249]. Ein Kandidat in Mittelfranken trat im Frühjahr 1932 der Partei bei[250], ebenso ein Kandidat im Dekanat Schweinfurt[251]. Als Hauptmotiv nannte er nach 1945 seine Sicht des Nationalsozialismus als Gegengewicht zum Kommunismus. Auch soziale Motive führte er an; in seiner Stadt hatte er das Hilfswerk für Arbeitslose aufgebaut. Das Lager der bewußten Christen in der Partei habe er stärken wollen. Auch diese drei Eintrittsmotive wurden häufig bei der Entnazifizierung genannt.

1932 wurde ein Kandidat in den Dienst aufgenommen, der bereits als Theologiestudent Pg. geworden war. Im Januar 1933 verließ er allerdings unter Protest die Partei; genauere Gründe finden sich in den Quellen nicht[252].

Zwischen Herbst 1930 und Ende 1932 dürfte Friedrich Wilhelm Auer aus dem Dekanat Feuchtwangen in die NSDAP eingetreten sein[253]. Der Pfarrer hatte 1921 eine antisemitische Broschüre veröffentlicht und 1923 in den *Völkischen Beobachter* einen Aufruf zum Gebet für den Führer setzen lassen[254]. 1932 wandte er sich direkt an Hitler „als Ihr Wähler und Verehrer"[255] mit der Empfehlung, aus taktischen Gründen im zweiten Wahlgang bei der Reichspräsidentenwahl nicht zu kandidieren und in einer Proklamation sein Christentum kundzutun, weil Hindenburg zum Teil wegen seiner religiösen Äußerungen gut angekommen sei. Als der Nürnberger Pfarrkonvent im Sommer 1932 die Pfarrer aufforderte, sich nicht politisch zu betätigen, lehnte Auer dies mit einem Hinweis auf die „Agitation" des CVD ab[256].

---

[248] Quellenbeleg darf wegen der sonst möglichen „Deanonymisierung" nicht genannt werden. Der Pfarrer selbst gab in seinem o.g. Bericht an den LKR 1945 an, daß er mit dieser Rede nicht für die NSDAP aktiv war.

[249] LKR-Gutachten für den Pfarrer vom 21.5.1946 (LKA NÜRNBERG, LKR I, 142 [B] [223]).

[250] Niederschrift des Pfarrers, 22.9.1941 (LKAMT MÜNCHEN, PA 86).

[251] Lebenslauf o.D. (1949) (LKAMT MÜNCHEN, PA 93).

[252] Nach den Angaben seiner Frau in LKA NÜRNBERG, LKR IV, 550 (Slg.) (der Pfarrer kehrte erst 1947 aus der Kriegsgefangenschaft zurück); BDC, NSDAP Master File. Ab 1935 belegt LKAMT MÜNCHEN, PA 224, Zusammenstöße des Pfarrers mit Staats- und Parteistellen im Kirchenkampf.

[253] Spruchkammerverfahren gegen Geistliche der Evang.-Luth. Landeskirche in Bayern. Stand 1.6.1948 (LKA NÜRNBERG, LKR I, 142 [B] [214]), führt Auer als Pg.; in BDC, NSDAP Master File, findet er sich allerdings nicht.

[254] F. AUER, Problem; Manuskript von Auer o.D. (1937) (LKA NÜRNBERG, Personen XLVII, 6).

[255] Auer an Hitler, 16.3.1932 (EBD., XLVII, 1); ein Vorschlag für die Proklamation lag bei.

[256] Notiz vom 8.7.1932 (EBD.).

Eine Reihe der schon vor der Reichstagswahl 1930 in die NSDAP eingetretenen Pfarrer setzte ihr Engagement für die Partei fort bzw. intensivierte es. Max Sauerteig trat u.a. im Januar 1931 bei einer NS-Versammlung in Kulmbach als Redner zu „Nationalsozialismus und Christentum" auf und richtete schwere Vorwürfe gegen den CVD. Sauerteig trat sogar für Streichers Hetzblatt *Der Stürmer* ein. Der bei der Versammlung anwesende Pg. Friedrich Klein aus dem nahen Grafengehaig unterstrich die Ausführungen seines Kollegen[257]. Auch in den Wahlkämpfen des Jahres 1932 war Sauerteig in ganz Franken aktiv[258]. Martin Weigel setzte seine ausgedehnten NSDAP-Auftritte ebenfalls fort[259].

Neben Sauerteig, Klein und Weigel traten in Oberfranken auch Ittameier und Lossin, der auch nach seiner Dienstentlassung in Bayreuth lebte, weiterhin bei Parteiveranstaltungen auf[260]. Ein oberfränkischer Kandidat, der mit Schemm eng verbunden war, sprach als Kreisschulungsleiter auf NSDAP-Versammlungen[261]. Friedrich Hanemann, der sich parteipolitisch im Hintergrund hielt, wurde 1932 vom Landeskirchenrat zum Dekan von Kulmbach ernannt[262]. In Westmittelfranken wurde ein Pg. 1932 als Mitarbeiter beim örtlichen HJ-Bann aktiv[263]. Bei einem anderen Pfarrer dieser Region führte sein nationalsozialistisches Engagement zu Konflikten innerhalb der Gemeinde, die von seinen Vorgesetzten aber nicht sonderlich negativ gewertet wurden: „Die Betätigung seiner politischen Überzeugung (Nationalsozialist) führt gelegentlich zu Konflikten, denen er nicht ausweicht, in denen er aber immer sich standesgemäß benommen hat."[264]

Der Weißenburger Pfarrer Heinrich Kalb hielt am 9. November 1931 die Gedenkrede bei der NSDAP-Totenfeier, in der er als Pg. Position bezog, und trat in den Wahlkämpfen im Februar 1932 und im Februar 1933 im nahen Burgsalach als Parteiredner auf. Dabei legte er nach einem Zeitungsbericht „in überzeugender Weise dar, warum wir Christen Nationalsozialisten sein können, ja sein müssen."[265] Schon im März 1932 stimmten in dem Ort 86,6% der Wähler für Hitler[266].

---

[257] Vgl. P. KREMMEL, Pfarrer, S. 35; KORRESPONDENZBLATT 56, 1931, S. 312; 328.

[258] Pfarrer Paul Rahner, Wettringen, an Dekanat Insingen, 5.4.1932 (LKA NÜRNBERG, LKR IV, 543a); Sauerteig habe in seiner Gemeinde für Hitler geworben.

[259] Dekanat Bamberg an LKR, 26.1.1932 (LKA NÜRNBERG, LKR, 1665a, Bd. II); Weigel habe im Dekanat Bamberg einen politischen Vortrag in einer NS-Versammlung ohne vorherige Absprache mit dem Ortspfarrer gehalten.

[260] Vgl. für Oberfranken F. KÜHNEL, Schemm, S. 233. Kühnel nennt auch Pfarrer Franz Hoch, Igensdorf, über dessen NS-Mitgliedschaften nichts bekannt ist.

[261] Pg. an Kreisleitung, 22.3.1935 (LKAMT MÜNCHEN, PA 137); Protokoll der Kreisgerichtsverhandlung gegen den Pg. vom 19.7.1938 (SAMMLUNG P. KREMMEL). F. KÜHNEL, Schemm, S. 234, stieß dagegen bei seinen Studien nicht auf Parteiauftritte dieses Kandidaten.

[262] Vgl. F. KÜHNEL, Schemm, S. 234; Hanemann sei für Schemm sehr wichtig gewesen. Dem LKR war Hanemanns politische Orientierung durch das Protokoll der Aussprache zwischen Volksmission und NSDAP-Vertretern vom 25.3.1931 bekannt (vgl. unten II.B.3.).

[263] Maßnahmenfragebogen 8.12.1945 (LKAMT MÜNCHEN, PA 57).

[264] Beurteilungsheft, Eintrag 1931-35 (LKA NÜRNBERG, PA 117).

[265] P. KREMMEL, Pfarrer, S. 85 (bezieht sich auf Rede vom Februar 1933). Vgl. EBD., S. 45 f.

[266] EBD., S. 584.

In Oberbayern wurde ein Pfarrer wegen seines politischen Engagements gerichtlich belangt. Er hatte im Herbst 1931 an einem nächtlichen, unangemeldeten Probealarm der NSDAP als Gruppenführer mitgewirkt. Kreisdekan Karl Baum meldete dies kritisch kommentiert an den Landeskirchenrat weiter: „Daß er als Pfarrer den Gruppenführer macht, ist höchst unnötig."[267] Für die Synodalarbeit[268] habe er keine Zeit, aber für Politik. Die Rechtfertigung des Pfarrers gegenüber dem Landeskirchenrat geriet zu einer maßlosen Polemik gegen die „Jesuitenpolitik" des bayerischen Innenministers. Der Landeskirchenrat rief den Pg. im Mai 1932 zu Zurückhaltung auf, die er sich „um des Amtes willen" auch aufzulegen versprach[269]. Dennoch gab er im September 1932 Anlaß zu einer anonymen Beschwerde eines Gemeindegliedes; wegen seiner Betätigung für die NSDAP seien in den letzten Jahren eine Reihe Gemeindeglieder der Kirche ferngeblieben, der Pfarrer habe nun unter Pseudonym einen Hetzartikel in einer NSDAP-Zeitung veröffentlicht[270].

Im gleichen Regierungsbezirk beschwerte sich im März 1932 ein Gemeindeglied bei Kirchenpräsident Veit über einen Kandidaten: „Alle Menschen können doch nicht Hitlers Anhänger sein wie Herr Tenberg. Seine Politik hat ihn doch erst im vergangenen Sommer hier in den Zeitungen verschiedene Anrempelungen eingetragen. Wenn der Vikar ein ebenso guter Seelsorger wie Politiker wäre, dann wäre vieles anders."[271] Der Pg. wies die Vorwürfe entschieden zurück: „Ich habe in meiner amtlichen Tätigkeit nie auch nur mit einem Wort Politik getrieben." Der Vorsitzende der Ortsgruppe des Evangelischen Bundes stellte sich hinter den Kandidaten: „Er hat seine echte deutsche Anschauung und die können wir Gläubigen nur teilen." So kam denn auch der Dekan bei seinen Erhebungen zu dem Ergebnis, „daß zu einem Einschreiten [...] keine Veranlassung besteht." Daß der Pg. 1932 in seiner neuen Gemeinde in der Oberpfalz Kreisamtsleiter für Schulung wurde, findet in der Personalakte erst im Rahmen der Entnazifizierung Erwähnung. Wieder verharmloste der Pfarrer sein NS-Engagement:

„Bei Weihnachtsfeiern, einmal an Hitlers Geburtstag, vor den letzten Wahlen 1932 wurde ich dann und wann gebeten in dem oder jenem Dörfchen der Umgebung etwas zu sagen.

---

[267] Baum an LKR, 18.11.1931 (LKA NÜRNBERG, PA 72). Vgl. im PA auch die Klage und das Urteil gegen den Pg. – RM 75,- Strafe. Die Funktion des Gruppenführers galt nur für den Alarmfall zur Abwehr eines befürchteten kommunistischen Überfalls und war nicht mit einem Amt in SA oder SS verbunden (so der Pg. an den LKR, 28.4.1932 [EBD.]).

[268] Die Synodalarbeit war von den Pfarrern zu einem ihnen von der Kirchenleitung gestellten Thema zu verfassen.

[269] LKR an Pg., 13.5.1932; Pg. an LKR, 14.5.1932 (EBD.).

[270] Anonyme Beschwerde, September 1932 (EBD.). Die Verleumdungsklage des Pfarrers gegen die – auch öffentliche – Behauptung seiner Verfasserschaft bei dem fraglichen Artikel wurde vom Gericht zurückgewiesen.

[271] Ida Doll an Veit, 4.3.1932 [Name des Vikars vom Verf. geändert] (LKAMT MÜNCHEN, PA 118). Die folgenden Zitate aus Schreiben des Kandidaten an den LKR, 16.3.1932, der Ortsgruppe des Ev. Bundes an das Dekanat, 15.3.1932, und des Dekans an den LKR, 20.3.1932 (EBD.).

[...] ich war mir immer bewußt, daß ich aus nationalen, ethischen, glaubensmäßigen Gesichtspunkten, d.h. als evangelischer Pfarrer sprach".[272]

Im Regierungsbezirk Schwaben fungierte Heinrich Schulz, Pg. und Pfarrer der Inneren Mission, als Gauredner[273]. Auch Pfarrer, die nicht der NSDAP angehörten, setzten sich öffentlich in den Wahlkämpfen des Jahres 1932 für die Nationalsozialisten ein. Vor dem zweiten Wahlgang der Reichspräsidentenwahl steuerte der Münchener Alt-Dekan Hermann Lembert einen Beitrag zu dem Wahlaufruf „Bekannte deutsche Männer geben Antwort auf die Frage: Warum nicht Hindenburg, sondern Hitler?" im *Völkischen Beobachter* bei:

„Für Hitler – denn er hat Wunder getan: Aus sieben Mann ist eine Partei von Millionen geworden durch seinen Glauben. Seine Leute suchen nicht ihren Vorteil, sie opfern Gut und Blut ohne Lohn. Sie kämpfen ohne Waffen gegen Mörder, ohne daß der Rechtsstaat sie schützt. – Wo findet sich solches sonst auf der Welt? Hitler ist die Hoffnung vieler Millionen deutscher Herzen. Weder Schwarz noch Rot, auch nicht Schwarz-Rot – sondern einzig Schwarz-Weiß-Rot."[274]

Lemberts Nachfolger im Amt des Dekans, Friedrich Langenfaß, berichtete sehr verärgert, daß dieser Wahlaufruf in der Gemeinde eine große Erregung hervorgerufen habe[275]; wandte sich aber weder in der kirchlichen noch in der allgemeinen Öffentlichkeit gegen die unsäglichen Platitüden seines Vorgängers.

August Beuschel, Schmähingen, forderte kurz vor der Reichspräsidentenwahl in einer Kanzelerklärung indirekt zur Wahl Hitlers auf[276]. Der in Weißenburg lebende Ruhestandspfarrer Karl Kelber sprach sich seit März 1932 in Zeitungsartikeln ebenfalls in zunehmender Deutlichkeit für Hitler aus[277].

Vor den bayerischen Landtagswahlen im April 1932 ließ Bernhard Koch in Schemms NSDAP-Blatt *Kampf* einen Wahlaufruf unter der Überschrift „Warum bin ich ein Freund des Nationalsozialismus?" erscheinen, den er auch als Flugblatt verbreitete[278]. Unter den sieben aufgelisteten Gründen finden sich die Würdigungen der

---

[272] Pfarrer an Kreisdekan, 1.2.1946 (EBD.). Das Amt des Kreisamtsleiters wurde im Spruchkammerurteil vom 27.9.1946 (EBD.) angegeben; der Pfarrer gab nach 1945 an, daß er nur vom Kreisleiter für das Amt vorgesehen gewesen, aber nicht vom Gauamtsleiter bestätigt worden sei.

[273] Augsburger National Zeitung, 15.6.1938.

[274] Völkischer Beobachter. Süddeutsche Ausgabe, 13./14.3.1932; Lembert firmierte dort als evangelischer Kirchenrat und Dekan, sein Ruhestand wurde verschwiegen.

[275] Vgl. Brief von Langenfaß an Theodor Heckel vom 17.3.1932 (A. L. BÜHLER: Kirchenkampf, S. 21; 26). Ein Münchener Kirchenvorsteher hat sich in einem Brief an Pfarrer Julius Sammetreuther, München, insbesondere über den Dekantitel in der einseitigen parteipolitischen Äußerung von Lembert empört; andere Münchener Pfarrer erhielten ebenfalls Protestschreiben von Gemeindemitgliedern (M. AUER, Kirche, S. 16).

[276] P. KREMMEL, Pfarrer, S. 48 f.; diese Aktion wurde vom LKR beanstandet.

[277] EBD., S. 49 f.; 56 f.; 60; 65; 68; 71; 78 passim.

[278] F. KÜHNEL, Schemm, S. 235, zitiert auszugsweise aus dem Artikel vom 23.4.1932. Die folgenden Zitate stammen aus dem Flugblatt (LKA NÜRNBERG, Personen XXXI, 1). Zur Verbreitung des Flugblattes vgl. die Reaktion eines ehemaligen Gemeindegliedes von Koch aus München vom 5.8.1932

NSDAP als „der einzige kräftige Wall gegen die Flut des gottlosen Kommunismus", als lebendige, Standesgrenzen überschreitende Volksbewegung, für die schon „soviel edles Märtyrerblut [...] geopfert wurde", Hitlers Qualitäten als „deutscher Mann und Führer" und schließlich: „Weil endlich die Belange reinen Christentums mir bei diesen ehrlichen Feinden aller Heuchelei und feiger Schmuserei besser aufgehoben scheinen als irgendwo anders."

In Niederbayern gründete ein Kandidat, der als Student schon im NSDStB aktiv gewesen war, Anfang 1932 mit seinen Schülern eine illegale HJ-Gruppe. Die Zusammenkünfte, bei denen aus dem *Völkischen Beobachter* gelesen wurde, hielt der Vikar in seiner Wohnung ab. Auf eine Anfrage des Landeskirchenrates, der von der Bezirksregierung über die „strafbare Handlung" unterrichtet worden war, erklärte er, er wolle die Jugend nicht parteipolitisch im engeren Sinne beeinflussen, „sondern sie zu verantwortungsbewußten Deutschen und Christen erziehen."[279] Der Landeskirchenrat beanstandete im Januar 1933 die Aktivitäten des Kandidaten und rief ihn auf, „in Zukunft in parteipolitischer Hinsicht [...] Zurückhaltung"[280] zu üben.

Ein Grund für die verstärkte Hinwendung von bayerischen Pfarrern zur NSDAP nach den Reichstagswahlen 1930 lag in dem intensiven Werben Schemms um die evangelische Pfarrerschaft[281]. Im September 1930 machte Schemm im NSLB-Programm den Versuch, die Pfarrer in dem von ihm geführten Lehrerbund zu organisieren: „Erfassung aller deutschgesinnten Geistlichen beider Konfessionen in einer Arbeitsgemeinschaft innerhalb des NS-Lehrerbundes und schärfster Kampf gegen die weltmachtpolitischen Tendenzen des Zentrums und der Bayerischen Volkspartei."[282] 1931 übernahm Pg. Friedrich Klein, Grafengehaig, die Führung dieser losen „Arbeitsgemeinschaft nationalsozialistischer evangelischer Geistlicher" innerhalb des NSLB, die sich auch Nationalsozialistischer Evangelischer Pfarrerbund (NSEP) nannte. Klein war Reichsführer und bis 1933 auch bayerischer Landesleiter des NSEP[283]. Im Herbst 1931 waren die Aktivitäten des NSEP in der Pfarrerschaft schon über den Kreis der

---

(EBD.); es habe das Flugblatt am 26.7.1932 gelesen. Koch war in seinen gedruckten Predigten seit 1919 scharf gegen die „von fremdrassigen Hetzern geschürte Revolution" (EBD.) und die Demokratie zu Felde gezogen und korrespondierte 1924 und 1927 mit Ludendorff. Im Nachlaß findet sich auch ein undatiertes Photo von Hitler im Gespräch mit Koch in Oberammergau. 1932 kritisierte er in einem Schreiben an die Nürnberger CVD-Zeitung *Volksdienst* die Weigerung des CVD, mit der NSDAP zusammenzugehen; vgl. die Reaktion der *Volksdienst*-Redaktion vom 14.3.1932 (EBD.).

[279] Bezirksregierung an LKR, 18.11.1932; Vikar an LKR, 16.12.1932 (LKAMT MÜNCHEN, PA 147); in dieser Erklärung gab er auch an, daß er jetzt von der NSDAP abgerückt und der Ansicht sei, daß er sich als Pfarrer nicht um politische Dinge zu kümmern habe.

[280] LKR an Dekanat, 9.1.1933 (EBD.); nach dem Dekanatszeugnis vom 28.2.1933 (EBD.) enthielt er sich an seiner neuen Stelle ab Dezember 1932 „jeder politischen Betätigung".

[281] F. KÜHNEL, Schemm, S. 185-244; R. ENDRES, Schemm, S. 273-276.

[282] F. KÜHNEL, Schemm, S. 258; vgl. auch K. GUTH, Konfessionsgeschichte, S. 202.

[283] Auch wenn dem NSEP die parteiamtliche Anerkennung als Standesorganisation verweigert wurde, führte Klein ein Siegel mit dem Hoheitszeichen der Partei und der Umschrift „Arbeitsgemeinschaft nationalsozialistischer evang. Geistlicher – Reichsführung" (z.B. auf einer NSEP-Mitgliedskarte [PFARRER 74, Sammlung], ausgestellt von Klein am 25.4.1933). Scholders Aussage über die geringe Bedeutung des NSEP (K. SCHOLDER, Kirchen I, S. 244) dürfte zumindest für Bayern nicht ganz zutreffen.

nationalsozialistischen Pfarrer hinaus bekannt[284]. Im April 1932 verteidigte Klein im *Korrespondenzblatt* leidenschaftlich das nationalsozialistische Engagement von Pfarrern. Sie seien deshalb so eng mit dem Nationalsozialismus verbunden, weil dessen letztes Geheimnis auch „sola fide" sei. Indem Klein das fanatische Machtstreben der NSDAP mit der reformatorischen Grundeinsicht „allein aus Glauben [sc. wird der Mensch gerecht]" parallelisiert, verklärt er es zum Ausdruck einer religiösen Hoffnung. Sein kurzer Beitrag kulminierte denn auch in der apokalyptischen Mahnung an seine Amtsbrüder: „Darum wissen wir: Deutschland wird nationalsozialistisch sein, oder es wird nicht mehr sein! So bleibt nur eines: Statt Kampf gegen den Nationalsozialismus Mitarbeit an und in ihm."[285]

Im Juli 1932 wandte sich der NSEP vor der Reichstagswahl auf einem NSDAP-Wahlkampfflugblatt mit einem „Aufruf der nationalsozialistischen Geistlichen von Oberfranken" an die Öffentlichkeit. Nach antisemitischen Hetzparolen gegen „marxistisch-jüdischen Verrat" und „hergelaufene Judenbuben", die „alles Hohe und Edle" in Deutschland besudelt hätten, folgt eine religiöse Legitimation des Nationalsozialismus und seines Führers: „Gott hat ihn [i.e. Hitler] uns zum Führer geschenkt! Er ist Gottes Werkzeug! [...] Wir ehren Volkstum und Rasse als Gottes Schöpfung [...]. Christentum heißt Gehorsam gegen Gott. Heute heißt dieser Gehorsam gegen Gott: Treue gegen unser Volkstum, Treue gegen den uns von Gott gesandten Führer."[286]

Es fehlt bisher Quellenmaterial über die Mitgliederzahlen und Organisationsstrukturen des NSEP vor 1933. Die Mitgliedschaft von 13 Pfarrern vor 1933 im NSLB ist belegt[287]; sie dürfte weitestgehend mit der Mitarbeit im NSEP verbunden gewesen sein – keiner der Pfarrer befand sich im Schuldienst. Neun der Pfarrer waren zu diesem Zeitpunkt auch Pg., darunter so aktive wie Sauerteig und Weigel, zwei traten 1933 in die NSDAP ein. Die NS-Aktivisten Friedrich Möbus[288] und Franz Lossin waren lediglich im NSLB und wurden – aus welchen Gründen auch immer – nie Pg. Die NSLB-Mitglieder kamen je zur Hälfte aus Mittel- und Oberfranken, die Dekanate Bayreuth und Nürnberg waren mit je drei, Ansbach mit zwei Pfarrern vertreten. Bis

---

[284] Vgl. den kritischen Brief von Pfarrer Karl-Heinz Becker an Kirchenpräsident Veit vom 17.10.1931 (F. W. KANTZENBACH, Einzelne, S. 163).

[285] KORRESPONDENZBLATT 57, 1932, S. 140. Vgl. negative Reaktionen auf den Artikel: Becker an Pfarrerverein vom 14.5.1932 (F. W. KANTZENBACH, Einzelne, S. 186); Wilhelm Ferdinand Schmidt in KORRESPONDENZBLATT 57, 1932, S. 357.

[286] NSDAP-Flugblatt o.D. (Juli 1932) (LKA NÜRNBERG, LKR XV, 1665a, Bd. II). Der Aufruf war unterzeichnet mit „Arbeitsgemeinschaft nationalsozialistischer Geistlicher". Vgl. zu den Reaktionen in der Öffentlichkeit F. W. KANTZENBACH, Einzelne, S. 188 f.

[287] Da bei der Entnazifizierung das Eintrittsdatum wie überhaupt die Mitgliedschaft im NSLB keine Belastung darstellte, liegt die Gesamtzahl der NSLB-Mitgliedschaften sicher erheblich über der belegten. Der NSEP war in den Entnazifizierungsbestimmungen überhaupt nicht erwähnt. Bernhard Koch gab in einem Schreiben an die Gendarmeriestation Schnabelwaid, März 1937 (LKA NÜRNBERG, Personen XXXI, 1), an, daß er 1932 mit der Mitgliedsnummer 26 in den NSEP eingetreten sei. Am 25.4.1933 hatte der NSEP im ganzen Reich 98 Mitglieder (vgl. NSEP-Mitgliedskarte [PFARRER 74, Sammlung]).

[288] Möbus verkörperte als Vorsitzender der Arbeitsgemeinschaft völkisch gesinnter Pfarrer 1926/27 die Kontinuitäten zu dieser Vorläuferorganisation des NSEP.

Ende 1932 war also nur ein kleiner, aber aktiver Teil der nationalsozialistischen Pfarrer im NSLB bzw. im NSEP berufsständisch „organisiert". Der Landeskirchenrat schritt gemäß der schwer nachvollziehbaren Empfehlung des Deutschen Evangelischen Kirchenausschusses nicht gegen den NSEP ein[289].

Während sich die nationalsozialistischen Pfarrer 1931 in der Öffentlichkeit bereits stark für ihre Partei engagierten und damit innerhalb der Landeskirche eine kontroverse Diskussion über parteipolitische Betätigung von Pfarrern auslösten, die weiter unten geschildert wird, hielten sie sich im *Korrespondenzblatt* noch zurück, in dem in diesem Jahr die CVD-freundlichen Beiträge überwogen. Anfang 1932 ergriffen sie im Vorfeld der Wahlen mit einer regelrechten, offensichtlich koordinierten Artikelserie die Initiative, während sonst für keine andere Partei mehr im *Korrespondenzblatt* gezielt geworben wurde. Im Februar erschien in Fortsetzung ein fünfseitiger Aufsatz von Dr. Ernst Daum, „Nationalsozialismus und Kirche"[290], in dem er feststellte, daß innerhalb der bayerischen Landeskirche zwar schon Hunderte von Pfarrern von der NS-Bewegung erfaßt seien, aber der aktive Dienst der Kirche am Nationalsozialismus noch zu wünschen übrig lasse. Nur wer mit den Zielen der NSDAP übereinstimme, könne in ihr volksmissionarisch wirken. Einen Monat später schrieb Heinrich Derleder: „Je mehr evangelische Geistliche sich dieser [sc. nationalsozialistischen] Bewegung zur Verfügung stellen, desto mehr wird sie in christlichen Gedanken verankert und von ihnen durchdrungen werden."[291] In NS-Veranstaltungen habe Derleder sich oft wie in einem Gottesdienst gefühlt[292]. Im April folgte als krönender Abschluß der schon zitierte „sola fide"-Artikel von Klein.

Eine theologische Begründung der nationalsozialistischen Rassenideologie lieferte im Dezember 1932 Eberhard Rüdel, Burkersdorf, in seinem Artikel „Die völkische Rassenhygiene und der christliche Glaube"[293], in dem er sich aufgrund der Einstufung der Rasse als Schöpfungsordnung – auch er hatte bei Elert studiert – für ein Einwanderungsverbot für Fremdrassige und eine Bestrafung von „Blutschändern" einsetzte. Eheverbote und Züchtung lehnte er zur Rassenveredelung allerdings ab.

Es läßt sich festhalten, daß sich die Anzahl der nationalsozialistisch organisierten Pfarrer seit der Reichstagswahl 1930 stark erhöhte und diese zunehmend offen für die NSDAP warben. Ihre Organisation im NSEP erhöhte ihr Gewicht, so daß sie in der ersten Hälfte des Jahres 1932 selbstbewußter und offensiver ihre nationalsozialistische Haltung artikulieren und trotz ihrer immer noch relativ geringen Zahl zu Meinungsführern in der bayerischen Pfarrerschaft avancieren konnten.

---

[289] Deutscher Ev. Kirchenausschuß (Hermann Kapler) an Landeskirchen, 16.4.1932 (LKA NÜRNBERG, LKR IV, 543a): dienstliches Einschreiten gegen Arbeitsgemeinschaften nationalsozialistischer Pfarrer sei nicht geboten.

[290] KORRESPONDENZBLATT 57, 1932, S. 68-70; 77-79; Daum wurde selbst erst 1933 Pg. (vgl. P. KREMMEL, Pfarrer, S. 587).

[291] KORRESPONDENZBLATT 57, 1932, S. 117. Vgl. auch den schon oben zitierten *Korrespondenzblatt*-Artikel von Klein vom April 1932.

[292] Vgl. die kritische Bezugnahme auf diese Gefühle Derleders EBD., S. 291.

[293] EBD., S. 527 ff.

Abschließend ist ein Blick auf die Struktur der Pg.-Pfarrer am Vorabend der „Machtergreifung" instruktiv. Ende 1932 waren in Bayern nachweislich 57 Geistliche NSDAP-Mitglieder, etwa 3,4 % der Pfarrerschaft[294] (vermutlich 85 Pg.-Pfarrer bzw. 5,1 %). Damit lag ihr Anteil wie schon 1930 höher als der Anteil der männlichen NSDAP-Mitglieder an der wahlberechtigten männlichen Bevölkerung in Bayern (2,9 %)[295]; sie waren aber nicht mehr ganz so stark überrepräsentiert wie 1930.

Andeutungsweise ist ein Vergleich mit der regionalen Verteilung der bayerischen NSDAP-Mitglieder möglich[296]. Das Gebiet des NSDAP-Gaues Bayerische Ostmark – der Gau wurde allerdings erst am 19. Januar 1933 durch Zusammenlegung der Gaue Oberfranken und Oberpfalz-Niederbayern gebildet[297] – verzeichnete bei einem Bevölkerungsanteil von 29,9 % vor der „Machtergreifung" 31,5 % der bayerischen NSDAP-Eintritte. Während in diesem Gebiet 29,2 % der bayerischen Pfarrstellen lagen, stellte es 33,3 % der Pg.-Pfarrer (19), wobei sie in der Oberpfalz und Niederbayern (4) stark, in Oberfranken (15) deutlich überrepräsentiert waren[298]. Mittelfranken verzeichnete bei 16,3 % Bevölkerungsanteil 20,5 % der Eintritte, während die dortigen Pfarrer bei einem Anteil von 41,9 % an der Gesamtpfarrerschaft nur 35,1 % der Pg.-Pfarrer (20) stellten. In Unterfranken waren die Relationen umgekehrt: bei 11,9 % Bevölkerungsanteil nur 7,3 % der Eintritte, aber bei 12,6 % Pfarrstellenanteil 14,0 % der Pg.-Pfarrer (8); ebenso in Oberbayern mit 28,5 % Bevölkerungsanteil und 26,6 % der Eintritte, aber 14,0 % der Pg.-Pfarrer (8) bei nur 6,3 % Pfarrstellenanteil. In Schwaben stellt sich die Lage gänzlich anders dar: während der Anteil der Eintritte mit 14,1 % in etwa dem der Bevölkerung mit 13,3 % entspricht, stellen die dortigen Pfarrer bei einem Pfarrstellenanteil von 10,0 % nur 3,5 % der Pg.-Pfarrer (2). Zusammenfassend läßt sich hier also ein gegenläufiger Trend erkennen. Während die überwiegend evangelischen Regierungsbezirke vor der „Machtergreifung" überproportional viele NSDAP-Eintritte verzeichneten, waren innerhalb der Pg.-Pfarrer die Diasporaregierungsbezirke besonders stark überrepräsentiert, wobei Schwaben signifikant von diesem Trend abweicht. Noch differenzierter zeigt sich der Trend auf Dekanatsebene – Ver-

---

[294] Auf der Grundlage der Pfarrerfamilienstatistik von 1934 unter Berücksichtigung der starken Aufnahmejahrgänge 1933-34 wird für Ende 1932 die Gesamtzahl der bayerischen Pfarrerschaft auf ca. 1.675 geschätzt.

[295] Quellengrundlagen: PARTEI-STATISTIK I, S. 29; J. W. FALTER/T. LINDENBERGER/S. SCHUMANN, Wahlen, S. 75.

[296] Berechnungsgrundlagen: PARTEI-STATISTIK I, S. 29; 39; PERSONALSTAND 1934, S. 336-338 (leider fehlen in der Aufstellung der hauptamtlichen Theologenstellen die Stellen der Pfarrer im Schuldienst und in der Inneren Mission). Kein Vergleich ist für die Gebiete der Kirchenkreise möglich, für die hier nur das Verhältnis zwischen Pfarrstellenanteil und Anteil an den Pg.-Pfarrern angegeben werden kann: Ansbach 44,5 % der Stellen, 38,6 % der Pg.-Pfarrer; Bayreuth 35,9 % der Stellen, 42,1 % der Pg.-Pfarrer; München 19,6 % der Stellen, 19,3 % der Pg.-Pfarrer.

[297] R. HAMBRECHT, Aufstieg, S. 393.

[298] Oberpfalz und Niederbayern: 5,7 % der Pfarrstellen, 7,0 % der Pg.-Pfarrer; Oberfranken: 23,5 % der Pfarrstellen, 26,3 % der Pg.-Pfarrer. Innerhalb der gesamten NSDAP-Mitgliedschaft dürfte dagegen aufgrund der Konfessionsverhältnisse Oberfranken stärker überrepräsentiert gewesen sein als die katholischen Bezirke Oberpfalz und Niederbayern.

gleichszahlen zur NSDAP-Gesamtmitgliedschaft lassen sich hier leider nicht errechnen. Den höchsten Anteil der Pg.-Pfarrer in Relation zum Pfarrstellenanteil hat dabei das Diasporadekanat Rosenheim (3) mit einem fast fünffach so hohen Anteil, gefolgt von Ansbach (5), Feuchtwangen (2), Eyrichshof (2) und Kulmbach (3) mit jeweils einem drei- bis vierfachen Anteil. Immer noch stark überrepräsentiert mit einem zwei- bis dreifachen Anteil waren München (5), Weißenburg (2), Bayreuth (3), Schweinfurt (2), Weiden (2) und Nürnberg (7). Fast die Hälfte dieser Dekanate liegen in Gebieten mit katholischer Bevölkerungsmehrheit (Rosenheim, Eyrichshof, München, Schweinfurt, Weiden). Die übrigen Dekanate liegen in den mehrheitlich evangelischen mittel- und oberfränkischen Gebieten, in denen die NSDAP bei den Reichstagswahlen von 1932 ihre besten Ergebnisse erzielen konnte.

Im Blick auf die Größe der Wohnorte liegen für die Gesamtheit der NSDAP-Mitglieder nur reichsweite Angaben vor, die sich wegen des unterschiedlichen Ortsgrö-ßenschemas nur grob mit den Pg.-Pfarrern vergleichen lassen[299]. Während in Groß-städten bei einem Gesamtbevölkerungsanteil von 26,8 % fast deckungsgleich 27,0 % der NSDAP-Eintritte bis 1932 zu verzeichnen waren, waren die dortigen Pfarrer mit 24,6 % (14) wesentlich stärker unter den Pg.-Pfarrern repräsentiert als in der Gesamt-pfarrerschaft mit 16,6 %. Leicht überrepräsentiert waren die Pg.-Pfarrer mit 28,1 % (16)[300] in den Klein- und Mittelstädten mit 4.000 bis 99.999 Einwohnern, wo 25,7 % der Pfarrer lebten; die NSDAP-Neuzugänge waren in den Klein- und Mittelstädten mit 10.000-99.999 Einwohnern und 19,9 % Bevölkerungsanteil mit 16,7 % leicht unterrepräsentiert. Auf dem Lande ergibt sich ein umgekehrtes Bild: 56,3 % der NSDAP-Mitglieder lebten in den Orten mit unter 10.000 Einwohnern, die 53,3 % Bevölkerungsanteil stellten; die Pfarrer aus den Dörfern mit unter 4.000 Einwohnern waren mit 47,4 % (27) schwächer unter den Pg.-Pfarrern vertreten als in der Pfarrer-schaft mit 57,8 %. Innerhalb der NSDAP-Mitglieder läßt sich bei den Angehörigen des oberen Mittelstandes ebenfalls die deutliche Tendenz zu einem städtischen Wohn-ort feststellen, wobei dies aber wohl der Verteilung des gesamten oberen Mittelstandes entsprechen dürfte. In einem Durchschnittsdorf lebte in der Weimarer Republik außer dem Pfarrer bestenfalls noch ein Landarzt als Angehöriger des höheren Mittelstandes. Ein Grund für die stärkere Repräsentanz der „Stadtpfarrer" unter den Pg.-Pfarrern dürfte in dem hohen Anteil der Vikare an den Pg.-Pfarrern liegen, die überwiegend in den Städten eingesetzt wurden.

Im Vergleich zur reichsweiten Anfälligkeit der Berufsgruppen für die NSDAP bis zur „Machtergreifung"[301] lag die bayerische Pfarrerschaft im Gegensatz zu 1930 nun

---

[299] Quellengrundlagen: für die Pg.-Pfarrer Einwohnerzahlen der Orte nach der Volkszählung von 1925 nach dem Gebietsstand von 1932 (MÜNCHENER JAHRBUCH 1933, S. 80), für die bayerische Pfarrerschaft F. BAUM, Pfarrhaus, o. P. (aus der Pfarrerfamilienstatistik 1934); für die NSDAP M. H. KATER, Party, S. 255; M. JAMIN, Klassen, S. 101.

[300] In Mittelstädten mit 20.000-99.999 Einwohnern und in Kleinstädten und großen Dörfern mit 4.000-19.999 Einwohnern jeweils 14,0 % (8); die Vergleichszahlen liegen nicht differenzierter vor.

[301] M. H. KATER, Überlegungen, S. 173 f.; M. H. KATER, Party, S. 241; die Schüler und Studenten werden bei den Vergleichen nicht berücksichtigt, weil sich sonst das Bild verfälschen würde; ein Teil

deutlich unter dem Durchschnitt der höheren Schichten, auch unter dem Anteil der höheren Beamten. Sie waren klar hinter die nun führenden Unternehmer und die akademischen Freiberufler zurückgefallen und lagen in etwa gleich auf mit den leitenden Angestellten. Aus den anderen Schichten waren die Kaufleute und die nichtakademischen Freiberufler an den Pfarrern vorbeigezogen. Beschränkt man den Vergleich auf den evangelischen Teil der Bevölkerung, der insgesamt überproportional unter den NSDAP-Mitgliedern vertreten war, so waren die Pfarrer nun schwächer als alle Berufsgruppen der höheren Schichten vertreten und lagen etwa gleich mit den Landwirten, waren aber immer noch deutlich stärker repräsentiert als die Bevölkerungsgruppen, die neben den Landwirten die stärkste Kirchenbindung hatten und sich aktiv am traditionellen kirchlichen Leben beteiligten: die einfachen und mittleren Beamten und Angestellten und die Handwerksmeister. Die Arbeiterschaft war ohnehin weiter in der NSDAP deutlich unterrepräsentiert.

Die Altersstruktur zeigt eine denkbar breite Streuung über alle Generationen von Geburtsjahrgang 1847 bis 1909. Von der Vorkriegsgeneration waren die älteren Jahrgänge mit zwölf und die jüngeren mit sechs Pfarrern, von der Kriegsgeneration die älteren mit vier und die jüngeren mit zehn, von der Nachkriegsgeneration die älteren mit einundzwanzig und die jüngeren mit drei vertreten. Im Vergleich zur Altersstruktur der gesamten Pfarrerschaft[302] sind die Geburtsjahrgänge 1900 bis 1909 und 1875 bis 1879 stark, die Jahrgänge 1895 bis 1899 deutlich überrepräsentiert, die Jahrgänge vor 1870 und 1885 bis 1889 deutlich, die Jahrgänge 1870 bis 1874, 1880 bis 1884 und 1890 bis 1894 stark unterrepräsentiert. Verglichen mit der Altersstruktur der bayerischen NSDAP-Mitglieder bis zur „Machtergreifung" sind die Altersgruppen bis 30 Jahre und über 60 Jahre stark überrepräsentiert, während die Altersgruppen von 31 bis 50 Jahren stark unterrepräsentiert sind; die Gruppe von 51 bis 60 Jahren entspricht in etwa ihrem Anteil[303].

Die Altersstruktur spiegelt sich im beruflichen Status der Pg.-Pfarrer wider: Gut ein Drittel (20) waren Kandidaten, knapp die Hälfte (28) Gemeindepfarrer, jeweils zwei Pg. waren Gefängnisseelsorger und Religionslehrer, einer Vereinsgeistlicher bei der Inneren Mission und einer Dekan. Drei Pg.-Pfarrer befanden sich bereits im Ruhestand. Stark überrepräsentiert waren die Kandidaten und die Gefängnisseelsorger.

2. Kirchenleitung

Wie reagierte nun der Landeskirchenrat auf die NSDAP-Wahlerfolge und das zunehmend offene Eintreten einiger Pfarrer für die Partei? Von einzelnen Reaktionen war

---

dieser Gruppe waren schließlich angehende evangelische Pfarrer. Zum Anteil der Theologiestudenten an den nationalsozialistischen Studenten vgl. oben S. 53 f.

[302] Vergleichsbasis: Pfarrerfamilienstatistik 1934 abzüglich der Geburtsjahrgänge 1910-1912.

[303] PARTEI-STATISTIK I, S. 204. Zur besseren Vergleichbarkeit der Altersstrukturen wurden die 22 bayerischen Theologiestudenten, die 1932 Pg. waren, zur Pfarrerschaft hinzugenommen. Das Ergebnis: 18-30 Jahre: Pg. 40,8 %, Pg.-Pfarrer 58,2 %; 31-40 Jahre: Pg. 27,9 %, Pg.-Pfarrer 17,7 %; 41-50 Jahre: Pg. 17,0 %, Pg.-Pfarrer 7,6 %; 51-60 Jahre: Pg. 9,7 %, Pg.-Pfarrer 8,9 %; über 60 Jahre: Pg. 4,6 %, Pg.-Pfarrer 7,6 %.

schon die Rede. Für den gesamten Landeskirchenrat liegt von Anfang 1932 eine Einschätzung des Münchener Dekans Langenfaß vor. Das Verhältnis zur NSDAP-Führung sei ein „völlig negatives"[304]. Niemand besäße genügend „Geduld, Beweglichkeit und Grobheit" für Verhandlungen mit den Nationalsozialisten. Einmal aufgenommene Besprechungen mit dem Kulturreferenten des Braunen Hauses seien wegen Meinungsverschiedenheiten abgebrochen worden.

Zu Spannungen zwischen Kirchenleitung und NSDAP war es schon im Februar 1931 gekommen, als Streicher im *Stürmer* Kirchenpräsident Veit unter dem Aufmacher „Achtung! Wer kann Auskunft geben über die Abstammung des Kirchenpräsidenten D. Veit?" grob verunglimpfte. Anlaß des Angriffs war ein Vortrag Veits vor dem Münchener Evangelischen Handwerkerverein, in dem er sowohl vor der Gefahr des Bolschewismus als auch vor der einer „völkischen Religion" warnte. Die immer stärker auflebende völkische Bewegung mache ihm ernste Sorgen, weil sie sich aus der Tiefe der eigenen Seele heraus eine Art Religion schaffe, die sich zwar als Christentum bezeichne, aber keines mehr sei[305]. Der Landeskirchenrat reagierte nicht direkt auf die *Stürmer*-Angriffe. Veit war persönlich Monarchist, in der Weimarer Republik entwickelte er sich zum liberal-konservativ-nationalen „Vernunftrepublikaner"; er stand wohl zunächst der DNVP und später dem CVD nahe[306].

Schon im Herbst 1923 hatte Veit dem Landeskirchenrat kritisch über den „überhitzten Nationalismus" einiger Pfarrer nach dem Hitler-Putsch berichtet und den völkischen Aktivisten Helmuth Johnsen – weitestgehend erfolglos – zur Mäßigung ermahnt. Im Dezember 1926 erließ der Landeskirchenrat unter Veits Leitung bindende Richtlinien „Betreff: Beteiligung der Geistlichen an Fahnenweihen und nationalen Feiern"[307], in denen klargestellt wurde, daß kirchliche Fahnenweihen „im eigentlichen Sinn" nur für Fahnen von Truppenkörpern des Heeres zulässig seien. Eine Weihe im weiteren Sinne, wie sie bisher schon für die Fahnen von Militär- und Kriegervereinen zulässig war, könne nun auch mit vorher eingeholter Genehmigung des Landeskirchenrates an Fahnen von Vereinen, die „vaterländische Interessen im Auge haben", vorgenommen werden. „Dagegen sind alle Vereine ausgeschlossen, welche rein parteipolitische Interessen verfolgen." Zu diesen strengen Richtlinien merkte der Landeskirchenrat allerdings an, daß sie nicht für die „Mitwirkung von Geistlichen in privater Eigenschaft bei Fahnenweihen" gelte. Hier wurde nur an die Pfarrer appelliert, nicht „im Gegensatze zu diesen Richtlinien" zu agieren.

---

[304] So Theodor Heckels Wiedergabe von vertraulichen Mitteilungen Langenfaß' ihm gegenüber im Januar 1932 (K. NOWAK, Kirche, S. 319 f.).

[305] Vgl. den Vortrag in Die christliche Welt, 6.3.1931, Sp. 235. Zu dem Presseecho auf den Vortrag und die Angriffe des Stürmers s. P. KREMMEL, Pfarrer, S. 32-35. In der katholischen Kirche galt Veit als Warner vor dem Nationalsozialismus; vgl. Klerusblatt. Organ der Diözesan-Priestervereine Bayerns und ihres Wirtschaftlichen Verbandes EGmbH 12 (1931), S. 685. Das KORRESPONDENZBLATT 56, 1931, S. 498, sah sich bemüßigt, diese Auffassung richtigzustellen; Veit habe sich nie parteipolitisch geäußert, sondern nur auf die Gefahren der völkischen Bewegung hingewiesen.

[306] Vgl. H. MASER, Kirche (1990), S. 36; diese Entwicklung wurde durch den positiven Verlauf der Verhandlungen um den bayerischen Kirchenvertrag von 1924 gefördert (H. MASER, Kirche [1983]).

[307] AMTSBLATT BAYERN 1926, S. 119 f.

1930 hatte der Kirchenpräsident Max Sauerteig zu parteipolitischer Zurückhaltung aufgerufen. Als im März 1931 im Landeskirchenrat mehrfach Klagen über die geschlossene Teilnahme von uniformierten NSDAP-Formationen bei Taufen, Trauungen und Bestattungen eingingen, erklärte das Gremium das geschlossene Auftreten parteipolitischer Formationen in Kirchen für „unzulässig" und forderte alle Dekanate zu Berichten über bisherige Vorfälle solcher Art auf[308]. Veit begrüßte Ende 1931 die Mahnungen des Bayreuther Kreisdekans Karl Prieser an die Pfarrer seines Kirchenkreises, „das Amt reinzuhalten von politischer Parteileidenschaft"[309]:

> „Wenn man manche Leute hört – erst vor wenigen Tagen hat Höfler mir solche Deklamationen vorgetragen –, dann sieht man nicht recht ein, warum wir nicht unsere Kirchen zuschließen und in Versammlungslokale oder wo sonst hingehen. Man ist vom Taumel der erregten Masse und des aufgepeitschten Enthusiasmus wie besessen und merkt gar nicht, wie rasch die Flut wieder abschwillt und was dahinter zurückbleibt, wenn man nur der Kirche eins ausgewischt hat."[310]

Als sich Anfang 1932, wie oben berichtet, die Beschwerden gegen die Werbeauftritte von Pfarrern für die NSDAP häuften und andere Landeskirchen bereits Verbote des parteipolitischen Engagements von Pfarrern erlassen hatten, beschäftigte sich der Landeskirchenrat intensiv mit der Frage einer eigenen Stellungnahme. Am 18. März 1932, wenige Tage nach dem ersten Wahlgang der Reichspräsidentenwahl, wandte sich Veit mit einem vertraulichen Rundschreiben an sämtliche Geistliche. In seiner „seelsorgerlichen Mahnung" bat er, beim parteipolitischen Engagement die „durch Amt und Stand" gezogenen Schranken zu beachten. Politische Gegensätze dürften nicht den Weg des Pfarrers zu den Herzen seiner Gemeindeglieder verbauen: „Darum geht meine ernste dringliche Bitte an alle Amtsbrüder ohne jeden Unterschied um des hl. Dienstes Willen [...] aller öffentlichen parteipolitischen Betätigung, gleichviel im Dienst welcher Richtung es sei, in Wort, Schrift und Auftreten sich zu enthalten."[311] Als die nationalsozialistischen Pfarrer diese Mahnung bei den Wahlkämpfen des Jahres 1932 weitestgehend ignorierten und mit ihrer Propaganda fortfuhren, verbot der Landeskirchenrat schließlich am 4. Oktober 1932 mit einer Verordnung öffentliche parteipolitische Stellungnahmen von Pfarrern unter Androhung eines Vorgehens gegen diejenigen, „die vor

---

[308] Beschluß des LKR, 8.4.1931; LKR an Dekanate, 9.4.1931 (LKA NÜRNBERG, LKR XV, 1665a, Bd. II); die Bitten um ein solches Verbot waren von Julius Sammetreuther und Friedrich Langenfaß (München) eingegangen.

[309] P. KREMMEL, Pfarrer, S. 54.

[310] Veit an Prieser, 31.12.1931 (Abschrift) (PFARRER 119, Sammlung). Bei Höfler dürfte es sich mit Sicherheit um den schon 1924 völkisch sehr aktiven Konrad Hoefler handeln.

[311] F. W. KANTZENBACH, Einzelne, S. 131 f. Vgl. zur Diskussion im LKR vor dem Rundschreiben P. KREMMEL, Pfarrer, S. 54. Sogar Veit selbst wurde in den Präsidentschaftswahlkampf hineingezogen; auf einem Flugblatt für Hindenburg wurde er neben den katholischen Bischöfen als Gegner Hitlers zitiert. Auf die Anfrage eines Pfarrers hin stellte Veit klar, daß er dem Wahlkampf fernstehe und sein Name hier mißbraucht worden sei (vgl. WINGOLFRUNDBRIEF, H. 16, 20.4.1932). Anders als in Bayern hatte beispielsweise die Kirchenleitung in Thüringen bereits im September 1930 Wahlkampfauftritte ihrer Pfarrer verboten (P. KREMMEL, Pfarrer, S. 43).

tatsächlichen Verstößen gegen die aufrecht zu erhaltende kirchliche Ordnung nicht zurückscheuen."[312] Am 2. November 1932 wies Veit die Dekane an, die Pfarrer in „vertraulicher Weise"[313] zu veranlassen, „parteipolitische Demonstrationen" in der Kirche zu verhindern. Als Dekan Wilhelm Sperl, Gunzenhausen, dennoch am Volkstrauertag einen Sondergottesdienst für die NSDAP hielt, wurde er vom Landeskirchenrat zur Rechenschaft gezogen[314]. Nationalsozialistische Pfarrer, die sich besonders öffentlich exponierten, wurden, wie schon bei den Einzelfällen berichtet, um Stellungnahme gebeten und gegebenenfalls vermahnt. Weitergehende Disziplinarmaßnahmen ergriff die Kirchenleitung nicht.

Die Oberkirchenräte teilten mit gewissen Abstufungen Veits Position. Der Bayreuther Kreisdekan Prieser hatte sich schon im Fall Johnsen für ein grundsätzliches Verbot der führenden Tätigkeit von Pfarrern in nationalen Kampfverbänden ausgesprochen. Ende 1931 ermahnte er in seinem Neujahrsbrief die Geistlichen zu parteipolitischer Neutralität, sprach sich aber Anfang 1932 gegen eine Anweisung allgemeiner Art gegen parteipolitische Betätigung aus; Weisungen im Einzelfall erschienen ihm sinnvoller[315]. Andererseits initiierte er die Anweisung vom 2. November 1932: „Hier wäre es wohl am Platz, daß unsere nationalsozialistischen Pfarrer ihren Einfluß auf die Parteidisziplin geltend machen, damit Entgleisungen in der Kirche vermieden werden."[316]

Priesers Ansbacher Kollege Wilhelm Rüdel sah sich im April 1931 außerstande, zu einem Urteil über den in seinen Augen noch höchst disparaten Nationalsozialismus zu gelangen: „Was nun den Nationalsozialismus betrifft, so ist er meines Erachtens eine Bewegung, in der allerhand Religiöses, Weltanschauliches, Volkstümliches, Wirtschaftliches noch chaotisch durcheinanderbraut. Eine endgültige Stellung dazu zu nehmen bin ich wenigstens nicht in der Lage. Ich warte ab."[317] Im Nationalsozialismus sehe er vieles, was vom christlichen Standpunkt abgelehnt werden müsse, und vieles, mit dem man sympathisieren könne. Dem besorgten Pfarrer Karl-Heinz Becker riet er ab, öffentlich seine grundlegenden Bedenken gegen den Nationalsozialismus zu äußern; Veit habe gegen Auswüchse schon warnend seine Stimme erhoben. Das parteipolitische Agieren „so vieler Geistlicher, besonders jüngerer", bedauerte Rüdel sehr. Im Juli 1932 mahnte Rüdel auf einer Pfarrerfreizeit seines Kirchenkreises zu politischer Zurückhaltung, ließ aber das offene Werben von Heinrich Rendtorff für die NSDAP unwidersprochen[318].

---

[312] Bei dem in der Verordnung verurteilten Wahlaufruf einer ganzen Gruppe von Pfarrern handelte es sich um den oben genannten der nationalsozialistischen Geistlichen von Oberfranken; im Bestand LKA NÜRNBERG, LKR XV, 1665a, Bd. II, heftete Veit kurz vor der Verordnung das Flugblatt ab.

[313] Veit an sämtliche Dekanate, 2.11.1932 (LKA NÜRNBERG, LKR XV, 1665a, Bd. II).

[314] Vgl. P. KREMMEL, Pfarrer, S. 78. Sperl rechtfertigte sich mit dem unpolitischen Gehalt seiner Predigt; er war nicht Pg.

[315] Prieser an LKR, 28.1.1932 (LKA NÜRNBERG, LKR XV, 1665a, Bd. II).

[316] Prieser an LKR, 17.10.1932 (EBD.); Anlaß war die zu politischer Demonstration mißbrauchte Trauung des NSDAP-Landtagsabgeordneten Ludwig Pösl in Schweinfurt durch einen Pg.-Pfarrer.

[317] Rüdel an K.-H. Becker, 28.4.1931 (EBD.).

[318] Vgl. zu dieser Pfarrerfreizeit unten S. 136.

Der Münchener Kreisdekan Karl Baum beurteilte die Hinwendung vieler Pfarrer zum Nationalsozialismus im Frühjahr 1932 kritisch: „Unsere nationalsozialistischen Pfarrer haben eine merkwürdige Kunst Wirklichkeiten zu übersehen."[319] Den Grund für die NS-Anfälligkeit der Pfarrer sah er in der fehlenden Attraktivität der DNVP unter Hugenbergs Führung; der CVD sei da auch „keine Hilfe". In seinen Neujahrsgedanken 1933 zur kirchlichen Lage freute sich Baum „des Erwachens nationalen Gefühls"[320], merkte aber kritisch an, daß ein Landesminister der NSDAP der Kirche das Werben eines „Negers" für die Mission verbieten wollte und ein NS-Jugendführer sich gegen die Konfessionsschule geäußert habe. Gegen solche Bestrebungen werde sich die Kirche wehren. „Das Evangelium ist nicht nur für die Deutschen da, so wenig es ein germanisches Evangelium gibt, bei dem die Rasse den Meister über die Schrift machen könnte." Voller Bedauern registrierte Baum die Verschärfung der konfessionellen Gegensätze im politischen Leben, weil sie die „Zusammenfassung der staatserhaltenden Kräfte in unserem Lande" störten.

Das erste Mitglied des Landeskirchenrates, das sich öffentlich zum Nationalsozialismus äußerte, war der für Schul- und Religionsunterrichtsfragen zuständige Oberkirchenrat Hans Meiser. In einem Korrespondenzblattartikel vom Januar 1931 konstatierte er, daß die Kirche an „dem Ringen zwischen dem Deutschglauben und den bewußt kirchlichen Kräften innerhalb des Nationalsozialismus"[321] „nicht achtlos vorübergehen" könne. Die Kirche „wird sich keiner Partei verschreiben, aber an ihrem Teil in allen Parteien den Kräften zum Durchbruch zu verhelfen suchen, die über den bloßen Alltag und seinen Kampf emporstreben und unserem Volk ewige Werte zu erobern trachten." Siegfried Münchenbach kommt nach intensiven Studien zu folgendem Urteil über Meisers Position in der Weimarer Zeit:

> „Politisch war er der DNVP nahegestanden und hat später wohl den Christlich-sozialen Volksdienst gewählt. [...] Der politischen und gesellschaftlichen Ordnung der Weimarer Zeit ist Meiser mit Verachtung begegnet; er hat das liberale ‚System' verurteilt und für die mißliche Lage des deutschen Volkes verantwortlich gemacht. Das tat die NSDAP auch: nicht wie Meiser, sondern durch Rufmord [...]. Aber man lehnte die Partei deswegen nicht grundsätzlich ab; schließlich sah man in ihr positive Kräfte, die vielleicht doch [...] eine bessere Zukunft schaffen könnten."[322]

Auch praktisch bewies Meiser mit seiner indirekten Unterstützung der Aussprache zwischen Volksmission und Nationalsozialisten am 25. März 1931, daß er nicht achtlos an der NSDAP vorüberging. Seine Verbundenheit mit der Inneren Mission und den jungen Theologen dürfte dabei eine Rolle gespielt haben. Weitere Schritte verboten ihm wohl seine Loyalität Veit gegenüber. Ab Mitte 1932 war Meiser als Nachfolger des

---

[319] Baum an Veit, o.D. (Frühjahr 1932) (EBD.).
[320] Münchener Gemeindeblatt 1933, S. 2 f.; dort auch die folgenden Zitate.
[321] KORRESPONDENZBLATT 56, 1931, S. 2. Meiser wandte sich in dem Artikel aber auch gegen die „Vergottung" von Rasse und Volkstum durch die Rechtsparteien.
[322] S. MÜNCHENBACH, Meiser, S. 183 f.; vgl. zu Meisers Biographie H. BRAUN, Meiser.

Kirchenpräsidenten in Aussicht genommen[323]. Von den Theologen im Landeskirchenrat dürfte Meiser, der deutlich jünger als der Kirchenpräsident und die drei Kreisdekane war, ohne Frage der für den Nationalsozialismus und die nationalsozialistischen
Pfarrer aufgeschlossenste gewesen sein[324].

3. Pfarrerschaft

Wie es der relativ kleinen Gruppe nationalsozialitisch organisierter Pfarrer gelingen
konnte, zu Meinungsführern der Pfarrerschaft aufzusteigen, illustriert ein Blick auf die
innerkirchliche Nationalsozialismus-Diskussion in den Jahren 1931 und 1932. Am
7. Januar 1931 hielt Eduard Putz auf der Steinacher Konferenz, bei der über 130 bayerische Geistliche anwesend waren, den Hauptvortrag mit dem Titel „Der Nationalsozialismus – eine Frage an Kirchenvolk und Theologie"[325], in dem er nach einer konservativen Aufklärungs- und Säkularismuskritik und einem völkischen Angriff auf das
Judentum den Nationalsozialismus als einzige Macht zur Rettung vor dem durch Liberalismus und Bolschewismus verursachten völligen Zusammenbruch hochstilisierte. Im
Nationalsozialismus sah Putz eine neue Hochschätzung der göttlichen Schöpfungsordnungen wie Volk und Rasse. Die Kirche habe nun die Aufgabe, dem Nationalsozialismus zu zeigen, „daß alle seine Ordnungen ohne Gott in der Luft hängen"[326], weil ihm
sonst der „idealistische Abfall in Rassemythos und heldischen Lichtglaube" drohe. Die
Kirche dürfe nicht noch eine große Volksbewegung – nach der Arbeiterbewegung im
19. Jahrhundert – verlieren. Eine Zusammenfassung des Referates brachte der Evangelische Presseverband für Bayern in Umlauf, die von mehreren Zeitungen abgedruckt
wurde[327]. Auf der Steinacher Konferenz löste das Referat eine lebhafte, kontroverse
Diskussion aus. Der Vortrag wurde nach dem Tagebucheintrag eines nationalsozialistischen Teilnehmers überwiegend positiv aufgenommen: „Es herrschte große Begeisterung für die Sache der Erneuerung des nationalen Bewußtseins. Seltsam wars, daß viele
Pfarrer gestanden, es sei ihnen neu, was Putz zugunsten des Nationalsozialismus vor-
trug."[328] Neben Begeisterung und wohlwollendem Interesse vermeldet ein anderer
Zeitzeuge aber auch erhitzte kritische Voten von CVD-Anhängern[329]. Der Vortrag,
den Putz vor Pfarrkonferenzen in Nürnberg und München wiederholte, löste innerhalb der Pfarrerschaft eine breite Debatte über den Nationalsozialismus aus, in der zur
Enttäuschung eines nationalsozialistischen Pfarrers auch zur Sachlichkeit mahnende
Stimmen laut wurden:

---

[323] H. MASER, Kirche (1990), S. 37; zur Aussprache am 25.3.1931 vgl. unten S. 131 ff.

[324] Von den geistlichen Oberkirchenräten Max von Ammon und Ernst Burger sind keine Stellungnahmen zur NSDAP überliefert.

[325] Wortlaut des Vortrages in Freimund. Lutherisches Wochenblatt für Kirche und Volk, 5.2.1931,
S. 40-44; KORRESPONDENZBLATT 58, 1933, S. 180-83; 195-200 (unter etwas modifiziertem Titel).

[326] EBD., S. 199 (Zitate).

[327] P. KREMMEL, Pfarrer, S. 36 ff.: Allgemeine Rundschau, 9.1.1931 (positiv kommentiert); Fränki-
scher Kurier, 9.1.1931; Allgemeine Evangelisch-Lutherische Kirchenzeitung, 30.1.1931.

[328] F. BOMHARD, Tagebuch, 8.1.1931.

[329] WINGOLFRUNDBRIEF, H. 15, 24.1.1931.

„Jene Steinacher Konferenz [...] hat hohe Wellen geschlagen in der Pfarrerschaft: viele bedauern es sehr, daß die Pfarrer unfähig sind, politisch sachlich zu bleiben [...], aber es ist eine unmögliche Sache für einen Mann, der sein Vaterland liebt, heute noch objektiv über
Politik zu reden, wo das Reich in so großer Not ist. Wären wir Pfarrer alle einmütig auf
dem Standpunkt des Nationalsozialismus, dann gäbe es keine Kräche auf Konferenzen [...].
Der Christliche Volksdienst hat eben doch manche Kollegen in seinen Kreis gezogen."[330]

Im *Korrespondenzblatt* erschienen bis zum März 1931 zahlreiche Stellungnahmen
zu Putz' Vortrag[331]. Es fällt die Zurückhaltung der nationalsozialistischen Pfarrer in
dieser Artikelfolge, wie insgesamt im *Korrespondenzblatt* 1931, auf[332]. Zwei für die
Einschätzung des Nationalsozialismus in den Jahren 1931/32 typische Voten aus der
Steinach-Debatte seien zitiert. Auf den Appell hin, der Pfarrerverein müsse für die Kirche eine Antwort auf den Nationalsozialismus geben, weil die Kirchenleitung eine solche verweigere, erwiderte der einflußreiche Schriftleiter des *Korrespondenzblattes*, Lic.
Wilhelm Ferdinand Schmidt: „Insbesondere ist nach unserer Überzeugung der Nationalsozialismus noch keine so eindeutige Größe, daß eine wirkliche ‚Antwort der Kirche' an ihn möglich wäre"[333]. Zu einer deutlichen Ablehnung des Nationalsozialismus
konnte sich selbst so ein aktives CVD-Mitglied wie Dr. Karl Alt, Anstaltspfarrer in
Ansbach, nicht mehr durchringen. Alt kritisierte zwar die pseudoreligiösen Tendenzen
des Nationalsozialismus, würdigte ihn aber gleichzeitig als Schutzwall gegen den Anar-
chismus und den Antichristen – womit er nur den Bolschewismus meinen konnte –
sowie als Werkzeug Gottes zum Heil des deutschen Volkes. Er verglich die göttliche
Sendung des Nationalsozialismus mit der des (heidnischen) Perserkönigs Kyros II., der
den Israeliten nach der biblischen Überlieferung die Rückkehr aus dem babylonischen
Exil ermöglichte[334]. Dieser Artikel zeigt, wie stark die von Meldungen über grausame
Christenverfolgungen im kommunistischen Rußland angeheizte und von Putz instru-
mentalisierte Bolschewistenfurcht[335] selbst kritische Pfarrer für den Nationalsozialismus partiell anfällig machte.

Putz hat mit seinem Vortrag ohne Frage die wohlwollende Beurteilung des Nationalsozialismus in der Pfarrerschaft gefördert und salonfähig gemacht. Von den Parteien
stand neben dem CVD[336] nun nur noch die NSDAP zur Diskussion. Sein Werben
um das Engagement von Pfarrern in der nationalsozialistischen Bewegung blieb nicht

---

330 F. BOMHARD, Tagebuch, 15.2.1931.
331 KORRESPONDENZBLATT 56, 1931, S. 27 f.; 38 f.; 51 f.; 62; 78; 92; 101 f.; 120; 126 f.
332 Ittameier beschränkte sich auf Angriffe gegen den CVD (EBD., S. 302 f.); Sauerteig reagierte polemisch auf Angriffe wegen seines NS-Engagements (EBD., S. 328).
333 EBD., S. 28.
334 EBD., S. 120; Alt möchte damit seine schon in Steinach vorgebrachte Kritik am Nationalsozialismus ergänzen.
335 Vgl. zur Bolschewistenfurcht bayerischer Pfarrer R. SCHIEDER, Religion, S. 176 f.
336 Bei bayernweiten 1,8 % hatte der CVD in den mittelfränkischen Städten bei der Reichstagswahl
von 1930 immerhin 5,2 % erreicht (W. ZORN, Bevölkerung, S. 323). Das höchste Ergebnis erzielte der
CVD in Ansbach mit 9,7 %; von den kreismittelbaren Gemeinden lag Neuendettelsau bei 27,3 %,
Uffenheim bei 19,1 % und Gunzenhausen bei 18,8 %. Neuendettelsau und Gunzenhausen waren (und
sind) Zentren der Diakonie.

erfolglos, wie er selbst 1934 voller Stolz feststellte: „[Ich habe] seit dem Jahre 1929, wie mir viele Mitglieder [sc. des NSEP] sagen, durch meine Vorträge sowohl persönlich als theologisch [sic!] eine große Anzahl von Kollegen veranlaßt [...], aktive National-sozialisten zu werden."[337]

Die erste evangelische Einrichtung, die Fühlung zur NSDAP aufnahm, war die Missionsanstalt Neuendettelsau. Mit Zustimmung von Oberkirchenrat Hans Meiser lud der Direktor der Missionsanstalt, Dr. Friedrich Eppelein, für den 25. März 1931 nationalsozialistische Pfarrer und die NSDAP-Politiker Hans Schemm und Wilhelm Grimm zu einer „streng vertraulichen Aussprache"[338] mit Volksmissionaren nach Nürnberg. Erschienen waren zu der Aussprache neben Eppelein, Helmut Kern, Wilhelm Koller und Johann Stößel von der Missionsanstalt 24 dem Nationalsozialismus nahestehende Pfarrer aus Mittel- und Oberfranken sowie ein Theologiestudent[339]. Mindestens zehn der anwesenden Theologen waren zu diesem Zeitpunkt NSDAP-Mitglieder; fast die Hälfte aller damaligen Pg.-Pfarrer war also präsent. Andererseits ging bei einigen Anwesenden die Verbindung zur Partei nicht über gewisse Sympathien hinaus[340]. Die Motivation für die Aussprache benannte der Versammlungsleiter Eppelein in seiner Begrüßung:

„Wie können wir unserem armen deutschen Volk helfen? Auch die [...] Neuendettelsauer Volksmission will ja nichts anderes als dem deutschen Volk auf ihre Weise zu dienen. Da wir die Überzeugung haben, daß auch die NSDAP nichts anderes will als dem deutschen Volk dienen, so haben wir es für unsere Pflicht gehalten darum zu bitten, daß uns Gelegenheit gegeben werde mit Ihnen in Fühlung zu treten. [...] Wir erwarten uns von der NSDAP

---

[337] Schreiben von Putz an Pfarrer Friedrich Möbus vom 20.8.1934 (PFARRER 27, Sammlung). Vgl. zu dem Brief auch H. BAIER, Christen, S. 106. Vor 1931 sind allerdings keine einschlägigen Vorträge von Putz bekannt.

[338] So in der Überschrift des Protokolls der Aussprache (LKA NÜRNBERG, Personen XXXVI, 46). Durch zwei Schriftstücke EBD. (Schreiben von Oberkonsistorialrat Gustav Scholz aus dem Kirchenbundesamt in Berlin an OKR Meiser vom 18.3.1931; Schreiben von Eppelein an Meiser vom 10.4.1931), ist es nun möglich, über F. KÜHNEL, Schemm, S. 200 ff., hinaus Ort, Datum und Begleitumstände der Aussprache exakt anzugeben. Trotz seiner Kontakte zu Meiser betonte Eppelein zu Beginn der Aussprache, daß das Treffen „weder auf indirekte noch auf direkte Anregung der Kirchenbehörde zurückzuführen [sei]" (Protokoll, S. 1). Meiser förderte als ehemaliger Vereinsgeistlicher des Landesvereins der Inneren Mission die Arbeit der Inneren Mission. Scholz hatte am 4.3.1931 das erste offizielle Gespräch zwischen der Kirchenleitung und der NSDAP geführt (vgl. K. NOWAK, Kirche, S. 317 f.). Grimm war in der Frühzeit der NSDAP einer ihrer regional dominierenden Führer in Mittelfranken, 1928/29 dann Gauleiter von Mittelfranken-West; wurde anschließend aber von Streicher auf den einflußlosen Posten eines stellvertretenden Gauleiters und seit 1930 gleichzeitig auf den eines Gausachbearbeiters für Beamtenfragen abgeschoben (R. HAMBRECHT, Aufstieg, S. 148 ff.).

[339] Nur Eduard Putz kam nicht aus Mittel- oder Oberfranken. Stark vertreten waren die Dekanate Ansbach, Nürnberg, Bayreuth (je 4), Windsheim, Erlangen, Gräfenberg (je 2). Vier Pfarrer waren bereits im Ruhestand.

[340] Vgl. Redebeiträge von Hermann Kornacher (Protokoll, S. 20; 23), der als Arbeiterpfarrer nicht in die NSDAP eintreten wolle, obwohl er „in vielem mit ihr sympathisiert."

viel. Wir haben uns bis jetzt noch mit keiner Partei in ähnlicher Weise in Verbindung gesetzt und ausgesprochen."[341]

Weil Volksmission und NSDAP beide gegen die negativen Folgen der Aufklärung –
Individualismus, Materialismus, Kollektivismus, Gottlosigkeit – kämpfen, wollte die
Volksmission aber auch ihre ernsten Sorgen und Anfragen gegenüber dem Nationalso-
zialimus zum Ausdruck bringen: Verhältnis zum Christentum, Schulfrage, Verabsolutierung der Rasse. Eppelein stellte klar, daß es der Volksmission weder um eine Einflußnahme der Kirche auf die NSDAP noch um eine Einflußnahme der NSDAP auf
die Kirche gehe. Eppeleins Kollege Kern wurde noch deutlicher: „Die Hauptsache ist
der Kampf gegen den Bolschewismus, dem stimmt niemand mehr zu als wir von der
Volksmission. Wir wissen, daß wir weithin in einer Front stehen. Wir von der Volksmission, die ich manchmal den Nationalsozialismus in der Kirche nenne."[342]

Schemm gelang es wirkungsvoll, die vorgetragenen Bedenken gegen den Nationalsozialismus zu entkräften. Unterstützung erhielt er dabei von einigen nationalsozialistischen Pfarrern. Friedrich Klein lenkte geschickt von einer Kritik an den konkreten
Erscheinungsformen des Nationalsozialismus ab, wenn er betonte, „daß wir an unserm
Teil mitarbeiten, das Wesen der NSDAP zu beurteilen, und zwar nicht in politischen
Einzelfragen, das geht uns Pfarrer nichts an, sondern in der weltanschaulichen Grundlage."[343] In seinem Referat verurteilte Klein scharf die Demokratie als „Tod eines Volkes" und lobte den Führergedanken, postulierte eine christliche Pflicht zum Kampf
gegen Versailles, zur Wehrhaftigkeit und zur Reinerhaltung der Rasse und wandte sich
gegen christliche Bedenken im Blick auf den nationalsozialistischen Antisemitismus,
der ohnehin verschwinden werde, wenn „das Judentum bescheiden als fremdes Volk
unter uns lebt oder verschwindet."[344] In einer Linie mit Klein spielte in der weiteren
Diskussion Robert Schmidt die christlichen Vorbehalte gegen die NSDAP in „politischen Einzelfragen" herunter und rief die Amtsbrüder zum Eintritt in die NSDAP auf:

> „Es ist zu begrüßen, daß die Partei die Mitarbeit der Pfarrer wünscht. Wir hoffen, daß sie
> auch diese Mitarbeit nicht ablehnen werden. Wenn wir in die Partei eintreten in diesem
> Sinn, dann wollen wir die kleinen Gegensätze und das Nebensächliche nicht in den Vorder-
> grund rücken, sondern das Große, Wichtige, den Kampf, der unser Christentum be-
> droht."[345]

---

[341] EBD., S. 3; 22.

[342] EBD., S. 17. Kern und Koller machten wie Eppelein auch ihre Sorgen über das Verhältnis der
NSDAP zum christlichen Glauben deutlich.

[343] EBD., S. 2.

[344] EBD., S. 7.

[345] EBD., S. 19. Vgl. auch die Wortmeldung von Wilhelm Mädl (EDB., S. 20). Andere nationalsozialistische Pfarrer akzeptierten aber auch die Bedenken gegen den Parteieintritt mit Rücksicht auf politisch andersdenkende Gemeindeglieder. Eduard Putz versuchte in einem längeren Redebeitrag zum
Verhältnis zwischen Kirche und Staat Bedenken gegen die Politik der NSDAP zu zerstreuen, wies aber
auch auf die Gefahren in einem künftigen nationalsozialistischen Staat hin. Staatliche Gewalt gegen die
Juden wird von Putz gerechtfertigt, „weil sie eine religiöse Begründung haben, die dem Staat schadet
(Talmud)" (EBD., S. 16).

In seinem Schlußwort zog Eppelein eine positive Bilanz der Aussprache und sprach die Bitte aus, „daß diese Zusammenkunft nicht die letzte sein möge."[346] Eppelein übersandte zwei Wochen nach der Aussprache das Protokoll an Meiser, der es beim Landeskirchenrat in Umlauf brachte[347].

Im Juli 1931 veranstaltete die Arbeitsgemeinschaft für Volksmission dann gemeinsam mit dem Landesverein für Innere Mission eine Tagung mit dem Thema „Nationalsozialismus und evangelische Kirche" in Neuendettelsau, zu der alle bayerischen Pfarrer eingeladen wurden. Vor den etwa 100 Teilnehmern sprachen Schemm und Klein, Pfarrer Matthias Simon (SPD) und Professor Hermann Strathmann (CVD). Während Schemm heftigen Beifall für seine Agitationsrede erntete, führten Simons scharfe Angriffe auf den Nationalsozialismus und den Antisemitismus zu Tumulten bei den überwiegend nationalsozialistisch eingestellten Teilnehmern[348].

Ebenfalls in Neuendettelsau fand am 20. Oktober 1931 eine Veranstaltung zum Thema „Gegenseitiger Dienst von Kirche und Partei" in einem kleinen Kreis von Theologen und Laien statt, bei der Pfarrer Hans Hoffmann (NSDAP) und Johann Oberndörfer (CVD) referierten. Hoffmann wies darauf hin, daß die Pfarrer der nationalsozialistischen Kampfansage gegen den Kulturbolschewismus zustimmen müßten, aber innerhalb der Partei mäßigend wirken sollten. Bei der Veranstaltung wurden die Gemeinsamkeiten von Christen in verschiedenen Parteien hervorgehoben[349].

Neben der Volksmission beschäftigten sich auch andere Gruppierungen in der Landeskirche mit dem Thema Pfarrer und Politik. Die Riederauer Theologische Freizeit widmete sich im April 1931 dem Thema „Evangelische Kirche und völkische Bewegung". Professor Althaus wertete in seinem Vortrag die völkische Bewegung überwiegend positiv. Vor einer Überbetonung der „Rassenfrage" und einer Beurteilung der „Judenfrage" unter rassistischen Gesichtspunkten wurde aber bei der Freizeit gewarnt. Die Teilnehmer der Freizeit waren geteilter Meinung, ob ein Pfarrer einer Partei zugehören dürfe oder nicht[350].

Sehr deutlich gegen jede öffentliche parteipolitische Betätigung von Pfarrern äußerte sich dagegen der in der Landeskirche einflußreiche Münchener Dekan Friedrich Langenfaß in seinem Hauptreferat „Der Pfarrer und die politischen Parteien" auf der Theologischen Pfingsttagung am 26. Mai 1931 in Hof:

„Sollte sie [i.e. die Kirche] davor zurückschrecken, ihren Dienern die parteipolitische Betätigung zu verbieten? Die Reinheit und Allgemeinverständlichkeit der evangelischen Verkündigung, die Autorität des Pfarramtes und der Verkündigung und nicht zuletzt das Interesse

---

[346] EBD., S. 22.
[347] Bis auf Vizepräsident Karl Gebhard bestätigten alle Mitglieder des LKR, einschließlich der Kreisdekane, durch Abzeichnen die Kenntnisnahme des Protokolls.
[348] Vgl. zu der Tagung F. KÜHNEL, Schemm, S. 236-241; P. KREMMEL, Pfarrer, S. 38-41.
[349] KORRESPONDENZBLATT 56, 1931, S. 496 f.
[350] Vgl. P. KREMMEL, Pfarrer, S. 41-43.

von Staat und Parteien fordert, daß der Pfarrer von jeder parteipolitischen Betätigung sich freihält."[351]

Durch diese Forderung, die bei den Zuhörern breite Zustimmung fand, sahen sich drei nationalsozialistische und ein deutschnationaler Pfarrer zur Rechtfertigung ihres Engagements veranlaßt. Die Nationalsozialisten setzten dabei Deutschtum und Christentum mit dem Nationalsozialismus gleich. Diese Gleichsetzung wies der Hofer Dekan, Thomas Breit, in der Diskussion zurück. Breits Stellungnahme hatte eine längere Streitsache mit einem der nationalsozialistischen Pfarrer zur Folge, der bei Kreisdekan Prieser Beschwerde gegen Breit einlegte und androhte, den „Fall" der NSDAP-Parteileitung zu übergeben. Doch Breit blieb bei seinem Widerspruch gegen eine Identifikation von Christentum und Nationalsozialismus: „Die Zugehörigkeit vieler Kollegen zum Nationalsozialismus sei nach seiner Überzeugung nicht durch geistige Gründe, sondern durch geistige Ansteckung bestimmt."[352] Auch Langenfaß hatte bei seinem Kampf gegen die Politisierung der Pfarrerschaft primär die nationalsozialistischen Pfarrer im Auge: „Im Ganzen befürchte ich, daß die nationalsozialistischen Pfarrer uns in Zukunft noch mehr Schwierigkeiten machen werden als die religiös-sozialistischen."[353] Im Sommer 1931 bedrängte Langenfaß ohne Erfolg Kirchenpräsident Veit, ein Verbot der öffentlichen politischen Betätigung der Pfarrer zu erlassen[354]. Langenfaß' persönliche Beurteilung des Nationalsozialismus fiel differenziert aus; als „elementar nationale Bewegung"[355] begrüßte er ihn, während er seine Weltanschauung als „schlimmsten Synkretismus" verurteilte. Eine öffentliche Stellungnahme der Kirche gegen den Nationalsozialismus lehnte Langenfaß wegen dessen Ambivalenz ab[356]. Da er den Willen der NSDAP zu positiver Christlichkeit als ehrlich einstufte, regte er eine religiöse Aufklärung der NS-Führer in streng vertraulichen Gesprächen an. Im Januar 1932 führte er in München gemeinsam mit Oberkonsistorialrat Theodor Heckel vom Kirchenbundesamt in Berlin ein solches Gespräch mit einem evangelischen Mann aus Hitlers Stab. Das Gesprächsergebnis wurde als positiv gewürdigt, und Langenfaß wollte über

---

[351] Die christliche Welt 1931, Sp. 596. Vgl. zu der Pfingsttagung KORRESPONDENZBLATT 56, 1931, S. 244 ff.; 277 f.; P. KREMMEL, Pfarrer, S. 43 f.

[352] Prieser an Pg.-Pfarrer, 10.10.1931 (LKA NÜRNBERG, PA 119); Prieser referiert Breits Antwort an ihn. Breit „rechtfertigte" sich Prieser gegenüber damit, daß er selbst „jederzeit einer gesunden nationalen Opposition seine Unterstützung geliehen [habe]."

[353] Brief von Langenfaß an Wilhelm von Pechmann vom 21.8.1931 (F. W. KANTZENBACH, Widerstand, S. 35).

[354] Vgl. A. L. BÜHLER, Kirchenkampf, S. 29. Im Sommer 1931 sah Langenfaß noch den „psychologischen Moment" zum Eingreifen des LKR; Anfang 1932 sei es bereits zu spät dazu gewesen.

[355] Schreiben an Theodor Heckel von 1931 (A. L. BÜHLER, Kirchenkampf, S. 17; ein genaues Datum des Schreibens wird nicht genannt).

[356] Vgl. Briefwechsel mit Karl-Heinz Becker (EBD., S. 27-29). Bühlers Hinweise auf Langenfaß' politische Aufklärungsarbeit in der Münchener Gemeinde 1932 (EBD., S. 30 f.) entbehren jeglicher Quellengrundlage; vgl. H. DIETZFELBINGER, Veränderung, S. 110: „Ich kann mich nicht erinnern, daß wir in dem damaligen Augenblick der Verwirrung [sc. 1932/33] je auf die Diagnose [Hermann] Sasses aufmerksam gemacht worden wären." Dietzfelbinger war als Münchener Vikar Teilnehmer an den von Langenfaß geleiteten Pfarrkonferenzen. Zu Sasse vgl. oben S. 64.

einen „ausgezeichneten Mittelsmann"[357] weiter sondieren. Gegenüber Heckel äußerte er, daß er die meisten Mitglieder aus Hitlers Stab kenne und als „höchst anständige und wohlgesinnte Menschen" schätze.

Auch weniger prominente Gemeindepfarrer appellierten öffentlich an ihre politisierenden Amtsbrüder. Friedrich Fleischer, Unterrodach, bat im Sommer 1931 in einem Korrespondenzblattartikel seine Amtsbrüder, wenn es schon kein Verbot politischer Meinungsäußerung von Pfarrern gebe, dann aber doch bei solchen Äußerungen wenigstens Stilgefühl zu zeigen. Als peinliche Entgleisung führte er die Formulierung „Hakenkreuz – Christuskreuz" von Max Sauerteig in einer NS-Versammlung in Kronach an[358].

Schließlich rief auch der Vorsitzende des Pfarrervereins, Friedrich Klingler, die Mitglieder am 1. Dezember 1931 bei einer Pfarrervereinsversammlung in Nürnberg zu politischer Zurückhaltung auf, nachdem er in einem Gespräch im Landeskirchenrat von den sich häufenden Klagen aus den Gemeinden über politisierende Pfarrer gehört hatte. Eine Gruppe von Pfarrern bekannte sich daraufhin in der Versammlung offen zu ihrem Engagement für die NSDAP[359]. Grundsätzlich auf der gleichen Linie wie Langenfaß und Klingler lagen weitere Bitten an die Kirchenleitung 1931/32 zum Verbot von parteipolitischem Engagement der Pfarrer. Dekan Adolf Heller, Bamberg, bat nach den Auftritten von Martin Weigel und Friedrich Möbus als Parteiredner in NS-Versammlungen innerhalb seines Dekanates mit dem gesamten Pfarrkapitel den Landeskirchenrat, solche Auftritte von auswärtigen Geistlichen ohne vorherige Absprache mit dem Ortsgeistlichen zu verbieten. Die schweren Parteigegensätze dürften nicht durch die Pfarrer in die Gemeinden getragen werden[360]. Dekan Thomas Breit leitete den Beschluß des Kirchenvorstandes Hof weiter, der Landeskirchenrat möge allen Pfarrern parteipolitisches Engagement verbieten[361]. Als Kirchenpräsident Veit daraufhin, wenige Tage nach dem ersten Wahlgang zur Reichspräsidentenwahl, am 18. März 1932 an alle Pfarrer eine Mahnung zur parteipolitischen Zurückhaltung ergehen ließ, stimmte ihm die Konferenz der bayerischen Dekane in Nürnberg am 31. März 1932 zu; ein Verbot sahen allerdings die meisten Dekane wegen der Schwierigkeiten bei dessen Durchsetzung als problematisch an[362]. Auf der südbayerischen Pfarrkonferenz in Augsburg am 22. Juni 1932 fand Julius Sammetreuther, München, breite Zustimmung mit seiner scharfen Kritik an den Verstößen von fränkischen Pfarrern gegen Veits Mahnung.

---

[357] K. NOWAK, Kirche, S. 318-320; dort auch das folgende Zitat aus dem Bericht Heckels; zu dem Gespräch vgl. auch J. R. C. WRIGHT, Parteien, S. 144-146; R.-U. KUNZE, Heckel, S. 115.

[358] KORRESPONDENZBLATT 56, 1931, S. 312.

[359] PFARRER 197, Interview; vgl. Zitat aus Klinglers Rede in P. KREMMEL, Pfarrer, S. 44.

[360] Heller an LKR, 26.1.1932 (LKA NÜRNBERG, LKR XV, 1665a, Bd. II). Ähnlich motiviert war die Bitte von Paul Rahner an sein Dekanat um ein Verbot, 5.4.1932 (LKA NÜRNBERG, LKR IV, 543a); in seiner Gemeinde Wettringen hatten im Reichspräsidentschaftwahlkampf Max Sauerteig für Hitler und Robert Hell für Hindenburg gesprochen. Weitere Zitate aus diesem Bestand finden sich in F. W. KANTZENBACH, Einzelne, S. 133 f.

[361] Breit an LKR, 12.3.1932 (LKA NÜRNBERG, LKR XV, 1665a, Bd. II); konkreter Anlaß zu dem Beschluß war das Engagement von Ferdinand Grißhammer (DNVP). Vgl. P. KREMMEL, Pfarrer, S. 54 f.

[362] Vgl. EBD., S. 55.

Sammetreuther räumte in seinem Referat zwar ein, daß die Kirche auf der Seite der völkischen Bewegung gegen den Internationalismus stehe, betonte aber, daß sie sich von ihr wegen der „Vergötterung"[363] von „Drittem Reich", Nation und Blut distanzieren müsse.

Bei fränkischen Pfarrerfreizeiten Mitte 1932 zeigte die Gesamtstimmungslage eine deutlich andere Tendenz. Im oberfränkischen Wirsberg wurde am 17./18. Mai 1932 das Verhältnis der Christen zum Nationalsozialismus intensiv diskutiert. Während Kreisdekan Prieser in seinem Referat den Riß in der Pfarrerschaft zwischen Hitler- und Hindenburg-Anhängern im zweiten Wahlgang zur Reichspräsidentenwahl bedauerte und betonte, daß die Kirche hier keine Partei ergreifen dürfe, war die Gesamttendenz eindeutig: „Im großen und ganzen war man sich einig: Die Bewegung, die allein noch etwas ausrichten kann, ist die NSDAP. Sie hat viel Gutes. Aber man muß sie stets mit kritischen Augen betrachten."[364] Auch auf der Pfarrerfreizeit des Kirchenkreises Ansbach in Neuendettelsau im Juli 1932, zu der etwa 70 Geistliche erschienen waren, nahm das Thema Pfarrer und Politik breiten Raum in Referaten und Diskussionen ein. Während Kreisdekan Rüdel in seiner Eröffnungsansprache noch zur Zurückhaltung der Pfarrer in der Politik aufrief, hob Missionsinspektor Helmut Kern hervor, daß die Hoffnung der Jugend auf Hitler gerichtet sei. Offen für einen Anschluß an den Nationalsozialismus warb der Hauptreferent, der mecklenburg-schwerinische Landesbischof Heinrich Rendtorff, an den in der Besprechung deshalb verschiedene kritische Anfragen gerichtet wurden. Insgesamt wurden Rendtorffs Worte aber positiv aufgenommen: „Offenbar folgten eine ganze Reihe der Teilnehmer diesem eindringlichen Appell."[365]

Es fällt auf, daß nahezu die gesamte Kritik innerhalb der Pfarrerschaft am nationalsozialistischen Engagement von Pfarrern bzw. am Nationalsozialismus an sich mit grundsätzlichen Bedenken gegen die parteipolitische Betätigung von Pfarrern oder dem unklaren Verhältnis des Nationalsozialismus zum Christentum begründet wurde. Abgesehen von vereinzelten Vorbehalten gegen den „Radauantisemitismus" finden sich ethische Verurteilungen von Programm und Praxis der NSDAP eigentlich nur bei Karl-Heinz Becker. Der junge Ezelheimer Pfarrer, dessen Blick durch einige Semester Jura- und Volkswirtschaftsstudium geschärft war, wandte sich seit Frühjahr 1931 mit „verzweifeltem Warnen und Mahnen"[366] an Nachbarpfarrer, seinen Kreisdekan Rüdel, an

---

[363] Vgl. KORRESPONDENZBLATT 57, 1932, S. 287-291; 295-298. Ein nicht bei der Konferenz anwesender Pfarrer griff Sammetreuther in der Tagespresse wegen seines Referates polemisch an. Sammetreuther hatte schon 1931 die nationalsozialistischen Pfarrer aufgefordert, endlich etwas gegen die dominierenden antichristlichen Strömungen in der NSDAP zu unternehmen: „Vom Heidnischen ist im Nationalsozialismus heute mindestens so viel zu finden wie vom Christlichen" (KORRESPONDENZBLATT 56, 1931, S. 497 f). Vgl. auch eine ähnliche Meinungsäußerung EBD., S. 79. Auch Schriftleiter Schmidt schloß sich den Warnungen vor parteipolitischer Tätigkeit an (EBD., S. 80).

[364] WINGOLFRUNDBRIEF, H. 17, 26.5.1932 (Hermann Eisenhut, Teilnehmer der Tagung). Vgl. Priesers Vortrag im KORRESPONDENZBLATT 57, 1932, S. 224.

[365] PFARRER 23, Schreiben an Verf., o.D. (1988). Der Pfarrer hatte selbst an der Freizeit teilgenommen. Vgl. KORRESPONDENZBLATT 57, 1932, S. 320 ff.

[366] So bezeichnete es Becker selbst in einem Bericht, den er 1946 verfaßt hatte (K.-H. BECKER, Siebenkittel, S. 268). Vgl. zu Becker auch den Briefwechsel Becker – Rüdel vom April 1931 (LKA NÜRN-

zahlreiche bedeutende Persönlichkeiten, Gremien und Organisationen der Landeskirche und sogar direkt an Kirchenpräsident Veit. Den von ihm schmerzlich in der kirchlichen Diskussion vermißten Hinweis auf die zentralen sittlichen Fehler des Nationalsozialismus, moralische Unzuverlässigkeit, machiavellistische Skrupellosigkeit und Bru-
talität, versuchte er in zahlreichen Briefen und Artikeln zu geben. Alle seine Initiativen
blieben aber erfolglos.

Das einzige Ereignis, daß die ansteigenden Sympathien in der Pfarrerschaft für die
NSDAP nennenswert beeinträchtigte, war Hitlers Reaktion auf die Verurteilung der
SA-Männer, die in Potempa einen wehrlosen Kommunisten im August 1932 bestia-
lisch ermordet hatten. Bei der Befragung gaben sechs Pfarrer an, daß ihnen beim Fall
Potempa erstmals die verbrecherische Grundhaltung des Nationalsozialismus deutlich
geworden sei. Zwei Pfarrer traten, wie schon oben berichtet, daraufhin aus der NSDAP
aus. Eine ähnliche Wirkung hatte der Potempa-Mord auf den Neu-Ulmer Stadtvikar
Walter Höchstädter, der zwar kein Pg. war, aber als Student dem NSDStB angehört
und bei der Reichstagswahl am 31. Juli 1932 die NSDAP gewählt hatte. Wegen Hitlers
„unverschämten Verhalten"[367] in der Sache sei die NSDAP bei den weiteren Wahlen
für ihn nicht mehr in Betracht gekommen, er wählte die DNVP als das kleinere Übel.
Im Interview berichtete ein Pfarrer, daß er an Potempa erkannt habe, daß der Nationalsozialismus etwas Widerchristliches sei, ein anderer, daß er in einer Predigt deutlich zu
den Vorfällen Stellung genommen habe[368]. Sicher denunziatorisch übertreibend
schrieb Friedrich Wilhelm Auer 1934 an Reichsbischof Müller, „daß man vor zwei
Jahren, als Hitler sich der fünf SA-Männer [...] annahm, den Führer in [sc. bayeri-
schen] Pfarrerskreisen auf das heftigste angriff."[369] Insgesamt dürfte wohl die Einschätzung eines Pfarrers zutreffen, daß einige Kollegen nach Potempa kritisch wurden, aber
bei den meisten die Bedenken bald wieder zerstreut waren[370]. Als Beispiel sei ein
NSDAP-naher Pfarrer zitiert, dem Hitlers Äußerung zwar zunächst als Unrecht erschien, nach geraumer Zeit stufte er sie nur noch als „Ausrutscher" ein[371].

Der Wingolfrundbrief gibt für die Zeit von Herbst 1930 bis Januar 1933 detaillier-
ten Einblick in die politische Entwicklung einiger Pfarrer und ihrer Gemeinden, aber
auch in die Stimmungslage in deren Dekanaten und der gesamten Landeskirche.
Friedrich Schmidt sah den Nationalsozialismus 1931 differenziert und warb in seinem
Umfeld aktiv für den CVD:

BERG, LKR XV, 1665a, Bd. II); F. W. KANTZENBACH, Einzelne, S. 134-140; 163-199 (Dokumente);
A. L. BÜHLER, Kirchenkampf, S. 27-29 (zu Briefwechsel Becker – Langenfaß); PFARRER 73, Interview
(Nachbarpfarrer von Becker). Auch im KORRESPONDENZBLATT 57, 1932, S. 121-124; 135-138, wandte
er sich deutlich gegen die Unwahrhaftigkeit des Nationalsozialismus (besonders S. 122); vgl. auch seinen
Beitrag EBD., S. 79 f.

[367] W. HÖCHSTÄDTER, Strudel, S. 98; 100 f.
[368] PFARRER 69, Interview; PFARRER 94, Interview.
[369] Auer an Müller, 8.8.1934 (LKA NÜRNBERG, Personen XLVII, 3).
[370] PFARRER 74, Interview.
[371] PFARRER 145, Interview.

„Menschlich gesehen wird der Nationalsozialismus ein Damm gegen den Bolschewismus sein [...]. Der nationalsozialistische Führer Alfred Rosenberg M.d.R. schreibt in seinem neuesten Buch ,Der Mythus des 20. Jahrhunderts': ,Der Rassegedanke ist heute der letzte Maßstab unseres gesamten irdischen Handelns.' Und diese Leute behaupten, sie ständen auf dem Boden positiven Christentums. Der CSVD ist auch nicht vollkommen, aber das einzige, wofür man guten Gewissens seine Stimme geben kann. Ich persönlich begnüge mich damit noch nicht, sondern werbe auch im persönlichen Verkehr für den CSVD, wo ich kann."[372]

Schmidt verurteilte, daß die Fraktionen von DNVP und NSDAP 1931 durch wochenlanges Boykottieren von Sitzungen die Arbeit des Reichstages lähmten. Für ihn war Hindenburg „das Band, das unser Volk noch zusammenhält"[373]. Allerdings war er sich einige Tage vor der Reichspräsidentenwahl 1932 noch nicht sicher, wen er wählen solle. Aktive parteipolitische Betätigung von Pfarrern lehnte er ab[374] – sein eigenes Werben für den CVD stufte er offensichtlich nicht als solche ein. Am Wahlergebnis vom Juli 1932 maß er den Gewinnen der KPD als Gerichtszeichen Gottes besonderes Gewicht zu. Vor Zugeständnissen der Kirche an die NSDAP warnte er: „Wir Pfarrer haben die wichtige Aufgabe dem Nationalsozialismus [...] zu predigen: Tut Buße und glaubet an das Evangelium. Eine Kirche, die sich vom Nationalsozialismus vorschreiben ließe, was und wie sie zu predigen habe, gibt sich selbst auf."[375]

Sehr beeindruckt und empfehlend berichtete Hermann Schreiber im Sommer 1931 von Hans F. K. Günthers Schrift „Plato als Führer des Lebens", die bei einem Treffen des Pfarrkranzes aus vier mittelfränkischen Kapiteln vorgestellt worden war. Die rassistischen Aussagen dieser Schrift sah der Pfarrer durch die Erscheinungen des „die Gesamtheit schädigenden Lebens" in seiner Gemeinde Dentlein am Forst bestätigt. Die Weitergabe von eugenischen Gedanken sah Schreiber zum Schutz des Volkstums und der Ehe als Gaben Gottes geradezu als Pflicht der Pfarrer an. Andererseits distanzierte er sich von der Überbetonung des Rassegedankens bei der NSDAP. Zwei seiner Nachbarkollegen erklärten sich entschieden für Hitler und einer davon ließ Schemm und Streicher in seiner Gemeinde sprechen. Obwohl Schreiber von deren Äußerungen nicht unbeeindruckt blieb, kam er für sich zu dem Ergebnis:

„Wir Pfarrer tun gut daran, selbst wenn die Nationalsozialisten über den Rahmen einer Partei, – was sie heute noch sind – hinauswachsen sollten [...], nicht als Pfarrer öffentlich für die Partei einzutreten, weil sonst unfehlbar die Gemeinde dadurch zerrissen wird, unsere Arbeit [...] gehemmt wird (wie es beim obigen Kollegen schon der Fall zu sein scheint). Diese für einen stürmischen Geist etwas ungemütliche Selbstbeschränkung sind wir unserem Amt schuldig (ähnlich Langenfaß in Hof). [...] Wenn Pfarrer dazu Lust und Befähi-

---

[372] WINGOLFRUNDBRIEF, H. 15, 2.2.1931 (F. Schmidt). Auch der thüringische Pfarrer Fritz Vogel wandte sich am 14.3.1931 deutlich gegen die Verabsolutierung der Rasse in der NSDAP.
[373] EBD., H. 16, 4.9.1931.
[374] EBD., H. 16, 7.3.1932.
[375] EBD., H. 17, 4.8.1932.

gung haben mit Hitler zusammen zu arbeiten, so müßten sie das Amt, zeitweise wenigstens, aufgeben."[376]

Für berechtigt hielt es Schreiber dagegen, daß NSDAP-Funktionäre mit Vertretern der Pfarrerschaft vertraulich Fühlung nehmen, um zu vermeiden, daß in der NSDAP „die Überspannung des Rassegedankens, die Form des Kampfes, die Stellung zum Alten Testament eine für die evangelischen Kreise unannehmbare, abstoßende Form gewinnen." Als abschreckendes Beispiel nannte Schreiber „pöbelhafte und gemeine" Ausfälle Streichers gegen CVD-Pfarrer bei einer Rede im nahen Königshofen. Im Sommer 1932 bekräftigte Schreiber seine Haltung zur politischen Betätigung der Pfarrer und merkte kritisch an, daß in einer ihm bekannten Gemeinde die Pfarrfrau als Führerin des evangelischen Mädchenvereins samt ihren Mädchen ein Hakenkreuz neben dem Kreuz trüge[377].

Gegen politische Betätigung von Pfarrern sprach sich konsequent Friedrich Rohn aus: „Es ist ganz gewiß eine große Verirrung, wenn der Pfarrer meint, er müsse sich politisch betätigen."[378] In seiner Gemeinde hielt Pfarrer Ferdinand Grißhammer trotz Rohns Protest eine DNVP-Wahlversammlung. Rohn stellte nachher klar, daß Grißhammer hier nicht als Pfarrer, sondern als Privatmann gesprochen habe. Ende 1932 bemängelte Rohn, daß für viele Gemeindeglieder zuerst Hitler und sehr viel später erst die Kirche komme[379]. Dieser Eintrag wirft ein bezeichnendes Licht auf die politische Stimmung in Rohns Gemeinde Trogen, Landkreis Hof, in dem die NSDAP bei den Reichstagswahlen im Juli 1932 54,2 %, im November 1932 immer noch 49,4 % der Stimmen erreichte.

Hilmar Ratz kritisierte 1931 Hugenbergs Kurs und lobte Heinrich Brünings Politik[380]. Als Begründung seiner Entscheidung für den CVD führte er an, daß seine Vertreter aus einem christlich gebundenen Gewissen heraus Politik treiben würden[381]. Schreibers Sympathien für die Eugenik wurden von Ratz in aller Deutlichkeit zurückgewiesen. Nach den NSDAP-Erfolgen vom Frühjahr 1932 blieb er skeptisch: „Ich möchte nur wünschen, daß die Wähler nicht zu große Enttäuschungen erleben müs-

---

[376] EBD., H. 16, 11.8.1931 (dort auch die folgenden Zitate). Die Werbearbeit der beiden Kollegen trug Früchte: der Landkreis Dinkelsbühl, in dem deren Gemeinden lagen, gehörte im Juli 1932 mit 71,2 % zu den NSDAP-Hochburgen. Bedauernd merkte Schreiber am 12.2.1932 an, daß die „ausgesprochen nationalsozialistische Einstellung" der beiden Pfarrer eine kleine Lockerung des bisher herzlichen Verhältnisses unter den Kollegen gebracht hätte. Im gleichen Eintrag wiederholte er seine positive Einschätzung der Eugenik im Sinne einer Beratung zur Vermeidung sogenannten „minderwertigen" Nachwuchses.

[377] EBD., H. 17, 9.7.1932.

[378] EBD., H. 17, 29.5.1932. Vgl. auch H. 16, 3.1.1932.

[379] EBD., H. 17, 1.12.1932.

[380] EBD., H. 15, 24.3.1931.

[381] EBD., H. 16, 12.11.1931. Zur Eugenik zitiert er zustimmend aus einem Vortrag von Pfarrer Hans Sommerer, Bruckberg, in Neuendettelsau. Neunhöffer dankte Ratz für seine Eugenik-Anmerkungen (EBD., 4.2.1932).

sen!"[382] Andererseits gestand er nun der NSDAP unter bestimmten Bedingungen eine positive Entwicklung zu. Wenn diese die „unfruchtbare Opposition" verlassen und sich „bewähren" würde, dann könne das Ergebnis zum Segen für das Vaterland werden.

Im Gegensatz zu Ratz erhoffte Heinrich Schorn Anfang 1932 eine „Änderung des Systems": „Wenn aber das fluchwürdige Bündnis der Schwarz-Roten auseinandergesprengt würde, so wäre das ein Erfolg der evangelischen Sache, der unbestreitbar ist. Das wird der Volksdienst aber nicht erreichen, vielleicht nicht einmal die NSDAP."[383] Mitte 1932 besuchte Schorn einen Werbeabend der NSDAP im nahen Rothenburg mit Strasser, von dem er aber wegen seiner Ablehnung der Konfessionsschulen enttäuscht war[384].

Hermann Eisenhut verurteilte den CVD Ende 1931 als „charakterlose Partei" und „politischen Kuhhändler", weil er Oberbürgermeister Hermann Luppe in Nürnberg und Heinrich Brüning im Reich unterstützte:

> „Mir ist, solange Hitler die Nationalsozialisten führt, auf dieser Seite noch wohler wie bei den Patentchristen im CVD. Streicher und andere Auswüchse lehne ich ab. Ebenso bin ich strikt gegen Parteizugehörigkeit eines Geistlichen und auch gegen Tätigkeit im Sinne einer Partei in der Öffentlichkeit – auch wenn es sich um den Volksdienst handelt."[385]

De facto förderte Eisenhut aber die NSDAP, indem er als wohlwollender „Berater" der Ortsgruppe in seinem überwiegend evangelischen Dorf fungierte. Er begründete dies im Rundbrief im Mai 1932 damit, daß es die Pflicht der Pfarrer sei,

> „das Gute an ihr [i.e. der NSDAP] zu fördern, hingegen allen unchristlichen Bestrebungen entschlossen entgegenzutreten. [...] Ich erreichte damit, daß z.B. die hiesige Ortsgruppe vor wichtigen Entschlüssen mich um meine Meinung fragt. So konnte ich schon manche Torheit verhindern. Aber mit purer Negation würde man die Sache in ein unheilvolles Fahrwasser treiben. [...] Der Volksdienst ist wirklich erledigt."[386]

Eisenhuts Sympathien für die NSDAP erhielten im Sommer 1932 durch seine eingehende Beschäftigung mit nationalsozialistischer Literatur einen deutlichen Dämpfer: „Eine heilsame Arbeit! [...] Weltanschaulich ist ja das Denken eines Rosenberg und zu einem Teil auch Hitlers einfach verheerend. Hier müssen wir unsere Gemeinden unbedingt mit der Wahrheit bekannt machen, wenn auch mancher Schleier einer süßen Illusion dabei fallen wird."[387] Seine Einsichten gab er nicht nur im Rundbrief, sondern

---

[382] EBD., H. 16, 7.5.1932; in Ratz' Landkreis Brückenau (75,1 % der Bevölkerung Katholiken) blieb die BVP bei den Landtagswahlen am 24.4.1932 mit 50,0 % stärkste Partei, die NSDAP erzielt aber ihre 34,0 % wohl überwiegend durch hohe Ergebnisse in den evangelischen Dörfern wie Zeitlofs (88,6 % der Bevölkerung war 1933 evangelisch), der Gemeinde von Ratz..

[383] EBD., H. 16, 24.2.1932. Auch Neunhöffer erhoffte die Vernichtung aller Erfüllungspolitik durch das Volk (EBD., 5.8.1931).

[384] EBD., H. 17, 19.7.1932; es dürfte sich um Gregor Strasser gehandelt haben.

[385] EBD., H. 16, 22.12.1931.

[386] EBD., H. 17, 26.5.1932; in Wildenreuth waren 1933 78,5 % der Bevölkerung Protestanten, während der Landkreis Neustadt an der Waldnaab insgesamt überwiegend katholisch war (82,6 %).

[387] EBD., H. 17, 10.10.1932.

auch auf seiner Pfarrkonferenz im Dekanat Weiden in einem Referat über „nationalsozialistisches Denken und Christentum" weiter, in dem er schwerpunktmäßig Rosenbergs „Mythus des 20. Jahrhunderts" und Hitlers „Mein Kampf" behandelte. Dem
Referat folgte eine „ungeheuer lebendige Debatte". Nicht nur die Weltanschauung,
sondern auch die Politik der NSDAP sah Eisenhut nun kritischer. Innenpolitisch habe
Hitler sich „unheilvoll verrannt! Schade, daß hier wieder soviel Begeisterung für Edles
totgetreten wird." Eisenhuts Ernüchterung ist für die gesamte Pfarrerschaft überaus
aufschlußreich. Ohne sich gründlich mit den ideologischen und programmatischen
Grundlagen der NSDAP zu beschäftigen, unterstützten viele in ihren Gemeinden diese
Partei; wurde diese Beschäftigung „nachgeholt", führte es zu einer Desillusionierung –
die Gemeinden waren aber mittlerweile schon fest im nationalsozialistischen Lager.

Auch Ludwig Luther sprach sich 1931 gegen eine politische Betätigung der Pfarrer
aus, den Nationalsozialismus empfand er als ambivalent: „Über vieles am Nationalsozialismus kann man sich gewiß von Herzen freuen, aber nicht über alles."[388] Er selbst
hielt die CVD-Zeitung *Volksdienst.* Als im Präsidentschaftswahlkampf 1932 in Luthers
Dekanat Rüdenhausen ein Hindenburg-Flugblatt kursierte, in dem Kirchenpräsident
Veit als Hitlergegner zitiert wurde, kündigten die Pfarrer nach einer Erkundigung bei
Veit – wohl noch vor dem zweiten Wahlgang – ab, daß dies nicht der Wahrheit ent-
spreche[389]. Seine Sympathien für die NSDAP nahmen zu:

> „Ich bin noch kein Nationalsozialist, interessiere mich aber sehr für diese gewiß von einem
> schönen Schwung getragene Bewegung (ob nicht viel Strohfeuer dabei ist?). [...] Geschieht
> denn wohl durch die nationalsozialistischen Pfarrer und Theologen etwas, um Hitler Bera-
> tung zuteil werden zu lassen und von irrigen Anschauuungen, z.B. bezüglich der Mission,
> abzubringen? [...] Die Nationalsozialisten tun sich manchmal etwas leicht, indem sie z.B.
> auch Rosenbergs Werk für eine Privatarbeit erklären."[390]

Obwohl Luther grundsätzlich keine politischen Versammlungen in seiner Gemeinde besuchen wollte, ließ er sich zur Teilnahme an einer CVD-Veranstaltung überreden.
Dort forderte ihn ein nationalsozialistischer Debattenredner auf, auch die nächste
NSDAP-Versammlung zu besuchen, was einen Tumult im von NSDAP-Anhängern
stark frequentierten Saal zur Folge hatte: „Ich erklärte, ich sei hier nicht als Pfarrer,
sondern als Staatsbürger, der doch auch bei solchen Versammlungen zuhören könne,
und versprach zur nächsten nationalsozialistischen Versammlung zu kommen. So wurde wieder Ruhe." Luther besuchte dann auch zwei NSDAP-Veranstaltungen, bei denen er sich aber jeglichen Beifalls enthalten habe. Die Auflösung der Partei-Kampf-
organisationen 1932 begrüßte er. Zur Haltung der NSDAP zum Christentum hatte
Luther noch Bedenken. Interessante Rückschlüsse auf die geschickte Instrumentalisie-
rung von Pfarrern im Wahlkampf durch die NSDAP läßt auch Luthers Anmerkung
zu, in seinem Dekanat seien die Wingolfkonphilister Dekan Ludwig Fichtbauer und

---

[388] EBD., H. 16, 26.10.1931; Luther lehnte es ab, für den CVD als Vertrauensmann zu fungieren.
[389] EBD., H. 16, 20.4.1932.
[390] EBD. (dort auch das folgende Zitat).

Friedrich Arold Nationalsozialisten[391]. Arold weihte in einem Feldgottesdienst am 17. Juli 1932 die Rüdenhauser SA-Fahne. Von einer Weihe in der Kirche wurde auf Bitten des Landeskirchenrates Abstand genommen[392]. Wenige Tage später erzielte die NSDAP im Landkreis Kitzingen, in dem Rüdenhausen liegt, bei den Reichstagswahlen mit 46,8 % ihr zweitbestes Ergebnis in Unterfranken.

Theodor Kühl kritisierte Anfang 1931 scharf die Unterstützung des CVD für Brünings Politik und empfahl die DNVP, „die einzig und allein bewußt christliche und nationale Politik betreibt."[393] In seiner Gemeinde hielt Kühl einen Vortrag zur Kirchenfeindschaft des Bolschewismus. Im August 1932 vertrat er die nationalsozialistische Parole von der einzigen Alternative zwischen Nationalsozialismus und Bolschewismus: „Der evangelische Christ muß wissen, daß es heute in der Politik nur ein Entweder-Oder gibt."[394]

Gegen die auch im Rundbrief sichtbar werdende politische Polarisierung der Pfarrerschaft wandte sich Eduard Weber im Juni 1932 in aller Schärfe: „Hüten wir uns doch mit allem Ernst, zu dem uns der Auftrag des Herrn der Kirche bindet, vor jeder Verabsolutierung in politicis! [...] was würde der Paulus, der 1. Kor. 3 V. 4 schrieb, gar zu einer parteipolitischen Aufspaltung der Gemeinde und ihrer Diener sagen?"[395] Den scharfen Konflikt seiner NSDAP- und CVD-nahen Kollegen versuchte der sonst so kritische Weber am 10. Januar 1933 mit einem Hinweis auf die beide verbindende weltanschauliche Frontstellung gegen den politischen Katholizismus zu glätten: „Geistesgeschichtlich gesehen sind ja gerade NSDAP und CVD einander wesentlich verwandter als Hitler und Kaas."[396]

Zusammenfassend stellte sich die politische Orientierung der Rundbriefpfarrer in der Schlußphase der Weimarer Republik 1931/32 folgendermaßen dar: Von den acht Pfarrern, die sich parteipolitisch äußern, stehen drei dem CVD nahe, wobei für einen 1932 ein Trend zur NSDAP zu beobachten ist. Ein 1928 als CVD-Aktivist agierender Pfarrer äußert sich 1932 vorsichtig kritisch zum Nationalsozialismus. Zwei Pfarrer, die 1928 noch CVD-Anhänger waren, schwenken 1932, wenn auch nicht vorbehaltlos, zur NSDAP hinüber. Ebenso öffnet sich 1932 ein alter DNVP-Aktivist zunehmend der NSDAP. Ein Pfarrer, der vor 1931 parteipolitisch ein unbeschriebenes Blatt war, äußert auch Sympathien für die NSDAP. Insgesamt hegten also 1932 fünf der acht Pfarrer Sympathien für die NSDAP, drei dürften weiterhin dem CVD die Treue gehal-

---

[391] Beide traten erst 1933 in die NSDAP ein.

[392] EBD., H. 17, 25.8.1932; der Kirchenvorstand hatte die Benutzung der Kirche schon genehmigt. Luther stellte in dem Eintrag Hitlers Ablehnung einer Regierungsbeteiligung in Frage.

[393] EBD., H. 15, 14.2.1931. Vgl. auch Kühls Eintrag vom 1.10.1931 (H. 16), in dem er richtigstellte, daß er nicht für die DNVP werben wollte, es gehe ihm „um ein nationales, freies Deutschland" – eine entschieden nationale Politik werde aber zur Zeit nur von der DNVP und der NSDAP betrieben.

[394] EBD., H. 17, 15.8.1932.

[395] EBD., H. 17, 17.6.1932. In 1. Kor. 3,4 richtet sich Paulus gegen die Schismata in der Korinther Gemeinde.

[396] Ebd.; vgl. auch H. 17, 10.1.1933. Weber wandte sich gegen Schwarz-Weiß-Malerei im Blick auf „rechts" und „links". Prälat Ludwig Kaas war Vorsitzender der Zentrumspartei.

ten haben. Die Relationen zwischen CVD- und NSDAP-Sympathisanten hatten sich demnach im Vergleich zur Stimmungslage von 1928/29 umgekehrt.

Dieser Befund für die Wingolfrundbriefgemeinschaft leitet hinüber zu der Frage, wie hoch denn nun 1932 der Anteil der NSDAP-Wähler an der bayerischen Pfarrerschaft war. Bisher fehlen dazu quellengestützte Schätzungen[397]. Über die politische Orientierung der jungen Pfarrergeneration unter 35 Jahren geben die Befragungen Aufschluß; es liegen 42 Antworten von Geistlichen vor, die bis 1932 in den Dienst der Landeskirche eintraten[398]. Jeder siebte Pfarrer (6) gab an, daß er keiner Partei nahegestanden sei. Bei den übrigen 36 ist in der zweiten Hälfte der Weimarer Republik eine rege Fluktuation festzustellen. Vor dem Kurswechsel der DNVP unter Hugenberg zog diese Partei die Pfarrer am stärksten an (15). Um 1930 gestaltete das Bild sich folgendermaßen: der CVD (16) lag in der Gunst der jungen Pfarrer an der Spitze, gefolgt von der DNVP (11) und der NSDAP (7). Nur jeweils ein Pfarrer neigte der DVP und der DDP zu. Bis Mitte 1932 wechselte die Hälfte der DNVP-Anhänger (6), ein Viertel der CVD-Anhänger (3) und der DVP-Anhänger zur NSDAP. Nur ein Pfarrer wandte sich im Sommer 1932 wegen der Potempa-Affäre von der NSDAP zur DNVP[399]. Bis Mitte 1932 konnte die NSDAP (16) ihren Anteil also mehr als verdoppeln, der CVD (13) hatte leicht und die DNVP (7) stark abgenommen, DVP und DDP hatten keinen Anhänger mehr. Jeder siebte Pfarrer (5) bekräftigte seine Sympathien für die NSDAP schon vor 1933 mit einem Parteieintritt. Einige Pfarrer (6) gaben auch an, NSDAP-Veranstaltungen besucht zu haben. Bei der Reichspräsidentenwahl 1932 haben allerdings einige NSDAP-Sympathisanten Hindenburg gewählt. Der hohe Anteil von Wechselwählern läßt sich wohl am treffendsten mit der Formulierung eines Pfarrers, der selbst von der DNVP zur NSDAP kam, aber auch einmal CVD wählte, begründen: ein Großteil der Pfarrer waren „politisch Suchende"[400].

Auch zur politischen Stimmungslage unter ihren Kollegen ergaben die Befragungen interessante Erinnerungsberichte. Im Dekanat Kulmbach gab es vor 1933 vier Pg.; als der Berichterstatter 1932 vor der Pfarrkonferenz darlegte, daß er sich der NSDAP angeschlossen habe, weil man es mangels anderer Führer mit Hitler versuchen solle, fand er breite Zustimmung, auch bei seinem Dekan[401]. Über das Dekanat Dinkelsbühl

---

[397] Wenig konkret F. KÜHNEL, Schemm, S. 243: „Die evangelischen Pfarrer in Bayern standen [sc. 1932] zu großen Teilen im nationalsozialistischen Lager." P. KREMMEL, Pfarrer, S. 55 f., schätzt, daß der CVD Anfang 1932 mit etwa 25 % der Pfarrerschaft mindestens genausoviele Anhänger hatte wie die NSDAP, ohne in bezug auf die implizite Angabe für die NSDAP eine Quellenbasis anzugeben. Recht vage und mit eindeutiger Intention gab Anfang 1932 Pfarrer Dr. Ernst Daum an, daß „Hunderte von Pfarrern" in Bayern von der nationalsozialistischen Bewegung erfaßt seien (KORRESPONDENZBLATT 57, 1932, S. 70).

[398] Bei den Antworten sind die Geburtsjahrgänge 1898-1909 (Aufnahmejahrgänge 1921-32) durchgehend vertreten. Von den 42 Antworten stammen 35 aus Interviews, sieben stützen sich allein auf die Angaben im Fragebogen 1988.

[399] Vgl. auch W. HÖCHSTÄDTER, Strudel, S. 98.

[400] PFARRER 197, Interview.

[401] PFARRER 20, Interview; der Pfarrer schätzte sogar, daß Ende 1932 80-90% der bayerischen Pfarrerschaft diesen Standpunkt teilten.

wird berichtet, daß 1931/32 fast alle Pfarrer vom „positiven Christentum" der NSDAP begeistert waren[402]. Die Nürnberger Predigerseminaristen besuchten 1928/29 eine NSDAP-Veranstaltung mit Streicher, der mit einer Ausnahme von allen abgelehnt wurde. Im Sommer 1932 hat das Dekanat einen Vortrag von Paul Althaus über den Nationalsozialismus organisiert; Althaus verurteilte in diesem Vortrag zwar die Auswüchse innerhalb der NSDAP, gab aber ein positives Urteil über Hitler ab. Bei der Reichspräsidentenwahl 1932 war Hindenburg der Favorit in der Pfarrerschaft[403]. In Nürnberg gab es vor 1933 nur einzelne Nationalsozialisten, die meisten Pfarrer standen der DNVP nahe, einige pietistisch orientierte dem CVD[404]. In Neu-Ulm schwärmten zwei Kandidaten sehr für den Nationalsozialismus und versuchten, einen CVD-nahen Kollegen zu überzeugen[405]. Im Kapitel Ingolstadt bzw. ab 1932 Rosenheim gab es einige ausgesprochene Nationalsozialisten; Hans Gollwitzer versuchte beispielsweise, einen Kollegen nationalsozialistisch zu beeinflussen, stieß aber im gesamten Kapitel auf keine große Resonanz[406]. Im Dekanat München sahen die Kandidaten erfreut eine positive Entwicklung im Verhältnis zwischen Nationalsozialismus und Christentum[407]. Unter den Vikaren im Predigerseminar fand der sozialistische NSDAP-Flügel um Gregor Strasser Sympathien[408]. Im Kapitel gab es 1931/32 sehr lebhafte politische Diskussionen, in denen etwa zwei Drittel aus dem konservativen Lager eine kritische Stellung zur NSDAP einnahmen, während ein Drittel, überwiegend jüngere, der NSDAP zuneigten[409]. Auch Dekan Langenfaß habe sich kritisch zu Hitler geäußert[410]. Im Dekanat Oettingen fand die NSDAP nicht viel Anklang, allerdings wählten die national-gesinnten Pfarrer 1932 z.T. Hitler, weil Hindenburg von der SPD unterstützt wurde. Viele Pfarrer blieben Anhänger der DNVP[411]. Auch von deutlichen Gegnern des Nationalsozialismus in der Pfarrerschaft wird berichtet[412]. Für einige Gemeinden und Dekanate liegen auch von nationalsozialistischer Seite Angaben zur politischen Orientierung der Pfarrer vor. Meldungen des SA-Nachrichtendienstes von der Jahreswende 1930/31 über die Einstellung der Behörden und Beamten zur NSDAP erwähnen evangelische Pfarrer als ihrer Partei nahestehend. Für die mittelfränkischen Dekanate Wassertrüdingen und Dinkelsbühl finden sich folgende Beurteilungen:

---

[402] PFARRER 36, Interview.

[403] PFARRER 94, Interview.

[404] PFARRER 191, Interview.

[405] PFARRER 89, Interview; durch die Beeinflussung enthielt sich der Kollege bei den Präsidentschaftswahlen 1932 der Stimme.

[406] Pfarrer 38, Interview. Der CVD-nahe Pfarrer begrüßte aber die großdeutschen Ziele der NSDAP; seine Gemeinde reichte bis nach Österreich hinein.

[407] PFARRER 210, Interview.

[408] PFARRER 91, Interview.

[409] PFARRER 201, Interview.

[410] PFARRER 60, Interview.

[411] PFARRER 111, Interview.

[412] PFARRER 73, Interview, im Blick auf Karl-Heinz Becker. PFARRER 188, Interview, im Blick auf Wilhelm Riegel, Dörflis.

„Kirchenbehörden evangelischerseits meistens gut für uns, mit Ausnahme einiger weniger Geistlicher, die allerdings in ganz gehässiger Weise gegen uns arbeiten und für den sog. Christlichen Volksdienst agitieren." „Die evangelische Geistlichkeit des Dinkelsbühler Dekanatsbezirkes ist nationalsozialistisch eingestellt."[413]

Faßt man alle quantifizierenden Quellenbelege zum Anteil der NSDAP-Sympathisanten in der Pfarrerschaft zur Erstellung einer tragfähigen Schätzung zusammen, so ist zunächst eine Differenzierung im Grad der NSDAP-Nähe nötig. Überzeugte Anhänger, die sich selbst – auch ohne Parteimitgliedschaft – als Nationalsozialisten bezeichneten und als solche wahrgenommen wurden, dürften Mitte 1932 etwa 20 % der Pfarrer gewesen sein[414], von denen etwa jeder vierte NSDAP-Mitglied war. Der Anteil der weiterhin politisch Suchenden, deren Sympathien sich nach den Wahlschlappen des CVD, dem Anwachsen der NSDAP zu einer von der Anhängerschaft her evangelischen Volkspartei und der starken Werbung der NSDAP und der Pg.-Pfarrer innerhalb der Pfarrerschaft im ersten Halbjahr 1931 immer mehr der NSDAP zuneigten, dürfte beträchtlich gewesen sein. Es ist wohl davon auszugehen, daß in der zweiten Jahreshälfte 1931 die Gesamtquote der NSDAP-Sympathisanten in der Pfarrerschaft die 50 %-Marke überschritt. Ein Hauptbeleg für diese These liefert die bereits zitierte Einschätzung eines der politisch scharfsinnigsten und für die Stimmungslagen in der Landeskirche und der Pfarrerschaft sensibelsten Kenner der Landeskirche, Friedrich Langenfaß, vom März 1932: Während er im Sommer 1931 noch den „psychologischen Moment"[415] zum Eingreifen der Kirchenleitung gegen die zunehmenden parteipolitischen Aktivitäten der nationalsozialistischen Pfarrer gesehen habe, sei es im März 1932 bereits zu spät. Langenfaß' resigniertes Votum läßt sich wohl nur so verstehen, daß nun die Mehrheit der Pfarrer der NSDAP zuneigten und damit ein Verbot von NS-Aktivitäten nicht mehr durchsetzbar wäre. Bei den insgesamt vier Wahlen im Frühjahr und Sommer 1932 dürften deutlich über 50 % der Pfarrer Hitler bzw. die NSDAP gewählt haben, am 31. Juli 1932 wird der Anteil etwa 60 % betragen haben. Damit entsprach der Anteil der NSDAP-Wähler in der Pfarrerschaft in etwa dem in der evangelischen Bevölkerung auf dem Lande. In den bayerischen Landkreisen und kreisfreien Städten, in denen der Protestantenanteil über 90 % betrug, erzielte die NSDAP bei den Landtagswahlen im April 1932 61,4 % der gültigen Stimmen, bei den Reichstagswahlen im Juli 1932 64,7 %[416]. Wenn man berücksichtigt, daß mehrfach belegt ist, wie

---

[413] Bericht Wassertrüdingen, 2.1.1931; Bericht Dinkelsbühl, o.D. (HSTA MÜNCHEN, MInn 81606). Insgesamt finden sich in dem Bestand nur fünf Meldungen mit Hinweisen auf evangelische Pfarrer. Auch Füssen und Berg in Oberfranken meldeten „gut gesonnene" Geistliche; Wunsiedel differenzierte: Dekan CVD, ein Pfarrer deutschnational („ist uns sehr zugetan"), ein Pfarrer „passiv". Vgl. R. HAMBRECHT, Aufstieg, S. 288.

[414] PFARRER 94, Interview: ca. 20 %; PFARRER 121, Interview: ca. 25 %. In zahlreichen anderen Interviews wurde diese Größenordnung auch für realistisch gehalten.

[415] A. L. BÜHLER, Kirchenkampf, S. 29.

[416] Errechnet aus ZEITSCHRIFT DES BAYERISCHEN STATISTISCHEN LANDESAMTS 1932, S. 396 f. (24.4.1932); S. 462 ff. (31.7.1932); bei der Landtagswahl erzielte die NSDAP in den evangelischen

Protestanten mit hoher Kirchenbindung vor den Wahlen ihren Ortspfarrer fragten, wen sie denn wählen könnten, und der Pfarrer daraufhin sagte, welche Partei er wähle, wird der Beitrag der Pfarrer zu dem kometenhaften NSDAP-Wahlerfolg deutlich. Die ambivalenten Auswirkungen der politischen Orientierung der Pfarrer auf die evangelische Bevölkerung beschreibt Pfarrer Matthias Simon, Zeitzeuge und wohl als einziger bayerischer Pfarrer damals SPD-Mitglied, rückblickend:

> „Die Ursache dieser Verhältnisse [sc. Abnahme der Kirchlichkeit] lag vor allem in der politischen Entwicklung, wodurch große Teile des Volkes leidenschaftlich bewegt wurden. Da dabei vielfach Pfarrer im Namen des Evangeliums auf der Seite der sogenannten ‚Rechten‘ stehen zu müssen glaubten, wurden dem Nationalsozialismus viele Kreise zugeführt, aber zugleich auch das Mißtrauen der Arbeiterschaft geschürt."[417]

Von den NSDAP-Wählern in der Pfarrerschaft, die eher der Rubrik der politisch suchenden Deutschnationalen zuzuordnen sind, wandte sich eine nennenswerte Anzahl nach dem 31. Juli 1932 enttäuscht von der NSDAP ab, als Hitler das auch von Hindenburg unterbreitete Angebot einer Regierungsbeteiligung in einem nationalistischen Koalitionskabinett unter dem Reichskanzler Franz von Papen ablehnte und im Fall Potempa Hitlers Verständnis von Recht und Rechtsprechung für jeden offensichtlich wurde. Ein Großteil dieser enttäuschten Pfarrer dürfte bei der Reichstagswahl im November 1932 die DNVP gewählt haben; die NSDAP wird wohl in der Pfarrerschaft auf unter 50 % abgerutscht sein. Dies entspricht dem reichsweiten Trend in der evangelischen Gesamtbevölkerung. In den fast geschlossen evangelischen Kreisen in Bayern ging der Anteil der NSDAP-Stimmen von 64,7 % auf 58,1 % zurück; die NSDAP büßte 14,6 % ihrer Wählerschaft ein[418]. Die Umorientierung eines Teil der Pfarrerschaft wird auch in diesem Fall zu dem veränderten Wahlverhalten in den jeweiligen Gemeinden beigetragen haben. Doch gefährdeten diese Stimmenverluste nicht grundlegend die Position der NSDAP als der politischen Kraft, die unter den Protestanten und ihren Pfarrern mit großem Abstand die meisten Stimmen erringen konnte.

Kreisen in Oberfranken 54,8 %, in Mittelfranken 67,8 %; bei den Reichstagswahlen in den evangelischen Kreisen in Oberfranken 55,9 %, in Mittelfranken 73,5 %.

[417] M. SIMON, Kirche (1961), S. 88.

[418] Errechnet aus ZEITSCHRIFT DES BAYERISCHEN STATISTISCHEN LANDESAMTS 1933, S. 94 ff.; die Zahl der NSDAP-Wähler ging von 126.460 am 31.7.1933 auf 107.938 am 6.11.1933 zurück. In den evangelischen Kreisen in Oberfranken erreichte die NSDAP 50,7 %, in Mittelfranken 65,2 %.

III. PFARRER IM „DRITTEN REICH"

A. In der Phase der „Machtergreifung" bis zum August 1934

1. Nationalsozialistische Pfarrer

Mit der Ernennung Adolf Hitlers zum Reichskanzler einer Koalitionsregierung des „Nationalen Zusammenschlusses" durch Reichspräsidenten Paul von Hindenburg am 30. Januar 1933, die nicht den Abschluß, sondern den Beginn der nationalsozialistischen „Machtergreifung" markiert, nahmen auch die Aktivitäten des NSEP stark zu.

Im Februar 1933 waren der bisherigen Gesamttendenz des *Korrespondenzblattes* entsprechend dort noch keine Artikel, die unmittelbar auf das politische Tagesgeschehen eingingen, erschienen, sondern stattdessen eher reservierte Beiträge zum parteipolitischen Engagement von Pfarrern[1] und zum Nationalsozialismus[2]. Das änderte sich grundlegend im März 1933, nachdem die NSDAP in der halbfreien Reichstagswahl vom 5. März 1933 ihre Stimmverluste vom November 1932 mehr als ausgeglichen und mit dem deutschnationalen Koalitionspartner zusammen die absolute Mehrheit errungen sowie in der Folge auch die bayerischen Staatsregierung gleichgeschaltet hatte. Nun dominierten eindeutig die positiven Stellungnahmen zum Nationalsozialismus. Am 20. März 1933 verklärte der Pg.-Pfarrer Siegmund Fries die nationalsozialistische Machtübernahme zu einem göttlichen Eingriff in die Geschichte und rief seine Amtsbrüder zum Dienst am erweckten deutschen Volk auf: „Ja, Gott hat unser Volk angerührt und ‚Er' erwartet, daß wir Pfarrer ihm [i. e. dem deutschen Volk] den Weg weiter zeigen."[3] Ganz in der Tradition von Putz' Vortrag in Steinach Anfang 1931 wird von Fries vorausgesetzt, daß solche Wegweisung nur durch Pfarrer erfolgen könne, die selbst in der nationalsozialistischen Bewegung stehen.

In der Ausgabe vom 10. April 1933 wurde eine Erklärung des bayerischen Pfarrervereins an den neuen bayerischen Kultusminister Hans Schemm abgedruckt, in der dessen Vorsitzender Friedrich Klingler dem NSDAP-Kultusminister die freudige Bereitschaft zur Mitarbeit „an der nationalen und religiösen Wiedergeburt unseres ganzen deutschen Volkes"[4] versicherte. Folgerichtig veröffentlichte das Organ des Pfarrervereins von nun an fast nur noch dem Nationalsozialismus wohlgesonnene Artikel. In derselben Ausgabe erschien ein kurzer Bericht über eine Sitzung des Vorstandes des

---

[1] Professor Werner Elert forderte am 13. und 20.2.1933 in seinem Artikel „Politische Aufgaben und Schranken des Pfarrers" die parteipolitisch aktiven Pfarrer dazu auf, ihr Pfarramt niederzulegen; KORRESPONDENZBLATT 58, 1933, S. 59 ff.; 77 ff.

[2] Von den Pfarrern Adolf Rottler, EBD., S. 51 ff., und Karl-Heinz Becker, EBD., S. 72.

[3] EBD., S. 119.

[4] Erklärung des Pfarrervereins (EBD., S. 151).

Pfarrervereins gemeinsam mit Vertretern des NSEP am 6. April 1933[5]. Nicht vermeldet wurde, daß der NSEP-Reichs- und Landesleiter Friedrich Klein bei dieser Zusammenkunft auch im Blick auf mögliche Neuwahlen der kirchlichen Gremien gefordert hatte, Nationalsozialisten müßten dabei stärken zum Zuge kommen. In einer weiteren Besprechung am 19. April 1933 schlossen sich der Vorstand des Pfarrervereins und die beiden anwesenden Oberkirchenräte Hans Meiser und Hans Meinzolt den Forderungen des NSEP an: Rücktritt von Kirchenpräsident Veit, Neuwahlen der kirchlichen Gremien und Eintritt eines nationalsozialistischen Pfarrers in den Landeskirchenrat. Aus anderer Quelle ist bekannt, daß die NSEP-Vertreter bereits am 20. März 1933 von Klingler mehr Einfluß im Pfarrerverein und im *Korrespondenzblatt* gefordert hatten, der ihnen zum Teil auch zugesichert wurde[6]. Eine der Früchte dieser Aussprachen dürfte die Veröffentlichung des Artikels „Korrespondenzblatt, Volkskirche und nationale Revolution" von Pfarrer Ernst Daum sein, in dem er konstatierte, daß die nationale Revolution auch auf die Kirche übergreife und „die Friedhofsruhe des Korrespondenzblattes [...] ein völlig falsches Bild [erwecke]."[7] Bei der Schriftleitung eingegangene kritische Leserbriefe zu Daums Artikel wurden nicht abgedruckt[8], stattdessen der Anfang 1931 von Putz in Steinach gehaltene Vortrag und ein zustimmender Kommentar zu dem Fries-Artikel von dem Pg.-Pfarrer Robert Schmidt[9]. Im weiteren Verlauf des Jahres 1933 folgten NS-Werbeartikel von den Pfarrern Hans Gemählich, Matthias Ittameier und Ernst Daum, der auf Anordnung des Reichsführers Klein die Landesleitung des NSEP unter dem Motto „Mit Luther und Hitler für Volk und Evangelium!"[10] übernahm.

Den im Sinne der nationalsozialistischen Pfarrer krönenden Höhepunkt ihrer Werbekampagne brachte die außerordentliche Mitgliederversammlung des Pfarrervereins am 27. April 1933, bei der 430 bis 450 Geistliche zugegen waren. Das Hauptreferat „Die Stellung der evangelischen Kirche im Nationalstaat" hielt Eduard Putz. Putz bezeichnete die ablehnende Haltung des Pietismus, hier hatte er wohl vor allem den vom Pietismus getragenen CVD im Blick, und der dialektischen Theologie, hier meinte er wohl primär dessen Hauptvertreter Karl Barth, zum Nationalsozialismus als falsch. Beide würden die nationalsozialistische Bewegung nur nach dem Christuszeugnis befragen. Es handle sich dagegen bei ihr in Wirklichkeit um ein „opus Dei", ein Werk Gottes. „Hitler hat [...] eine göttliche Sendung gehabt. Die Volksseele hat seinen geschichtlichen Auftrag aus der existentiellen Not heraus erfühlt."[11] In der anschließenden Diskussion ist niemand grundsätzlich von der Linie des Vortrages abgewichen.

---

[5] EBD., S. 154 f. mit der redaktionellen Anmerkung, daß auf Einzelheiten nicht eingegangen werden könne; H. BAIER, Pfarrerverein, S. 35 f.

[6] Siehe E. HENN, Führungswechsel, S. 336.

[7] KORRESPONDENZBLATT 58, 1933, S. 163; Daum selbst trat am 1.5.1933 in die NSDAP ein.

[8] EBD., S. 188.

[9] EBD., S. 164.

[10] EBD., S. 563; die anderen genannten Artikel siehe S. 203; 239; 264 f.

[11] Wiedergabe des Referates durch den Berichterstatter; EBD., S. 189. Vgl. zu der Versammlung EBD., S. 189 f.; H. BAIER/E. HENN, Chronologie, S. 10.

Der einflußreiche Pfarrerverein beschränkte sich nicht darauf, nationalsozialistischen Pfarrern im *Korrespondenzblatt* und auf Versammlungen ihre Propaganda zu ermöglichen. Er berief Friedrich Klein als Landesleiter des NSEP in seinen Vorstand und machte sich dessen kirchenpolitische Forderungen zu eigen. Die Grenze war allerdings erreicht, als der vom Erfolg berauschte NSEP im August 1933 sich den Pfarrerverein komplett einverleiben wollte. Klingler ließ sich zur besseren Abwehr dieses Ansinnens zum „Führer" des Pfarrervereins mit weitreichenden Vollmachten wählen. Der Vorstand wurde nun nicht mehr von den Mitgliedern gewählt, sondern vom Führer ernannt. Die Nationalsozialisten gaben sich schließlich damit zufrieden, daß Klingler aus ihrer Mitte Friedrich Klein, Ludwig Beer und Friedrich Hanemann in den Vorstand berief[12].

Nicht nur im Pfarrervereinsvorstand waren die Pg.-Pfarrer wenige Monate nach der „Machtergreifung" gut vertreten. Nach den von Hitler reichsweit unter Verletzung der kirchlichen Eigenständigkeit angeordneten allgemeinen Kirchenwahlen am 23. Juli 1933 gewährleisteten die vielen NSDAP-Mitglieder in den neuen Kirchenvorständen ein entsprechendes Ergebnis bei den mittelbaren Wahlen zur Landessynode. Der NSEP, der inzwischen häufig in Verbindung mit den Deutschen Christen agierte, versuchte mit Unterstützung von Parteistellen erfolgreich diese Wahlen zu beeinflussen[13]. War in der alten Landessynode unter den 36 Geistlichen lediglich ein Pg., befanden sich 1933/34 unter den 23 Geistlichen mindestens sieben Pg. (30,4 %), nimmt man die NSEP-Mitglieder hinzu, so waren mit elf fast die Hälfte der geistlichen Synodalen nationalsozialistisch organisiert[14]. Unter den 26 gewählten weltlichen Synodalen lag der Anteil mit mindestens 15 Pg. noch höher. In den Landessynodalausschuß wurden neben fünf parteilosen Geistlichen, von denen Hans Greifenstein allerdings dem NSEP angehörte, der NSEP-Landesleiter und Alt-Pg. Friedrich Klein gewählt bzw. berufen; unter den drei geistlichen Ersatzmännern befand sich mit Hans Gollwitzer ein weiterer aktiver Pg. Das Protokoll der ersten Tagung der neuen Landessynode im September 1933 liest sich streckenweise wie ein Bericht über eine NSDAP-Versammlung. Auch die NSEP-Forderung nach der Aufnahme eines Nationalsozialisten in den Landeskirchenrat ging am 1. Juli 1933 in Erfüllung, wenn auch Eduard Putz nur im Rang eines Hilfsreferenten amtierte.

Mitte 1934 hatte der NSEP in Bayern 268 Mitglieder, jeder siebte Pfarrer (15,1 %) hatte sich ihm angeschlossen; mindestens 117 (43,7%) – vermutlich 175 (65,3 %) – davon waren zu diesem Zeitpunkt auch NSDAP-Mitglieder. Dies zeigt zum einen, daß viele Pfarrer, die sich als „nationalsozialistisch" einstuften, nicht Pg. wurden, zum anderen, daß der NSEP bei weitem nicht alle Pg.-Pfarrer berufsständisch organisieren konnte; mindestens 67 Pg.-Pfarrer (36,4 %) schlossen sich dem Bund nicht an. Addiert man NSEP- und NSDAP-Pfarrer, so ergaben sich für Mitte 1934 mindestens 335,

---

[12] H. Baier, Pfarrerverein, S. 37.
[13] P. Kremmel, Pfarrer, S. 153 ff.
[14] Ebd., S. 155.

vermutlich 369, organisierte nationalsozialistische Pfarrer, was einem Anteil von 18,9 % bzw. 20,8 % der Pfarrerschaft entspricht.

Neben dem NSEP formierten sich 1933/34 bei starken personellen Überschneidungen die Deutschen Christen in Bayern, die ebenfalls eine intensive Werbung für den Nationalsozialismus betrieben[15]. Die führenden DC-Pfarrer kamen zumeist aus der Generation der Weltkriegs- und Freikorpskämpfer der Jahrgänge 1890 bis 1903.

Der vom Pfarrerverein geförderten Werbekampagne des NSEP und dem Einzug von Nationalsozialisten in kirchenleitende Gremien im Frühjahr und Sommer 1933 folgte eine regelrechte Eintrittswelle von bayerischen Pfarrern in die NSDAP. 1933 traten nachweislich 110 oder 6,4 % (vermutlich 165 bzw. 9,6 %) der Pfarrer in die NSDAP ein[16]. Dem standen zwei oder drei Parteiaustritte von Vikaren gegenüber.

Die ältere Vorkriegsgeneration war mit 24 Pfarrern, die jüngere mit 19 vertreten; die ältere Kriegsgeneration mit 21, die jüngere mit 20; die ältere Nachkriegsgeneration mit 16, die jüngere mit zehn. Im Vergleich zu den 1931 und 1932 eingetretenen Pfarrern zeigt sich eine deutliche Verschiebung. Die bisher schwach vertretene jüngere Vorkriegsgeneration und die ältere Kriegsgeneration glichen offensichtlich ihren „Nachholbedarf" aus. Verglichen mit der Altersstruktur der bayerischen Pfarrerschaft bestätigt und differenziert sich dieser Befund. Stark unterrepräsentiert bei den NSDAP-Neuzugängen zeigen sich die Jahrgänge vor 1875 und nach 1904; ihrem Anteil entsprechen in etwa die Jahrgänge 1885 bis 1889, 1895 bis 1899 und der Jahrgang 1910; stark überrepräsentiert sind die Jahrgänge 1875 bis 1884, 1900 bis 1904 und besonders 1890 bis 1894, von denen etwa jeder siebte 1933 Pg. wurde.

Regional verteilten sich die Eintritte folgendermaßen: Der Kirchenkreis Bayreuth war mit fast der Hälfte (53) der Eintritte stark über-, München (10) stark unterrepräsentiert; Ansbach (46) entsprach in etwa seinem Gesamtanteil[17].

1934 bis 1936 verhängte die NSDAP eine Aufnahmesperre. Um so bemerkenswerter ist die Aufnahme von nachweislich neun bayerischen Pfarrern in die NSDAP in der Phase der restriktiven Anwendung der Aufnahmesperre 1934. Es fällt auf, daß es sich bei den Eintritten von 1934 um „etablierte" Geistliche über 30 Jahre handelte, auf deren Parteimitgliedschaft die NSDAP wert legte.

Im August 1934 waren nachweislich 184 oder 10,4 % (vermutlich 276 bzw. 15,5 %) der bayerischen Pfarrer NSDAP-Mitglieder. Dies entsprach in etwa dem Anteil der Pg. in der männlichen wahlberechtigten Bevölkerung in Bayern (11,4 %)[18]. Der „Vorsprung" der Pfarrer in der Zeit der Weimarer Republik war also bei Abschluß der Phase der nationalsozialistischen „Machtergreifung" von der übrigen Bevölkerung fast eingeholt worden.

Die ältere Vorkriegsgeneration war mit 40 Pfarrern, die jüngere mit 25, die ältere Kriegsgeneration mit 27, die jüngere mit 29, die ältere Nachkriegsgeneration mit 37,

---

[15] Zur Organisation der DC in Bayern siehe H. BAIER, Christen.

[16] Die Gesamtzahl der Pfarrerschaft 1933 schätzt der Verf. auf 1725.

[17] Ansbach 44,5 % der Stellen, 42,2 % der Pg.; Bayreuth 35,9 % der Stellen, 48,6 % der Pg.; München 19,6 % der Stellen, 9,2 % der Pg.

[18] Quellengrundlage: PARTEI-STATISTIK I, S. 28; 39; 43.

die jüngere mit 25 vertreten. Verglichen mit der Altersstruktur der Pg.-Pfarrer Ende 1932 hatten die jüngere Vorkriegsgeneration ihren Anteil deutlich, die ältere Kriegsgeneration ihren Anteil stark vergrößert, in etwa konstant blieb er bei der älteren Vorkriegsgeneration, der jüngeren Kriegsgeneration und der jüngeren Nachkriegsgeneration[19], stark rückläufig war er bei der älteren Nachkriegsgeneration. Für einen Vergleich mit der Altersstruktur der gesamten Pfarrerschaft bietet für dieses Jahr die Pfarrerfamilienstatistik von 1934 recht exaktes Vergleichsmaterial: Stark überrepräsentiert waren die Geburtsjahrgänge 1875 bis 1884 (14), 1890 bis 1894 (26) und 1900 bis 1904 (33), ihrem Anteil entsprachen in etwa 1895 bis 1899 (19) und 1910 bis 1912 (11), leicht unterrepräsentiert waren 1870 bis 1874 (8) und 1885 bis 1889 (18), stark unterrepräsentiert die Jahrgänge vor 1870 (10) und 1905 bis 1909 (29). Den geringsten Anteil an Pg. hatte die Altersgruppe der Jahrgänge vor 1870 mit mindestens 5,3 %, den höchsten die der Jahrgänge 1890 bis 1894, die ältere Kriegsgeneration, mit mindestens 17,6 % (vermutlich 26,4 %). Verglichen mit der Altersstruktur aller Pg. in Bayern waren die Pfarrer über 60 Jahre stark über-, die zwischen 31 und 40 stark unterrepräsentiert; alle anderen Altersgruppen entsprechen in etwa ihrem Anteil[20].

Die Altersstruktur spiegelt sich im beruflichen Status der Pg.-Pfarrer wider: 34 (18,5 %) waren Kandidaten, 142 (77,2 %) Pfarrer und acht (4,3 %) Emeriten. Während die Kandidaten entsprechend ihrem Anteil an der Pfarrerschaft vertreten waren, zeigten sich die Pfarrer deutlich über-, die Emeriten stark unterrepräsentiert. Von den Pfarrern standen 117 im Gemeindedienst, vier davon mit der Funktion eines Seniors, drei mit Dekansamt. Bei den Vertretern der mittleren Ebene der kirchlichen Hierarchie, der 67 Dekanate, waren die Pg. demnach stark unterrepräsentiert. Stark überrepräsentiert waren dagegen die Pfarrer im Dienst der Inneren Mission (11 von 26), die Gefängnisseelsorger (2 von 7) und Militärgeistlichen (1 von 1), deutlich überrepräsentiert die hauptamtlichen Religionslehrer (9 von 65). Zwei Pg.-Pfarrer waren in zentralen landeskirchlichen Einrichtungen tätig.

Regional war der Kirchenkreis Bayreuth (80) deutlich über-, München (23) stark unterrepräsentiert, Ansbach (81) entsprach seinem Anteil; im Vergleich zu 1932 hatte Ansbach deutlich zugelegt, München war weit zurückgefallen, Bayreuth konnte seine Führungsposition noch etwas ausbauen. Dieses Bild spiegelt sich auch bei den Regierungsbezirken wider: Überrepräsentiert sind stark Unterfranken (34), deutlich Oberfranken (51) und Oberbayern (14), unterrepräsentiert leicht Mittelfranken (73), stark die Oberpfalz und Niederbayern (5) und Schwaben (7). Die größten Verschiebungen gab es im Vergleich zu 1932 bei den sich in etwa halbierenden Anteilen von der Oberpfalz, von Nieder- und Oberbayern. Sechs von sieben Pg.-Pfarrern (85,9 %) amtierten 1934 in Franken, obwohl dort nur 78 % der Stellen angesiedelt waren. Im Ver-

---

[19] Bei der jüngeren Nachkriegsgeneration ist berücksichtigt, wie viele Geburtsjahrgänge zum Stichtag bereits in den kirchlichen Dienst getreten waren.

[20] Zur besseren Vergleichbarkeit wurden zu den Pfarrern die 30 Theologiestudenten hinzugenommen, die Ende 1934 Pg. waren. Das Ergebnis im einzelnen: 18-30 Jahre: 37,6 % Pg., 37,4 % Pg.-Pfarrer; 31-40 Jahre: 27,3 % Pg., 22,9 % Pg.-Pfarrer; 41-50 Jahre: 19,7 % Pg., 20,1 % Pg.-Pfarrer; 51-60 Jahre: 11,6 % Pg., 11,7 % Pg.-Pfarrer; über 60 Jahre: 3,8 % Pg., 7,9 % Pg.-Pfarrer.

gleich zum Anteil der Pg. in den NSDAP-Gauen an der bayerischen Gesamtmitglied-schaft fällt auf, daß die Verschiebungen zwischen den Gauen seit der „Machtergrei-fung" sich in der Pfarrerschaft wiederfinden. Die Bayerische Ostmark und Schwaben bleiben in etwa konstant, Mainfranken legt stark zu, München-Oberbayern nimmt deutlich ab; nur [Mittel-]Franken nimmt bei den Pg. deutlich ab, bei den Pg.-Pfarrern deutlich zu.

In Oberfranken lag im „führenden" Dekanat Kirchenlamitz/Selb (4) der Anteil der Pg.-Pfarrer doppelt so hoch wie der Anteil der Stellen, immerhin mindestens einein-halb mal so hoch in Bamberg (4), Bayreuth (8), Coburg (11), Kronach (3), Kulmbach (5), Ludwigstadt (2), Pegnitz (3) und Wunsiedel (4)[21]. Das oberfränkische Dekanat mit der absolut höchsten Zahl von Pg., Coburg, war von einem Pg. Ende 1932 auf elf angewachsen. In Unterfranken führte das Dekanat Eyrichshof (5) mit einem zweiein-halb mal so hohen Anteil, gefolgt von Schweinfurt (7) mit einem mindestens doppelt so hohen Anteil, wenigstens eineinhalb mal so hoch war der Anteil in Lohr (4), Rot-hausen (3) und Rüdenhausen (3). Eine nennenswerte Anzahl von Pg. tat im Dekanat Würzburg (5) Dienst. In Mittelfranken führte das Dekanat Windsbach (7) mit einem fast viermal so hohen Anteil. Der hohe Anteil hier ist allerdings durch die Geistlichen der Inneren Mission in Neuendettelsau und Umgebung bedingt, von denen fast die Hälfte (4) Pg. waren, ihre Stellen sind in der Vergleichsgrundlage nicht enthalten; unter den Gemeindepfarrern war der Anteil „nur" eineinhalb mal so hoch. Mit etwa doppelt so hohem Anteil folgen Thalmässing (3) und Nürnberg (22). Eine nennenswerte An-zahl von Pg. tat im Dekanat Windsheim (5) Dienst. In Oberpfalz/Niederbayern und Schwaben wies kein Dekanat einen deutlich höheren Anteil auf. Die absolut höchste Anzahl hatte Augsburg (4) zu verzeichnen. In Oberbayern hatten die Dekanate Mün-chen (10) und Rosenheim (3) einen etwa eineinhalb mal so hohen Anteil. Auf der an-deren Seite war in zwölf bayerischen Dekanaten wahrscheinlich keiner der Pfarrer Mitglied der NSDAP.

Im Vergleich zu der Größe der Wohnorte der Pg.-Pfarrer 1932 hatte sich 1934 eine Verschiebung ergeben. Durch eine starke Abnahme der Städte und eine starke Zunah-me der Dörfer entsprach die Verteilung nun in etwa der Verteilung in der gesamten Pfarrerschaft bei einer deutlichen Unterrepräsentierung der mittleren und kleinen Städte und einer leichten Überrepräsentierung der Orte unter 4.000 Einwohnern[22].

Da von den eruierten 278 bayerischen Pfarrern, die zumindest zeitweise Mitglieder der NSDAP waren, nur 41 (14,7 %) nach der Phase der „Machtergreifung" in die Par-

---

[21] Als Vergleichszahlen wurde die Zahl der Pfarrstellen, der Exponierten, Pfarr- und Stadtvikariate, der Stellen für Militär- und Anstaltsgeistliche aus dem PERSONALSTAND 1934, S. 336-338, verwendet. Diese Zahl wurde gemäß der Ergebnisse der Pfarrerfamilienstatistik (F. BAUM, Pfarrhaus, o.P.) vom 1.5.1934 (zuzüglich der hier nicht enthaltenen Kandidaten, PERSONALSTAND 1934, S. 210-232), die nur für ganz Bayern vorliegen, hochgerechnet.

[22] In Großstädten 16,6 % der Pfarrer, 17,7 % der Pg.-Pfarrer; in mittleren und kleinen Städten 25,7 % der Pfarrer, 18,8 % der Pg.-Pfarrer; in Dörfern 57,8 % der Pfarrer, 63,5 % der Pg.-Pfarrer.

tei eintraten, erfolgt an dieser Stelle eine Analyse der Gesamtgruppe der Pg.-Pfarrer[23]. Im Blick auf den biographischen Zeitpunkt ihres Parteieintritts ergibt sich folgendes Bild: 60 (21,6 %) Pfarrer schlossen sich der Partei vor ihrer Aufnahme in den kirchlichen Dienst an; 9 (3,2 %) schon als Schüler, 47 (16,9 %) als Theologiestudenten, einer (0,4 %) als Student eines anderen Faches und drei (1,1 %) weder als Schüler noch als Student. Im mittel- oder unmittelbaren kirchlichen Dienst standen zur Zeit ihres Eintritts 213 (76,6 %); 39 (14,0 %) als Kandidaten, 138 (49,6 %) als Gemeindepfarrer, davon vier als Senior und fünf als Dekan, 18 (6,5 %) im Staatsdienst, davon 13 als Religionslehrer, zwei als Hochschuldozenten und drei als Gefängnisseelsorger, 9 (3,2 %) hatten zur Zeit des Eintritts Dienstorte außerhalb Bayerns, fünf in der Äußeren Mission und vier in anderen Landeskirchen. Nicht mehr im aktiven Dienst befanden sich bei ihrem Eintritt fünf Pfarrer (1,8 %). Immerhin zwei Drittel (186 bzw. 66,9 %) taten also zum Zeitpunkt ihres NSDAP-Eintritts als Geistliche in bayerischen Kirchengemeinden hauptamtlich Dienst.

Regional scheint sich ein Dienstort in Oberfranken (71 bzw. 34,5 %), Unterfranken (33 bzw. 16,0 %) oder der Oberpfalz und Niederbayern (13 bzw. 6,3 %) sehr förderlich auf die Bereitschaft zum NSDAP-Eintritt ausgewirkt zu haben, ein Dienstort in Schwaben, Oberbayern (jeweils 7 bzw. 3,4 %) und Mittelfranken (75 bzw. 36,4 %) weniger förderlich[24]. Es folgen die zwanzig Dekanate mit den relativ meisten NSDAP-Eintritten, absteigend geordnet nach dem Grad der Wahrscheinlichkeit eines Parteieintritts: Windsbach (8), Kronach (6), Eyrichshof (5), Gräfenberg (5), Thalmässing (4), Muggendorf (4), Coburg (15), Roth (3), Pegnitz (4), Schweinfurt (7), Kirchenlamitz/Selb (4), Sulzbach (6), Rüdenhausen (4), Bamberg (5), Naila (4), Bayreuth (8), Wunsiedel (5), Würzburg (6), Nürnberg (19) und Ansbach (7). Bei der Größe des Wohnortes läßt sich keine ausgeprägte Steigerung der Eintrittsneigung feststellen; 31 (14,8 %) wohnten in Großstädten, 40 (19,1 %) in Mittel- und Kleinstädten und 138 (66,0 %) auf dem Lande in Orten mit unter 4.000 Einwohnern.

Von der Altersgruppe her war der bayerische Pfarrer anfälliger für einen NSDAP-Eintritt, wenn er den Geburtsjahrgängen 1875 bis 1884, dem jüngeren Teil der älteren Vorkriegsgeneration, 1890 bis 1894, der älteren Kriegsgeneration, oder 1900 bis 1904, der älteren Nachkriegsgeneration, angehörte. Für die Jahrgänge, die nach dem Ersten Weltkrieg in den Dienst der Landeskirche traten, läßt sich für jeden Aufnahmejahrgang die NSDAP-Anfälligkeit errechnen. Besonders prädestiniert für einen Parteieintritt waren die Aufnahmejahrgänge 1919, 1925 und 1929 (34,3-35,0 %); jeweils gut ein Drittel wurde Pg. Gut ein Viertel war es beim Jahrgang 1931 (26,2 %), etwa ein Fünftel bei den Jahrgängen 1922, 1924 und 1926 (18,9-20,0 %). Vermutlich lagen die Prozentsätze sogar noch eineinhalb mal so hoch; dann wäre aus den „Spitzenjahrgängen" jeder zweite Pfarrer Pg. geworden!

---

[23] Einige davon waren nur in der Zeit vor ihrem Eintritt in den kirchlichen Dienst NSDAP-Mitglieder. Als Pg.-Pfarrer werden in dieser Studie auch solche Pfarrer bezeichnet, die einen Aufnahmeantrag an die NSDAP gerichtet hatten, aber von der Partei nur im Status von Anwärtern geführt wurden.

[24] Orientierungspunkt ist der Anteil des jeweiligen Regierungsbezirkes an den Stellen in der bayerischen Landeskirche 1934 errechnet nach den Angaben im PERSONALSTAND 1934, S. 336-338.

Für 163 Pg.-Pfarrer ließen sich aus den Personalakten und anderen Quellen Angaben zu Motiven ihres NSDAP-Beitritts eruieren. Allerdings stammen nur 16 dieser Angaben aus der Zeit vor 1945. Neun davon beziehen sich auf Pfarrer, die vor 1933 in die NSDAP eingetreten sind. Hier dominiert mit drei Nennungen die antibolschewistische Motivation. Für viele Pfarrer schien es – in völliger Fehleinschätzung der deutschen Sozialdemokratie, die mit der KPD zusammen unter dem Begriff Bolschewismus subsumiert wurde – vor 1933 ein offenes Kopf-an-Kopf-Rennen zwischen dem Nationalsozialismus und dem „gottlosen Bolschewismus" zu geben. Ein Pfarrer schrieb im Juli 1933 an ein Gemeindeglied: „Wäre Hitler nicht 5 Minuten vor 12 Uhr zur Macht gekommen, dann hätten wir heute in Deutschland den Bolschewismus. Davor hat uns Gottes Gnade bewahrt."[25] Der Mann hatte sich seinem Pfarrer gegenüber kritisch zur Politisierung der Kirche und zur Verfolgung der politischen Gegner durch die Nationalsozialisten geäußert. Der Pfarrer versuchte ihn in seiner Antwort zu beschwichtigen: „Gewiß geschieht heute im Staat manches, wozu die Kirche ihr Nein sagen muß. Noch mehr derartiges geschah zweifellos in den letzten 14 Jahren vom Staat aus."

Je zwei Angaben entfielen auf die nationale, die antisemitische und die völkisch-theologische Motivation. Unter der nationalen Motivation ist primär das Streben nach einer Revision des Versailler Vertrages zu verstehen. Als Beispiel sei aus der Kirchbauurkunde der Auferstehungskirche in Lohr vom 29. Mai 1934 zitiert. Die Kirche habe ihren Namen auch „zum Zeichen der Wiederauferstehung des deutschen Volkes nach fünfzehn Jahren der Schmach und Erniedrigung"[26] erhalten.

Von den 42 erst nach Kriegsende gemachten Angaben von Alt-Pg. entfielen jeweils elf auf die nationale, die antibolschewistische und die soziale Motivation – unter die soziale Motivation wurde das Streben nach sozialer Befriedung und nach Volksgemeinschaft subsumiert –, zehn auf die Massenarbeitslosigkeit und neun auf das positive Christentum im NSDAP-Parteiprogramm. Es zeigt sich die Tendenz, nach 1945 kompromittierende Motive wie den Antisemitismus eher zu unterschlagen und weniger belastende soziale Motive überzubetonen.

Von den seit 1933 eingetretenen Pfarrern liegen sieben vor 1945 gemachte Angaben vor; mehrfach ist hier nur mit zwei Nennungen eine Eintrittsaufforderung von seiten der Partei vertreten. Interessant ist im Blick auf die hohe NS-Anfälligkeit der Pfarrer im Dienst der Inneren Mission die Angabe eines Pfarrers über seinen Pg.-Amtsbruder von Anfang 1935: Der habe sich ihm gegenüber noch im Dezember 1932 als ehemaliger CVD-Aktivist kritisch zu Hitler geäußert und sei 1933 nur in die NSDAP eingetreten,

---

[25] Pfarrer an Gemeindeglied, Juli 1933 (PFARRER 117, Sammlung) (dort auch das folgende Zitat); vgl. Zitat aus dem Tagebuch des Münchener Pfarrers Ernst Kutter (F. SPIEGEL-SCHMIDT, Christuskirche, S. 22); H. MEINZOLT, Gemeinden, S. 66 (die betont antikommunistische Ausrichtung der NSDAP habe viele Pfarrer zu einem Engagement für die Partei veranlaßt).
[26] F. HECKEL (Hg.), Auferstehungskirche, S. 15. Vgl. M. KARRER, Lebensbeschreibung, S. 7: „Nach dem Schmachvertrag von Versailles begrüßte man jede vaterländische Bewegung, die aus dieser Schmach herausführen sollte. So ist es zu verstehen, daß die Hitlerbewegung so viel Anhang fand und schließlich alle Macht im Staat errang. Zuerst sah man nur das Gute, so daß Hitler auch in kirchlichen Kreisen Anklang fand." Vgl. auch F. LOY, Lembert, S. 100 f.; W. RUPPRECHT, Reich, S. 1.

um den Bestand seiner Einrichtung zu sichern[27]. Da die meisten Einrichtungen der Inneren Mission in der Trägerschaft von Vereinen lagen, waren sie rechtlich wesentlich schwächer abgesichert als die Einrichtungen der Landeskirche, die den verfassungsrechtlich garantierten Status einer Körperschaft des öffentlichen Rechtes hatte.

Von den 105 Angaben nach Kriegsende entfielen jeweils 26 auf eine Aufforderung von seiten der Partei und auf die volksmissionarische Motivation, 22 auf das positive Christentum der NSDAP, 19 auf das Bestreben, gegen kirchenfeindliche Kräfte in der Partei zu wirken[28] und 17 auf die Sorge um die ungehinderte Ausübung des kirchlichen Amtes bzw. den Schutz der jeweiligen kirchlichen Einrichtung.

Zur Intensität des nationalsozialistischen Engagements der Pg.-Pfarrer finden sich in den Personalakten interessante Anmerkungen. 31 Pg.-Pfarrer wurden in den Personalakten von Vorgesetzten und Kollegen als aktive Nationalsozialisten bezeichnet, bei 13 wurde eine nationalsozialistisch gefärbte Theologie und Gemeindearbeit attestiert, 22 bezeichneten sich selbst als aktive bzw. begeisterte Nationalsozialisten. Weil sich Fremd- oder Selbsteinschätzungen in den Personalakten eher zufällig finden und auch stark von der NS-Anfälligkeit des beurteilenden kirchlichen Vorgesetzten abhängen, lassen sie keine allgemeinen quantifizierenden Schlüsse zu. Dazu sind eher die recht durchgängig vorhandenen Angaben zu Funktionen und Ämtern in der NSDAP und anderen NS-Organisationen geeignet. Mindestens 62 Pg.-Pfarrer übernahmen Funktionen in der NSDAP, zumeist auf der lokalen Ebene; 17 agierten als Parteiredner, zehn hielten als Pfarrer bei Fahnenweihen, Weihnachtsfeiern usw. Ansprachen, drei fungierten als Ortsgruppen- bzw. Stützpunktleiter, 26 arbeiteten anderweitig in ihrer Ortsgruppe mit, häufig als Propagandaleiter. Vier Pfarrer bekleideten Funktionen auf der Kreisebene, je einer auf der Gau- und Reichsebene – gezählt ist hier immer nur die höchste erreichte Funktion, die auch tatsächlich ausgeübt wurde. Mindestens 33 Pg.-Pfarrer waren damit ehrenamtliche Politische Leiter der NSDAP. Berücksichtigt man, daß diese Ämter fast ausschließlich 1933 und 1934 bekleidet wurden, lag der Anteil der Politischen Leiter unter den Pg.-Pfarrern bei etwa 18 % und entsprach damit in etwa dem reichsweiten Anteil der Politischen Leiter an den Pg. von 20,7 % Ende 1934; deutlich höhere Anteile wiesen neben den Bauern mit 28,2 % lediglich die Beamten mit 28,1 % aus[29], wobei sich hier bereits bemerkbar machte, daß die NSDAP zur Staatspartei geworden war.

Die neun hochrangigen Parteifunktionäre werden im folgenden eingehender vorgestellt. Im Sommer 1933 wurde in einem oberfränkischen evangelischen Dorf auf Weisung der Kreisleitung eine NSDAP-Ortsgruppe gebildet; eins der acht Parteimitglieder im Ort war der junge Gemeindepfarrer, der im Mai 1933 in die Partei eingetreten war. Nach der Urteilsbegründung der Spruchkammer vom August 1946 wurde er „von angesehenen Männern seiner Gemeinde" bedrängt, die Leitung der Ortsgruppe zu übernehmen: „[...] er sei ja der Vorstand des Obstbauvereins, des Gesangvereins, und da könne er doch auch Ortsgruppenleiter sein, denn man habe zu ihm das Vertrauen,

---

[27] Alt-Pg.-Pfarrer an LKR, 10.1.1935 (LKA Nürnberg, PA 7).

[28] Vgl. Pfarrer 4, Manuskript, S. 1; er hoffte, durch seinen Parteieintritt 1933 „manches bewirken und verhüten" zu können.

[29] M. Jamin, Klassen, S. 252 ff.

daß er nichts Schlechtes aufkommen lasse."[30] Der Pfarrer willigte schließlich ein und wurde vom Kreisleiter als Ortsgruppenleiter eingesetzt. Ein besonderes Engagement scheint er auf diesem Posten nicht entwickelt zu haben. Dennoch ernannte der Kreisleiter den Pfarrer, ohne vorher dessen Zustimmung eingeholt zu haben, im Februar 1934 zum Kreisamtsleiter für Kulturfragen. Da der Pfarrer im März 1934 die Stelle wechselte und den Kreis verließ, kam diese Ernennung aber nicht mehr zum Tragen. In seinem neuen Wohnort bekleidete er in der NSDAP keine Ämter mehr.

Aktiver scheint ein anderer Ortsgruppenleiter gewesen zu sein, der ebenfalls im Mai 1933 als Gefängnisseelsorger in die NSDAP eintrat. Sein Dekan teilte im Juni 1945 der Kirchenleitung mit, der Pfarrer habe sich „stark für die Interessen der Partei ein[gesetzt]"[31] und zeitweise in seinem Dienstort als Ortsgruppenleiter fungiert.

Der dritte Pfarrer, der eine NSDAP-Ortsgruppe führte, war schon 1930 als Vikar in die Partei eingetreten. Seine erste Pfarrstelle trat er im September 1933 in einem oberfränkischen Dorf an, in dem er zum stellvertretenden Ortsgruppenleiter ernannt wurde. Nach seinen eigenen Angaben habe er auch ein Angebot der Partei erhalten, hauptamtlich in deren Dienst zu treten. Als der Ortsgruppenleiter schwer erkrankte, führte der Pfarrer von August 1934 bis April 1935 die Geschäfte der Ortsgruppe. Obwohl er nach dem Tod des Ortsgruppenleiters mit seiner Ernennung zu dessen Nachfolger gerechnet hatte, blieb diese aus – stattdessen entzog ihm die Kreisleitung die Geschäftsführung. Dennoch beantragte er erfolgreich im Mai 1935 die Verleihung des Blutordens, der Teilnehmern am Hitler-Putsch von 1923 im „Dritten Reich" verliehen wurde. Er hatte als Schüler mit dem Bund Oberland am Putsch teilgenommen. Der Gemeinderat seines Dienstortes schrieb im Mai 1946 an den Landeskirchenrat: „Durch seine Tätigkeit in der NSDAP hat sich Mannhart hier unmöglich gemacht."[32]

Zum auch praktisch amtierenden Kreisamtsleiter brachte es ein DC-Pfarrer in einem mittelfränkischen Dorf, der seine Gemeinde zur Hochburg des Nationalsozialismus gemacht hatte und dort auch als Ortsgruppenleiter fungierte[33]. Ein anderer mittelfränkischer Dorfpfarrer, der 1932 in die NSDAP eingetreten war, wurde im September 1933 vom Kreisleiter zum stellvertretenden Kreisschulungsleiter ernannt und erhielt den Auftrag, zwei Ortsgruppen neu zu organisieren[34].

Schon vor 1933 wurde ein Vikar, der 1930 der NSDAP beigetreten war, vom Gauleiter Hans Schemm zum Kreisschulungsleiter ernannt; durch einen Stellenwechsel im April 1933 endete diese Tätigkeit, in der der Vikar nicht besonders aktiv gewesen

---

[30] Urteil der Spruchkammer vom 29.8.1946 (LKAMT MÜNCHEN, PA 173).

[31] Dekanat Ebermergen an LKR, 6.6.1945 (LKA NÜRNBERG, LKR z. IV, 543a [Slg.]); der Dekan vermerkte auch, daß der Pfarrer sich im „Dritten Reich" von der Kirchenleitung und seinen Amtsbrüdern abgesetzt habe.

[32] Gemeinderat an LKR, 19.5.1946 [Name vom Verf. geändert] (LKAMT MÜNCHEN, PA 202); auch der Kirchenvorstand stimmte 1946 mehrheitlich für eine Abberufung des Pfarrers.

[33] Schreiben des Amtsnachfolgers des DC-Pfarrers an den LKR, 28.1.1946 (LKAMT MÜNCHEN, PA 129 [nicht PA des betreffenden Pfarrers]); C. VOLLNHALS, Kirche (1989), S. 258.

[34] LKAMT MÜNCHEN, PA 208.

zu sein scheint[35]. Ein anderer Alt-Pg., der bereits seit 1925 der Partei angehörte, wirkte
von seiner Dorfgemeinde in der Oberpfalz aus von 1932 bis 1935 als Kreisamtsleiter
für Schulen und von 1935 bis 1937 als Kreisamtsleiter für Kultur. In der oberbayerischen Gemeinde, in die er 1937 wechselte, war er von 1940 bis 1945 als stellvertretender NSV-Zellenwalter tätig. In der SA tat der Träger des Goldenen Parteiabzeichens
von 1934 bis 1939 mit dem Rang eines Oberscharführers Dienst[36].

Auf Gauebene war ein oberfränkischer Pg.-Pfarrer tätig, der seit 1930 der Partei angehörte. Er fungierte 1933/34 als Schemms Sachbearbeiter für kirchliche und religiöse
Angelegenheiten. Zusätzlich war er von 1933 bis 1937 Vorsitzender von NSDAP-
Kreisgerichten und arbeitete auch im Gaugericht mit. Seine kirchlichen Vorgesetzten
beurteilten 1935 sein NS-Engagement kritisch: „Seine Bindung an die Partei scheint
stärker zu sein als seine theologische Bindung an Schrift und Bekenntnis"[37], er versuche eine „Synthese zwischen evangelischer Theologie und nationalsozialistischer Weltanschauung"[38], seine Stelle als Studienrat ab Mai 1934 verdanke er seiner aktiven Par-
teitätigkeit[39].

In der Auslandsabteilung der nationalsozialistischen Reichsjugendführung im Brau-
nen Haus arbeitete ein Träger des Goldenen HJ-Ehrenzeichens, der seit 1931 der
NSDAP angehörte, auch noch einige Zeit lang mit, als er 1934 in den kirchlichen
Dienst eingetreten war[40].

Mindestens 55 Pfarrer hatten nach ihrem Eintritt in den kirchlichen Dienst Funktionen und Ränge in NS-Organisationen inne; 20 in der NSV, 17 in der SA, zehn in
der HJ und acht in sonstigen Organisationen. Da 17 von ihnen gleichzeitig Funktionen in der NSDAP bekleideten, steht bei insgesamt 100 Pg.-Pfarrern eine aktive Mitarbeit in der NSDAP oder einer ihrer Massenorganisationen fest. Im Blick auf alle Pg.-
Pfarrer wäre das ein Anteil von 36,0 %. Wenn man in Rechnung stellt, daß der größte
Teil dieser nationalsozialistischen Aktivitäten in den Jahren 1933 und 1934 stattfanden,
ging in diesem Zeitraum bei etwa der Hälfte der 184 damaligen Pg.-Pfarrer ihr NS-
Engagement über eine bloße Mitgliedschaft hinaus.

Bei mindestens 41 Pfarrern spielte ihre NSDAP-Mitgliedschaft eine Rolle bei ihrer
beruflichen Laufbahn; 17 erreichten im „Dritten Reich" einen höherdotierten Posten,
zumeist im Staatsdienst[41], sieben wurden vom Landeskirchenrat gezielt auf exponierten
Posten eingesetzt, acht verwiesen bei einer Stellenbewerbung auf ihre Mitgliedschaft,
sieben wurden von nationalsozialistischen Stellen protegiert, zwei erhielten eine Pfarrstelle, weil die Gemeinden sich ausdrücklich einen Pg.-Pfarrer wünschten.

---

[35] SAMMLUNG P. KREMMEL.

[36] LKAMT MÜNCHEN, PA 118.

[37] Gesamtwürdigung durch den Senior, 1935 (LKA NÜRNBERG, PA 252).

[38] Gesamtwürdigung durch den Dekan, 1935 (EBD.).

[39] Gesamtwürdigung durch den Kreisdekan, 1935 (EBD.).

[40] Lebenslauf (ca. 1936) (LKAMT MÜNCHEN, PA 68).

[41] Allerdings kamen auch einige der Pg.-Pfarrer im Staatsdienst in Konflikte mit Staats- und Parteistellen; vgl. den Briefwechsel eines Wehrmachtspfarrers (PFARRER 104, Sammlung).

Einige Pfarrer wechselten gänzlich in den Dienst der Partei oder des NS-Staates: Ein DC-Vikar, der 1932 als Student aktiver Pg. wurde und 1934 als Vikar ehrenamtlicher weltanschaulicher Referent eines SA-Sturmes war, schied 1935 aus dem kirchlichen Dienst aus und wurde zunächst Referent der Landes-Stelle Franken des Reichspropagandaministeriums, dann Kulturhauptstellenleiter des Gaues Franken. 1936 trat er aus der Kirche aus[42]. Ein andere DC- und Pg.-Pfarrer, der von dem diakonischen Verein, bei dem er beschäftigt war, wegen seiner führenden Rolle bei der Absetzung von Landesbischof Meiser im Herbst 1934 entlassen wurde, ging später in den Polizeidienst. Wenige Tage nachdem er 1943 zum Regierungsrat im Gauarbeitsamt Nürnberg aufgestiegen war, verübte er Selbstmord[43]. Hans Gollwitzer, der als DC- und Pg.-Pfarrer im Oktober 1934 von der Reichskirchenregierung zum geistlichen Kommissar für Ober- und Niederbayern, Schwaben und die Oberpfalz berufen worden war, wurde nach seiner Entlassung aus dem kirchlichen Dienst 1935 Bürgermeister seines bisherigen Dienstortes Mühldorf am Inn[44]. Zum hauptamtlichen NSDAP-Kreisleiter von Nördlingen wurde 1938 ein Pg.-Pfarrer berufen, der zuvor schon als Studienrat ehrenamtlicher NSDAP-Stadtrat und Leiter des Sozialen Amtes der HJ in Schwaben gewesen war. Die kirchlichen Vorgesetzten merkten zwar in ihren Beurteilungen mitunter kritisch die Identifikation von Kirche und „völkischen Gegebenheiten" bei diesem Pfarrer an, schätzten aber seine „wertvollen Vermittlerdienste"[45].

Die kirchlichen Vorgesetzten nahmen insgesamt in 41 Fällen Stellung zum nationalsozialistischen Engagement von Pfarrern. In 23 Fällen stuften sie dieses als förderlich für das kirchliche Amt ein, in drei Fällen vermerkten sie, daß es nicht mit dem Amt kollidiere, in fünf Fällen stuften sie es als hinderlich für die Arbeitszeit ein, in zehn als negativ für den Dienst an sich, etwa durch nationalsozialistisch geprägte Predigten.

2. Kirchenleitung

Getreu ihrer Haltung zum Nationalsozialismus in der Weimarer Republik fiel die Reaktion der Kirchenleitung auf die „Machtergreifung" in Bayern zurückhaltend aus. Der Landeskirchenrat wies das Dekanat Nürnberg an, während der Hissung der Hakenkreuzfahnen an den öffentlichen Gebäuden am 9. März 1933 nur zu läuten, wenn größerer Schaden anders nicht verhütet werden könne. Als die Haltung der Menge auf dem Marktplatz „ultimativ"[46] wurde, hat das Dekanat dann in den Kirchen um den Marktplatz läuten lassen. Kirchenpräsident Veit rief noch am 13. März 1933 in einem Rundschreiben an alle Pfarrämter zur politischen Zurückhaltung auf:

---

[42] LKAMT MÜNCHEN, PA 164.

[43] LKA NÜRNBERG, PA 7.

[44] H. BAIER, Kirche (1979), S. 265.

[45] Gesamtwürdigung durch den Kreisdekan, 1935; Gesamtwürdigung durch den Senior, 1936 (LKA NÜRNBERG, PA 201).

[46] OKR Hans Meiser an zwei Nürnberger Gemeindeglieder, 20.3.1933 (LKA NÜRNBERG, LKR XV, 1665a, Bd. III). Die beiden Adressaten hatten sich am 10.3.1933 über das Geläut beschwert und ihren Kirchenaustritt angekündigt.

„Die in diesem [sc. politischen] Geschehen wirksamen starken vaterländischen Kräfte sind nicht zu verkennen. Das entbindet jedoch die Kirche nicht von der Pflicht, sich darauf zu besinnen, daß sie das Gesetz ihres Handelns nicht aus der Entwicklung des zeitlichen Geschehens [...] zu nehmen hat. [...] Wir erwarten, daß unsere Geistlichen in der gegenwärtigen bewegten Zeit nicht vergessen, daß ihr erster Dienst ihrer Kirche und ihrem Amte zu gelten hat."[47]

An „außerkirchlichen Handlungen" sollten die Pfarrer erst nach verantwortungsvoller Prüfung teilnehmen, bei kirchlichen Sonderveranstaltungen sollte allen Gemeindegliedern die Teilnahme möglich sein. Die Nutzung der Kirchenräume für außerkirchliche Zwecke wurde verboten. Am 17. März 1933 folgte ein Rundschreiben des Landeskirchenrates, das Gottesdienste zur Reichstagseröffnung am Dienstag, dem 21. März 1933, unter Berücksichtigung der Richtlinien vom 13. März erlaubte[48]. Am 6. April lehnte der Landeskirchenrat die von einer NSDAP-Ortsgruppe geforderte Amtsenthebung von Kirchenvorstehern wegen deren SPD-Mitgliedschaft ab[49]. Die SPD hatte als einzige Fraktion – die KPD-Abgeordneten konnten an den Sitzungen schon gar nicht mehr teilnehmen – im Reichstag am 23. März 1933 mutig gegen das Ermächtigungsgesetz gestimmt. Die NSDAP steigerte daraufhin ihren Terror gegen exponierte SPD-Mitglieder.

Die Appelle zu parteipolitischer Zurückhaltung richteten sich zweifelsohne an nationalsozialistische Pfarrer, die, von der Machtübernahme beflügelt, wie bereits geschildert alle bestehenden Verbote zu parteipolitischem Engagement und parteipolitischem Mißbrauch von Gottesdiensten ignorierten. Etwa im März 1933 rief der Kirchenpräsident im vertrauten Kreise des Münchener Predigerseminars aus: „Ich kann kein Braunhemd mehr sehen!"[50] Gleichsam als Provokation mußte von den nationalsozialistischen Pfarrern die Entscheidung des Landeskirchenrates aufgenommen werden, den Hofer Dekan Thomas Breit als Oberkirchenrat in die Kirchenleitung zu berufen. Breit hatte 1931 so deutlich wie kaum ein anderer einflußreicher Geistlicher der bayerischen Landeskirche die Identifikation von Christentum und Nationalsozialismus durch die Pg.-Pfarrer öffentlich zurückgewiesen. Die Pg.-Pfarrer, allen voran NSEP-Reichsführer Friedrich Klein, forderten Anfang April 1933, die Ernennung rückgängig zu machen, da Breit wegen seiner kritischen Einstellung zur NSDAP „untragbar"[51] sei. Nur durch Zugeständnisse im Blick auf andere Forderungen des NSEP konnte der

---

[47] PFARRER 27, Sammlung. Vgl. H. BAIER, Christen, S. 42 (der als Datum den 15.3.1933 angibt); H. BAIER/E. HENN, Chronologie, S. 1.
[48] LKR an sämtliche Dekanate, 17.3.1933 (LKA NÜRNBERG, LKR XV, 1665a, Bd. III). Am „Tag von Potsdam", dem 21. März 1933, wurden in ganz Deutschland evangelische und auch katholische Festgottesdienste gefeiert; „auch die Kirchen wollten bei dieser nationalen Versöhnungsfeier nicht abseits stehen" (H.-U. THAMER, Verführung, S. 270).
[49] LKR (OKR Karl Böhner) an das Dekanat Bayreuth, 6.4.1933 (LKA NÜRNBERG, LKR XV, 1665a, Bd. III).
[50] H. DIETZFELBINGER, Veränderung, S. 17.
[51] P. KREMMEL, Pfarrer, S. 105.

Pfarrervereinsvorsitzende Friedrich Klingler die Pg.-Pfarrer davon abhalten, eine Pressekampagne in NS-Blättern gegen Breit zu starten.

Als Reaktion auf das Schweigen des Kirchenpräsidenten zur „Machtergreifung" in der Öffentlichkeit und seine innerkirchlichen Mahnungen zu parteipolitischer Neutralität wurde nun mit aller Gewalt die Ablösung Veits betrieben. Pfarrer Friedrich Klein erhob am 6. April 1933 in einer Vorstandssitzung des Pfarrervereins die Forderung nach Veits Rücktritt. In den folgenden Tagen schlossen sich der Pfarrerverein, der Vorsitzende des Landessynodalausschusses, Paul von Merkel, und das bayerische Kultusministerium der Forderung an. Am 11. April 1933 trat Veit von seinem Amt zurück[52]. Der Landeskirchenrat, in dem der schon seit 1932 als Nachfolger Veits in Aussicht genommene Hans Meiser am 12. April 1933 kommissarisch die oberhirtliche Funktion übernahm, war bereits einen Tag nach Veits Rücktritt darum bemüht, die bisher von Veit unterlassenen Lobeshymnen auf Hitler und sein Regime in einer Bekanntmachung an die Geistlichen schleunigst nachzuholen:

> „In dankbarem Gedenken an die große Tat, die Adolf Hitler mit der Sammlung aller nationalen Kräfte vollbracht hat [...], besteht Anlaß und Bedürfnis, daß auch die kirchliche Anteilnahme an diesem Tag [sc. dem Geburtstag Hitlers] zum Ausdruck kommt. [...] Wir ordnen deshalb [...] an, daß in allen Gemeinden die warmen Wünsche, die unsere Kirche für den Herrn Reichskanzler und seine hohe Mission hegt, in fürbittendem Gebet vor Gott gebracht werden. [...] Ferner ordnen wir an, daß am 20. April [...] auf den kirchlichen Gebäuden allgemein die Kirchenflagge gehißt wird."[53]

Am 13. April 1933, Gründonnerstag [sic!], folgte ein zweites Schreiben mit einer Kundgebung des Landeskirchenrates, die am Ostersonntag, dem 16. April 1933, im Hauptgottesdienst von den Kanzeln zu verlesen war. Es war die erste der zahlreichen öffentlichen Huldigungen an das NS-Regime:

> „Ein Staat, der wieder anfängt, nach Gottes Gebot zu regieren, darf in diesem Tun nicht nur des Beifalls, sondern auch der freudigen und tätigen Mitarbeit der Kirche sicher sein. Mit Dank und Freude nimmt die Kirche wahr, wie der neue Staat der Gotteslästerung wehrt, der Unsittlichkeit zu Leibe geht, Zucht und Ordnung mit starker Hand aufrichtet, wie er zur Gottesfurcht ruft, die Ehe heilig gehalten und die Jugend geistlich erzogen wissen will, wie er der Väter Tat wieder zu Ehren bringt und heiße Liebe zu Volk und Vaterland nicht mehr verfehlt, sondern in tausend Herzen entzündet. [...] Wir können unsere Gemeindeglieder nur bitten, sich ernstlich und willig dafür einzusetzen, daß die starken aufbauenden Kräfte [...] zum vollen, ungehinderten Siege kommen."

---

[52] H. BAIER/E. HENN, Chronologie, S. 4 f.; vgl. dazu E. HENN, Führungswechsel. Als Ruheständler verfolgte Veit in München den neuen Kurs des Landeskirchenrates gegenüber dem NS-Regime kritisch; er konnte die nationalistische Begeisterung und die volksmissionarischen Hoffnungen der nun dominierenden Pfarrergeneration nicht teilen: „Ich habe aber mehr als je den Eindruck, daß für unsereinen die Zeit des Schweigens ist; es lebt außerhalb und in der Kirche ein anders denkendes Geschlecht" (F. W. KANTZENBACH, Theologie, S. 477 – aus Privatbrief Veits vom 8.1.1934); vgl. EBD., S. 476 ff. (weitere Zitate aus dem Briefwechsel zwischen Veit und dem Bayreuther Kreisdekan Prieser).

[53] LKR an sämtliche Geistliche, 12.4.1933 (PFARRER 27, Sammlung); das folgende Zitat stammt aus dem Schreiben des LKR an sämtliche Geistliche, 13.4.1933 (EBD.).

Aus dem letzten zitierten Satz hörten kritische Zeitgenossen allerdings schon unterschwellig die Sorge um eine Bedrohung der Kirche durch ideologisch radikale Kräfte innerhalb der NSDAP heraus[54]. Zum von den Nationalsozialisten umfunktionalisierten „Feiertag der nationalen Arbeit" am 1. Mai 1933 ordnete der Landeskirchenrat am 18. April 1933 Gottesdienste in allen Pfarrkirchen und Beflaggung der kirchlichen Gebäude an, was in den Vorjahren am von der Arbeiterbewegung begangenen 1. Mai undenkbar gewesen wäre. Am 19. April 1933 entschieden sich der Pfarrerverein und der NSEP definitiv für Hans Meiser als Nachfolger Veits. Meiser wurde am 4. Mai 1933 von der Landessynode zum Kirchenpräsidenten gewählt, dem auch aus antiparlamentarischen Motiven heraus der Titel Landesbischof verliehen wurde. Nach dem direkten Vorbild des Ermächtigungsgesetzes des bayerischen Landtages wurde ein „Gesetz über die Ermächtigung des Landesbischofs zum Erlaß von Kirchengesetzen"[55] verabschiedet. Damit kam es auch in der Kirche zu einer Selbstabdankung des parlamentarisch-synodalen Systems und zur Übernahme des von den Nationalsozialisten propagierten Führerprinzips. Zudem huldigte die Landessynode in einer Kundgebung dem NS-Regime: „Die Synode begrüßt mit Dank gegen Gott den Aufbruch des deutschen Volkes und den kraftvoll erstehenden neuen deutschen Staat."[56]

Meiser wurde am 11. Juni 1933 in Nürnberg in sein Amt eingeführt. Beim Festzug durch die Innenstadt waren SA, SS, Stahlhelm und Landespolizei vertreten, beim Gottesdienst in der Lorenzkirche und beim Festakt im Rathaus war die bayerische NS-Prominenz versammelt. In seiner Predigt sah Meiser das deutsche Volk von Gott „in wunderbarer Weise" „an eine Wende seiner Geschichte gestellt": die „nationale Bewegung" habe „den Glauben an das eigene Volk zurückgegeben", eine „große Volksverbundenheit" sei an die Stelle des Bruderhasses getreten, an die Stelle der Gottlosenpropaganda die neue Frage des Volkes nach Gott und die Erfüllung der Gebote Gottes. Ministerpräsident Ludwig Siebert begrüßte in seiner Glückwunschrede die Übereinstimmung zwischen Staatsregierung und Landesbischof und bat die Kirche um Mitwirkung im neuen Staat bei der „Weckung des sozialen Sinnes und des Opfergeistes" und der Jugendarbeit. Meiser nahm die Bitten gerne an: „Ich darf versichern, daß ich mir deren Erfüllung aufs ernsteste angelegen sein lasse."[57] Meiser wurde, wie ein Großteil der Geistlichen, von der Hoffnung beseelt, im neuen Staat könne die evangelische Kirche zur weltanschaulich bestimmenden Macht werden – nachdem in der Weimarer Republik der politische Katholizismus eine dominierende Rolle gespielt hatte. Mit allen Kräften förderte er die volksmissionarische Arbeit, die 1933 in SA, HJ und anderen NS-Organisationen teilweise möglich war.

Wegen dieser Hoffnungen vermied Meiser zunächst jede auch nur andeutungsweise Verstimmung der Nationalsozialisten. Deshalb votierte er im Sommer 1933 gegen den designierten Reichsbischof Friedrich von Bodelschwingh und für Hitlers Vertrauten

---

[54] PFARRER 119, Interview.

[55] Vgl. H. BAIER, Christen, S. 45.

[56] Münchener Gemeindeblatt 1933, S. 228.

[57] Gemeindeblatt Nürnberg, 18.6.1933, S. 321; Meisers Predigt EBD., S. 314; Sieberts Bitten an Meiser EBD., S. 319.

und Favoriten für dieses Amt, den Deutschen Christen Ludwig Müller[58]. Meiser bekundete bei jeder Gelegenheit seine uneingeschränkte Unterstützung für Hitlers Politik und rief sein Kirchenvolk dazu auf, es ihm gleichzutun, beispielsweise vor der sogenannten Wahl und Volksabstimmung am 12. November 1933. Hitler ließ sich in diesem von einer Propagandawelle und massiven Einschüchterungen begleiteten Einheitsplebiszit den deutschen Austritt aus dem Völkerbund, in dem die deutsche Juden- und Emigrantenpolitik zunehmend offener Kritik ausgesetzt und das Mißtrauen gegen eine militärische Gleichberechtigung Deutschlands gewachsen war, am 14. Oktober 1933 nachträglich bestätigen. Meiser wertete mit einer veröffentlichten Predigt die Farce in der kirchlich-evangelischen Bevölkerung auf, was dazu beitrug, daß bei der Volksabstimmung etwa 95 % mit Ja stimmten, bei der „Reichstagswahl" die einzig zur Wahl stehende NSDAP etwa 87 % der Stimmen erhielt und damit Hitlers Stellung unangreifbar wurde:

> „Nun sehe ich es als Pflicht aller Glieder unseres Volkes an in dieser ernsten Stunde, in der der Führer unseres Volkes uns zur Entscheidung aufruft, unser Volk nicht im Stich zu lassen, sondern mitzuhelfen, damit die Entscheidung [...] ein einmütiges kraftvolles Zeugnis wird, daß wir zu unserem Volk gehören und mit unserem Volk leben und sterben wollen."[59]

Sichtbarer Ausdruck von Meisers Loyalität dem NS-Staat gegenüber war auch die landeskirchliche Personalpolitik, die Nationalsozialisten zu exponierten Positionen verhalf – eine der Forderungen des NSEP löste er damit gleichfalls ein. Am 13. Juni 1933 beschloß der Landeskirchenrat, zum 1. Juli 1933 den sechsundzwanzigjährigen Alt-Pg. Eduard Putz, der seit Anfang 1931 zu den maßgeblichen Propagandisten des Nationalsozialismus innerhalb der Pfarrerschaft gehörte, als theologischen Hilfsreferenten in den Landeskirchenrat zu berufen. Seine Dienstanweisung beinhaltete die „Aufrechterhaltung einer möglichst innigen Verbindung zur Reichsleitung der NSDAP und ihrer verschiedenen Abteilungen, besonders auch zur SA und zur SS sowie zur Glaubensbewegung Deutsche Christen."[60] Im aufziehenden Kirchenkampf änderte sich Putz' Funktion allerdings nicht unwesentlich. In dem für ihn typischen militärischen Jargon umschrieb Putz rückblickend seine Aufgabenstellung: „Ich war in all den kirchenpolitischen Angelegenheiten persönlicher Adjutant des Landesbischofs."[61] 1934 vertrat Putz die Landeskirche als Delegierter im Reichsbruderrat der Bekennenden Kirche, im Mai 1934 nahm er an der reichsweiten Synode der Bekennenden Kirche in Barmen teil und im Herbst 1934 wurde er vom Landeskirchenrat zur vorübergehenden Dienstleistung bei der Vorläufigen Leitung der Bekennenden Kirche nach Berlin abgestellt. Seit März 1934 war ihm bei seinem unermüdlichen Einsatz für die Bekennende Kirche und gegen die Deutschen Christen das wegen seines frühen Eintritts verliehene Goldene Parteiabzeichen der NSDAP eine Hilfe. Gegen die völkische neuheidnische Religiosität

---

[58] Vgl. K. SCHOLDER, Kirche I, S. 447; J. R. C. WRIGHT, Parteien, S. 216.
[59] Münchener Gemeindeblatt 1933, S. 516.
[60] C. VOLLNHALS, Kirche (1989), S. 271.
[61] E. PUTZ/M. TRATZ, Bauern, S. 12.

wandte sich Putz bereits im Dezember 1933 öffentlich mit einer zeitgeistgemäßen Apologie des christlichen Glaubens: „Das Christentum allein ist wahrhaft artgemäß!"[62] Vom Kern der völkischen Weltanschauung, dem zur Religion erhobenen Rassismus, grenzte sich Putz scharf ab: „Demgegenüber muß die christliche Kirche, um die Gefahr eines Rassenmaterialismus zu vermeiden, mit aller Deutlichkeit und Klarheit aufzeigen, daß die Rasse nicht die letzte und höchste Verpflichtung ist"; rassenhygienische Euthanasie sei „glatter Mord"[63]. Allerdings maß Putz, der bei Althaus und Elert studiert hatte, Volkstum und Rasse als Schöpfungsordnungen einen hohen Wert für den Christen zu: „Er kommt nicht in die Gefahr des demokratischen Humanitätsgedankens und des liberalen Weltbürgergeistes, sondern er weiß sich gewiesen in den Raum seines Volkes."[64]

Auch andere wichtige Posten in der Landeskirche besetzte der Landeskirchenrat mit Pfarrern, die dem Nationalsozialismus nahestanden. Helmut Kern, der sich schon bei der vertraulichen Aussprache zwischen Volksmission und NSDAP im März 1931 als Volksmissionar weithin in einer Front mit den Nationalsozialisten gesehen und in einer Festpredigt im Juli 1933 die Volksmission zum unentbehrlichen Wegbereiter der völkischen Bewegung erklärt hatte, wurde am 15. September 1933 erster Beauftragter für die Volksmission[65]. In Kerns Geschichtsbild hatte der Satan durch die marxistische und sozialistische Leidenschaft in der Weimarer Republik einen offenen Kampf gegen Gott und Kirche geführt[66]. So konnte er die „Machtergreifung" religiös verklären: „Wer ist unter uns, der nicht diese Zeit der völkischen Erhebung herbeigesehnt hätte mit heißem Herzen und mit innigen Gebeten! Und nun stehen wir vor dem leibhaftigen Gotteswunder, daß wir [...] als Kirche gerufen werden von der völkischen Bewegung und vom Staat."[67] Gleichzeitig mit Kern wurden Theodor Ellwein besonders mit der Volksmission an den Gebildeten und Ernst Fikenscher mit der an der evangelischen Jugend beauftragt[68]. Beide Pfarrer gehörten zur Kriegsgeneration, standen im gymnasialen Schuldienst und waren zum Zeitpunkt ihrer Ernennung NSDAP-Mitglieder, Fikenscher bereits seit 1930, Ellwein seit Mai 1933. Unter den 67 im Dezember 1933 vom Landesbischof zu nebenamtlichen Kapitelsbeauftragten für Volksmission ernann-

---

[62] E. PUTZ, Religiosität, S. 42.

[63] EBD., S. 16.

[64] EBD., S. 51. Im Herbst 1934 organisierte Putz maßgeblich den Widerstand gegen die Absetzung von Meiser. Seit 1935 setzte er als Pfarrer in Fürth seinen entschiedenen Kampf gegen die Deutschen Christen und die kirchenfeindlichen Partei- und Staatsmaßnahmen fort. Auch sein Goldenes Parteiabzeichen konnte ihm dabei mehrfache Verwarnungen von Partei- und Staatsseite und zwei Verhaftungen nicht ersparen. In der Kirchenpolitik des NS-Regimes sah er einen Abfall vom ursprünglichen Ansatz der Partei. Dennoch konnte er sich nicht zum Parteiaustritt entschließen. Vgl. C. NICOLAISEN, Barmen, S. 11 f.; E. PUTZ, Weg; E. PUTZ, Barmen; E. PUTZ/M. TRATZ, Bauern; W. GRIESSBACH, Beistand, S. 111 f.; C. VOLLNHALS, Kirche (1989), S. 271 f.

[65] P. KREMMEL, Pfarrer, S. 166 f.; von 1935-39 leitete Kern das neugeschaffene Amt für Volksmission. Zur bayerischen Volksmission im „Dritten Reich" allgemein vgl. E. HENN, Volksmission.

[66] H. KERN, Kirchenkampf, S. 1 ff.; vgl. E. ÖFFNER, Kern.

[67] Freimund 20.7.1933, S. 279 (Festpredigt beim Jahresfest der Inneren Mission in Gunzenhausen).

[68] AMTSBLATT BAYERN 1933, S. 155.

ten Pfarrern waren die Nationalsozialisten überrepräsentiert[69]. Zum Zeitpunkt ihrer Ernennung waren mindestens 16 (23,9 %), vermutlich 24 (35,8 %) Pg.; hinzukommen mindestens zwei SA-Männer, ein förderndes Mitglied der SS und ein NSV-Mitglied. Für neun weitere Beauftragte ist lediglich eine NSEP-Mitgliedschaft belegt. Damit steht für 29 Kapitelsbeauftragte (43,3 %) die Mitgliedschaft in mindestens einer NS-Organisation fest; einer mit der Funktion eines NSDAP-Ortsgruppenleiters, ein anderer mit der eines Schulungsleiters seiner SA-Standarte. Dies bestätigt Broszats Vermutung, daß „bei der Auswahl [...] wohl auch eine Rolle [spielte], ob die Betreffenden [...] ein grundsätzlich positives Verhältnis zur NS-Bewegung hatten oder gar – durch Mitgliedschaft oder Funktionen in NS-Verbänden – besonders prädestiniert dafür erschienen, dem Gedanken der Volksmission auch in den Erwachsenen- und Jugendverbänden der Partei [...] zum Erfolg zu verhelfen."[70] In der Altersstruktur der Kapitelsbeauftragten fällt auf, daß die Kriegsgeneration mit 39 bzw. 58,2 % stark überrepräsentiert war; 13 gehörten zur älteren, 26 zur jüngeren Kriegsgeneration. Aus den Monatsberichten, die die Kapitelsbeauftragten verfaßten, läßt sich gut ablesen, wie die anfängliche nationalsozialistische Euphorie und die volksmissionarischen Illusionen 1934 allmählich durch die immer klarer durchschlagende Kirchen- und Religionspolitik des Regimes desillusioniert wurden.

Noch deutlich höher lag der Anteil von NSDAP-Mitgliedern bei den sechs Pfarrern, die von der Kirchenleitung im Februar 1934 mit der Überführung der evangelischen Verbandsjugend in die HJ beauftragt wurden. Die Hälfte von ihnen waren Parteigenossen[71].

Mit Beschluß des Landeskirchenrates vom 13. April 1934 wurde Heinrich Riedel zum 1. Juni 1934 das neu geschaffene Amt eines hauptamtlichen Landesjugendpfarrers verliehen. Als nebenamtlicher Leiter des evangelischen Arbeiter-Volkshochschulheimes in Kasberg bei Gräfenberg von 1930 bis 1934 war er in der Schulungsarbeit in Kontakt zu Jungarbeitern getreten[72]. Nachdem er im Ruhrgebiet persönlich die Gottlosenbewegung unter den Arbeitern erlebt hatte, sah er im Nationalsozialismus die einzig wirksame Gegenbewegung zum Bolschewismus. Rückblickend begründete er seinen Parteieintritt im Mai 1933 mit jugendlichem Idealismus und „volksmissionarischem Wollen". Es blieb nicht bei einer bloßen Parteimitgliedschaft. In seiner Gemeinde Thuisbrunn übernahm Riedel das Amt des Ortsgruppenleiters[73]. Er versuchte in der HJ volksmissionarisch zu wirken, seit Ende 1933 in der Funktion eines Kapitelsbeauftrag-

---

69 EBD., S. 189. Kirchenpräsident a.D. Friedrich Veit an OKR Prieser, 8.1.1934 (Abschrift) (PFARRER 119, Sammlung):„Ich habe mich an den Kopf gegriffen, als ich neulich im Amtsblatt die Liste der Beauftragten für die Kapitel las und zwar sowohl wegen der Sache an sich als wegen der Personen [...]. Kollegen von vielfach zweiter und dritter Güte."

70 M. BROSZAT, Lage, S. 373 f.; vgl. auch die EBD., S. 377-400, dokumentierten Monatsberichte von zwölf der Kapitelsbeauftragten.

71 Vgl. zur Aufgabenstellung dieser „Vertrauensmänner" H. RIEDEL, Kampf, S. 78.

72 D.-M. KRENN, Arbeiterbewegung, S. 480; 485 (Riedel hatte 1930 in der Zeitschrift *Der christliche Arbeiter* die Evangelisation der Arbeiter als einzigen Weg zu brüderlicher Volksgemeinschaft und zur Rettung des Vaterlandes bezeichnet).

73 P. KREMMEL, Pfarrer, S. 631.

ten für Volksmission. Aber 1934 begannen seine Auseinandersetzungen mit der NSDAP wegen seines Einsatzes für die weitere Eigenständigkeit der evangelischen Jugendarbeit. Auf seiten der Bekennenden Kirche nahm Riedel an führender Stelle am Kirchenkampf teil. Sein Dienstsitz in Nürnberg lag im Brennpunkt des bayerischen Kirchenkampfes, weil der dortige Gauleiter Streicher eine besonders kirchenfeindliche Linie einschlug[74].

Grundsätzliche Stellungnahmen des Landeskirchenrates zum nationalsozialistischen Engagement von Pfarrern gab es nicht. Allerdings machte die Aufforderung der von bayerischen Theologen stark frequentierten Studentenverbindung Uttenruthia an ihre Philister bis zu 35 Jahren, in die SA einzutreten, eine Stellungnahme im Blick auf den SA-Dienst von Pfarrern unumgänglich. Mehrere betroffene Pfarrer hatten sich an ihre Vorgesetzten mit der Bitte um Weisung gewandt. Der Bayreuther Kreisdekan Karl Prieser vermerkte im November 1933 zu einer solchen Anfrage, daß die SA-Mitgliedschaft Pflichten mit sich bringe, „die sich unter Umständen mit dem geistlichen Amt und seinen Verpflichtungen nur schwer vereinen lassen."[75] Prieser hatte dabei nicht nur Terminüberschneidungen im Blick; bei verschiedenen Gelegenheiten „will sich die Teilnahme eines Pfarrers in SA-Uniform wenigstens nach unseren Begriffen nicht recht schicken." Prieser regte eine Verfügung an, daß die Amtspflichten nicht durch eine SA-Mitgliedschaft verkürzt werden dürfen. Der Augsburger Dekan Wilhelm Schiller wurde noch deutlicher: „Nach meinem Dafürhalten [sollte] die Kirche grundsätzlich ablehnen, daß bereits im Amte befindliche Geistliche sei es zur SA oder zu einem Wehrlager herangezogen werden. [...] Es ist schlimm genug, daß unsere Theologiestudenten durch den Eintritt zur SA [...] in Anspruch genommen werden."[76] Der Münchener Kreisdekan Karl Baum stufte es als unmöglich ein, daß Pfarrer in Diaspora-Orten bei der SA Dienst tun; „zunächst muß auch im neuen Staat die Gemeinde kommen und zwar im Interesse des Staates und des Volkes."[77]

Im Runderlaß „Betreff: Eintritt in die SA"[78] vom 14. November 1933 wurden die jüngeren Geistlichen vom Landeskirchenrat angewiesen, sich abwartend gegenüber Forderungen zum SA-Beitritt zu verhalten. Vor Verhandlungen des Landeskirchenrates mit der obersten SA-Führung solle es keine Eintritte geben. Die Verhandlungen ergaben, daß von SA-Seite kein Zwang zum SA-Dienst für Philister bestehe. Für die Erlanger Studenten des ersten bis fünften Semesters seien die SA-Übungen dagegen Pflicht. Meiser verbot es daraufhin Ende Dezember 1933 einem Erlanger Stadtvikar, in SA-

---

[74] 1935 wurde Riedel vom Nürnberger Parteigericht aus der NSDAP ausgeschlossen; auf Wunsch der Kirchenleitung legte er beim Gaugericht Revision ein, der aus für Riedel unerklärlichen Gründen stattgegeben wurde. Der Ausschluß wurde aufgehoben. Ein freiwilliger Austritt geschah auf Anraten von Freunden und vom Landeskirchenrat nicht, „weil man Rückschläge für die Jugendarbeit [...] befürchtete" (H. RIEDEL, Kampf, S. 353); vgl. auch EBD., S. 37 ff.; 98; 201; 352 f.; H. HERMELINK (Hg.), Kampf, S. 687 ff.; S. HERMAN, Rebirth, S. 162 f.
[75] Aktenvermerk vom 11.11.1933 auf Schreiben von Theodor Diegritz, Gesees, an LKR vom 9.11.1933 (LKA NÜRNBERG, LKR IV, 543b).
[76] Schiller an LKR 13.11.1933 (EBD.).
[77] Baum an LKR, 13.11.1933 (EBD.).
[78] EBD.

Uniform an Übungen der SA teilzunehmen[79]. Daß diese Anordnungen in vielen Dekanaten zu spät kamen, zeigt die Meldung von Dekan Wilhelm Sperl, daß im Dekanat
Gunzenhausen bereits mehr als ein Drittel der Pfarrer in der SA aktiv seien[80].

Wie der Landeskirchenrat unter Meisers Führung in der Phase der Machtergreifung
mit aktiven Gegnern des Nationalsozialismus in der Pfarrerschaft umging, zeigt der Fall
Karl Steinbauer. Als der Penzberger Exponierte Vikar Anfang 1934 Hitlers Erpressung
der Bischöfe zu einem Votum für Reichsbischof Müller öffentlich anprangerte, enthob
ihn Meiser seines Amtes, „weil Steinbauer [...] sein Mandatsgebiet verlassen und die
Würde des Reichskanzlers, in dem sich die Hoheit des neuen Staates verkörpert, ver-
letzt hat."[81] Meisers Strategie war es ganz offensichtlich, politischen Widerstand von
Pfarrern kircheninterm abzustellen, um Schaden für den äußeren Bestand der Kirche zu
vermeiden. Am 5. Februar 1934 wandte er sich an Ministerpräsident Ludwig Siebert
mit der Bitte, „vorgekommene Unzulässigkeiten" durch die Kirchenleitung selbst ab-
stellen zu lassen und bei drohender Schutzhaft von Pfarrern dem Landeskirchenrat
vorher Gelegenheit zur Stellungnahme zu geben. Die Bitte solle keinen Versuch darstel-
len, Pfarrer bei tatsächlichen Gesetzesverstößen ihrer verdienten Bestrafung zu entzie-
hen: „Bei unserer wiederholt betonten grundsätzlich bejahenden Einstellung zum
Dritten Reich ist nicht zu fürchten, daß dem Staat aus der Erfüllung meines Anliegens
ein Nachteil erwachsen könnte."[82] Siebert sicherte Meiser daraufhin die erbetene
Rücksprache vor Schutzhaftmaßnahmen gegen Pfarrer zu[83].

3. Pfarrerschaft

Als „Stimmungsbarometer" der bayerischen Pfarrerschaft dient auch in diesem Abschnitt der Wingolfrundbrief. In diesem finden sich bis zum Sommer 1934 sehr offene, auch punktuell sehr kritische Äußerungen der beteiligten Pfarrer zum Nationalsozialismus – ein Hinweis auf das in der gesamten Phase der „Machtergreifung" noch
arglose Vertrauen in den Rechtsstaat, die Respektierung des Briefgeheimnisses.

---

[79] Meiser an Dekanat Erlangen, 28.12.1933 (EBD.).

[80] Sperl an LKR, 16.11.1933 (EBD.): 6 SA-Reserve; 1 SA; 1 SS-Förderer (zum Vergleich: nach dem
PERSONALSTAND 1937 amtierten im Dekanat Gunzenhausen 20 Pfarrer).

[81] Meiser an Steinbauer, 9.2.1934 (LKAMT MÜNCHEN, PA 222). Vgl. zu Steinbauer K. STEIN-
BAUER, Zeugnis I-IV. Vgl. auch G. LODTER, Leben, S. 10: Lodter hatte schwere Konflikte mit der Par-
tei, „so daß Landesbischof D. Meiser mir [...] 1938 nahelegen ließ, in den Ruhestand zu treten, um
Schlimmeres zu verhüten." Der Pfarrer nahm diesen Rat an. H. KORNACHER, Chronik 1936, S. 9:
Georg Kühn mußte Lindau verlassen, „da er sich mit den dortigen Parteistellen überwarf."
P. MASSMANN, Kuhkette, S. I: der als Pfarrverweser amtierende Vikar Richard Dietz wurde 1937 durch
Verhaftung aus Aschbach entfernt.

[82] Meiser an Siebert, 5.2.1934 (LKA NÜRNBERG, LKR IV, 550).

[83] Siebert an Meiser, 10.3.1934 (EBD.). 1935 sind zwei Fälle belegt, in denen sich der LKR unter Be-
rufung auf diese Zusicherung bei der Politischen Polizei über Inschutzhaftnahmen ohne vorherige
Rücksprache beschwerte: LKR an PoPo München, 4.4.1935 (Pg.-OKR Friedrich Hanemann fungierte
hier als Überbringer des Schreibens); LKR an Bayerische PoPo, 30.4.1935 (EBD.). Ein Entwurf für den
Gehaltsbezug von Schutzhäftlingen vom 6.7.1937 (EBD.) sah vor, daß bei unverheirateten, verurteilten
Kandidaten der Gehaltsbezug in der Zeit der Schutzhaft entfällt.

Die Wingolfgemeinschaft war mit dem Grad ihrer NS-Anfälligkeit im Jahr 1933 in etwa repräsentativ für die gesamte bayerische Pfarrerschaft. Von den elf Pfarrern wurde 1933 einer NSDAP-Mitglied, allerdings gehörten mit vier Pfarrern überdurchschnittlich viele aus der Rundbriefgemeinschaft 1933/34 dem NSEP an, der hohe Anteil entsprach der im NSEP überrepräsentierten jüngeren Kriegsgeneration, der die Rundbriefpfarrer angehörten.

Der erste Rundbriefeintrag nach der Ernennung Hitlers zum Reichskanzler stammte von Hermann Schreiber, der vor 1933 keine parteipolitische Präferenzen erkennen ließ. Am 3. Februar 1933 formulierte Schreiber geradezu paradigmatisch die Aufnahme der Machtübernahme bei den Pfarrern und wohl auch in den Kreisen der protestantisch-kirchlichen Bevölkerung, die bisher noch keine begeisterten Anhänger der NSDAP waren. Bestimmt war die Reaktion von der Freude über das herbeigesehnte Ende der insbesondere in den letzten Jahren als krisenhaft wahrgenommenen Weimarer Republik und dem großen Vertrauensvorschuß für die neue Regierung, der sich von den unerfreulichen Begleiterscheinungen wie dem sofort einsetzenden, staatlich sanktionierten NS-Terror gegen politische Gegner und Juden nicht erschüttern ließ:

> „Wir hoffen gewiß alle miteinander, daß nun der Schlußstrich unter eine trübe Vergangenheit gezogen und das Fundament einer besseren Zukunft gelegt sei. Wir wollen uns an kleinen Dingen nicht allzu sehr stoßen, wenn wir zu großen auf dem Wege sind und es am Vertrauen nicht fehlen lassen – wenn ich auch selbst bis jetzt recht zurückhaltend für mich war mit Zukunftshoffnungen für die NSDAP."[84]

Weniger typisch dürfte wohl Schreibers frühe Einsicht sein, daß der totalitäre NS-Staat eine eigenständige kirchliche Jugendarbeit auf Dauer nicht dulden werde. Aufgrund von persönlichen Erfahrungen und Informationen über Ereignisse in Nachbargemeinden kam er im August 1933 zu dieser nüchternen Einschätzung. Schreiber war vom Ansbacher HJ-Unterbannführer aufgefordert worden, seine Jungschar- und CVJM-Gruppe der HJ, seinen Mädchenkreis dem BDM zuzuführen. Aus dem benachbarten Feuchtwangen hatte Schreiber erfahren, daß Pfarrer Dr. Günther Eichner sich wegen der starken nationalsozialistischen Diskriminierungen der blühenden Evangelischen Arbeiterjugend gezwungen sah, diese in die HJ zu überführen. Der in der Jugendarbeit sehr aktive Schreiber stellte sich die Frage: „Sollen die Kirchen bis zum äußersten ihre Position verteidigen und konfessionelle Jugendarbeit fordern, wo doch wahrscheinlich aufgrund der grundsätzlichen Forderung der *Totalität des Staates* und der *angestrebten Volkseinheit* die Konfessionen [...] einfach zum Schweigen gebracht werden können in Kürze? [...] Der totale Staat erdrückt alles."[85] Schreiber regte einen Austausch über die Konflikte zwischen kirchlicher Jugendarbeit und HJ an. Im Januar

---

[84] WINGOLFRUNDBRIEF, H. 17, 3.2.1933; vgl. zur Reaktion der bayerischen Pfarrerschaft auf die „Machtergreifung" R. SCHIEDER, Religion, S. 183 ff. (Analyse der Ansprachen in den Rundfunkmorgenfeiern); G. MEIER-REUTTI, Politik, S. 310 ff.; R. RUPRECHT, Kirche (Analyse der Artikel in der Kirchenpresse).

[85] WINGOLFRUNDBRIEF, H. 18, 16.8.1933 (Hervorhebungen im Original). Auch der Feuchtwanger Dekan, Johannes Seiler, hatte sich Schreiber gegenüber gegen eine Überführung ausgesprochen.

1934 vermerkte er resignierend den „außerordentlich geringen"[86] Einfluß der Kirche auf die Staatsjugend. Bei seiner Mitarbeit im BDM fühlte er sich als Aushängeschild mißbraucht, weil seine Beteiligung vom BDM nach Belieben wieder aufgekündigt werden könne. So war es ihm bei der HJ ergangen, bei deren Aufbau er behilflich gewesen, dann aber vom Standortführer wegen fehlender Parteimitgliedschaft von den Kulturabenden ausgeladen worden war. „Wo bleiben die Sicherungen, daß Geistliche, die ganz bewußt den nationalsozialistischen Staat bejahen, wirklich auch eine bestimmte Möglichkeit der Mitarbeit haben und nicht einfach der Willkür eines Standort- oder Bannführers ausgesetzt sind?" Reichsbischof Ludwig Müller habe hier beim Vertrag mit dem Jugendführer des Deutschen Reiches, Baldur von Schirach, zur Eingliederung der evangelischen Verbandsjugend in die HJ versagt. Es überrascht, daß Schreiber im Blick auf diese Konflikte um den kirchlichen Einfluß in der HJ trotz seiner frühen Einsichten in den totalitären Charakter des NS-Staates nun die Willkür einzelner örtlicher Funktionäre verantwortlich macht – dies wiederum typisch für weite Kreise der Pfarrerschaft in dieser Phase und weit über sie hinaus.

Wie die Nationalsozialisten mit kritischen Pfarrern schon in der Phase der „Machtergreifung" umgingen, erlebte Schreiber in der Weihnachtszeit 1933 am eigenen Leibe, als er wegen eines unbedachten, harmlosen Wortes in einer Bibelstunde, an der offensichtlich auch ein Denunziant teilnahm, im *Stürmer* angegriffen wurde. Der Kirchenvorstand stellte sich geschlossen mit einer öffentlichen Erklärung hinter seinen Pfarrer, was von den NS-Funktionären durchaus registriert wurde: „Die Gemeinde war natürlich sehr erregt und die Herren Amtswalter haben es merken können." Im August 1934 verwahrte sich Schreiber gegen die Einträge von Kühl und Eisenhut, in denen die Angriffe des *Stürmers* aus seiner vermeintlichen CVD-Anhängerschaft erklärt worden waren; er sei nie auf den CVD festgelegt gewesen – in seinen Rundbriefeinträgen hat er in der Tat nie Sympathien für den Volksdienst erkennen lassen. Neben dieser apologetischen Zurückweisung der Unterstellungen durch seine Bundesbrüder findet sich im selben Eintrag erstmals eine deutliche Kritik an der Führungsspitze der NSDAP. Mit der Beauftragung des kirchen- und christentumsfeindlichen Alfred Rosenberg mit der gesamten geistigen und weltanschaulichen Erziehung der NSDAP im Januar 1934 habe Hitler gegen seine Schutzversprechen für die Kirchen in der Regierungserklärung vom März 1933 verstoßen. In der nationalsozialistischen Weltanschauung geschähen nun Grenzverwischungen zwischen politischen und religiösen Zielen[87].

Der vom 14. Februar 1933 datierte Eintrag von Heinrich Schorn, der 1928 dem CVD nahestand und 1932 mit der NSDAP sympathisierte, spiegelte die Hoffnungen vieler Nationalkonservativer innerhalb und außerhalb der evangelischen Kirche wider, daß Franz von Papens Konzept einer Zähmung Hitlers und der NSDAP durch die Einbindung in ein mehrheitlich bürgerliches Kabinett aufgehen würde:

> „Erfreulich ist der neue Kurs. Die Beteiligung verschiedener Kreise verhindert auch eine kirchenfeindliche Betätigung der Nazi, die bei einer reinen Parteiregierung zu befürchten wäre.

---

[86] EBD., H. 18, 22.1.1934 (dort auch die folgenden Zitate).
[87] EBD., H. 19, 6.8.1934.

Habt Ihr nichts von den skandalösen Äußerungen des oldenburgischen Ministerpräsidenten [Carl] Röver (NSDAP) gelesen über den eingeborenen Pastor aus Togo, der in Deutschland war? [...] An einer reinen Nazi-Regierung würden *wir* wahrscheinlich keine große Freude haben. Daß Hitler jetzt sich an der Regierung beteiligt, ohne allein Herr zu sein, geschieht wohl in der Einsicht, daß seine Ablehnung am 13.8. [sc. 1932] doch ein Fehler war. Am 5. März werde ich trotz all dieser Erkenntnisse wieder NSDAP wählen; den Deutschnationalen gegenüber habe ich ein gewisses Mißtrauen [...].“[88]

Trotz dieser klaren Analyse dessen, was kirchen- und religionspolitisch von einer NSDAP-Regierung zu erwarten sei, wählte Schorn NSDAP – als wenn außer der DNVP keine andere Partei als Alternative zur Verfügung gestanden hätte – und erlag später Hitlers Versprechung vom März 1933. Im August 1933 schrieb Schorn, er sehe „in Hitler geradezu den von Gott gesandten Retter unseres Volkes aus Verzweiflung und Untergang [...] – vielleicht darf man im Blick auf den drohenden Bolschewismus sogar sagen: den Retter auch der Kirche, zumindestens der christlichen Kultur.“[89] Schorn registrierte allerdings eine Abkehr der „unteren Organe" von den kirchenfreundlichen Hitler-Worten. Den massiven Druck der Kreisleiter bei den Synodalwahlen verurteilte Schorn als „Wortbruch, wenn ich an die Zusicherungen des Führers denke." Er hielt eine Aufklärung der „höheren Führer" über die Gefahren solcher Einmischung für sinnvoll. Den Druck zur Gleichschaltung der kirchlichen Jugendarbeit verurteilte er ebenso deutlich. Die Pfarrer hätten nun die Aufgabe, vor den kirchen- und christentumsfeindlichen Kräften innerhalb der NSDAP öffentlich zu warnen: „Das dürfen wir Pfarrer nicht übersehen, daß es nicht bloß die Kräfte des Lichtes sind, die in der herrschenden Bewegung wirksam sind. [...] Wir dürfen [...] nicht blind sein, sondern müssen ‚Warner' sein." Diese Warnungen hätten allerdings nichts mit Kritik am NS-Staat zu tun. So bezeichnete Schorn es im Februar 1934 als skandalös, daß evangelische Pfarrer in Predigten „das Dritte Reich in törichter Weise kritisiert [hatten]."[90] Kirchenpolitisch teilte er Karl Steinbauers scharfe Kritik an der von Hitler erpreßten Vertrauenserklärung der lutherischen Bischöfe für Ludwig Müller am 25. Januar 1934. Im August 1934 verurteilte Schorn allerdings die Barmer Theologische Erklärung wegen unionistischer Tendenzen und stellte sich auf die Seite des Ansbacher Ratschlages[91]. Hitler sah er weiterhin als den von Gott gesandten Retter – auch er war offensichtlich dem Hitler-Mythos[92] erlegen.

Wenige Tage nach den Reichstagswahlen am 5. März 1933 mit der absoluten Mehrheit für die Koalitionsregierung aus NSDAP und Deutschnationalen und der Gleichschaltung der bayerischen Staatsregierung äußerte sich Friedrich Schmidt, der 1931 noch aktiv für den CVD geworben hatte. Am 14. März 1933 sah er die übrigen

---

[88] EBD., H. 17, 14.2.1933 (Hervorhebung im Original).

[89] EBD., H. 18, 29.8.1933. Gegenüber Kühl verwies Schorn darauf, daß er „seit Jahren vollständig auf dem Boden des Nationalsozialismus stehe."

[90] EBD., H. 18, 8.2.1934.

[91] EBD., H. 19, 16.8.1934; im Dezember 1934 verwahrte sich Schorn gegen die Einstufung als DC, nur weil er zum Ansbacher Ratschlag stehe (EBD., H. 19, 31.12.1934).

[92] Vgl. zu diesem im „Dritten Reich" weitverbreiteten Mythos I. KERSHAW, Hitler-Mythos.

Parteien, deren Existenz mit Ausnahme der KPD zu diesem Zeitpunkt noch nicht ernsthaft bedroht war, als „hinfällig" und die Aufgabe der Kirche und der Pfarrer in einer christlichen Veredelung der nationalen Revolution – mit dieser Auffassung durchaus typisch für viele seiner Amtsbrüder:

> „Alle parteipolitischen Auseinandersetzungen im Rundbrief sind durch die neue Lage hinfällig. Wir stehen durch die nationale Revolution auf einem neuen Boden. Nun haben Kirche und Pfarrer die einzige Aufgabe im Blick auf das deutsche Volk, nämlich die Verkündigung: Ohne religiös-sittliche Erneuerung wird kein kraftvolles neues Deutschland erstehen und wachsen."[93]

Im Sommer 1933 schloß sich Schmidt dem NSEP und den Deutschen Christen an. Die von diesen propagierte Anwendung des „Arierparagraphen" in der Kirche hielt er aus einem rassistisch gefärbten Verständnis von Volkskirche heraus für berechtigt: „Haltet Ihr es für möglich, daß etwa ein getaufter Neger, der Deutsch sprechen kann, Euer Nachfolger in Eurer Gemeinde werden könnte?" Scharf grenzte er sich von der Position Karl Barths und einiger seiner Schüler, die sich der verbreiteten geschichtstheologischen Überhöhung der nationalen Revolution entzogen, ab und forderte gar implizit aus nationalistischen und konfessionalistischen Ressentiments heraus die Absetzung Barths als Theologieprofessor in Bonn: „Aber da gibt es tatsächlich Pfarrer, welche sich *rühmen*, daß sie in ihrer Predigt die Ereignisse der Gegenwart noch nicht berührt haben! *Diese* Barth'sche Theologie muß verschwinden; auch dieser Schweizer Calvinist muß noch das Feld räumen."[94] Noch im Februar 1934 teilte Schmidt voller Enthusiasmus seinen Rundbrieffreunden mit, daß er seinen im Herbst 1933 geborenen Sohn Martin Adolf genannt habe; „ich bin stolz und er wird es auch einmal sein, daß er gerade 1933 geboren ist."[95] Die Ernennung Rosenbergs zum Leiter der weltanschaulichen Schulung interpretierte Schmidt im selben Eintrag in unerschütterlicher Loyalität dem NS-Staat gegenüber als indirekten Aufruf Hitlers an die Kirche, tapfer um die Seele des deutschen Volkes zu kämpfen.

Theodor Kühl, der als DNVP-Aktivist seit 1932 der NSDAP zuneigte, kritisierte im April 1933 scharf die mangelhafte Begeisterung für den Nationalsozialismus in der Rundbriefgemeinschaft, die ihn fast zum Ausscheiden bewogen hätte. Er lobte die Kultur- und Sozialpolitik der NSDAP und schloß sich Schmidts Appell zu einer christlichen Veredelung der nationalen Revolution an: „Möge mit dem äußeren Wiederaufstieg der innere Hand in Hand gehen; mögen wir Pfarrer zu aller Nutzen wirken, soviel an uns ist, daß Glaube, Moral, Vaterlandsliebe zu Ehren kommen in unserem deutschen Vaterland."[96] Der NSDAP, dem NSEP und den Deutschen Christen hatte sich Kühl nach seinem Eintrag vom September 1933 aber noch nicht angeschlossen – wenig später noch im Jahr 1933 muß aber sein NSDAP-Eintritt erfolgt sein. Er räumte

---

[93] WINGOLFRUNDBRIEF, H. 17, 14.3.1933.

[94] EBD., H. 18, 7.9.1933 (Hervorhebungen im Original); vgl. auch EBD., 27.2.1934.

[95] EBD., H. 18, 27.2.1934; der Vorname Martin dürfte anläßlich des 450. Gebutstages von Martin Luther am 10.11.1933 ausgewählt worden sein.

[96] EBD., H. 17, 20.4.1933.

im selben Eintrag auch „Auswüchse" des Nationalsozialismus ein, „doch zwingen sie nicht, mich zu einer ablehnenden Stellungnahme zu bewegen."[97] Kirchenpolitisch schloß sich Kühl der Bekennenden Kirche an; im März 1934 rief er seine Rundbrieffreunde leidenschaftlich zum Eintritt in die „Bekenntnisfront" – unter dieser Bezeichnung firmierte zunächst die Bekennende Kirche – auf. Schreibers Denunzierung im *Stürmer* schrieb er dessen früheren Sympathien für den CVD zu: „Daß deine Mahnung nach der Bibelstunde anders aufgefaßt wurde und ihren Zweck nicht erreichte, hast du sicher deiner früheren ablehnenden Stellung gegenüber dem Nationalsozialismus zu verdanken."[98] Kühl könne sich dagegen viel schärfere Bemerkungen erlauben: „Die Leute kennen eben meine Einstellung, die ich seit Jahren habe. Dann kommt mir sicher auch meine Mitgliedschaft in der Partei zugute. Seit längerer Zeit gehöre ich der SA-R[eserve] an."

Ludwig Luther, der 1931 für den CVD und 1932 für die NSDAP Sympathien bekundet hatte, erlag in seinem Eintrag vom Mai 1933 trotz der unmittelbaren Wahrnehmung von nationalsozialistischen Willkürmaßnahmen bei der Gleichschaltung der Kommunalverwaltung in seinem unterfränkischen Wohnort Abtswind ganz der NS-Propaganda, die Hitler in den Wochen nach der Machtübernahme subtil als den Gemäßigten unter den Nationalsozialisten darstellte, der in Eintracht mit dem Reichspräsidenten als Garanten der nationalprotestantischen Traditionen den Staat führt:

> „So möchte mir der ganze Gang der Dinge wie eine wunderbare Fügung erscheinen. Was ist's doch für ein feines Männerpaar an der Spitze unseres geliebten Vaterlandes: Hindenburg – Hitler! Man kann sich glücklich preisen diese Zeit erleben zu dürfen, nachdem man als Kriegsteilnehmer geseufzt hat über die Revolution und das Deutschland der Revolution. Ich war am Sonntag beim Gautag [...] in Kitzingen, wo [Hans] Schemm und [Fritz] Sauckel sprachen. Ich meine, wir Pfarrer können mit unserem Kultusminister zufrieden sein. Und mag manches auszusetzen sein da und dort, mag es auch bei der Gemeinderat- oder Bürgermeisterwahl im eigenen Ort unerfreulich zugegangen sein, wir dürfen doch den Blick aufs große Ganze und das ehrliche Wollen uns nicht trüben lassen. Wir Pfarrer sind doch eigentlich die glücklichsten Menschen in diesen Tagen, wir dürfen an unserem Teil dazu beitragen, daß unserm Volk weiterhin das Beste, das Evangelium, groß werde. [...] Man spricht von zwei Strömungen im Nationalsozialismus. Möge die sog. gemäßigtere mit Hitler an der Spitze die Oberhand behalten dürfen! Ich bin froh, daß unsere ausgesprochen nationalsozialistischen Kollegen ruhiger und vernünftiger geworden sind, als sie im Feuer der ersten Begeisterung zu sein befürchten ließen."[99]

Luther trat im Juni 1933 dem NSEP bei und schloß sich auch den Deutschen Christen an. Nach seiner Einschätzung vom Oktober 1933 hat Hans Lauerers DC-Werben das Urteil vieler Pfarrer stark beeinflußt – Lauerer erfreute sich als langjähriger Rektor der Diakonissenanstalt Neuendettelsau in der Pfarrerschaft eines hohen Ansehens. Luther war aber gegen die Bildung von DC-Ortsgruppen, betonte seine Treue zu

---

[97] EBD., H. 18, 24.9.1933.
[98] EBD., H. 18, 6.3.1934.
[99] EBD., H. 17, 11.5.1933; Sauckel war Gauleiter und Reichsstatthalter von Thüringen.

Landesbischof und lutherischem Bekenntnis. Bei verschiedenen Pfarrerversammlungen
mußte Luther im Oktober 1933 zu seinem Bedauern feststellen, „daß viele Kollegen
[...] bei aller Beteuerung ihres Ja zum neuen Staat etc. von einer großen Kritiksucht
besessen sind und Miesmacherei treiben."[100]

Allerdings sah auch Luther die Gefahr einer germanischen Religion, gegen die die
Deutschen Christen aber einen starken Schutzwall bilden könnten. Luther berichtete
über eine Zusammenkunft mit Pfarrer Georg Börner, der als bayerischer Gemeindepfarrer einer pietistischen Gemeinschaft mit Zentrum im württembergischen Möttlingen angehörte: „In Möttlingen freut man sich darüber, daß Hitler abends das NT liest,
und erhofft sich von der Glaubensbewegung [sc. Deutsche Christen] etwas für die
Missionierung des Volkes."[101] Auch Luther sah große Möglichkeiten, volksmissionarisch zu wirken; im Juni 1933 hatte er eine ganze SA-Motorstaffel im Gottesdienst.
Zur Jugendarbeit gab Luther den Rat Helmut Kerns weiter, örtliche Abkommen mit
den HJ-Führern zu treffen und zu halten, was zu halten sei. Im März 1934 berichtete
Luther von den Überwachungen der Predigten in seiner Gegend durch die Politische
Polizei und von einem Verhör durch seinen Gendarmen wegen eines verbotenen Volks-
missionsflugblattes. Beide konnte ihn aber nicht von seiner Loyalität dem NS-Staat
gegenüber abbringen: „Mag das vielleicht eine gewisse Grenzüberschreitung des Staates
sein, solange es uns noch nicht verboten ist Gottes Wort zu verkündigen, ist die Sache
noch nicht so schlimm."[102]

Ganz im Gegensatz zum schwärmerischen Luther wünschte sich Hilmar Ratz, der
noch 1932 treuer CVD-Anhänger war, im Mai 1933 bei der Behandlung politischer
Fragen „die nötige Objektivität" und wandte sich gegen agitatorische Schlagworte. Für
ein abschließendes Urteil erscheinen ihm die Dinge noch zu sehr im Fluß. Zum Agieren der Deutschen Christen in der Reichsbischofsfrage äußerte er sich negativ[103]. Im
Oktober 1933 wandte er sich empört gegen die Vorgänge in der Reichskirchenleitung
und nahm Karl Barths Schrift „Theologische Existenz heute!" in Schutz. Einen drohenden DC-Einbruch in Bayern befürchtete Ratz im April 1934. Die Deutschen Christen
stufte er nun als Häretiker ein. Kirchenpolitische taktische Erwägungen und Kompro-
misse in diesen Fragen lehnte er strikt ab[104].

Hermann Eisenhut, der sich 1932 als wohlwollender Berater der NSDAP-Ortsgruppe betätigt hatte, im Herbst dieses Jahres aber kritisch geworden war, wies im Juni
1933 Kühls Vorwürfe an die Rundbriefgemeinschaft wegen mangelnder nationalsozialistischer Begeisterung zurück und vermerkte voller Genugtuung und dankbar das
harte, brutale Vorgehen der Nationalsozialisten gegen die „gottlosen Bolschewisten",
deren Machtübernahme am Ende der Weimarer Republik vermeintlich gedroht habe:

---

[100] EBD., H. 18, 10.10.1933.
[101] EBD.
[102] EBD., H. 18, 27.3.1934.
[103] EBD., H. 17, 21.5.1933.
[104] EBD., H. 18, 18.4.1934.

„Heute ist wohl keiner unter uns, der nicht von dem reinen und edlen Wollen Hitlers sich überzeugt hätte. Wir müssen nur immer wieder an das denken, was vorher war und was uns in nächster Zukunft bevorstand, dann schweigen alle kleinlichen Bedenken und wir sehen jetzt eine neue Gnadenzeit für uns und unser Volk, die es freilich auch gilt zu nützen, ehe sie mit ihren Möglichkeiten vielleicht wieder entschwunden ist. [...] Jedenfalls ist man nun von dem schweren Alpdruck befreit, weil Hindenburg, der gute alte Mann, aus dieser widernatürlichen Bindung mit Schwarz und Rot herausgelöst ist und in der Front steht, in die er gehört. [...] Wenn es auch gewiß ist, daß man religiöse und sittliche Grundsätze nicht kommandieren kann, so ist doch ebenso gewiß, daß der neue Staat jenen unheimlichen Mächten der Entchristlichung und Zerstörung die starken Fäuste in den Nacken gesetzt hat und daß er auf der anderen Seite den Willen hat, alles zu fördern, was zur sittlichen und religiösen Erneuerung unseres Volkes führen kann. Es könnte heute ganz anders sein und das wollen wir nicht vergessen."[105]

Eisenhuts Eintrag vom November 1933 ist ein Beispiel dafür, wie in der Phase der „Machtergreifung" die eigene frühe Begeisterung für Hitler überbetont – Eisenhut hatte sich tatsächlich 1924 strikt gegen parteipolitische Betätigung von Pfarrern und 1928 für den CVD ausgesprochen – und die christliche Veredelung und Säuberung des Nationalsozialismus erhofft wurde:

„Ich war schon seit 1921 für Hitler, war 1923 mit [Hans] Schemm bereit, wenn Hitler nach Norddeutschland ziehen sollte, mich ihm in Bayreuth anzuschließen. [...] Ich habe deshalb auch immer den Christlichen Volksdienst bekämpft [sic!], ebenso wie die Deutschnationalen. Aber trotzdem war ich auch der Hitlerbewegung gegenüber kritisch eingestellt, um ihr zu dienen, denn sie mußte ja und muß von vielen Menschen befreit werden, die nicht hineingehören."[106]

Im Herbst 1933 ernannte der Landesbischof Eisenhut zum Kapitelsbeauftragten für Volksmission. Den Deutschen Christen schloß er sich nicht an; ihre Berliner Sportpalastkundgebung vom 13. November 1933 mit der skandalösen Rede des Deutschkirchlers Reinhold Krause kritisierte er im Eintrag vom 23. November 1933 in aller Schärfe. Auch im Blick auf die kirchen- und christentumsfeindlichen Kräfte in der NSDAP nahm er in seiner Gemeinde kein Blatt vor den Mund, selbst wenn ihn das bei einer Denunziation ins Konzentrationslager bringen könnte – es ist interessant, daß bereits zu diesem Zeitpunkt selbst im abgelegenen Oberpfälzer Wildenreuth Dachau zum Inbegriff des NS-Terrors gegen politische Gegner geworden war: „Meiner Gemeinde sage ich über Schirach, Streicher, Rosenberg und ähnliche Brüder in voller Öffentlichkeit die Wahrheit. Weiter wie nach Dachau kann ich nicht kommen und ich meine, es ist dann auch wirklich keine Schande." Auf der anderen Seite arbeitete er im BDM und in der HJ mit und „kann so das gleiche wirken, wie in der kirchlich organisierten Jugend. Überhaupt sind in allen Verbänden meine gut kirchlichen Leute führend und so die Verbindung zwischen Kirche und den Verbänden ständig da." Im Mai 1934

---

[105] EBD., H. 17, 15.6.1933. Eisenhut hatte wenige Tage vor dem Eintrag in Nürnberg an der Amtseinführung Meisers teilgenommen.

[106] EBD., H. 18, 23.11.1933.

berichtete Eisenhut von der polizeilichen Überwachung seiner Aufklärungsabende zur
kirchlichen Lage, von der er sich aber nicht habe beeinflussen lassen: „Ich habe die
schwerste Kritik geübt an Streicher, Rosenberg u.a. – man hat mich nie verklagt oder
in die Zeitung gebracht." Im Gegensatz zu Schreiber könne er sich das als „langjähriger
Nazi" leisten; er habe sogar den Ortsgruppenleiter zurechtgewiesen. Man müsse nur
„Schneid" haben und dürfe an seiner grundsätzlichen Loyalität Hitler gegenüber keine
Zweifel aufkommen lassen:

> „Man kommt nicht gleich nach Dachau, wenn nur bekannt ist, daß man für Hitlers Sache
> arbeitet und nicht aus Nörgelsucht seinem Werke den Kredit versagt. Und ich meine, für
> Hitler sich einsetzen, das kann man heute mit gutem Gewissen, nachdem man nicht mehr
> nur vor Versprechungen steht, sondern sieht, wie dieser Treueste der Treuen seine Worte in
> die Tat umsetzt."[107]

Friedrich Rohn, der 1928 für den CVD geworben hatte, wandte sich im Juni 1933
in aller Deutlichkeit mit theologischen Argumenten gegen die „Nazipfarrer": „Für
mich sind diese Kollegen, wie [Friedrich] Klein und [Ernst] Daum Schwärmer, die das
Vaterland über die Kirche stellen, denen Hitler, wie so vielen Nazi, letzten Endes eben
doch über Christus geht, auch wenn sie es mit aller Entschiedenheit von sich abwei-
sen." Die Pfarrer sollten sich lieber ein Beispiel an Jesus nehmen, der sich auch keiner
der damaligen nationalen Bewegungen angeschlossen habe. Rohn freute sich, daß es
Landesbischof Meiser verstehe, „die schwärmerischen, vielleicht auch ehrgeizigen Nazipfarrer zur Vernunft zu bringen." Kommentarlos vermerkt Rohn den Kirchgang von
680 Hitlerjungen anläßlich eines HJ-Tages in Trogen. Sehr nüchtern prognostizierte er
bereits im Juni 1933 die baldige Demaskierung der NS-Kirchenpolitik, obwohl zu
diesem Zeitpunkt der BDM in Trogen noch jede zweite Woche seine Gruppenstunde
mit dem kirchlichen Mädchenverein im Pfarrhaus verleben wollte: „Ich fürchte freilich, daß die Leitung der NSDAP diesen Zustand nicht lange duldet. Das Pfarrhaus
scheint nicht der geeignete Ort für die nationale Erziehung der Hitlerjugend nach Ansicht vieler Hitlerleute zu sein. Das halte ich auch für bedauerlich."[108] Im Juni 1934
verurteilte Rohn die Stellungnahmen der Erlanger Theologieprofessoren Paul Althaus
und Werner Elert gegen die Bekennende Kirche, insbesondere deren gegen die Barmer
Theologische Erklärung verfaßten Ansbacher Ratschlag[109].

Eduard Weber, der sich bisher nie zu seinen parteipolitischen Präferenzen geäußert
hatte, nahm zwei Tage nach den von Hitler angeordneten Kirchenvorstandswahlen am
25. Juli 1933 kritisch zu „üblen Erscheinungen der politischen Störung" Stellung:

> „Jedenfalls waren die Wahlen und nicht zuletzt die Rede des Reichskanzlers am Samstag
> nachts ein ernster Hinweis für die Kirche: sie ist in einer äußerst gespannten Lage. Und
> wenn vielleicht bald auch die Bedrohung der Kirche durch Politik aufhört, so wird doch ei-

---

[107] EBD., H. 18, 20.5.1934. Den Ortsgruppenleiter kritisierte Eisenhut wegen der Aufnahme von
„unsicheren Elementen" – wohl ehemaligen Sozialdemokraten und Kommunisten – in die Partei und
seiner Kriegsdienstverweigerung im Ersten Weltkrieg.
[108] EBD., H. 18, 24.6.1933.
[109] EBD., H. 10, 18.6.1934.

ne sehr schwierige und gefahrvolle innere Auseinandersetzung kommen: bleiben wir Kirche des Evangeliums oder erliegen wir den Angriffen, die sich gegen das A.T., gegen Taufe und Weltmission, gegen die übernationale Wesensart der christlichen Kirche bei allem ihrem Ja zum Volk richten werden?"[110]

Doch bei aller hellsichtigen Kritik an der NS-Kirchenpolitik begrüßte Weber die nationale Revolution wegen der Zerschlagung des Liberalismus und der vermeintlichen neuen Wirkungsmöglichkeiten für die Kirche. Er bedauerte lediglich, daß die Nationalsozialisten nun innerhalb der Kirche die Deutschen Christen, die in Wirklichkeit eine liberale „Aufklärungstheologie" betreiben, protegierten: „Hier droht die tiefe Tragik: der neue Staat hat politisch den Liberalismus zerschlagen und dafür können wir nicht dankbar genug sein. Aber nun droht der Liberalismus in theologischer Form durch die Hintertüre wieder hereinzukommen. [...] Die neue Zeit in unserem Volk gibt der Kirche große neue Möglichkeiten. Auch als Studentenpfarrer empfinde ich das sehr dankbar." So rief Weber am 12. Juli 1933 eine Evangelische Akademikervereinigung München ins Leben. Im Dezember 1933 empfahl Weber seinen Amtsbrüdern – wohl zur Immunisierung gegen die DC-Theologie – die Lektüre von Karl Barths Schriften. In diesem Eintrag findet sich in Fortführung des vorhergehenden Eintrages die steile, aber in der Bekennenden Kirche durchaus verbreitete apologetische These, daß „echter Nationalsozialismus" und DC-Theologie sich im Grunde nicht miteinander vereinbaren lassen, daß stattdessen die bekenntnistreuen Pfarrer die besseren Nationalsozialisten seien:

> „Es erscheint mir übrigens als kennzeichnend für unsere kirchliche Lage, daß in unserem Rundbrief-Kreis gerade die, die ich als ‚legitime' Nazis bezeichnen möchte, von den DC Abstand halten. Ich wage die Behauptung, daß eine liberalistische Grundhaltung viele typische Vertreter der DC ebenso vom echten Nationalsozialismus fernhält, wie ihm Gegner der DC nahestehen."[111]

Wenige Tage nach der völlig irreführend von der NS-Propaganda als „Röhm-Putsch" bezeichneten Liquidierung der mißliebig gewordenen SA-Führung und einiger politischen Gegner aus dem bürgerlichen Lager belegt Webers Eintrag vom 11. Juli 1934, wie offensichtlich zumindest für Pfarrer in München der verbrecherische Charakter der Aktion „30. Juni 1934", in der allein in der Landeshauptstadt und im Konzentrationslager Dachau 27 wirkliche oder vermeintliche Gegner Hitlers auf dessen Befehl hin ohne jegliche Rechtsgrundlage ermordet wurden, und die verlogene Begründung der nachträglichen Legalisierung durch den Reichstag am 3. Juli 1934 war:

> „Augenblicklich möchte man ja um Volk und Staat in größerer Sorge sein als um die Kirche. Brüder, ihr seht nicht, in welche Not uns hier der 30.6.34 und seine Folgen brachte. Und bringt. Geb Gott, daß sich bei den Verantwortlichen dikaiosyne kai aletheia durchsetze! Sonst ist eine Krise des Vertrauens zu befürchten, die uns Gottes Gnade ersparen möge!

---

[110] EBD., H. 18, 25.7.1933. Es handelt sich um Hitlers Rundfunkansprache vom 22.7.1933; vgl. Edition der Ansprache in C. NICOLAISEN (Bearb.), Dokumente I, S. 119-121.

[111] WINGOLFRUNDBRIEF, H. 18, 25.12.1933.

[...] Wenn nur wenigstens wir in der Kirche nach dem 30.6. in neuer Tiefe lernen wollen, worüber ich vorgestern bei Studenten zu sprechen hatte: Jeremia 17,5 ff. Wagst du so etwas auch ‚Katakombenstimmung' zu nennen, liebes Musicum?"[112]

Rudolf Neunhöffer, der sich 1929 enttäuscht vom CVD ab- und der DNVP und der NSDAP als Initiatoren des erfolglosen Volksentscheides gegen den Young-Plan zur Regelung der deutschen Reparationszahlungen zugewandt hatte, konnte im August 1933 Webers Kritik am deutschchristlichen Reichsbischofskandidaten Ludwig Müller nicht nachvollziehen[113]. Zum Jahreswechsel 1933/34 hielt Neunhöffer eine Predigt, in der er dem NS-Staat insbesondere im Vergleich zur Weimarer Republik sehr viel „positives Christentum" im Sinne eines verschwommenen impliziten Christentums der Tat attestierte:

„Christentum ist nicht so sehr da, wo von Christus geredet und gelehrt wird [...], sondern da, wo im Sinne Jesu gehandelt wird. Und wenn man daraufhin das Wollen und Handeln der NSDAP und des neuen Staates prüft, findet man sehr viel ‚positives Christentum', freilich auch viel, was nicht im Sinne Jesu ist. [...] Je deutlicher die Kirche auf das noch vorhandene ‚positive Christentum' hinweisen wird, desto mehr wird der Staat in ‚positives Christentum' hineinwachsen, wie das der Wille des Parteiprogrammes ist [...]. Daß der Wille Gottes unter dem neuen Regiment in Deutschland mehr geschieht, als unterm alten, wird wohl kaum bestritten werden."[114]

Mit Neunhöffers Genehmigung ließ der Miesbacher NSDAP-Ortsgruppenleiter die Predigt später drucken. Manchen, dem Christentum kritisch gegenüberstehenden Nationalsozialisten habe Neunhöffer mit diesen Gedanken zu einem „freudig bejahenden Blick" auf das Christentum verholfen. In der Rosenheimer Pfarrkonferenz hatten einige Amtsbrüder Neunhöffer wegen seiner Ansichten als Schwärmer verurteilt. Die Reaktionen auf Neunhöffers Neujahrspredigt im Rundbrief waren überwiegend negativ: Kühl sah in ihr eine unzulässige Gleichsetzung von „Menschentat" und „Gottestat"[115]. Rohn sah in ihr Elemente der DC-Theologie[116]. Weber verwies auf die konkrete Kirchenpolitik des NS-Regimes, die alle Illusionen von einer Christlichkeit des Nationalsozialismus ad absurdum führe: „Der berühmte Heß-Erlaß sollte uns endgültig den Traum eines christlichen Nationalsozialismus austreiben."[117] Im Juli 1934 verteidigte

---

[112] EBD., H. 19, 11.7.1934. Die griechische Wendung heißt übersetzt „Gerechtigkeit und Wahrheit". Im angegebenen Bibeltext geht es um das göttliche Gericht über die, die auf Menschen vertrauen und von Gott abfallen. Musicum ist der Spitzname von Schmidt. Vgl. K. ALT, Todeskandidaten, S. 7 ff.; der Autor wurde als evangelischer Seelsorger im Gefängnis München-Stadelheim Ohrenzeuge der Erschießungen. Unter den Münchener Opfern war auch der evangelische ehemalige bayerische Generalstaatskommissar Gustav von Kahr.

[113] EBD., H. 18, 6.8.1933.

[114] EBD., H. 18, 10.1.1934.

[115] EBD., H. 18, 6.3.1934. Ratz, H. 18, 18.4.1934, empfand sie als „bedenklich" und hatte mit Neunhöffer eine private Aussprache darüber.

[116] EBD., H. 19, 18.6.1934.

[117] EBD., H. 19, 11.7.1934. Beim Heß-Erlaß handelt es sich um die Verfügung der NSDAP-Reichsleitung vom 13.10.1933, in der es den Parteimitgliedern freigestellt wird, sich zu einer bestimm-

Neunhöffer seine Neujahrspredigt. Gott habe 1933 das Streben Hitlers gelingen lassen, um dem deutschen Volk einen Neuanfang zu schenken. Daß der politische Neuanfang nicht auch zu einem religiösen Neuanfang wurde, sei auch Schuld der Kirche gewesen. Neunhöffer sah aber noch genug Ansatzpunkte zu einer Verchristlichung des Staates. So sei Neunhöffers Neujahrspredigt auch an Hitler geschickt worden, der sich wenig später in diesem Sinne in einer Rede äußerte. Es müsse den Nationalsozialisten weiter gezeigt werden, daß der Weltanschauungskampf nicht zu den Aufgaben ihrer Bewegung gehört; die eigentlichen Aufgaben lägen im politischen Bereich. Zum „Röhm-Putsch" schenkte Neunhöffer offensichtlich der NS-Propagandaversion mehr Glauben als Webers unmißverständlichen Andeutungen[118].

Wilhelm Meißner, der sich auch in früheren Einträgen nie zu parteipolitischen Fragen geäußert hatte, nahm zur „Machtergreifung" im Juli 1933 sehr zurückhaltend Stellung; auch ihn würden die neuen politischen Entwicklungen bewegen[119]. Er vermeldete im Dezember 1933, daß seine Frau Mitglied in der NS-Frauenschaft geworden sei. Deutlich distanziert fügte er hinzu, daß die Übernahme einer Funktion in dieser Organisation aber für eine Pfarrfrau nicht angebracht sei[120]. Unmittelbar nach dem „Röhm-Putsch" am 3. Juli 1934 empfand Meißner – wie weite Teile der Bevölkerung der offiziellen Version Glauben schenkend – „eine ungeheure Achtung vor Hitler als den Mann der Tat unter rücksichtsloser Konsequenz."[121]

Insgesamt fällt in den Rundbriefeinträgen in der Phase der nationalsozialistischen „Machtergreifung" auf, daß erstmals von allen Autoren auf das politische Geschehen eingegangen wurde – Kühls kollektiver Vorwurf der politischen Teilnahmslosigkeit vom April 1933 hat dabei ohne Frage eine Rolle gespielt. Von den elf Rundbriefpfarrern begrüßten im Frühjahr und Sommer 1933 sechs ausgesprochen begeistert die nationale Revolution, was allerdings Kritik an einzelnen nationalsozialistischen Maßnahmen im unmittelbaren Umfeld der Pfarrer nicht ausschloß, zwei stimmten ihr eher zurückhaltend zu und zwei vermieden in ihren nüchternen Stellungnahmen jegliche Zustimmung. Diese positive Resonanz der nationalen Revolution im Frühjahr und Sommer 1933 bei der großen Mehrheit der Pfarrer bestätigen auch zahlreiche andere zeitgenössische Quellen[122]. Zwischen Dezember 1933 und Juli 1934 trat mit einer

---

ten Glaubensrichtung oder Konfession zu bekennen. Auch Konfessionslose dürfen nicht benachteiligt werden (C. NICOLAISEN [Bearb.], Dokumente I, S. 145).

[118] WINGOLFRUNDBRIEF, H. 19, 19.7.1934.

[119] EBD., H. 18, 11.7.1933.

[120] EBD., H. 18, 10.12.1933.

[121] EBD., H. 19, 3.7.1934; vgl. zur weithin positiven Reaktion der deutschen Bevölkerung auf den 30. Juni 1934: H.-U. THAMER, Verführung, S. 333 f.

[122] Zur Begeisterung für die nationale Revolution, die besonders seit dem „Tag von Potsdam" unter den Pfarrern um sich griff, vgl. H. GREIFENSTEIN, Kleinbürger, S. 111; PFARRER 22, Manuskript, S. 2 (der Pfarrer marschierte am „Tag von Potsdam" im örtlichen Fackelzug mit); Freimund, 20.7.1933, S. 277-279 (Rede Hans Lauerers); J. RUCKDÄSCHEL, Leben IV, S. 35; PFARRER 25, Manuskript, S. 9 (1933 zur Mitarbeit in der HJ eingeladen); Brief an einen Pfr. vom 28.4.1933 (PFARRER 51, Sammlung) (zur Weiherede Pfarrer Michael Henzlers [nicht Pfarrer 51] bei der Pflanzung der Hitler-Linde in Laubenzedel am Ostermontag 1933); zur Reaktion der Münchener Pfarrerschaft vgl. B. MENSING, Hitler,

Ausnahme bei allen Rundbriefautoren, die zunächst die „Machtergreifung" begrüßt hatten, eine mehr oder weniger starke Desillusionierung ihrer Hoffnungen auf eine christliche Veredelung des Nationalsozialismus und einen volksmissionarischen Durchbruch ein[123], die aber nur in zwei Fällen durch Angriffe der NS-Presse auf die eigene Person bzw. unmittelbare Kenntnis der Geschehnisse vom 30. Juni 1934 zu einer grundsätzlichen Kritik am NS-Staat führten. Die anderen blieben insbesondere durch ihre Anfälligkeit für den Hitler-Mythos loyal. Bei Abschluß der Phase der „Machtergreifung" standen folglich sieben loyal zum NS-Staat und insbesondere zu Hitler, während vier eine grundsätzlich kritische Haltung eingenommen hatten. Da die Eintrittsquote der Rundbriefpfarrer in die NSDAP und in andere NS-Organisationen 1933/34 in etwa dem Durchschnitt der Pfarrerschaft entsprach, erscheint es zulässig, ihre politische Stimmungslage in dieser Phase als repräsentativ einzustufen. Demnach stimmten in der entscheidenden ersten Hälfte der Phase der nationalsozialistischen „Machtergreifung" von Hitlers Ernennung zum Reichskanzler am 30. Januar 1933 bis zu der ersten großangelegten plebiszitären Selbstbestätigung des NS-Staates am 12. November 1933, die Hitlers Stellung endgültig unangreifbar machte, vier von fünf Pfarrern der nationalen Revolution zu. Dies liegt deutlich über den Zustimmungswerten der Protestanten in der halbfreien Reichstagswahl vom 5. März 1933, in der reichsweit etwa 37 % von ihnen in eher städtischen Kreisen und etwa 53 % in eher ländlichen Kreisen die NSDAP wählten[124]. Selbst wenn man die wohl gut 10 % der protestantischen Stimmen hinzurechnet, die Hitlers deutschnationaler Koalitionspartner, die Kampffront Schwarz-Weiß-Rot, erhielt, liegt die Zustimmung immer noch weit unter derjenigen der Pfarrerschaft. Die Zustimmungswerte entsprachen allerdings in etwa dem Wahlverhalten in den bayerischen Kreisen, in denen über 90 % der Bevölkerung Protestanten waren – es handelt sich fast ausschließlich um eher ländliche Kreise, alle lagen in Mittel- und Oberfranken. In diesen Kreisen erzielte die NSDAP 66,2 %, die Kampffront Schwarz-Weiß-Rot 10,8 % der gültigen Stimmen; die Regierung der nationalen Revolution erreichte also insgesamt 77,0 % der Stimmen[125].

Die überwiegend begeisterte Zustimmung ihrer Gemeindepfarrer zur nationalen Revolution dürfte nicht unwesentlich zu diesen Wahlresultaten in der evangelischen Bevölkerung beigetragen haben. Das Wahlergebnis vom 5. März 1933, das der Regie-

---

S. 108-119; zur Reaktion des bayerischen Protestantismus: H. BAIER, Landeskirche, S. 44 ff.; P. KREMMEL, Pfarrer, S. 80 ff.; zur Reaktion des gesamten deutschen Protestantismus vgl. G. V. NORDEN, Protestantismus; K. SCHOLDER, Kirchen I, S. 277 ff.; K. MEIER, Kirchenkampf I, S. 77 ff.

[123] Eine wesentliche Zäsur im Verhältnis des Protestantismus zum NS-Staat sieht auch die bisherige Kirchenkampfhistoriographie im November/Dezember 1933; Scholder läßt hier seinen Band I enden (K. SCHOLDER, Kirchen I [Vorgeschichte und Zeit der Illusionen]; K. SCHOLDER, Kirchen II [Das Jahr der Ernüchterung]); auch K. MEIER, Kirchenkampf I, S. 146, setzt hier eine Zäsur.

[124] J. W. FALTER, Wähler, S. 184.

[125] Errechnet aus ZEITSCHRIFT DER BAYERISCHEN STATISTISCHEN LANDESAMTS 1933, S. 323 f.; in den Kreisen, die in Oberfranken lagen (die kreisunmittelbaren Städte Neustadt bei Coburg und Rodach bei Coburg; die Landkreise Coburg, Hof, Kulmbach, Münchberg und Naila): NSDAP 58,0 %; Kampffront 9,1 %; in den mittelfränkischen (die Landkreise Ansbach, Fürth, Hersbruck, Neustadt an der Aisch, Rothenburg und Uffenheim) NSDAP 74,4 %, Kampffront 12,5 %.

rung dank der evangelischen Stimmen die absolute Mehrheit brachte, war eine wesentliche Voraussetzung für die Verabschiedung des Ermächtigungsgesetzes im neuen Reichstag. Daß die Zustimmung von etwa 80,0 % der Pfarrerschaft zum neuen Staat bis zum November 1933 nahezu ungebrochen anhielt, wird für die Akzeptanz der fortschreitenden nationalsozialistischen „Machtergreifung" in Staat und Gesellschaft bei der kirchlich-evangelischen Bevölkerung eine wichtige Rolle gespielt haben. Und trotz der zunehmenden Demaskierung der nationalsozialistischen Kirchen- und Religionspolitik standen auch zum Zeitpunkt der Vollendung der „Machtergreifung" im August 1934 mit der Vereidigung der Wehrmacht auf Hitler nach dem Tode Hindenburgs und der zweiten plebiszitären Selbstbestätigung des Regimes immer noch etwa zwei von drei Pfarrern loyal zum NS-Staat.

B. Im „Führerstaat"

1. Nationalsozialistische Pfarrer

Als sich der NSEP unter der Landesleitung von Pfarrer Friedrich Möbus in der zweiten Jahreshälfte 1934 im Kirchenkampf immer deutlicher auf die Seite des Reichsbischofs und gegen Landesbischof Meiser stellte und zu den Deutschen Christen tendierte, fiel er im Herbst 1934 auseinander. Die Mehrheit der Mitglieder rebellierte gegen diese kirchenpolitische Linie von Möbus[126] und trat aus. Nach dem „Sieg" von Landesbischof Meiser wurden auch die Deutschen Christen in Bayern weitgehend bedeutungslos, nachdem schon vorher führende Persönlichkeiten aus dem NSEP und der Glaubensbewegung Deutsche Christen die bayerische Landeskirche auf eigenen Wunsch verlassen hatten: Wolfgang Meyer-Erlach war im November 1933 zum Professor für Praktische Theologie an die Universität Jena und Friedrich Klein im Juli 1934 zum Oberpfarrer in der Evangelischen Kirche der altpreußischen Union berufen worden. Einige unbelehrbare Mitstreiter von Meyer-Erlach, der auch von Jena aus weiter in Bayern sein Unwesen trieb, und Klein wurden nach ihren scharfen Attacken auf Meiser bzw. ihrer Mitwirkung bei dem Gleichschaltungsversuch der Reichskirchenregierung aus dem Dienst der Landeskirche entlassen. Heinrich Daum wechselte nach seiner Entlassung im Januar 1935 in den Dienst der Thüringer evangelischen Kirche, und Hans Gollwitzer wurde hauptamtlicher NSDAP-Bürgermeister in seinem bisherigen Dienstort Mühldorf am Inn. Unter den sechs von der Reichskirchenregierung im Oktober 1934 nach der Absetzung Meisers berufenen kommissarischen „Bischöfen", Kreisdekanen und anderen ranghohen Geistlichen befanden sich auffällig viele Nationalsozialisten; mindestens vier waren zu diesem Zeitpunkt Pg. und einer NSLB-Mitglied. Zwei dieser DC-Pfarrer hatten sich bereits vor 1933 durch einen Parteieintritt zum Nationalsozialismus bekannt. Doch der rasante innerkirchliche Karrieresprung einiger DC- und Pg.-Pfarrer blieb ein kurzes Intermezzo. Nach ihrer Absetzung

---

[126] Siehe dazu H. BAIER, Christen, S. 105 ff.; der letzte Artikel des NSEP im *Korrespondenzblatt* stammte vom 2.7.1934, KORRESPONDENZBLATT 59, 1934, S. 312 ff.

organisierte sich der harte Kern der DC-Pfarrer weiterhin im NSEP, dem 1935 noch etwa 65 bayerische Pfarrer angehörten; mindestens zwei Drittel (44) davon waren auch NSDAP-Mitglieder.

Seit dem Herbst 1934 gab es also innerhalb der Pfarrerschaft keine relevante Gruppierung mehr, die für den Nationalsozialismus und ein Engagement von Pfarrern in der NSDAP warb. Dennoch kam es weiterhin zu Eintritten von Pfarrern, als die Partei 1935 ihre Aufnahmesperre für Angehörige von NSDAP-Gliederungen und andere Privilegierte lockerte[127]. Immer noch gehörten evangelische Pfarrer in Bayern zu diesen „Auserwählten". Nachweislich 31 (vermutlich 46) Geistliche traten 1935 in die NSDAP ein, vier als Kandidaten, 23 als Pfarrer im Gemeindedienst, davon jeweils ein Senior und ein Dekan, ein hauptamtlicher Religionslehrer, ein Gefängnisseelsorger und zwei Emeriten. Stark überrepräsentiert waren die älteren Jahrgänge der jüngeren Vorkriegsgeneration (1880-1884) und die Kriegs- und die ältere Nachkriegsgeneration (1890-1904). Die regionale Verteilung spiegelte die rege Werbetätigkeit von Schemm in seinem Gau Bayerische Ostmark wider, die er bis zu seinem tödlichen Flugzeugabsturz im März 1935 fortsetzte. 24 Eintritte erfolgten in seinem Gau, 18 in Oberfranken, sechs in der Oberpfalz und in Niederbayern zusammen. Möglicherweise waren einige dieser Eintritte eine Art letzte Reverenz an Schemm, zu dessen Beisetzung in Bayreuth Landesbischof Meiser im ganzen Gau die Kirchenglocken läuten ließ[128]. In Streichers Gau [Mittel-]Franken traten sechs Pfarrer ein, in Schwaben einer; Unterfranken und Oberbayern verzeichneten keinen einzigen neuen Pg.-Pfarrer. 1936 trat in ganz Bayern nur noch ein Kandidat in die NSDAP ein. Von der allgemeinen Aufhebung der Aufnahmesperre durch die NSDAP am 9. Februar 1937, die in der Bevölkerung eine große Eintrittswelle zur Folge hatte, waren Pfarrer und Theologiestudenten aller Konfessionen ausdrücklich ausgenommen[129]. Dennoch wurde acht Pfarrern ein NSDAP-Eintritt im Jahre 1937 ermöglicht; zwei Gemeindepfarrern, drei Religionslehrern, zwei Dozenten an staatlichen Hochschulen und einem Emeriten. Für die fünf Pfarrer, die im Staatsdienst standen, war der Parteieintritt für ihre weitere Karriere notwendig oder doch zumindest nützlich.

Wie hatte sich drei Jahre nach der Vollendung der nationalsozialistischen „Machtergreifung" und der Errichtung des „Führerstaates", in dem zunehmend die kirchen- und christentumsfeindlichen Kräfte den Ton angaben, die Zusammensetzung der Pg.-Pfarrer durch Eintritte, Austritte und den Dienstantritt von Kandidaten, die schon als Schüler oder Studenten Pg. geworden waren, verändert? Ihre absolute Zahl hat sich bis Ende 1937 nur geringfügig auf nachweislich 192 (vermutlich 288) erhöht, ihr Anteil an der Pfarrerschaft war geringfügig auf 10,0 % (vermutlich 15,0 %) zurückgegangen[130]. Ein Vergleich zum Anteil der Pg. an der bayerischen Bevölkerung ist mangels exakter Vergleichszahlen nur unter Vorbehalt möglich. Da sich reichsweit die Zahl der

---

[127] M. H. KATER, Überlegungen, S. 179 f.

[128] W. ZORN, Geschichte, S. 405.

[129] C. H. MEISIEK, Theologiestudium, S. 313.

[130] Die Gesamtzahl wird unter Berücksichtigung der starken Aufnahmejahrgänge 1935-1937 und des Ausscheidens einiger DC-Pfarrer auf 1.925 geschätzt.

Pg. von Ende 1934 bis Mitte 1938 nahezu verdoppelt hatte[131], läßt sich bei Berücksichtigung des Bevölkerungswachstums für Bayern der Anteil der Pg. an der männlichen erwachsenen Bevölkerung auf etwa 20 % schätzen. Unter den Pfarrern waren die Pg. nun also erstmals deutlich unterrepräsentiert.

Von den Pg.-Pfarrern gehörten 37 zur älteren, 30 zur jüngeren Vorkriegsgeneration, 21 zur älteren, 28 zur jüngeren Kriegsgeneration, 35 zur älteren und 40 zur jüngeren Nachkriegsgeneration. Auch bei Berücksichtigung der starken Aufnahmejahrgänge aus der jüngeren Nachkriegsgeneration bleiben einige signifikante Veränderungen in der Altersstruktur seit 1934. Die jüngere Vorkriegsgeneration hat ihren Anteil deutlich erhöht, die ältere Kriegsgeneration ist leicht zurückgetreten. 25 der Pg.-Pfarrer waren Kandidaten, 120 Gemeindepfarrer, davon zwei Senioren und drei Dekane, drei Pfarrer arbeiteten in landeskirchlichen Einrichtungen, einer davon als Oberkirchenrat, fünf in der Inneren Mission und 26 standen im Staatsdienst: 18 Religionslehrer, drei Hochschuldozenten, drei Gefängnisseelsorger und zwei Militärgeistliche. 13 Pg.-Pfarrer befanden sich bereits im Ruhestand. Im Vergleich zu 1934 waren die Anteile der Kandidaten und besonders der Pfarrer in der Inneren Mission stark zurückgegangen. Mehr als verdoppelt hatte sich der Anteil der Pg.-Pfarrer im Staatsdienst. Diese stellten nun zwei der insgesamt drei Dozenten an Hochschulen für Lehrerbildung, drei der sieben Gefängnisseelsorger, zwei der sechs Militärgeistlichen, etwa ein Drittel der Religionslehrer (32,7 %) und einen der neun Erlanger Theologieprofessoren, der allerdings an der Fakultät nur im Status eines Extraordinarius lehrte. Deutlich erhöht hatte sich der Pg.-Anteil unter den Ruhestandsgeistlichen. Im kirchlichen Dienst war die Gruppe mit dem höchsten Pg.-Anteil (20 %) weiterhin die Innere Mission.

Die regionale Verteilung der Pg.-Pfarrer auf die nunmehr vier Kirchenkreise – im Januar 1935 war der neue Kirchenkreis Nürnberg errichtet worden – sah 1937 folgendermaßen aus: Ansbach 49 (25,5 %) bei 34,2 % der Stellen; Bayreuth 76 (39,6 %) bei 29,3 % der Stellen; München 23 (12,0 %) bei 19,9 % der Stellen; Nürnberg 44 (22,9 %) bei 16,6 % der Stellen. Bayreuth und Nürnberg waren demnach im selben Maße stark über-, wie Ansbach und München unterrepräsentiert. In den Grenzen von 1934 war der Anteil der drei „alten" Kirchenkreise 1937 an den Pg.-Pfarrern nahezu identisch geblieben. Auf der Ebene der Regierungsbezirke werden aber doch regionale Verschiebungen seit 1934 erkennbar: Die Oberpfalz und Niederbayern wechselten von stark unter- zu stark überrepräsentierten Bezirken (14 bzw. 7,3 %), Oberbayern vom leicht über- zum leicht unterrepräsentierten Bezirk (11 bzw. 5,7 %), Unterfranken sank von einer starken Überrepräsentation auf ein durchschnittliches Niveau ab (24 bzw. 12,5 %), Oberfranken konnte seine Überrepräsentation noch ausbauen (60 bzw. 31,2 %), Mittelfranken (73 bzw. 38,0 %) und Schwaben (10 bzw. 5,2 %) blieben leicht bzw. stark unterrepräsentiert. Einen zunehmenden Anteil verzeichneten außer Schwaben nur Regierungsbezirke, die im NSDAP-Gau Bayerische Ostmark lagen – Schemms intensive Werbearbeit in der Pfarrerschaft wirkte fort. So fanden sich auch in diesem Gau die Dekanate mit dem höchsten Anteil an Pg.-Pfarrern. In Kronach (5) lag

---

[131] M. H. KATER, Party, S. 263.

dieser Anteil fast dreimal so hoch wie der Anteil an den Stellen, in Sulzbach (7) etwa zweieinhalb mal so hoch, in Bayreuth (11), Coburg (14) und Muggendorf (3) etwa zweimal so hoch, in Weiden (5), Gräfenberg (3) und Pegnitz (3) etwa eineinhalb mal so hoch. Nennenswert überrepräsentierte Dekanate waren darüberhinaus in Mittelfranken Thalmässing (3), Nürnberg (24) und Erlangen (6) mit etwa einem doppelt so hohen Anteil, in Unterfranken Lohr (4), Aschaffenburg (3) und Würzburg (6) mit einem etwa eineinhalb mal so hohen Anteil. Auf der anderen Seite gab es in zwölf Dekanaten wahrscheinlich keinen Pg.-Pfarrer.

Für Anfang 1937 liegt nun für fünf Dekanate die exakte Zahl der Pg.-Pfarrer vor[132]. Am höchsten war der Anteil der Pg.-Pfarrer in Sulzbach (5 bzw. 29,4 %), gefolgt vom Prodekanat Nürnberg – Lorenzer Stadtseite (9 bzw. 18,0 %), Aschaffenburg (2 bzw. 16,7 %), Münchberg (1 bzw. 7,7 %) und München (3 bzw. 5,6 %), wo außer dem reformierten Pfarrer kein Pg. im Gemeindedienst stand. In den fünf Dekanaten waren insgesamt besonders stark die drei Militärgeistlichen mit zwei Pg. und die fünf Pfarrer in der Inneren Mission mit drei Pg. vertreten. Durchschnittlich lag der Anteil der Pg.-Pfarrer in den fünf Stichprobendekanaten bei 15,5 %, was fast genau dem für die gesamte Pfarrerschaft vermuteten Anteil von 15,0 % entspricht. Wenn man die Dekanate zusammenaddiert, waren 13,7 % Pg. – das große Pfarrkapitel München zog hier den Wert nach unten.

Im Vergleich zur Verteilung der Pg.-Pfarrer 1934 legten 1937 bei der Größe der Wohnorte die Großstädte (35 oder 18,2 %) leicht, die Mittelstädte (33 bzw. 17,2 %) besonders stark zu, die Kleinstädte (12 bzw. 6,2 %) nahmen stark, die Dörfer (112 bzw. 58,3 %) leicht ab. Die Zunahme der Mittel- und Großstädte könnte den Karrierevorteil von Pg.-Pfarrern, oder zumindest deren Drang in die größeren Städte, widerspiegeln. Immerhin waren die Stellen der „Stadtpfarrer" zumeist prestigeträchtiger als die der „einfachen Landpfarrer". Ein Großteil der attraktiven staatlichen Stellen für Pfarrer lag ebenfalls in den Mittel- und Großstädten. Insgesamt entsprach die Verteilung zwischen Stadt und Land den Anteilen in der gesamten Pfarrerschaft.

Nach 1937 trat in Bayern nachweislich nur noch ein einziger Pfarrer, der als Religionslehrer im Staatsdienst stand, im Jahre 1939 der NSDAP bei. Es fällt auf, daß unter den 41 NSDAP-Eintritten von bayerischen Pfarrern im „Führerstaat" die Deutschen Christen extrem stark überrepräsentiert waren (13).

Im Laufe des „Dritten Reiches" setzte bei vielen Pg.-Pfarrern ein sukzessiver Distanzierungsprozeß ein. Von 136 Pg.-Pfarrern liegen Angaben zu den Gründen ihrer Distanzierung vor; die meisten davon wurden allerdings im Rahmen der Entnazifizierung gemacht. Bei den 21 vor 1945 datierten Belegen dominierten mit je fünf Nennungen die persönlichen Konflikte mit Partei- und Staatsstellen im Rahmen des Kirchenkampfes und die kirchen- und christentumsfeindlichen Maßnahmen von Staat

---

[132] Abfrage aller in diesen Dekanaten nach dem PERSONALSTAND 1937 diensttuenden Geistlichen (inklusive Kandidaten, Pfarrer der Inneren Mission, Militärgeistliche, Religionslehrer und reformierte Pfarrer, exklusive Emeriten) im BDC, NSDAP Master File. Es fehlt im PERSONALSTAND 1937 eine Angabe des Stichtages; da aber die im April 1937 neu aufgenommenen Kandidaten noch nicht verzeichnet sind, wird der Stichtag im ersten Vierteljahr 1937 gelegen haben.

und Partei im allgemeinen; der Schulkampf wurde dreimal genannt[133]. Aus dem Bereich der allgemeinen nationalsozialistischen Politik wurden nur die Potempa-Affäre von 1932 und die Euthanasie je einmal genannt. Die Judenverfolgung blieb unerwähnt. Unter den 115 nach Kriegsende angeführten Gründen waren jeweils mit 31 Nennungen der Kirchenkampf allgemein und die kirchen- und christentumsfeindlichen Partei- und Staatsmaßnahmen am häufigsten vertreten, gefolgt von der Judenverfolgung allgemein (13), persönlichen Konflikten im Kirchenkampf (10), der NS-Unterstützung für die Deutschen Christen (9), der „Reichskristallnacht" (8), dem Holocaust, der Euthanasie und den politischen Verfolgungen (jeweils 5) sowie dem „Röhm-Putsch" (4). Insgesamt fällt auf, daß von 136 Pg.-Pfarrern 124 angaben, daß sie durch den Kirchenkampf kritischer gegenüber dem Nationalsozialismus wurden, aber nur 29 durch die Judenverfolgung und 32 durch die sonstigen Verbrechen des NS-Regimes.

Die Distanzierung manifestierte sich aktiv in Austritten aus der NSDAP und anderen NS-Organisationen. Der Austritt geschah oft unspektakulär, indem der Pg.-Pfarrer es bei einem Umzug unterließ, der NSDAP seine neue Anschrift mitzuteilen, was zur Folge haben konnte, daß der unbekannt Verzogene von der Partei als Mitglied gestrichen wurde. Acht Pfarrer waren bereits vor ihrem Eintritt in den kirchlichen Dienst als Theologiestudenten wieder aus der NSDAP ausgetreten; 32 trennten sich in ihrer Amtszeit von der Partei, drei im Ruhestand. Insgesamt hatten also mindestens 43 Pg.-Pfarrer (15,5 %) die Partei aus eigenem Entschluß verlassen: 1930 einer, 1931 zwei, 1932 sechs, 1933 vier, 1934 sieben, 1935 drei, 1936 acht, 1937 acht, 1938 keiner, 1939 zwei, 1940 und 1941 je einer. Von den neun Austritten vor 1933 entfallen fünf auf Theologiestudenten und vier auf Geistliche, die alle 1932 die Partei verließen. In der Phase der „Machtergreifung" verließen zwei Theologiestudenten und zwei Geistliche die NSDAP, im „Führerstaat" ein Theologiestudent, 26 aktive Geistliche und drei Emeriten. Vergleichszahlen zur Austrittsquote der gesamten NSDAP-Mitgliedschaft liegen bisher nicht vor. In der Forschung finden sich lediglich Hinweise auf eine sehr hohe Austrittsquote vor 1933[134] und eine sehr niedrige im „Dritten Reich"[135]. Verglichen mit diesen vagen Schätzungen lag die Austrittsquote der Pg.-Pfarrer vor 1933 mit 10,3 % stark unter, im „Dritten Reich" mit 18,9 % erheblich über dem Durchschnitt.

Deutliche Abweichungen zeigen sich in den Austrittsquoten der verschiedenen Generationen. Aus der älteren Vorkriegsgeneration traten 11,1 % (5) von 45 Pg.-Pfarrern aus der NSDAP aus, aus der jüngeren Vorkriegsgeneration 2,8 % (1) von 36, aus der älteren Kriegsgeneration 14,3 % (5) von 35, aus der jüngeren Kriegsgeneration 14,3 % (6) von 42, aus der älteren Nachkriegsgeneration 19,2 % (10) von 52 und aus der jün-

---

133 Vgl. PFARRER 25, Manuskript, S. 33.

134 M. JAMIN, Klassen, S. 2 f.; Jamin spricht von einer starken Fluktuation in der frühen Mitgliedschaft. Diese Angabe deckt sich mit der Beobachtung, daß zusätzlich zu den hier angegebenen Austritten von Pg.-Pfarrern für zwölf „alte Kämpfer" eine zeitweilige Unterbrechung der Mitgliedschaft zwischen 1925 und 1933 belegt ist, meist durch Streichung wegen „unbekannt verzogen".

135 M. H. KATER, Überlegungen, S. 181; Kater hat aber in seiner Stichprobe aus der NSDAP-Mitgliederkartei die Austrittsdaten nicht mit erfaßt (J. W. FALTER, Wähler, S. 417).

geren Nachkriegsgeneration 22,7 % (15) von 66[136]. Während sich aus der Kriegsgeneration etwa jeder siebte Pg.-Pfarrer von der NSDAP trennte, was in etwa der Gesamtaustrittsquote entsprach, trat aus der Nachkriegsgeneration etwa jeder fünfte aus. Das andere Extrem findet sich in der jüngeren Vorkriegsgeneration, während aus der älteren Vorkriegsgeneration immerhin jeder neunte Pg.-Pfarrer die Trennung vollzog. Es scheint, daß die Generationen, die schon vor 1933 besonders anfällig für den Nationalsozialismus waren, sich später in höherem Maße von diesem distanzierten oder doch zumindest häufiger aus ihrer Distanzierung die Konsequenzen zogen und die NSDAP verließen. Dies bestätigt auch der Befund, daß von den Pg.-Pfarrern 31,5 % vor der „Machtergreifung" in die NSDAP eintraten, diese „alten Kämpfer" aber 48,8 % der Austritte stellten.

Regional läßt sich die Austrittsneigung nur in groben Zügen rekonstruieren. Während die NSDAP-Gaue [Mittel-]Franken, Oberbayern und Schwaben in etwa der durchschnittlichen Austrittsquote entsprachen, war Mainfranken deutlich über-, die Bayerische Ostmark deutlich unterrepräsentiert. Schemms kirchenfreundlicher Kurs scheint also sogar postum noch seine beschwichtigende Wirkung gehabt zu haben. Auffällig starke Austrittsneigungen gab es in den Dekanaten Lohr (2 Austritte bei 4 Pg.-Pfarrern) und Würzburg (2 von 5). Die starke Austrittsneigung in Unterfranken ist sicherlich eine Reaktion auf den Kurs der dortigen NSDAP-Gauleitung, die 1935 keinen einzigen Pfarrer mehr in die Partei aufnahm bzw. in keinem Pfarrer den Wunsch aufkommen ließ, in die NSDAP einzutreten.

Nach 1945 gaben 32 Pg.-Pfarrer im Rahmen der Entnazifizierung an, einen Parteiaustritt entweder ernsthaft erwogen oder sogar versucht zu haben, zumeist in den Jahren 1934 bis 1936. Als Gründe für die Unterlassung des Austritts führten über die Hälfte (17) dieser Pfarrer an, daß ihnen von kirchlichen Vorgesetzten von einem solchen Schritt abgeraten worden sei. Die „austrittshemmende" Einflußnahme von Vorgesetzten wird im nächsten Abschnitt ausführlicher dargestellt. Fünf wollten einen ähnlichen Rat von Freunden bzw. Kollegen befolgt haben. Fünf weitere gaben an, daß sie von einem Austritt eine Behinderung ihrer Amtsausübung befürchtet hätten. Bei zweien sei der Austritt durch Parteistellen zurückgewiesen worden.

Bei sieben Pg.-Pfarrern ist die Niederlegung von Ämtern in NS-Organisationen belegt, zumeist im Herbst 1934 und 1935; bei sieben weiteren der Austritt aus der SA und bei einem aus der SS jeweils während ihrer Amtszeit.

Indirekt spiegelte sich die Distanzierung der Pfarrer vom Nationalsozialismus in Maßnahmen von Partei- und Staatsseite gegen die Pg.-Pfarrer wider. Gegen 22 Pg.-Pfarrer (7,9 %) wurden Parteiausschlußverfahren eingeleitet, in 14 Fällen führten sie zum endgültigen Ausschluß (4,7 %). Der erste Ausschluß erfolgte 1935, die übrigen konzentrierten sich auf die Jahre 1937 (5), 1939 (2) und 1940 (3). Im weiteren Verlauf des Zweiten Weltkrieges entfernte die NSDAP nur noch vereinzelt 1941 (1) und 1943 (2) Pfarrer aus ihren Reihen. In gewisser Weise sind den Parteiausschlüssen auch die

---

[136] Ein Austritt entfällt auf einen Pg.-Pfarrer der HJ-Generation (Jahrgang 1917), aus der nur noch ein weiterer Pfarrer der NSDAP angehört hat.

Fälle zuzuordnen, in denen die NSDAP Pfarrern, die bereits die Anwartschaft auf die Parteimitgliedschaft besaßen, die endgültige Aufnahme in die Partei verweigerte. Vier solcher Zurückweisungen von Parteianwärtern sind belegt: Ein Theologiestudent wurde 1937 und jeweils ein Pfarrer 1938, 1939 und 1941 nach teilweise mehrjähriger Anwärterzeit abgelehnt. Insgesamt waren also 18 Pg.-Pfarrer (6,5 %) im „Dritten Reich" von der NSDAP ausgeschlossen oder zurückgewiesen worden. Ein Vergleich mit der Ausschlußquote der Gesamtbevölkerung ist mangels einer einschlägigen Statistik nicht möglich[137].

Die Korrelation zwischen der Ausschlußhäufigkeit und der Generationszugehörigkeit stellt sich partiell gegenläufig zu den oben beschriebenen Austrittsquoten dar. Aus der älteren Vorkriegsgeneration entfernte die NSDAP keinen Pg.-Pfarrer aus ihren Reihen, aus der jüngeren Vorkriegsgeneration 11,1 % (4), aus der älteren Kriegsgeneration 5,7 % (2), aus der jüngeren Kriegsgeneration 11,9 % (5), aus der älteren Nachkriegsgeneration 5,8 % (3) und aus der jüngeren Nachkriegsgeneration 4,6 % (3)[138]. Bei allen Vorbehalten wegen der niedrigen absoluten Zahlen läßt sich doch der Trend erkennen, daß die NSDAP sich deutlich seltener von älteren und jüngeren Pfarrern trennte, als von denen, die im mittleren Alter etwa zwischen 35 und 55 Jahren standen. Es scheint, daß die NSDAP davor zurückscheute, Angehörige der Generationen, die schon vor 1933 besonders anfällig für den Nationalsozialismus waren, auszuschließen. Dies bestätigt der Befund, daß von den Pg.-Pfarrern 31,5 % vor der „Machtergreifung" in die NSDAP eintraten, diese „alten Kämpfer" aber nur 16,7 % der aus der Partei entfernten Pfarrer stellten.

Regional läßt sich auch die Ausschlußquote nur in groben Zügen rekonstruieren. Während die NSDAP-Gaue [Mittel-]Franken und Oberbayern in etwa der durchschnittlichen Austrittsquote entsprachen, war Mainfranken und Schwaben deutlich über-, die Bayerische Ostmark deutlich unterrepräsentiert. Dies entspricht ungefähr der regionalen Verteilung der Austritte. Die oben dafür genannten Gründe dürften auch für die starken regionalen Abweichungen der Ausschlußquote verantwortlich sein.

Acht Pfarrern wurden ihre Ämter in NS-Organisationen entzogen und neun aus NS-Organisationen ausgeschlossen. Weitere Maßnahmen wie Vorladungen vor den Kreisleiter und Beanstandungen durch Dienststellen ergriff die Partei gegen 64 Pg.-Pfarrer (23,0 %). Insgesamt verhängten die NSDAP-Dienststellen und Parteigerichte demnach gegen etwa jeden dritten Pg.-Pfarrer Sanktionen. Die Pg.-Pfarrer waren damit in deutlich höherem Maße Parteisanktionen ausgesetzt als ihre Amtsbrüder, die nicht der NSDAP angehörten[139].

Staatliche Stellen ließen zehn Pg.-Pfarrer zeitweise verhaften und leiteten darüber hinaus gegen 31 weitere Verfahren ein. Zehn Pg.-Pfarrern wurde der Religionsun-

---

137 M. H. KATER, Überlegungen, S. 181: Ausschlüsse aus der NSDAP waren „relativ selten".

138 Eine Zurückweisung entfällt auf einen Pg.-Pfarrer der HJ-Generation (Jahrgang 1915), aus der nur noch ein weiterer Pfarrer der NSDAP angehört hat.

139 Vergleichszahlen lassen sich annäherungsweise errechnen aus der Aufstellung in F. KLINGLER (Hg.), Dokumente, S. 95. Die dort genannten Zahlen dürften die Ergebnisse einer schriftlichen Befragung aller Pfarrer durch den Landeskirchenrat von 1945 sein.

terricht entzogen, 29 wurden mit sonstigen Maßnahmen belegt. Im Gegensatz zu den Parteisanktionen waren die Pg.-Pfarrer von den einschneidenden staatlichen Maßnahmen deutlich seltener betroffen als ihre parteilosen Amtsbrüder. Während man gegen beide Gruppen in etwa gleich häufig staatsanwaltliche und gerichtliche Verfahren einleitete, hatten Pg.-Pfarrer deutlich seltener unter dem Entzug des Religionsunterrichtes oder einer Inhaftierung zu leiden[140]. Die NSDAP-Mitgliedschaft scheint hier also einen gewissen Schutz dargestellt zu haben. In Verfahren gegen Pfarrer im „Dritten Reich" verwiesen diese zu ihrer Verteidigung häufig auf ihr frühes Engagement für den Nationalsozialismus.

Die zahlreichen Aktionen von Partei- und Staatsstellen gegen Pg.-Pfarrer dürfen nicht pauschal als Reaktionen auf Widerstand von seiten der Pfarrer gewertet werden. Ein Zeitzeuge, der selbst solchen Maßnahmen ausgesetzt war, formulierte rückblickend: „Nicht die Kirche kämpfte gegen den Staat, sondern der totale Staat gegen die Kirche."[141] Diese nationalsozialistische Kirchenpolitik im „Führerstaat" hatte dann aber doch bei vielen Pg.-Pfarrern eine Distanzierung vom NS-Regime bis hin zum Parteiaustritt und zu Widersetzlichkeiten, die durch Partei- und Staatsstellen mit Sanktionen bis hin zur Inhaftierung geahndet wurden, zur Folge. Bei solchen Widersetzlichkeiten stellte allerdings die Parteimitgliedschaft, insbesondere wenn sie bereits vor der „Machtergreifung" begründet worden war, einen gewissen Schutz dar; parteilose renitente Pfarrer waren tendenziell öfters härteren Maßnahmen ausgesetzt. Die aktive und passive Distanzierung manifestierte sich darin, daß vor dem Ende des „Dritten Reiches" etwa jeder vierte Pg.-Pfarrer (67 bzw. 24,1 %) mehr oder weniger freiwillig aus der NSDAP ausschied[142].

2. Kirchenleitung

1934 mußte Landesbischof Meiser und mit ihm der Großteil der kirchenleitenden Persönlichkeiten, die 1933 mit ihm zusammen euphorisch die nationale Erweckung begrüßt hatten, im Kirchenkampf erkennen, daß die volksmissionarischen Hoffnungen eine Illusion waren. Partei und Staat unterstützten immer offensichtlicher die Deutschen Christen und ihren diktatorischen Führungsstil innerhalb der Kirche. Seit Frühjahr 1934 versagte Meiser Reichsbischof Müller bei der Gleichschaltung der evangelischen Kirche den Gehorsam, was im Herbst 1934 zu zeitweiser Absetzung und Hausarrest führte. Mit der Unterstützung dieser Maßnahmen dürfte die NSDAP Meisers Sympathien verloren haben – dem Staat als solchem und vor allem Hitler persönlich galt aber weiterhin seine Loyalität. Im Blick auf diesen Zwiespalt in Meisers Denken urteilt Carsten Nicolaisen: „Daß sich der Staat längst dem Willen der NSDAP hatte

---

[140] EBD.

[141] PFARRER 22, Manuskript, S. 1.

[142] Einschließlich sechs Pg.-Pfarrern, bei denen die Ursache für das Ende ihrer NSDAP-Mitgliedschaft nicht exakt eruiert wurde.

unterwerfen müssen und gerade dies dem Selbstverständnis Hitlers entsprach, hatte Meiser nicht erkannt oder wollte es nicht erkennen."[143]

Als Partei und Staat unter der Parole der „Entkonfessionalisierung des öffentlichen Lebens" die Kirchen immer mehr zurückdrängten, setzte sich Meiser für die bedrohten kirchlichen Rechte ein. Dabei betonte er immer wieder seine Anerkennung der nationalistischen und antibolschewistischen Ziele der NS-Politik. Besonders die schrittweise Revision des Versailler Vertrages fand seinen Beifall. Nachdem Meiser bereits 1934 in der heißen Phase des Kirchenkampfes von radikalen Deutschen Christen und einigen führenden Nationalsozialisten politische Unzuverlässigkeit unterstellt worden war, versuchte er in der Folge, unter allen Umständen den Anschein einer politischen Opposition zu vermeiden. Mit dieser Mischung aus politischer Überzeugung und taktischem Kalkül gelang es ihm, den Bestand und die bekenntnistreue Verkündigung seiner Landeskirche erfolgreich zu verteidigen. Es war Meisers Verdienst, daß die bayerische Landeskirche „intakt" blieb[144]. Doch der Preis waren politische Bekenntnisse zum NS-Staat bis in den Zweiten Weltkrieg hinein und eine auch innerhalb der Landeskirche nicht immer unumstrittene Taktik gegenüber Partei und Staat.

Meiser bemühte sich, die Pfarrerschaft und die Gemeinden möglichst geschlossen auf seine Linie zu bringen. Im März 1936 forderte er die Geistlichen auf, bei den Scheinwahlen die einzig kandidierende „Liste des Führers" zu wählen. In dem entsprechenden Rundschreiben beschwichtigte der Landesbischof die ihm zu Ohren gekommenen „schweren Gewissensbedenken"[145] vieler Pfarrer wegen der gegen Kirche und Christentum gerichteten Maßnahmen des NS-Staates. Meiser trug dazu bei, daß der Großteil der politisch verunsicherten Pfarrer sich nun vorbehaltlos der Welle der nationalen Euphorie nach der Remilitarisierung des Rheinlandes anschließen und somit – ganz im Sinne Hitlers – die inneren Spannungen, die durch den Kirchenkampf in der Bevölkerung entstanden waren, überbrücken konnten[146].

Im September 1936 ordnete Meiser die Verwendung des Hitlergrußes durch die Geistlichen an[147], was insbesondere für deren Einsatz im Religionsunterricht an staatlichen Schulen relevant war. 1938 ließ der Landesbischof als Loyalitätsbekundung alle Pfarrer vor ihrem jeweiligen Dekan einen Eid auf den Führer ablegen. Innerkirchlichen Widerstand gegen den Eid gab es aus Kreisen der Pfarrerbruderschaft, der aber durch eine Einschränkung des Eides auf die Funktionen des Pfarrers als öffentlicher Beamter gebrochen wurde. Nur einige wenige Pfarrer verweigerten aus Gewissensgründen konsequent diese Eidesleistung[148].

---

[143] C. NICOLAISEN, Meiser, S. 40.

[144] Vgl. S. MÜNCHENBACH, Meiser, S. 357-361.

[145] C. NICOLAISEN, Meiser, S. 39.

[146] Vgl. zu dieser propagandistischen und herrschaftsstabilisierenden Funktion der spektakulären Rheinland-Aktion H.-U. THAMER, Verführung, S. 540.

[147] Vgl. C. VOLLNHALS, Kirche (1989), S. 130.

[148] Vgl. H. WEIGELT, Steinbauer; H. BAIER, Pfarrerverein, S. 41 (auch der Pfarrerverein sprach sich für den von Meiser geforderten Eid aus). Zur reichsweiten Diskussion um den „Pfarrereid" vgl.

Von vorsichtig kritischen Stimmen zur Kriegstreiberei des NS-Regimes während der „Sudetenkrise" im Sommer und Herbst 1938 aus den Reihen der Bekennenden Kirche in den zerstörten Landeskirchen distanzierte sich Meiser auf staatlichen Druck hin aus „religiösen und vaterländischen Gründen"[149]. Ohne staatlichen Druck wurden wenig später in Kundgebungen des Landeskirchenrates die schnellen Siege der beiden ersten Jahre des Zweiten Weltkrieges gefeiert. Nach dem Polenfeldzug ließ der Landeskirchenrat von allen Kanzeln eine Abkündigung des Geistlichen Vertrauensrates der Deutschen Evangelischen Kirche vom 28. September 1939 verlesen: „Wir loben Dich droben, Du Lenker der Schlachten, und flehen, mögst stehen uns fernerhin bei"[150]. Nach dem Frankreichfeldzug appellierte Meiser persönlich im Juni 1940 auf einer Pfarrervereinstagung voll nationaler Begeisterung an die Geistlichen:

> „Unser deutsches Volk steht im Mittelpunkt dieses Geschehens. Es ist das Kraftzentrum, von dem aus ein neuer, umgestalteter Wille sich über den ganzen Erdball erstreckt. Wir sind im Begriff, die Fesseln der Knechtschaft und der Entehrung endgültig zu sprengen, in denen uns der Wille mächtiger Feinde so lange gefangenhielt [...]. Eine solche Stunde fordert uns das Gelöbnis, daß auch wir evangelische Pfarrer bereit sind, uns in die Schicksalsgemeinschaft unseres Volkes willig hineinzustellen [...]."[151]

Zum Überfall auf die UdSSR findet sich keine explizite Stellungnahme der Kirchenleitung. Das unsägliche Ergebenheitstelegramm des Geistlichen Vertrauensrates der Deutschen Evangelischen Kirche vom 30. Juni 1941 leitete der Landeskirchenrat nicht an die Gemeinden weiter. Meiser und der Württemberger Landesbischof Theophil Wurm sandten eine Gegenerklärung an den Mitunterzeichner August Marahrens[152].

Die grundsätzliche Haltung der Kirchenleitung zum Kriege änderte sich aber auch in Bayern mit dem Überfall auf die UdSSR nicht. Zu tief verwurzelt waren die nationalprotestantischen Traditionen: Die Kirche müsse gerade in der Zeit des Krieges und der Not auf der Seite ihres Volkes stehen. So wurde in den Gottesdiensten weiterhin für einen deutschen Sieg gebetet. Im August 1941 ordnete der Landeskirchenrat eine Landeskirchensammlung für das Kriegshilfswerk des Deutschen Roten Kreuzes „als ein Dankeszeichen unserer Kirche für die hervorragenden Leistungen unserer Wehrmacht und für die großen Erfolge, die Gott bisher unseren Waffen geschenkt hat"[153], an. Die Anordnung zog man aber später zurück, als das Rote Kreuz in Bayern Pfarrern die

---

A. GERLACH-PRAETORIUS, Kirche: Neben den Deutschen Christen stimmte auch die Bekennende Kirche mehrheitlich der Eidesleistung zu bzw. gab die Entscheidung dem einzelnen Pfarrer frei.

[149] C. NICOLAISEN, Meiser, S. 42. Es handelte sich in diesem Fall um die von der Vorläufigen Kirchenleitung der Bekennenden Kirche veröffentlichte Gebetsliturgie für den Frieden, die den politischen Stellen bereits als Landesverrat galt; vgl. zur Gebetsliturgie K. MEIER, Kirchenkampf III, S. 53 ff.

[150] K.-H. MELZER, Vertrauensrat, S. 74. Vgl. zum Themenbereich Evangelische Kirche im Zweiten Weltkrieg allgemein G. BRAKELMANN (Hg.), Kirche; G. v. NORDEN/V. WITTMÜTZ (Hg.), Kirche; für die bayerische Landeskirche H. BAIER, Kirche (1979).

[151] S. MÜNCHENBACH, Meiser, S. 352-354.

[152] Vgl. H. BAIER/E. HENN, Chronologie, S. 254.

[153] AMTSBLATT BAYERN 1941, S. 59.

Aufnahme verweigerte[154]. Die Gemeinden wurden am 14. September 1941 im Gottesdienst zu einer tatkräftigen Beteiligung am Kriegswinterhilfswerk aufgerufen[155]. Für den Abschied von den für Rüstungszwecke beschlagnahmten Glocken schlug der Landeskirchenrat am 17. Dezember 1941 den Pfarrern folgende Gedanken vor:

> „Wir wissen, daß unsere Gemeinden das Opfer, das damit von ihnen gefordert wird und das der Erhaltung unseres Volkes dienen soll, willig bringen werden. [...] In diesem Geist wollen wir sie [i. e. die Glocken] dahingeben und ihren Gang mit unseren Gebeten für Führer und Volk und Kirche begleiten! [...] In Gottes Hand liege der Ausgang des Völkerringens [...]. Er sei mit uns und stärke und erhalte unser Volk und Heer, so lange wir die Not des Krieges zu tragen haben. Er schenke uns in Gnaden das siegreiche Ende des Krieges, auf das wir im Vertrauen auf seine allmächtige Hand hoffen."[156]

Noch 1943 ordnete der Landeskirchenrat anläßlich Hitlers Geburtstag an, am 18. April „im Allgemeinen Kirchengebet des Führers fürbittend [zu] gedenken und Gott [zu] bitten, daß er ihm mit seinem Geist und seiner Hilfe zur Seite stehe und sein Werk mit seinem Segen kröne."[157] Im gleichen Jahr wurde dem *Amtsblatt* ein „Fürbittengebet für den sonntäglichen Gottesdienst in der Kriegszeit" beigelegt: „Rüste mit deiner Macht unsere Heere aus. Ziehe mit ihnen in den Kampf und gib ihnen Herz und Mut, daß sie den Ansturm der Feinde bestehen."[158]

Meiser wies allerdings im September 1941 gegenüber dem bayerischen Kultusministerium auf die Widersprüchlichkeit von offizieller Kriegspropaganda und staatlich angeordneter Entfernung der Kruzifixe aus den Schulräumen hin:

> „Das innerlichst erschütterte Kirchenvolk vermag in seinem geraden Denken nicht zusammenzureimen, daß der Kampf gegen die Symbole des von 95 % aller Deutschen bekannten Christentums in der Heimat eine unerläßliche Aufgabe sein soll, während der Kampfgeist seiner Söhne, die gegen Rußland im Felde stehen, mit dem Hinweis auf die Feindschaft des Bolschewismus gegen das Christentum gestärkt wird."[159]

Meisers traumatisches Erlebnis seiner Geiselhaft in der Münchener Räterepublik 1919 trug sicher zu seinem Entsetzen beim Gedanken an einen Sieg der UdSSR bei, das er Anfang 1942 allen Pfarrern mitteilte: „Wir dürfen und wollen Gott ehrlich um ein siegreiches Ende dieses Krieges und einen ehrenvollen Frieden bitten. Die Folgen eines gegen den Bolschewismus verlorenen Krieges wären unausdenkbar."[160] Mit einem Althaus und Elert nahestehenden, religiös überhöhten Volksbegriff legitimierte Meiser trotz all seiner Bemühungen um eine Aufrechterhaltung der geistlichen Versorgung der Gemeinden grundsätzlich den Kriegsdienst der Geistlichen: „Wir stehen für unser Volk ein, weil wir uns ihm zuinnerst verbunden wissen und weil wir vor Gott

[154] LKR an Dekanate, 25.9.1944 (EVAG MÜNCHEN, A 30.3).
[155] AMTSBLATT BAYERN 1941, S. 63.
[156] LKR an Pfarrämter, 17.12.1941 (EVAG MÜNCHEN, A 30.3).
[157] AMTSBLATT BAYERN 1943, S. 23.
[158] Beilage zum AMTSBLATT BAYERN 1943, Nr. 17.
[159] LKR-Rundschreiben, 30.9.1941 (EVAG MÜNCHEN, A 30.3).
[160] Meiser an Pfarrer, Januar 1942, S. 3 (EBD.).

schuldig würden, wenn wir den Bluts- und Schicksalszusammenhang mit unserem Volk verleugneten."[161] Die Gefallenenanzeigen für Pfarrer und andere kirchliche Mitarbeiter im *Amtsblatt* waren bis Januar 1945 mit einem Eisernen Kreuz mit Hakenkreuz und folgender Einleitung versehen: „Im Dienst für Führer und Vaterland haben ihr Leben hingegeben"[162].

In der vom Landeskirchenrat veröffentlichten Ordnung für die Trauergottesdienste zum Gedächtnis der Gefallenen vom September 1941 hieß es im Segenswunsch: „Er gebe denen, die im Felde stehen und weiterkämpfen, Tapferkeit und Opfermut."[163] Ganz in der Tradition der nationalprotestantischen Kriegstheologie – und im Sinne der NS-Kriegspropaganda – lehnte der Landeskirchenrat dagegen Anfang 1943 Gedächtnisgottesdienste für wegen „Kriegsverrat"[164] standrechtlich erschossene, bei Strafkompanien oder „durch eigene Schuld" verstorbene Soldaten, gemeint waren damit primär Befehlsverweigerer, „Wehrkraftzersetzer" und Deserteure, ausdrücklich ab.

Neben dem auch politisch motivierten Wechsel an der Spitze der Landeskirche 1933 gab es nach der Phase der „Machtergreifung" weiterhin wichtige personelle Veränderungen im Landeskirchenrat. Die Kreisdekane von München und Ansbach, Karl Baum und Wilhelm Rüdel, gingen 1934 in den Ruhestand, der Bayreuther Kreisdekan Karl Prieser folgte 1937. An ihre Stelle traten Oskar Daumiller, Georg Kern und Otto Bezzel. Neu errichtet wurde im Kontext des Kirchenkampfes zum 1. Januar 1935 der Kirchenkreis Nürnberg mit Julius Schieder als erstem Kreisdekan. Auch bei den übrigen geistlichen Oberkirchenräten ergaben sich Veränderungen, von denen eine eindeutig politisch motiviert war. Zum 1. Dezember 1934 wurde Friedrich Hanemann außerplanmäßig in den Landeskirchenrat berufen; 1938 wurde er planmäßiger Oberkirchenrat. Meiser verwies gegenüber dem Reichsinnenministerium am 31. Januar 1935 auf die Einrichtung der neuen Stelle, „um den seit 1929 der Partei angehörigen Dekan Hanemann von Kulmbach in die oberste Kirchenbehörde aufnehmen zu können und um dadurch darzutun, daß es dem Landeskirchenrat aufrichtig um ein vertrauensvolles Verhältnis auch zur Partei zu tun ist."[165] Auch der gleichzeitig mit Hanemann in den Landeskirchenrat berufene Hermann Greifenstein bestätigt, daß „politische Erwägungen" für die Ernennung seines Kollegen maßgeblich waren; er sei als Freund von Schemm bekannt gewesen[166]. Hanemann wurde in der Folge mit politisch sensiblen Aufgaben betraut, z.B. 1936 mit der Vertretung des wegen eines fingierten „Sittlichkeitsverfahrens" vorläufig seines Amtes enthobenen Kreisdekans Prieser.

---

[161] Meiser an Pfarrer, Januar 1942, S. 2 f. (EBD.).

[162] Die letzte Anzeige vor Kriegsende im AMTSBLATT BAYERN 1945, S. 1, vom 31.1.1945.

[163] Beilage zum AMTSBLATT BAYERN 1941, Nr. 19.

[164] LKR (Meiser) an Dek. Wassertrüdingen (Abdruck an sämtliche Dekanate), 18.2.1943 (EVAG MÜNCHEN, A 30.3).

[165] LKA NÜRNBERG, PA 78 [nicht PA von Hanemann]; das Schreiben war eine Erwiderung auf eine Beschwerde eines entlassenen DC-Pfarrers beim Reichsinnenministerium.

[166] H. GREIFENSTEIN, Kleinbürger, S. 117; für seine eigene Ernennung schließt Greifenstein politische Gründe aus. Kirchenpolitische Motive dürften bei der Ernennung des ehemaligen Leiters der DC in Bayern bestimmend gewesen sein. Die in der Pfarrerschaft verbreitete Redewendung „Hanemann geh du voran, denn du hast das Parteiabzeichen dran" spiegelt Hanemanns taktischen Einsatz wider.

Andere Oberkirchenräte gingen frühzeitig auf einen kritischen Kurs gegenüber der NSDAP. Der 1933 noch von Veit ernannte Thomas Breit hatte sich schon vor 1933 kritisch zum Nationalsozialismus geäußert. Georg Kern und Julius Schieder galten auch nicht als Freunde des Nationalsozialismus. Kern ging beispielsweise in seiner Weihnachtspredigt 1936 indirekt auf die Judenverfolgungen ein: „Es steht in der Bibel – bloß nebenbei gesagt – er [i. e. Gott] werde die Völker, die sein Volk verfolgen, fressen. Das steht wirklich in der Bibel."[167]

Schieders anfängliche Sympathien für den Nationalsozialismus hatten, wie bereits berichtet, durch Streichers Hetze sowie durch theologische Vorbehalte gegen den erstrebten totalen Staat nachgelassen und waren im Sommer 1932 in eine kritische Haltung umgeschlagen. Schieder kam sich seitdem unter seinen Amtsbrüdern, die sich als alte Deutschnationale mehrheitlich dem Nationalsozialismus zuwendeten, wie in der Rolle der Kassandra vor. Aus volksmissionarischen Kreisen heraus wurde er wegen seiner kritischen Haltung angepöbelt. Bei Meisers Amtseinsetzung in Juni 1933 sah er die wohlwollende Teilnahme von Staat und Partei mit gemischten Gefühlen: „Das müssen wir noch nach Heller und Pfennig bezahlen!"[168] Auch die Vikare im Nürnberger Predigerseminar spürten deutlich, daß ihr Direktor kein Anhänger des Nationalsozialismus war. Im Herbst 1933 zeigte er den Seminaristen die zeitliche und inhaltliche Unvereinbarkeit von geistlichem Amt und SA-Dienst auf[169]. Schieder war eine der führenden Persönlichkeiten in der 1934 gegründeten bekenntnistreuen bayerischen Pfarrerbruderschaft und war mit manchen kirchenpolitischen Entscheidungen Meisers nicht einverstanden. Ab 1935 organisierte er als Kreisdekan den Kirchenkampf in der Stadt der Reichsparteitage, in der die Gauleitung unter Streicher und Holz besonders scharf gegen die Kirche vorging. Nach der „Kristallnacht" 1938 regte Schieder in Nürnberg an, die Zehn Gebote kommentarlos zu verlesen[170]. In einer Predigt im Dezember 1941 wandte er sich gegen die Euthanasie[171]. Seine unerbittlichen Einsätze im Kirchenkampf brachten ihm Beschlagnahmungen und Verbote seiner Schriften, Hausdurchsuchungen sowie ein Verfahren wegen Kanzelmißbrauchs und Verstoß gegen das Heimtückegesetz ein. In seinen Kampfschriften verwahrte sich Schieder zwar gegen den Vorwurf der politischen Opposition, aber die Loyalitätsbekundungen fielen auch dort im Vergleich zu anderen Kollegen sehr zurückhaltend aus: „Wir sind doch keine törichten Narren, die nicht dankbar das anerkennen, was Adolf Hitler dem deutschen Volk hat geben dürfen."[172] Es ging ihm bei seinem Engagement immer um die geistliche Rede, nicht um politische Stellungnahmen. Das totalitäre NS-Regime sah das anders, weil es jede Kritik als politische Opposition einstufte.

---

[167] G. KERN, Predigt, S. 3.

[168] G. KUHR, Schieder, S. 305. Vgl. auch J. SCHIEDER, Nürnberg, S. 4 f.

[169] Rundbrief der Uttenruthia-Konfuxia 1929, Eintrag Friedrich Schöfthaler 5.11.1933 (LKA NÜRNBERG, KKE 92b).

[170] Undatiertes Manuskript Schieders (ca. 1961) (LKA NÜRNBERG, Personen LXXV, 5).

[171] J. SCHIEDER, Botschaft, S. 148 f.

[172] J. SCHIEDER, Geständnis, S. 6.

Pfarrern, die einen Austritt aus der NSDAP erwogen und ihn um Rat fragten, riet Schieder ab, weil der Austritt „schweren amtlichen Schaden"[173], wie den Entzug des Religionsunterrichtes, zur Folge gehabt hätte. Sie sollten sich lieber aus der Partei hinauswerfen lassen. Mit dem Ausschluß von Pfarrern würde sich die Partei selbst die christentumsfreundliche Maske abnehmen. Schieder forderte die Ratsuchenden jedoch auf, auch öffentlich deutlich Stellung zu beziehen.

Der Landeskirchenrat setzte unter Leitung Meisers nicht nur die „alten Kämpfer" Hanemann und Putz taktisch ein. Auch im Kampf gegen renitente DC-Pfarrer auf der Gemeindeebene operierte der Landeskirchenrat gezielt mit Pg.-Pfarrern, die mit dem Goldenen Ehrenzeichen der NSDAP oder der HJ dekoriert waren. So schrieb der Landeskirchenrat 1936 in einer solchen Beauftragung an einen Vikar mit dem Goldenen Parteiabzeichen: „Dadurch, daß Sie Pg. sind, tun Sie sich etwas leichter als andere, die es nicht sind."[174] Der Nachfolger der Vikars in der umkämpften Gemeinde wurde 1938 ein Pg., der das Goldene Ehrenzeichen der HJ trug[175]. In den Konflikten mit den radikalen DC-Pfarrern, die die Bekennende Kirche allgemein und einzelne bekenntnistreue Amtsbrüder persönlich als politische Gegner des NS-Staates denunzierten, wehrte sich die Kirchenleitung in einigen Fällen auch mit Denunziationen über die frühere politische Orientierung von DC-Pfarrern. So lancierte der Landeskirchenrat in Rundbriefen der Bekennenden Kirche die Information, daß ein führender DC-Pfarrer 1929 bei der Einweihungsfeier einer Synagoge die besten Wünsche seiner Gemeinde für das „herrliche Gebetshaus"[176] übermittelt hatte. 1937 stieß die Gestapo Kassel in einem Rundbrief des Landesbruderrates der Bekennenden Kirche in Hessen-Nassau auf diese „Enthüllung" und meldete es weiter. Die Gestapo Berlin ließ daraufhin in Bayern nach dem Original der Zeitungsmeldung von 1929 recherchieren und auch die NSDAP bat den DC-Pfarrer, der Pg. war, um Stellungnahme[177]. 1935 sammelte der Landeskirchenrat unter ehemaligen Vorgesetzten und Kollegen eines anderen DC- und Pg.-Pfarrers Informationen über dessen CVD-Engagement und NSDAP-Kritik vor 1933. Das Material leitete man an einen Oberregierungsrat weiter[178].

Auch für exponierte Posten im Staatsdienst als Dozenten an den Hochschulen für Lehrerbildung, als Studienräte an Gymnasien und als Wehrmachtspfarrer schlug der Landeskirchenrat überwiegend Pfarrer mit NS-Mitgliedschaften vor. Bei den Vikaren

---

[173] Schreiben Schieders an den LKR vom 4.12.1945 (C. VOLLNHALS, Entnazifizierung [1989], S. 72). Bezogen auf einen Einzelfall findet sich dies Verfahren Schieders im LKA NÜRNBERG, PA 115.

[174] LKR an Vikar, 4.11.1936 (LKAMT MÜNCHEN, PA 129).

[175] Vgl. LKAMT MÜNCHEN, PA 106.

[176] Abschrift eines Artikels der dortigen Lokalzeitung über die Einweihungsfeier und das Grußwort des späteren DC-Pfarrers (LKA NÜRNBERG, PA 145); die Abschrift wurde am 3.9.1934 auf Bitten des LKR von der Redaktion angefertigt.

[177] DC-Pfarrer an Landesbischof Meiser, 4.8.1946 (EBD.); der DC-Pfarrer nannte ein Parteiausschlußverfahren als Konsequenz der Denunziation, allerdings ist nach BDC, Master File, keine Unterbrechung seiner Parteimitgliedschaft bis Kriegsende erfolgt. Zu den Ermittlungen der Gestapo: STA WÜRZBURG, Gestapostelle Würzburg 7628.

[178] LKA NÜRNBERG, PA 7; über die Folgen dieser Denunziation für den DC-Pfarrer enthält die Personalakte keine Hinweise.

ermittelte der Landeskirchenrat über die Kandidatenfragebögen unter anderem Mitgliedschaft und Funktion in der NSDAP und ihren Gliederungen[179]. Der Landeskirchenrat versuchte 1935 zu erheben, welche Pfarrer Inhaber des Goldenen Parteiabzeichens der NSDAP waren[180]. Im Personalstand 1937 wurden dann die NSDAP-Ehrenzeichen neben den Kriegsauszeichnungen genannt.

Bei der Distanzierung der Pfarrer vom Nationalsozialismus war es die Strategie des Landeskirchenrates, den austrittswilligen Parteigenossen von diesem Schritt abzuraten. Bei einigen laufenden Parteiausschlußverfahren drängte Meiser zu Berufungen: „Wir würden heute schon vorsorglich empfehlen, die Angelegenheit bis zum obersten Parteigericht gehen zu lassen."[181] Die Betroffenen wurden zum Teil mit „Beweismitteln" versorgt, die belegen sollten, daß die Mitgliedschaft in der NSDAP und das kirchliche Amt aus Sicht der Partei vereinbar seien.

Wer dennoch seine innere Distanzierung vom NS-Staat – auch über dessen Kirchenpolitik hinaus – wie der bereits erwähnte Karl Steinbauer öffentlich bekundete und damit in einen offenen Konflikt mit Staat und Partei geriet, fand bei der Kirchenleitung in der Regel zwar Unterstützung, aber wenig Verständnis. Typisch für Meiser ist in diesem Kontext wohl sein Wort zu dem inhaftierten Waldemar Schmidt: „Bei all' ihrem tapferen Einsatz für Kirche und Evangelium müßte man sich doch fragen, ob sich bei größerer Vorsicht ihr Schicksal nicht hätte vermeiden lassen."[182] Wenn noch irgend möglich, versuchte die Kirchenleitung solche Schicksale im Vorfeld zu vermeiden und die Widersetzlichkeiten der Pfarrer kirchenintern abzustellen.

Mehrere trotz alledem „unbelehrbare" mutige Gegner des Nationalsozialismus wurden zum Teil gegen ihren Willen vom Landeskirchenrat „aus gesundheitlichen Gründen" beurlaubt oder gleich aus ihren bisherigen Gemeinden entfernt[183]. Manchem der betroffenen Pfarrer ist damit vielleicht eine längere Haftstrafe erspart geblieben. Die vom Landeskirchenrat in einigen Fällen zur Beruhigung der Lage angeratene freiwillige Meldung zur Wehrmacht hatte zumindest für den Murnauer Pfarrer Gerhard Günther tragische Konsequenzen, die bisher in der Forschung noch nicht dokumentiert sind. Günther war vom Landeskirchenrat 1939 wegen der drohenden Denunziation einer abfälligen Bemerkung über Hitler in der Bibelstunde mit sofortiger Wirkung seines

---

[179] Fragen im mit „Pt" bezeichneten Feld des Kandidatenfragebogens: „Sind Sie Parteimitglied? Seit wann? Gehören Sie einer Gliederung der NSDAP an? Welcher? Sind Sie führend tätig? Waren Sie bei der SA? beim Arbeitsdienst?" Unter der Rubrik „Jugendarbeit" wurde auch HJ-Engagement abgefragt. Der Fragebogen findet sich in allen Personalakten ab etwa Aufnahmejahrgang 1934.

[180] LKA NÜRNBERG, LKR IV, 543a.

[181] LKR an Pfr., 29.9.1937 (LKAMT MÜNCHEN, PA 203).

[182] Nach der Wiedergabe der Äußerung in W. SCHMIDT, Kinder, S. 20. Ähnlich PFARRER 22, Manuskript, S. 3: „Ich erinnere mich, daß die bei einer Freizeit für Bibelwochen anwesenden Pfarrer den Landesbischof Meiser gefragt haben: Dürfen wir von den Geschehnissen im Land und in der Kirche reden? Der Bischof hat uns diese Erlaubnis nicht gegeben."

[183] Vgl. B. MENSING, Rücksicht, S. 338 ff. (zum Schicksal von Walter Hildmann, Gauting); ähnlich wurde zum Teil mit Pfarrern verfahren, die NS-kritisch und zusätzlich wegen einer „nichtarischen" Ehefrau dem NS-Regime unangenehm aufgefallen waren (vgl. B. MENSING, Kirchenkampf, S. 199 f.; zum Schicksal von Ernst Lipffert, Garmisch-Partenkirchen).

Amtes enthoben und zum Hausmeister in einer diakonischen Einrichtung degradiert worden. Auf den dringenden Rat des Landeskirchenrates hin meldete er sich freiwillig zum Wehrdienst; 1944 starb er in der Kriegsgefangenschaft. Der damals als theologischer Hilfsreferent im Landeskirchenrat tätige Hermann Dietzfelbinger schrieb 1981 rückblickend zum Fall Günther in einem Brief an einen Neffen des Pfarrers:

> „Es hat damals einige solcher Entscheidungen gegeben, die sicher wohlgemeint waren, das heißt im Blick auf das Ganze der Kirche und zu ihrem Schutz gedacht waren, aber dann auf Kosten der Existenz von einzelnen gingen, und eben wohl die Kirche auch nicht damit geschützt haben. [...] So kann ich hintennach nur aussprechen, daß auch ein Landeskirchenrat der Vergebung der Sünden bedarf."[184]

Ob die Kirchenleitung bei ihrem Agieren gegenüber Pfarrern, die im „Dritten Reich" politischen Widerstand leisteten, mehr die Sicherung des äußeren Bestandes der „intakten" Landeskirche oder den Schutz der betreffenden Pfarrer im Blick hatte, entzieht sich wegen der schmalen Quellenbasis einem sicheren historischen Urteil.

3. Pfarrerschaft

Als „Seismograph" der bayerischen Pfarrerschaft dient auch in diesem Abschnitt wieder der Wingolfrundbrief. Nachdem sich dort seit Juli 1934 Hinweise fanden, den Rundbrief immer sehr gut zu verpacken, weil er nicht für „unberufene Augen"[185] bestimmt sei, trennte Eduard Weber im November 1934 eine Seite aus dem Rundbrief heraus und warnte vor weiteren unvorsichtigen Äußerungen[186]. Dennoch nahmen auch im „Führerstaat" einige Mitglieder der Rundbriefgemeinschaft sehr offen Stellung zu politischen Fragen.

Zunächst werden die Pfarrer zitiert, die in der Phase der „Machtergreifung" die nationale Revolution besonders begeistert begrüßt hatten. Wie stark viele Pfarrer den Hitler-Mythos internalisiert hatten, zeigt Ludwig Luthers Eintrag vom September 1934. Er könne nicht glauben, daß Hitler die unrechtmäßigen Eingliederungsmaßnahmen der Reichskirche gegen die noch „intakten" Landeskirchen zulasse. Der Eintrag vom Januar 1935 macht den Loyalitätskonflikt deutlich, in den Luther durch die heiße Phase des bayerischen Kirchenkampfes geraten war. Während er einerseits kritisch vermerkte, daß in seiner Gemeinde im Herbst 1934 „einige Vergötterer Hitlers aus der Reihe getanzt"[187] seien, freute er sich andererseits über den Ausgang der freien Volks-

---

[184] Dietzfelbinger an Hermann Wunderer, Juli/August 1981 (Dekan Wunderer [Hof], der am 12.4.1989 ein Gespräch mit dem Verf. führte und die Einsichtnahme in den Privatbrief gestattete, ist ein Neffe von G. Günther). Günther hatte schon im März 1934 in aller Deutlichkeit die Unvereinbarkeit „der Kirche Jesu Christi und dem Nationalsozialismus bzw. dem totalen Staat" benannt (P. KREMMEL, Pfarrer, S. 260 f.).

[185] WINGOLFRUNDBRIEF, H. 19, 3.7.1934; 8.10.1934. Vgl. auch H. 19, 10.12.1934.

[186] EBD., H. 19, 27.11.1934.

[187] EBD., H. 19, 25.1.1935; bis Mitte 1935 trat aber seine Gemeinde zu fast 90 % der Bekenntnisgemeinschaft bei (EBD., H. 20, 26.6.1935). Luther selbst neigte im Juni 1936 dem bruderrätlichen

abstimmung im Saarland, in der 91 % der Bevölkerung trotz des damit verbundenen Verlustes der politischen Freiheit für die Wiedervereinigung mit dem Deutschen Reich votierten – und Hitler reichsweit einen enormen Popularitätsgewinn verschafften. Erst die zunehmende Sorge um eine Verführung des Volkes und besonders der Jugend durch „Pseudoreligiöses"[188] brachte Luther Ende 1935 in eine größere Distanz zum NS-Staat, so daß bei ihm anläßlich der „Wahl" nach dem deutschen Einmarsch ins entmilitarisierte Rheinland im März 1936 keine rechte Begeisterung mehr aufkommen wollte, obgleich er nach eigenen Angaben als Weltkriegssoldat eigentlich hätte begeistert sein müssen. Diese Distanzierung hinderte Luther jedoch nicht daran, noch im September 1937 eine Busfahrt der NS-Frauenschaft nach Eisenach durch seine Begleitung aufzuwerten[189].

Als der Pg.-Pfarrer Theodor Kühl im Herbst 1934 ins oberfränkische Benk wechselte, registrierte er in dieser bisherigen NSDAP-Hochburg im unmittelbaren Umfeld von Hans Schemm die politischen Auswirkungen der heißen Phase des Kirchenkampfes: „Hier hat die Partei durch den Kirchenkampf sehr eingebüßt."[190] Im Frühjahr 1935 empörte sich seine Gemeinde über die polizeiliche Überwachung der Gottesdienste. Im Februar 1936 vermerkte Kühl bitter: „Ja, es tut einem weh, wenn man sehen muß, wie die Dinge doch einen so ganz anderen Lauf nehmen, als man etwa vor drei Jahren dachte. Als Mitglied der NSDAP kommt man in manche Gewissenskonflikte, wenn man gleichzeitig seiner Kirche ganz und gar treu bleiben will."[191] Ein Jahr später spiegelte sich die zunehmend offen christentumsfeindliche NS-Politik in Kühls Eintrag wider: „Wie leidet diese unsere Kirche unter den christenfeindlichen Elementen, die sich immer mehr breit machen."[192] Nach diesen ernüchternden Erfahrungen war Kühl nicht mehr bereit, der Kriegshetze der NS-Propaganda in der Sudetenkrise 1938 zu folgen: „So gerne ich wieder einmal Soldat werden möchte, so teile ich wohl mit allen Vernünftigdenkenden den Wunsch, daß ein Krieg uns erspart bliebe."[193] Im nächsten Jahr wurde Kühl als Matrose eingezogen. Seine „Pflicht gegenüber Volk und Vaterland"[194] erfüllte er „jederzeit gern". Ob Kühl den Führer bewußt aus der im Zweiten Weltkrieg üblichen „Trinität" aussparte, oder nur aus Gewohnheit auf die ihm vertrautere, ältere Wendung zurückgriff, blieb offen.

Im Dezember 1934 fand sich erstmals auch bei Rudolf Neunhöffer eine vorsichtige Kritik an der Kirchenpolitik des „Dritten Reiches". Die Aussichten auf eine zukünftige Neutralität des Staates im Kampf zwischen der Bekennenden Kirche und den Deutschen Christen, die er wegen ihrer Rechtsbrüche ablehnte, schätze er nun als sehr ge-

---

Flügel der Bekennenden Kirche zu und kritisierte Meisers dem NS-Staat gegenüber willfährige Haltung im Fall Karl Steinbauer (EBD., H. 21, 10.6.1936).

[188] EBD., H. 21, 23.12.1935.
[189] EBD., H. 22, 29.6.1937.
[190] EBD., H. 19, 1.4.1935.
[191] EBD., H. 21, 7.2.1936.
[192] EBD., H. 22, 31.1.1937.
[193] EBD., H. 23, 15.9.1938.
[194] EBD., H. 24, 11.1.1940; 10.1.1942 (letzter Eintrag bis 1947).

ring ein[195]. Im März 1935 richtete Neunhöffer nach der Gefallenengedenkfeier einen Beschwerdebrief an die NSDAP-Ortsgruppenleitung, weil die Fahnenabordnungen nicht am Gottesdienst teilgenommen hatten. Das Bekenntnis der nationalsozialistischen Bewegung zum positiven Christentum werde anscheinend nicht in die Tat umgesetzt. Der Ortsgruppenleiter, der gut ein Jahr zuvor noch eine Predigt von Neunhöffer hatte drucken und verbreiten lassen, leitete den Brief an die Kreisleitung weiter, die einen Schutzhaftbefehl wegen „staatsabträglicher Äußerungen" initiierte. In seinem während der dreitägigen Schutzhaft im Gefängnis Miesbach Ende April 1935 verfaßten Eintrag meinte Neunhöffer immer noch, Christentum und Nationalsozialismus seien miteinander vereinbar. Er sei mit der guten Idee des Nationalsozialismus nach wie vor voll und ganz einverstanden, greife aber die Auswüchse gegen das Christentum offen an. Die Pfarrer seien verpflichtet, den Nationalsozialisten zu sagen, was positives Christentum ist, um so zum Bestand von Hitlers Werk beizutragen. Wegen der guten Haftbedingungen mache er sich um sich selbst keine Sorgen, aber um das Ansehen von Staat und Partei, das durch seine Schutzhaft in Miesbach sehr gelitten habe. Die Bevölkerung sei aufgebracht, weil sie wisse, wie positiv Neunhöffer zur Idee des Nationalsozialismus stand und steht. Er wolle die Gemeinde ermuntern, das Vertrauen in die „große nationalsozialistische Sache"[196] nicht zu verlieren. Man müsse nur dafür sorgen, daß die wichtigen Posten mit „wahren Christen" besetzt werden. Als Kreisleiter des Kinderreichenverbandes habe er bei einem Schulungskurs in Berlin viele christliche Nationalsozialisten getroffen. Der Schulungsleiter hatte ihn sogar um einen Vortrag über das Verhältnis zwischen Nationalsozialismus und Christentum gebeten, der dann auch eine sehr positive Aufnahme gefunden habe. Es ist für den Leser schwer nachvollziehbar, wie Neunhöffer angesichts einer ihn selbst betreffenden Unrechtsmaßnahme des NS-Staates immer noch geradezu blind der „nationalsozialistischen Sache" vertrauen und für diese werben konnte.

Innerhalb seiner Argumentation folgerichtig sah Neunhöffer im Oktober 1935 im Kirchenkampf die „teuflische Versuchung"[197], einen Gegensatz zwischen Kirche und Staat herzustellen. Es müsse dagegen dem Staat klargemacht werden, daß die Selbständigkeit der Kirche dem Staat nütze. Optimistisch zeigte sich Neunhöffer weiterhin im Blick auf ein volksmissionarisches Wirken unter den Parteileuten. Im März 1936 verwies er gegenüber einem deutschchristlichen Amtsbruder darauf, daß die Kirche jeweils prüfen müsse, ob ein Parteibefehl mit dem Wort Gottes übereinstimme[198]. Neunhöffers hartnäckige Illusionen von einer christlichen Veredelung des Nationalsozialismus fanden im Spätsommer 1936 neue Nahrung, als ein Kraft-durch-Freude-Reiseleiter

---

[195] EBD., H. 19, 10.12.1934.

[196] EBD., H. 20, 27.4.1935; vgl. H. WITETSCHEK (Bearb.), Lage I, S. 32. Einige der frühen Anhänger des Nationalsozialismus scheinen ihre Kritik wie Neunhöffer besonders freimütig geäußert zu haben; vgl. M. MEYER, Vorra, S. 101 (zu Pfarrer Paul Knappe, der Ende 1934 in Schutzhaft kam). Vgl. zur Solidarisierung der Gemeinden mit verhafteten Pfarrern auch PFARRER 126, Manuskript.

[197] WINGOLFRUNDBRIEF, H. 20, 23.10.1935.

[198] EBD., H. 21, 16.3.1936.

den Pfarrer um einen besonderen Gottesdienst für seine Reisegruppe bat[199]. Im April 1938 sah Neunhöffer gar Chancen für ein neues Vertrauen zwischen Staat und Kirche. Aus ihrer Verlegenheit heraus, wie sie ihre kirchenpolitischen Fehler beheben könnten, gäben Staat und Partei der Kirche nun Zeit zu unverkrampftem Handeln[200]. Erst im Juli 1939 folgte auch bei Neunhöffer die Ernüchterung, als die NSDAP einen Kirchenneubau in Schliersee behinderte und den Schulkampf intensivierte[201]. Nach dem deutschen Überfall auf Polen wurde Neunhöffer als Kriegspfarrer eingezogen. Zur Entfernung der Kruzifixe aus den Schulen merkte er in einem Feldpostbrief an seine Frau an, daß der Kampf in Rußland umsonst sei, wenn das Kreuz in Deutschland mißachtet werde[202]. Anfang 1943 spiegelte ein Eintrag Neunhöffers während eines längeren Genesungsurlaubs seine zunehmende Distanzierung wider. Die kirchliche Seelsorge müsse nun dem ganzen Volk helfen, nicht zu verzweifeln; durch „Propaganda und Siegesgeschrei"[203] lasse sich das nicht erreichen. Ein Jahr später sträubte sich Neunhöffer noch innerlich gegen die Einsicht in die Sinnlosigkeit von Hitlers „totalem Krieg". Er bedauerte, daß er nach seiner schweren Krankheit nur noch hinter der Front eingesetzt werden konnte; dort könne man das Sterben der jungen Männer als „sinnloses Hingeschlachtetwerden mißverstehen."[204] Um die Jahreswende 1944/45 war es Neunhöffer dann allerdings kaum noch verständlich, warum die jungen Soldaten so aussichtslos in den Kampf gestellt wurden[205]. Nachdem Neunhöffer im Januar 1945 in einer Predigt ausgeführt hatte, daß kein Staatsmann der Welt die Fortsetzung des Krieges verantworten könne, weil das zu noch größerem Elend führe, wurde er als Divisionspfarrer abgesetzt[206].

Heinrich Schorn mobilisierte zwar im Frühjahr 1935 fast alle seine Gemeindeglieder für die Bekenntnisgemeinschaft, blieb aber aus theologischen und politischen Gründen auf der Linie des Ansbacher Ratschlages: „Ein Barthianer wird nie in der Lage sein, die lutherische Stellung zu Staat und Obrigkeit zu finden."[207] Dagegen begrüßte Schorn die Position von Landesbischof Meiser, der eine Opposition der Bekennenden Kirche gegen den Staat scharf zurückwies. Neunhöffers Haft machte ihn allerdings doch nachdenklich: „Wenn man ausgerechnet den erwischt, der mit solcher Begeisterung zum Nationalsozialismus steht wie du, was soll denn mit den anderen werden?" Als Kapitelsbeauftragter für Volksmission hielt Schorn im weiteren Verlauf des Jahres 1935 Vorträge, die an die Partei weitergeleitet wurden. Er rechnete im November 1935 auch mit seiner Verhaftung. Die Diffamierungen von Pfarrern in Parteiveranstaltungen

---

[199] EBD., H. 21, 4.9.1936.

[200] EBD., H. 23, 26.4.1938.

[201] EBD., H. 24, 8.7.1939.

[202] EBD., H. 24, 29.1.1942 (Gerda Neunhöffer zitiert aus Briefen ihres Mannes).

[203] EBD., H. 25, 11.2.1943.

[204] EBD., H. 26, 3.5.1944 (Zitat von Gerda Neunhöffer aus Feldpostbrief).

[205] EBD., H. 27, 26.1.1945 (Zitat von Gerda Neunhöffer aus Feldpostbrief von der Westfront).

[206] EBD., H. 27, 30.6.1947.

[207] EBD., H. 20, 30.5.1935; dort auch das folgende Zitat.

öffneten ihm endgültig die Augen[208]. Im Mai 1936 kommentierte er ironisch die
Läuteordnung zum „Feiertag der nationalen Arbeit". Der Austritt aller „Anständigen"
aus dem NSDStB Erlangen erschien ihm als logische Konsequenz: „Kann es anders
sein, wenn in einem Volk die Kreaturvergötterung an die Stelle des Gottesdienstes tritt?
Wenn wir für Volk und Führer beten, so laßt uns das in ganzem Ernst tun!"[209] Den
Ausgang des Schulkampfes in seiner Gemeinde erlebte Schorn 1937 als schwere persönliche Niederlage; trotz seiner Ermahnungen waren fast alle Eltern „umgefallen",
viele schon bevor die offenen Drohungen von staatlicher Seite einsetzten[210].

Als Neunhöffer sich im Frühjahr 1938 Hoffnungen auf ein neues Vertrauen zwischen Staat und Kirche machte, riet Schorn desillusioniert davon ab. Die Angriffe von
staatlicher Seite würden zur Zeit nur aus taktischen Gründen ruhen[211]. Ende 1938
sprach sich Schorn gegen einen Übertritt vom zwangsaufgelösten Wingolf in die NS-
Altherrenschaft aus. Seine Haltung zur „Reichskristallnacht" deutete Schorn nur an:
„Auf die Judensache einzugehen, versage ich mir. Wißt ihr genaueres über die Miß-
handlung des Pfarrers von Jan in Oberlauningen/Württemberg und des Dekans Jäger
in Wunsiedel in Bayern?"[212] Im März 1940 rechnete Schorn mit Schwierigkeiten wegen der Abhaltung eines Gottesdienstes zum „Heldengedenktag", den die Kreisleitung
verboten hatte[213].

Alle bisherigen Erfahrungen und Einsichten im „Dritten Reich" hatten bei Schorn,
wie bei so vielen anderen Pfarrern auch, keine Infragestellung der nationalprotestantischen Kriegstheologie zur Folge. Er betete beispielsweise im April 1941 um einen bal-
digen Sieg Deutschlands über die Kriegsfeinde[214]. Bei einer Kriegsvertretung in Würzburg erlebte Schorn 1942 die große Erregung in der Bevölkerung wegen der Entfernung der Kruzifixe aus den Schulen. In Würzburg sah Schorn im Kino den Propa-
gandafilm „Ich klage an", der auf subtile Weise für das nationalsozialistische „Euthana-
sieprogramm" warb. Als „erschütternd"[215] und bezeichnend für die „geistige Höhenla-
ge" empfand er es, daß das Publikum gerade bei der einzigen christlichen Äußerung
gegen die Euthanasie im Film lachte. Seiner Zustimmung zu Hitlers Rußlandfeldzug

---

[208] EBD., H. 21, 25.11.1935.

[209] EBD., H. 21, 13.5.1936.

[210] EBD., H. 23, 15.12.1937.

[211] EBD., H. 23, Pfingstsonntag 1938; vgl. Neunhöffer-Eintrag 26.4.1938.

[212] EBD., H. 23, 30.12.1938; Julius von Jan, Oberlenningen [sic!], war wegen seiner deutlichen Kritik an der „Reichskristallnacht" in seiner Bußtagspredigt vom 16.11.1938 mißhandelt, verhaftet und
später zu einer Gefängnisstrafe verurteilt worden (vgl. T. WURM, Erinnerungen, S.149). Den Ortsna-
men beließ der Verf. im Zitat bewußt in der fehlerhaften Schreibweise, weil diese die mitunter mündliche Form der illegalen Informationsübermittlung im „Dritten Reich" widerspiegelt. Ansonsten wurden
orthographische Fehler in Quellenzitaten stillschweigend korrigiert. Zu den Vorfällen in Wunsiedel vgl.
H. BAIER, Pfarrer, S. 105-107; zum Verhalten der bayerischen Landeskirche im Blick auf die Judenverfolgung vgl. H. BAIER, Kirche (1988); G. SCHRÖTTEL, Christen; für den Protestantismus reichsweit J.-
C. KAISER/M. GRESCHAT (Hg.), Holocaust.

[213] WINGOLFRUNDBRIEF, H. 24, 18.3.1940.

[214] EBD., H. 24, 2.4.1941.

[215] EBD., H. 24, 1.3.1942.

tat das aber keinen Abbruch: „Wollte Gott, der Sieg über den Bolschewismus würde bald errungen."[216] Im Frühjahr 1943 beschäftigte sich Schorn mit der Änderung in der staatlichen Rechtsauffassung im totalitären „Führerstaat". Einen Aufsatz von Roland Freisler, dem Präsidenten des Volksgerichtshofes, verurteilte er als „unmöglich"[217]. Im November 1944 konstatierte er, daß die Wehrmacht ohne neue kriegsentscheidende Waffen kaum mehr eine Aussicht gegen die Material- und Luftüberlegenheit der Feinde habe[218].

Welchen Weg nahmen im „Führerstaat" die Rundbriefpfarrer, die von der nationalen Revolution 1933/34 zwar nicht begeistert, aber doch angetan waren? Wilhelm Meißner wandte sich nach Meisers Amtsenthebung im Oktober 1934 mit einem persönlichen Protestschreiben an den bayerischen Reichsstatthalter Franz von Epp, in dessen Freikorps er 1919 gegen die Münchener Räterepublik gekämpft hatte[219]. Noch im August 1935 stimmte Meißner Neunhöffers These von der christlichen Veredelung des Nationalsozialismus zu: „Ja, nur ein guter Christ kann ein guter Nationalsozialist sein."[220] Im Juli 1936 vermeldete er die Schutzhaft seines Kreisdekans Prieser im Rahmen eines fingierten „Sittlichkeitsverfahrens" als neue dunkle Wolke im Kirchenkampf[221]. Spätestens im Oktober 1937 war Meißner desillusioniert, als er sich fragte, wie lange die Pfarrer wohl noch als Religionslehrer an den Schulen geduldet werden würden[222]. Im September 1938 betete Meißner in der Sudetenkrise mit seiner Gemeinde für die Erhaltung des Friedens[223], was vom NS-Regime in anderen Fällen bereits als Landesverrat eingestuft worden war. Auf die staatlichen Kürzungen des Religionsunterrichtes reagierte Meißner im Frühjahr 1939 trotzig mit verpflichtenden Jugendgottesdiensten[224]. Im September 1939 wurde Meißner als Gefreiter eingezogen, im Juli 1940 jedoch auf Antrag der Kirchenleitung unabkömmlich gestellt, um die geistliche Versorgung sicherzustellen. Anfang 1942 hoffte er, daß die große Heimsuchung des Krieges eine Heimkehr zu Gott bringen werde[225]. Ende 1942 stellte er betrübt fest, daß in Deutschland „ein dem Wort Gottes entfremdetes Geschlecht"[226] heranwachse. Meißner hatte in verschiedenen Gemeinden die eingezogenen Amtsbrüder zu vertreten. 1944 starb er in Tettau.

Eduard Weber zog nach der heißen Phase des bayerischen Kirchenkampfes im November 1934 eine kritische und hellsichtige Bilanz. Den maßgeblichen Kräften inner-

---

[216] Ebd.
[217] Ebd., H. 25, 14.4.1943.
[218] Ebd., H. 27, 9.11.1944.
[219] Ebd., H. 19, 16.11.1934.
[220] Ebd., H. 20, 26.8.1935.
[221] Ebd., H. 21, 27.7.1936.
[222] Ebd., H. 22, 12.10.1937. Vgl. zur „Niederlage" im Schulkampf H. 23, 23.3.1938.
[223] Ebd., H. 23, 23.9.1938.
[224] Ebd., H. 23, 28.4.1939.
[225] Ebd., H. 24, 20.1.1942.
[226] Ebd., H. 25, 17.12.1942.

halb des Nationalsozialismus gehe es nunmehr grundsätzlich um eine Beseitigung des Christentums[227].

Hermann Schreiber vermerkte im Dezember 1934 kommentarlos, daß seine Frau Führerin der NS-Frauenschaft sei[228]. Im Oktober 1935 berichtete er über die staatlichen Auflagen bei seiner Arbeit als Bezirksjugendpfarrer; er habe bereits eine bezirksamtliche Verwarnung erhalten[229]. Im Kontext der ungewissen Zukunft des Wingolf bezeichnete Schreiber Ende 1935 den NSDStB als „wenig christlich"[230]. Den „Tag der nationalen Arbeit" 1936 nahm Schreiber zum Anlaß eines Rückblickes auf den 1. Mai 1933. Damals hatte er in Berlin Hitler gehört und war völlig begeistert gewesen. Nun fragte er sich allerdings: „Ist es noch die Freude des Anfangs?"[231]

Schreiber wechselte 1936 nach Neuendettelsau, wo er Brüderpfarrer der Diakonenschaft wurde. 1938 berichtete er von heftigen Versuchen, die Diakonenschüler abzuwerben[232]. In einer deutlichen Abkehr von der traditionellen nationalprotestantischen Kriegstheologie wertete Schreiber den Ausbruch des Zweiten Weltkrieges als ein sichtbares Zeichen dafür, daß die negativen Kräfte die Schöpfung bestimmten[233]. Dennoch vermeldete Schreiber im April 1941 begeistert die Einnahme von Athen, während er im gleichen Eintrag betrübt über die staatlich angeordnete Schließung der kirchlichen Schulen in Himmelkron, die in voller Blüte standen, berichtete[234]. 1943 erlebte Schreiber in Nürnberg die „Terrorflieger"[235] der Alliierten. Die Reparaturen an den beschädigten Kirchen wurden vom Leiter der Schadensstelle, einem Anhänger des neuheidnischen Tannenbergbundes, behindert.

Zum Abschluß seien die beiden Rundbriefpfarrer zitiert, die sich 1933/34 in keinem Eintrag positiv zur nationalen Revolution geäußert hatten. Hilmar Ratz hielt bereits im Juni 1935 den weltanschaulichen Kampf und die Scheidung zwischen bekenntnistreuem Christentum und Neuheidentum für eine Notwendigkeit[236]. Seit 1936 hatte Ratz die Leitung der gesamten Neuendettelsauer Pflegeanstalten inne. 1937 berichtete Ratz von den Versuchen der NSV, der Inneren Mission ihre Arbeitsgebiete abzunehmen. Zu den Angriffen auf einen Bundesbruder in der Lokalzeitung wegen seines mangelnden Eintretens für den nationalsozialistischen Staat bemerkte Ratz, daß die Schmach ein Teil der Leiden Christi sei und Gott in der Gegenwart „alle menschlichen Stützen der Kirche"[237] zerschlage. 1938 berichtete Ratz über Verhöre der Gestapo

---

[227] EBD., H. 19, 27.11.1934; Weber hatte in München Rosenberg gehört.

[228] EBD., H. 19, 20.12.1934. Einige Pfarrfrauen wirkten als Mitarbeiterinnen in der NS-Frauenschaft, die aber häufig nur eine „Fortführung" des kirchlichen Frauenkreises war; vgl. PFARRER 191, Manuskript, S. 1 f.

[229] WINGOLFRUNDBRIEF, H. 20, 3.10.1935.

[230] EBD., H. 21, 15.11.1935.

[231] EBD., H. 21, 1.5.1936.

[232] EBD., H. 23, 20.6.1938.

[233] EBD., H. 24, 12.9.1939.

[234] EBD., H. 24, 27.4.1941.

[235] EBD., H. 26, 14.12.1943.

[236] EBD., H. 20, 10.6.1935.

[237] EBD., H. 22, 12.6.1937.

in den Heimen für Jungen und Männer im Rahmen der „Sittlichkeitsprozesse". Einige Pfleglinge wurden verurteilt[238]. 1939 rief Ratz seine Freunde zur Fürbitte für die inhaftierten Mitglieder der Bekennenden Kirche auf und empfahl ihnen Jochen Kleppers Roman „Der Vater" zum besseren Verständnis der Zeit[239]. 1940 sah er in dem „eigenartigen Krieg"[240] den Hauptkriegsschauplatz in der Wirtschaft; er hatte große Schwierigkeiten, für seine überfüllten Heime noch Pflegekräfte zu bekommen.

Im April 1941 hatte Ratz „das schwerste Dreivierteljahr seines Lebens"[241] hinter sich. 700 seiner Pflegebefohlenen waren von den Pflegeämtern im Rahmen der geheimen Euthanasieaktion des NS-Regimes in staatliche Heil- und Pflegeanstalten „verlegt" worden, ein Teil der Anstalten war für evakuierte Südtiroler beschlagnahmt. Die zweite große Verlegung stand vor der Tür; die Verhandlungen mit den staatlichen Stellen gestalteten sich schwierig. In den Rundbrief trug der verzweifelte Ratz „deus absconditus!"[242] ein. Beim nächsten Eintrag im März 1942 waren von den ursprünglich 1.684 Pfleglingen nur noch etwa 400 in den Anstalten. Das Schicksal, das den „verlegten" Personen bevorstand, deutete Ratz im Rundbrief nur an: „Wieviel Not wir [...] mit den Angehörigen und teilweise noch mit den Pfleglingen durchtragen müssen, weiß nur der, der mitten drinsteht."[243] Ratz lehnte die Euthanasie aus ethischen Gründen kategorisch ab.

In der Gemeinde von Friedrich Rohn unterschrieben im Oktober 1934 fast alle Gemeindeglieder, auch „alte Kämpfer", eine Vertrauenserklärung für den abgesetzten Meiser und stellten sich auch hinter ihren Gemeindepfarrer, als das Gerücht von seiner bevorstehenden Verhaftung umging[244]. Für Rohn waren der Reichsbischof und seine Mitarbeiter Häretiker[245]. 1935 half er bei der Bekennenden Kirche in der „zerstörten" sächsischen Landeskirche aus, in der viele bekenntnistreue Pfarrer verhaftet worden waren. Den Unfalltod von Gauleiter Schemm wertete Rohn in einer Predigt überaus mutig als göttliche Warnung an das NS-Regime: Dies sei ein Fingerzeig Gottes, auch das ganze deutsche Volk könne so von Gott hinweggerissen werden[246].

Anders als in der Phase der „Machtergreifung" lassen sich aus den Rundbriefeinträgen im „Führerstaat" keine quantifizierenden Schlüsse über die politische Orientierung der Pfarrerschaft ziehen, weil nur noch wenige Autoren dem Rundbrief offen ihre zunehmend kritische Haltung zum Nationalsozialismus anvertrauten. Von Hermann Eisenhut und Friedrich Schmidt findet sich überhaupt keine Äußerung, die politisch Stellung bezieht. Dennoch sind die wenigen Pfarrer, die weiterhin relativ arglos dem

---

[238] EBD., H. 22, 3.1.1938; H. 23, 1.7.1938.

[239] EBD., H. 24, 19.8.1939.

[240] EBD., H. 24, 3.4.1940.

[241] EBD., H. 24, 19.4.1941; vgl. zu den Auswirkungen der Euthanasie auf die Neuendettelsauer Pflegeanstalten C.-R. MÜLLER/H.-L. SIEMEN, Leidensweg; H. RÖSSLER, Dokument.

[242] WINGOLFRUNDBRIEF, H. 24, 19.4.1941.

[243] EBD., H. 24, 20.3.1942.

[244] EBD., H. 19, 3.11.1934.

[245] EBD., H. 19, 6.11.1934.

[246] EBD., H. 19, 11.3.1935.

Rundbrief ihre politische Meinung anvertrauten, durchaus repräsentativ für bestimmte
Verhaltensmuster und Pfarrertypen. Der sukzessive Distanzierungsprozeß derjenigen,
die zumindest anfangs die nationale Erweckung begrüßt hatten, verlief individuell
höchst unterschiedlich und war von einer Vielzahl von Faktoren abhängig.

Das Spektrum reichte von denen, die bereits im Herbst 1934 erkannten, daß die
maßgeblichen Kräfte des Nationalsozialismus, einschließlich Hitler, das Christentum in
Deutschland beseitigen wollten, bis zu denen, die noch 1938 in völliger Verkennung
der Tatsachen Anzeichen für eine positive Wende im Verhältnis des NS-Staates zur
Kirche zu erkennen glaubten und erst 1939 ihre Illusionen aufgaben. Primär die Kir-
chen- und Religionspolitik von Staat und Partei führten zur Distanzierung vom Nationalsozialismus; „Röhm-Putsch", „Reichskristallnacht" und Euthanasie wurden nur vereinzelt kritisch kommentiert. Je deutlicher den Pfarrern der Gegensatz zwischen Nationalsozialismus und Christentum wurde, desto resistenter erscheinen sie gegen die NS-
Propaganda insgesamt. Selbst die im Grunde von fast allen Pfarrern seit Jahren heiß
ersehnte Revision des Versailler Vertrages ließ bei den distanzierten Pfarrern keine
rechte nationale Begeisterung mehr aufkommen. Sogar ehemals überzeugte Pg.-Pfarrer
hofften in der Sudetenkrise entgegen der NS-Kriegshetze auf eine friedliche Lösung.

Ein Ergebnis der Analyse der Austrittsquoten der Pg.-Pfarrer bestätigt sich im
Rundbrief. Die Pfarrer, die zunächst am stärksten nationalsozialistisch gesinnt waren,
artikulierten ihre Kritik an bestimmten kirchenfeindlichen „Auswüchsen" mitunter
deutlicher und auch öffentlicher als ihre von Anfang an distanzierten Amtsbrüder. Es
dürfte kein Zufall sein, daß ausgerechnet der bekennende Nationalsozialist Neunhöffer
der einzige aus der Runde war, der in Schutzhaft genommen wurde. Dies konnte zu
der paradoxen Situation führen, daß ein grundsätzlich immer noch auf dem Boden des
Nationalsozialismus stehender Pfarrer durch Verfolgungsmaßnahmen, die er von Staat
und Partei wegen partieller Widersetzlichkeiten zu erleiden hatte, gegen seinen Willen
zur grundsätzlichen Distanzierung seiner kirchentreuen Gemeindeglieder vom NS-
Staat beitrug.

Die Ergebnisse der schriftlichen Befragung bestätigen den im Wingolfrundbrief
sichtbaren sukzessiven Distanzierungsprozeß vieler Pfarrer gegenüber dem Nationalsozialismus seit Herbst 1934. Als entscheidend für ihre persönliche Umorientierung hin
zu einer kritischen Distanz nannten die meisten Pfarrer (87) den Kirchenkampf[247], mit
Schwerpunkt bei der Absetzung Meisers im Herbst 1934. 19 Pfarrern öffnete die Judenverfolgung[248], bezeichnenderweise erst seit der „Reichskristallnacht" 1938, die Au-

---

[247] Zur Auswirkung des Schulkampfes vgl. H. KORNACHER, Chronik 1939, S. 15: die Abschaffung
der Bekenntnisschule in Kempten ohne Rechtsgrundlage verurteilte Kornacher als „für das neue Reich
geradezu unwürdig". Die Gemeinde sah er „betrogen". Zur Einführung der Gemeinschaftsschule in
Bayern allgemein vgl. F. SONNENBERGER, Reform. Zu Schwierigkeiten im Religionsunterricht vgl.
PFARRER 162, Briefwechsel 1938.

[248] Vgl. zur „Reichskristallnacht" PFARRER 191, Manuskript, S. 3; Predigt Buß- und Bettag,
16.11.1938 (PFARRER 111, Sammlung): „Ich bin froh, daß hier an unserem Ort keine Juden waren und
daß Ihr deshalb hier keine Gelegenheit hattet, jüdische Häuser zu verwüsten oder wie andere den trau-
rigen Ruhm zu gewinnen, gegen Leute, die sich nicht wehren können, Heldentaten zu vollbringen."

gen. Für 70 Pfarrer waren andere Verbrechen des NS-Regimes ausschlaggebend; häufiger wurden hier der „Röhm-Putsch" von 1934 und die Euthanasie[249] genannt.

Den stärksten Distanzierungseffekt hatten eindeutig die kirchen- und christentumsfeindlichen Maßnahmen des NS-Staates, die sich unmittelbar gegen den einzelnen Pfarrer richteten und teilweise bereits eine Reaktion auf Widersetzlichkeiten waren. Eine erste, recht undifferenzierte Bilanz solcher Repressionen wurde nach dem Krieg von der Landeskirche, basierend auf einer schriftlichen Befragung der Pfarrerschaft vom Herbst 1945, erstellt und vom Pfarrerverein 1946 veröffentlicht[250]. Zahlreiche Hinweise auf Konflikte von Pfarrern mit dem NS-Staat finden sich in den inzwischen edierten einschlägigen Passagen der bayerischen Regierungspräsidentenberichte[251].

Für Unterfranken ist die Quellenlage für eine detaillierte Analyse der NS-Repressalien gegen Pfarrer besonders günstig, da die Einzelfallakten der Gestapostelle Würzburg mit Ausnahme der Anfangsbuchstaben A bis G und V erhalten geblieben sind[252]. 92 Akten enthalten Informationen über insgesamt 93 bayerische Pfarrer, von denen 82 durch Staats- oder Parteistellen beanstandet worden sind, einige davon in über zehn Einzelfällen. Zeitlich läßt sich bei der Frequenz der gravierenden Sanktionen eine deutliche Tendenz feststellen. Während 1934 (2), 1935 (3) und 1936 (5) nur vereinzelt gegen unliebsame Pfarrer vorgegangen wurde, brachten die Jahre 1937 (30) und 1938 (29) die heftigsten Attacken des NS-Staates gegen die Kirche und die Pfarrerschaft. Als Hitler im Interesse der nationalen Geschlossenheit im Zweiten Weltkriege die Angriffe auf die Kirche drosselte, spiegelte sich dies in einem deutlichen Rückgang der Repressionen von 1939 (15) bis 1944 (1) wider.

Die meisten Pfarrer wurden wegen Verstößen gegen die staatlichen Bestimmungen für Sammlungen (19 bzw. 23,2 %), wegen kritischer Äußerungen in Predigten, sogenanntem „Kanzelmißbrauch" (16 bzw. 19,5 %), wegen Verstößen gegen staatliche Bestimmungen zur Anmeldung von Versammlungen (15 bzw. 18,3 %), wegen Verstößen gegen das „Heimtückegesetz", nach dem annähernd jede Kritik am NS-Staat verfolgt werden konnte (9 bzw. 11,0 %), und wegen der Verbreitung von illegalen Flugblättern oder Rundbriefen (6 bzw. 7,3 %) einmal oder auch mehrfach belangt. Proteste

---

Diese deutlichen Worte waren aber sicher eine Ausnahme; für die Mehrheit galt wohl PFARRER 25, Manuskript, S. 34: „Wir waren wie blind auf einem Auge, wie gelähmt." Antijudaismus war weitverbreitet; vgl. Predigt vom 18.7.1943 (PFARRER 117, Sammlung): „[...] die Juden, diese geschworenen Christushasser [...]."

[249] Zur Euthanasie vgl. H. KORNACHER, Chronik 1941, S. 46: Fünf ehemalige Gemeindeglieder waren „durch Euthanasie gestorben. Jedermann war sich darüber klar, daß dieser Tod aus rassischen, politischen und wirtschaftlichen Gründen erfolgte, ohne daß ein staatliches Gesetz vorlag." Das sei ein Verstoß „gegen die christliche Auffassung von der Heiligkeit und Unantastbarkeit des Lebens." Vereinzelt gab es auch Kontakte von Pfarrern zum politischen Widerstand; vgl. PFARRER 79, Gesprächsprotokoll (1944 zum Kreis um den 20. Juli 1944).

[250] F. KLINGLER (Hg.), Dokumente, S. 95.

[251] H. WITETSCHEK (Bearb.), Lage I-III; VII; W. ZIEGLER (Bearb.), Lage IV; K. WITTSTADT (Bearb.), Lage VI (Band V behandelt die Pfalz).

[252] STA WÜRZBURG, Gestapostelle Würzburg [die Signaturen der 92 Akten finden sich im Quellen- und Literaturverzeichnis].

gegen die staatlichen Euthanasiemaßnahmen führten bei zwei Pfarrern zu Beanstandungen. Ein Pfarrer wurde wegen der Taufe des Kindes einer russischen Zwangsarbeiterin belangt. Kritische Stellungnahmen zur Judenverfolgung finden sich in den Gestapoakten der Pfarrer gar nicht.

In den meisten Fällen wurden die eingeleiteten Verfahren durch die Staatsanwaltschaft eingestellt oder die betreffenden Pfarrer noch vor einer Urteilsverkündung amnestiert. In einigen Fällen führte der Konflikt aber zu staatspolizeilicher Verwarnung (13), zu Postüberwachung (6), zu allgemeiner Überwachung (6), zu Schutzhaft (5), zu Geldstrafe (5), zu Entzug des Religionsunterrichtes (5), zu Aufenthaltsverbot (1), zu Redeverbot (1) und zu Parteigerichtsverfahren (1). Diese mitunter folgenschweren Konsequenzen ihrer Distanzierung vom NS-Staat hatten primär die jüngeren Pfarrer zu tragen. Unter den beanstandeten Pfarrern waren ohnehin die jüngere Kriegsgeneration und die Nachkriegsgeneration mit insgesamt 62 Personen (75,6 %) stark überrepräsentiert.

Der Anteil der Pg.-Pfarrer unter den bei der Gestapo aktenkundig gewordenen Geistlichen lag bei 14,6 % (12), acht von ihnen waren zum Zeitpunkt der Beanstandung noch Parteimitglieder (9,8 %), jeweils zwei waren bereits ausgetreten bzw. als Parteianwärter zurückgewiesen worden. Der Pg.-Anteil entsprach damit fast genau dem Anteil der NSDAP-Mitglieder an der Gesamtpfarrerschaft nach dem Stand von 1937. Was schon die Analyse von anderen Indikatoren der Distanzierung der Pg.-Pfarrer oben ergeben hatte, bestätigt sich auch hier. Die „alten Kämpfer", die sich bereits vor 1933 der NSDAP angeschlossen hatten, waren unter den gemaßregelten Pg.-Pfarrern deutlich überrepräsentiert; vier der Alt-Pg. gehörten zum Zeitpunkt der Beanstandung noch der Partei an, einer war bereits ausgetreten. Ebenfalls bestätigt sich der Schutz, den eine frühe NSDAP-Mitgliedschaft als Ausweis der grundsätzlichen politischen Zuverlässigkeit bot. Nur jeweils einer der „alter Kämpfer" wurde staatspolizeilich verwarnt und von der Schriftsteller-Berufsliste gestrichen bzw. mit einem Parteigerichtsverfahren belegt. Gravierendere Sanktionen verhängten die Nationalsozialisten nicht gegen ihre frühen Förderer.

Ganz wesentlich für die Distanzierung vom Nationalsozialismus waren neben den persönlichen Konflikten mit Partei und NS-Staat im Rahmen des Kirchenkampfes die Informationen, die die Pfarrer über die kirchen- und christentumsfeindlichen Maßnahmen des NS-Staates erhielten. Da eine freie Berichterstattung der Kirchenpresse und auch des *Korrespondenzblattes* über diese Geschehnisse bald nicht mehr möglich war, spielte der interne kirchliche Informationsfluß eine zentrale Rolle. Alle Pfarrer erhielten seit September 1934 über Vertrauensleute vom Evangelischen Presseverband für Bayern, der vom Landeskirchenrat auch mit den Geschäften einer landeskirchlichen Pressestelle betraut war, die sogenannten „grünen Briefe", die Pfarrer Gerhard Hildmann trotz starker Repressionen durch die Gestapo in Umlauf brachte, und die Rundbriefe der Bekenntnisgemeinschaft der Landeskirche. Nach dem staatlichen Verbot dieser Mitteilungsblätter im Oktober 1935 versandte Hildmann die wichtigsten Nachrichten zur kirchenpolitischen Lage getarnt als Entschließungen des Landeskirchenrates. 1937 schränkten Eingriffe des NS-Staates auch diese Form des Informationsflusses noch weiter ein; Rundschreiben des Landeskirchenrates konnten in den letzten Jahren des „Dritten Reiches" die Pfarrer nur noch spärlich informieren[253].

Weitere Nachrichten über die zunehmend kirchen- und christentumsfeindlichen Aktivitäten des NS-Staates erhielten diejenigen Pfarrer, die Mitglieder in der Bayerischen Pfarrerbruderschaft waren. Diese Bruderschaft war im Mai 1934 von Helmut Kern, Eduard Putz und Julius Schieder ins Leben gerufen worden, die sie als Sammlung der bekenntnistreuen evangelisch-lutherischen Pfarrer und ausdrücklich nicht als kirchenpolitische Gruppierung verstanden[254]. Bis zum Juli 1935 hatten sich rund 500 Pfarrer der Bruderschaft angeschlossen; danach blieb der Mitgliederbestand bis zum Ende des „Dritten Reiches" in etwa konstant. Vom Juni 1934 bis zum Mai 1939 informierte die Bruderschaft in ihren mitunter umfangreichen Rundbriefen aus der Perspektive der Bekennenden Kirche ihre Mitglieder[255]. Bis Weihnachten 1942 konnte die Leitung der Bruderschaft noch in vervielfältigten Briefen einige Mitteilungen weitergeben.

Die Bruderschaft lag trotz enger Verbindungen zum bruderrätlichen Flügel der Bekennenden Kirche im allgemeinen auf der Linie von Landesbischof Meiser, auch wenn einige der führenden Persönlichkeiten manche taktischen Zugeständnisse Meisers an den NS-Staat kritisierten. Politisch war die Bruderschaft bemüht, ihre Loyalität zum NS-Staat zu betonen. Als der NSEP nach der Gründung der Pfarrerbruderschaft, der immerhin an leitender Stelle mit Putz auch ein Träger des Goldenen Parteiabzeichens angehörte, anordnete, daß eine Doppelmitgliedschaft nicht möglich sei, bemühte sich die Bruderschaft um eine Aufhebung dieses Verbotes, die sie im Juni 1934 auch erreichte. Allerdings erübrigte sich wenige Monate später diese Regelung, als der NSEP zum Auffangbecken der renitenten DC-Pfarrer zusammenschrumpfte. Die NSDAP-Mitgliedschaft vieler Bruderschaftsmitglieder blieb aber bis zum Ende des „Dritten Reiches" bestehen. In der Pfarrerbruderschaft befanden sich im September 1936 unter den 541 männlichen Mitgliedern – auch einige Theologinnen durften seit August 1935 zur Bruderschaft gehören – mindestens 60 Pfarrer, die zeitweise der NSDAP angehört hatten. Der Anteil der Pg.-Pfarrer von 11,1 % (vermutlich 16,6 %) entsprach in etwa dem der gesamten Pfarrerschaft. Immerhin war zu dieser Zeit auch fast jeder dritte Pfarrer Mitglied der Pfarrerbruderschaft. Die Nachkriegsgeneration war dabei deutlich stärker repräsentiert als die älteren Generationen, insbesondere als die Vorkriegsgeneration.

Informationen über die kirchenpolitischen Entwicklungen aus ganz anderer Perspektive erhielten die bayerischen DC-Pfarrer über ihre außerbayerischen Organisationen und Institutionen. Dieser Kreis umfaßte 1935 nur noch etwa 65 Personen, von denen mindestens zwei Drittel Pg. waren, und schrumpfte bis 1945 immer weiter zusammen. Ebenfalls von ihrem reichsweiten Dachverband wurden die Mitglieder des Evangelischen Bundes bis zur Einstellung der Bundespresse 1941 mit Informationen

---

[253] G. HILDMANN, Pressearbeit, S. 52 ff.

[254] R. KIMMEL, Pfarrerbruderschaft, S. 7 ff.; vgl. auch H. BLENDINGER, Bruderschaft, 113 ff.

[255] R. KIMMEL, Pfarrerbruderschaft, S. 30 ff.; zur politischen Orientierung der Pfarrerbruderschaft EBD., S. 116 ff.

versorgt. Nachdem oben bereits für die zwanziger Jahre die enge personelle Verquik-
kung zwischen dem Evangelischen Bund und den völkischen Geistlichen nachgewiesen
worden ist, verwundert es nicht, daß unter den 83 Pfarrern in Vorständen von Zweigvereinen und Ortsgruppen des Hauptvereins Bayern 1935[256] mindestens 15 Pg.-
Pfarrer waren. Ihr Anteil im Evangelischen Bund lag mit 18,1 % (vermutlich 25,3 %)
beträchtlich über dem in der Gesamtpfarrerschaft. Der Bund versuchte im „Dritten
Reich" einen Mittelkurs zwischen den Deutschen Christen, mit denen es viele personelle Überschneidungen gab, und der Bekennenden Kirche zu steuern. Faktisch kam es
zu einer gänzlichen Unterordnung unter den NS-Staat. Das vom Bund bekämpfte
Neuheidentum wurde noch 1936 als eine Randerscheinung des Nationalsozialismus
eingestuft[257].

Die Revision des verhaßten Versailler Vertrages versöhnte quer durch alle kirchenpolitischen Lager bis zum bruderrätlichen Flügel der Bekennenden Kirche hin immer
wieder viele Pfarrer mit dem NS-Regime[258], zumindest solange Hitler seine „Erfolge"
ohne bewaffnete Konflikte erzielte. Im Zweiten Weltkrieg war dagegen von Begeisterung bei einem Großteil der Pfarrer nur noch wenig zu spüren[259]. Hermann Dietzfelbinger berichtete rückblickend, daß ihm und anderen Pfarrern die Fürbitte für die
Obrigkeit im Laufe des Krieges immer schwerer gefallen sei. Viele konnten nicht mehr
für den deutschen Sieg beten[260]. Zu diesen gehörte auch der als Kriegspfarrer eingezo-
gene Walter Höchstädter. Als der Landesbischof den im Felde stehenden Pfarrern zu
Ostern 1942 mit einem seelsorgerlichen Hirtenbrief auch Hanns Liljes Schrift „Der
Krieg als geistige Leistung" zuschickte, war Höchstädter über die positive Würdigung
des Krieges in diesem Heft „so maßlos erregt, daß ich es nach der Lektüre zerfetzte."[261]
Für Höchstädter und seinen Kollegenkreis in der Militärseelsorge an der Ostfront habe
es nur eines gegeben: das Gebet für den Frieden. Die Militärseelsorger erfuhren in ih-
ren Gesprächen frühzeitig von den deutschen Verbrechen im Osten. Zu Karl-Heinz
Becker kamen Soldaten

> „in ihrer hilflosen Gewissensnot [...], die oft mit Tränen in den Augen die Qual ihres Mit-
> wissens um nicht wiederzugebende Scheußlichkeiten ungeheuerlichsten Ausmaßes, die sie
> nicht hatten verhindern können und deren entsetzliche Folgen sie mit gebundenen Händen
> klar kommen sahen, vor mir ausbreiteten. [...] Was ich selbst seit dem ersten Tag meines

---

[256] Nach der undatierten Liste (ca. 1935) (LKA NÜRNBERG, Personen XXV, 16); vgl. oben S. 83 ff.

[257] Vgl. W. FLEISCHMANN-BISTEN, Bund, S. 134 ff.

[258] Vgl. H. KORNACHER, Chronik 1938, S. 21 f., überaus positiv zum Anschluß Österreichs und
des Sudetenlandes.

[259] Eher positiv: H.-M. HELBICH, Soldatenbriefe 1939; H.-M. HELBICH, Glockenabschiedspredigt
1942; PFARRER 117, Predigt vom 31.12.1942; PFARRER 4, Predigt vom 3.9.1939. Eher reserviert:
H. KORNACHER, Chronik 1939, S. 32; 1941, S. 48; PFARRER 69, Manuskript, o.P.; PFARRER 39, Predigt vom 3.9.1939.

[260] H. DIETZFELBINGER, Veränderung, S. 118 f.

[261] W. HÖCHSTÄDTER, Strudel, S. 207 f.

Aufenhalts in Rußland [...] an vom Tode gezeichneten Judengestalten, aber auch an SD-Henkergesichtern gesehen hatte, genügte mir zum Beweis der entsetzlichen Wahrheit."[262]

Durch den schweren Stand, den die meisten Militärgeistlichen ohnehin hatten, war es ihnen kaum möglich, direkt zu intervenieren[263]. Höchstädter und Becker versuchten aber, mit illegal per Feldpost an Bekannte verschickten Flugblättern und Schriften die Gewissen auch in der Heimat zu schärfen.

Auf der anderen Seite belegen die Quellen für einige Pfarrer eine große Einsatzfreudigkeit im Kriegsdienst, den manche als hochdekorierte Offiziere an den Fronten des Zweiten Weltkrieges leisteten. Dies gilt auch für einen Vikar, der sich auf den Vorschlag seines militärischen Vorgesetzten hin 1940 für die Offizierslaufbahn entschied. Als er in Augsburg während des Offizierslehrganges erfuhr, daß seine Division in den Frankreichfeldzug geschickt worden war, meldete er sich, wie andere Kursteilnehmer auch, sofort freiwillig zur Front. Doch die Vorgesetzten bestanden auf dem Abschluß der Ausbildung. Nach einem ruhigen Einsatz im besetzten Frankreich diente der Geistliche seit Herbst 1941 „erfolgreich" als Kompanieführer an der Ostfront: „Das EK I fiel mir unter diesen Umständen [sc. der guten Frontkameradschaft], da keiner dem anderen an Einsatzfreudigkeit nachstehen wollte, fast von selbst zu."[264] Als Vorgesetzter versuchte der Vikar, der bis zum Hauptmann aufstieg, mit allen militärischen Mitteln, seine Männer zu schützen:

„Schlimm war in der ersten Zeit an der Front die feindliche Scharfschützentätigkeit: fast täglich hatten wir einen oder mehrere Tote, und jedesmal Kopfschuß. Da bekamen wir endlich auf unsere Bitten hin einige Gewehre mit Zielfernrohr, und ich unterwies meine besten Schützen in der Handhabung derselben. Dann ziehe ich mit dem ersten ‚Jäger' los und entdecke mit meinem Fernglas in einem schmalen Durchblick in etwa 400 m Entfernung einen russischen Soldaten, der dort offenbar den Verkehr regelt. Ich sage zu meinem Mann: ‚So, den schießt du ab!' Darauf er: ‚Na, dös ko i net; der kämpft ja net. Bloß a so abknall'n, dös geht do net.' Und ich: ‚Wänn du's net kannst, tue ich es. Gib mir dei Jagdgewehr her!' Und ich schieße – und treffe – und mein Hannes sagt: ‚Jetzt, wo du mir dös vorgemacht hast, jetzt ko i's a.' Und ich gebe ihm das Gewehr wieder und laß ihn weiter ‚jagen' und gehe hinein in meinen Unterstand und lege mich auf meinen Platz, daß mich niemand beobachten kann, weil mir so übel ist und ich weinen muß: Nicht darüber, daß ich einen Russen angeschossen, vielleicht sogar getötet habe; aber – ich habe einem Menschen sein Gewissen zerstört, und das ist furchtbar. – Und dennoch – wäre ich wieder in derselben Lage, so machte ich es trotz allem wieder genauso."[265]

Neben der Genugtuung über die Revanche für die „Schmach von Versailles" machte die NS-Propaganda von der Befreiung der Russen vom gottlosen Bolschewismus anfangs einigen Eindruck auf einen Teil der Pfarrerschaft, die seit fast 25 Jahren voller Besorgnis die Meldungen über Christenverfolgungen in der UdSSR verfolgt

262 K.-H. BECKER, Siebenkittel, S. 280 f.
263 Vgl. PFARRER 189, Manuskript, S. 235.
264 PFARRER 19, Manuskript, S. 91.
265 EBD., S. 89 f.

hatte. Bewegt gab Pfarrer Otto Sperl im August 1941 „ein eindrucksvolles und erhe-
bendes Erlebnis" seines Sohnes an der Ostfront weiter:

> „In einer deutschen Siedlung von etwa 30 Familien war eine Holzkirche von den Bolsche-
> wisten in einen Schuppen verwandelt worden. Als die Deutschen kamen, konnten die Leute
> die Kirche wieder reinigen und der Heerespfarrer hielt einen Dankgottesdienst mit Heili-
> gem Abendmahl, an dem sich auch die Soldaten beteiligten. Der Heerespfarrer segnete die
> Kinder, die seit 10 Jahren von Eltern und Paten getauft worden waren, weil allenthalben die
> Pfarrer ermordet oder verbannt waren. [...] Die Alten dankten Gott auf den Knien für die
> Errettung."[266]

Manche erhofften sich nun auch in der Heimat eine neue Hinwendung der Bevölkerung und des NS-Staates zur Kirche. Der Hofer Dekan Wilhelm Wiegel meinte in
seinem Jahresbericht für 1941 eine solche „Besinnung" schon feststellen zu können:

> „Der furchtbare Ernst unseres Kampfes mit Rußland, die erschütternde Anschauung des
> bolschewistischen Elends und der bolschewistischen Untaten, welche die letzten Auswir-
> kungen der Gottlosigkeit und des Materialismus dartun, haben doch wohl gar manche zu
> einer gewissen Besinnung und gerechteren Einschätzung von Christentum und Kirche ge-
> führt."[267]

Bei einigen Pfarrern führte der panische Antibolschewismus, der sie schon in der
Weimarer Republik in die Arme des Nationalsozialismus getrieben hatte, unter völliger
Übernahme der NS-Propaganda dazu, daß sie im kommunistischen Atheismus „den
tiefsten Grund des gegenwärtigen furchtbaren Krieges"[268] sahen. Ein oberfränkischer
Pfarrer mobilisierte in seiner Jahresschlußpredigt 1942 in diesem Sinne die Gemeinde
zum weiteren Einsatz an der Ostfront:

> „Vor 25 Jahren hat sich [...] das russische Volk [...] den Mächten verschrieben, die alle
> christliche Kultur ausrotten und Gott entthronen wollen. [...] Und von da aus hat der Geist
> des Aufruhrs gegen Gottes heilige Ordnung weitergegriffen über die ganze Erde; mußte das
> nicht zur Unordnung in der ganzen Welt und schließlich zum blutigen Völkerringen füh-
> ren?"

Andererseits erschien den kritischen Pfarrern die nationalsozialistische Kreuzzugs-
propaganda von Anfang an unglaubwürdig. Wurde doch in der Heimat, kulminierend
im „Kruzifixerlaß", gegen die Kirchen vorgegangen. Auch nach der Teilrücknahme des
Kruzifixerlasses durch den bayerischen Innen- und Kultusminister Adolf Wagner hielten die kirchenfeindlichen Maßnahmen von Staats- und Parteiseite an. So wurde Ende
1941 dem Augsburger Religionslehrer Hugo Maser der Unterricht in den höheren
Klassen untersagt, was er im Dezember 1941 in einem Brief an einen befreundeten
Pfarrer ironisch kommentierte: „Auch sonst merkt man vom Kampf gegen den
‚gottlosen Bolschewismus' hier noch wenig. Der Dekan ist wieder grundlos acht Tage

---

[266] M. SPERL, Kriegsalltag, S. 43 f.
[267] M. BROSZAT, Lage, S. 423.
[268] PFARRER 117, Predigt vom 31.12.1942; aus dieser Predigt stammt auch das folgende Zitat.

gesessen."[269] Dekan Wilhelm Bogner war im November 1941 wegen der Verbreitung von Schriften zum Kirchenkampf in Polizeihaft genommen worden[270].

Vielen Pfarrern waren die verheerenden Folgen, die ein militärischer Sieg des „Dritten Reiches" für die Kirche, Deutschland und ganz Europa gehabt hätte, bewußt, aber aus ihrem nationalprotestantischen Denken heraus erschien eine Niederlage Deutschlands als ungleich größere Katastrophe, insbesondere bei dem Gedanken an einen Sieg der UdSSR.

Auch der Hitler-Mythos wirkte bei einem Teil der Pfarrerschaft der Distanzierung vom NS-Staat bis weit in den Zweiten Weltkrieg hinein entgegen. Dies spiegelte sich in der Einschätzung, die sich in den unveröffentlichten Erinnerungen eines Pfarrers im Blick auf seine Kollegen findet, wider: „Treue zum Führer und zugleich Treue zur Bekennenden Kirche. Diese Haltung hielten, wenn ich recht sehe, viele durch bis zur Katastrophe 1945."[271] Häufiger noch findet sich die unerschütterliche Treue zu Hitler und zum NS-Staat bei den wenigen renitenten DC-Pfarrern, die bis zum Ende des „Dritten Reiches" in der bayerischen Landeskirche amtierten. Friedrich Wilhelm Auer etwa, der im September 1942 Julius Streicher vorgeschlagen hatte, für jeden deutschen Zivilisten, der durch alliierte Bombenangriffe ums Leben gekommen sei, zehn Juden aufzuhängen, predigte noch 1945 seiner mittelfränkischen Gemeinde, daß der Heiland „dem Weltgeschehen eine wunderbare Wendung geben"[272] könne.

---

[269] Hugo Maser an Hans Wiedemann, 4.12.1941 (PFARRER 153, Sammlung).

[270] G. HETZER, Kulturkampf, S. 121.

[271] PFARRER 167, Manuskript, S. 1; im Blick auf seine Amtsbrüder.

[272] Letzte Predigt vor Kriegsende (LKA Nürnberg, Personen XLVII, 9). Auer hatte Streicher in seinem Schreiben vom 11.9.1942 weiterhin vorgeschlagen: „Wenn der Feind nicht innerhalb 24 Stunden unsere Friedensbedingungen annimmt, wird eine Bartholomäusnacht veranstaltet und kein Jude verschont. Schade ist es um keinen" (LKA Nürnberg, Personen XLVII, 7). Streicher war 1940 wegen seiner skandalträchtigen Amtsführung und einer selbst den Nationalsozialisten zu weit gehenden persönlichen Bereicherung bei der „Arisierung" als Gauleiter abgesetzt worden.

ANSTELLE EINES FAZITS: AUSBLICK AUF DIE „ENTNAZIFIZIERUNG"

Martin Broszat hatte Recht. So läßt sich in einem Satz das Ergebnis dieser Studie zusammenfassen. Die in der Einleitung zitierte Einschätzung Broszats zur Rolle „zahlreicher" bayerischer Pfarrer als Wegbereiter der nationalsozialistischen „Machtergreifung" *und* als Wegbereiter von partieller Resistenz und Behauptung im „Dritten Reich" bestätigt sich nach der Analyse eines breiten Quellenmaterials. Die Differenzierungen und Präzisierungen dieser Gesamtbeurteilung, die nun möglich sind, wurden bereits in den entsprechenden Abschnitten vorgenommen und sollen an dieser Stelle nicht wiederholt werden. Vielmehr erscheint es für eine Schlußbetrachtung reizvoll, der Frage nachzugehen, inwiefern die Verstrickungen in den Nationalsozialismus und die sukzessiven Distanzierungen im Laufe des „Dritten Reiches" in der Diskussion um die Schuldfrage und im Kontext der sogenannten Entnazifizierung nach 1945 aufgearbeitet und reflektiert worden sind.

Manifest gegenwärtig waren die Verstrickungen der Pfarrerschaft in den Nationalsozialismus nach dem Untergang der „Dritten Reiches" allein schon durch die personellen Kontinuitäten. Der Großteil der Pfarrer, die vor 1933 nicht unerheblich zum Aufstieg der NSDAP und zumindest in der Phase der „Machtergreifung" zur Stärkung der Integrationkraft des NS-Regimes beigetragen hatten, waren nach wie vor im kirchlichen Dienst tätig. Ebenso amtierten Landesbischof Meiser und der personell etwas gesäuberte Landeskirchenrat weiter[1]. Ende 1948 gehörten noch 224 der 278 Pg.-Pfarrer zur bayerischen Pfarrerschaft. Die übrigen 52 lebten außerhalb Bayerns oder waren verstorben. Mindestens zwei Pg.-Pfarrer befanden sich noch in Kriegsgefangenschaft. Etwa jeder siebte bayerische Pfarrer (14,4%)[2] war demnach in der Besatzungszeit durch eine NSDAP-Mitgliedschaft politisch kompromittiert.

Im Blick auf die Altersstruktur zeigt sich folgendes Bild: Stark unterrepräsentiert waren die ehemaligen NSDAP-Mitglieder bei den hochbetagten und den jungen Pfarrern, den Geburtsjahrgängen vor 1866 (1 von 18) und zwischen 1911 und 1915 (24

---

[1] Der „alte Kämpfer" Friedrich Hanemann wurde im Januar 1946 unter Anerkennung seiner Verdienste und offiziell auf eigenes Ansuchen im Alter von 56 Jahren in den Ruhestand verabschiedet. Vgl. zum Themenfeld Entnazifizierung und bayerische Landeskirche C. VOLLNHALS, Kirche (1989), S. 121-179; 232-280; M. RENNER, Nachkriegsprotestantismus, 117-147; B. MENSING, Haltung; zur Entnazifizierung in Bayern allgemein L. NIETHAMMER, Entnazifizierung.

[2] Als Vergleichsgrundlage dienen die Ergebnisse der Pfarrerfamilienstatistik von 1950 (AMTSBLATT EKD, Beilage 16, S. 18 ff.); abzüglich der „Ostpfarrer" lebten am 31.10.1950 1.555 Pfarrer in Bayern. Der starke Rückgang der Gesamtzahl seit 1937 erklärt sich durch die verschwindend kleinen Aufnahmejahrgänge in den Kriegs- und Nachkriegsjahren 1940-1948 (H. BAIER, Kirche [1979], S. 208; KIRCHLICHES JAHRBUCH 76, 1949, S. 574) und die hohe Zahl von 156 im Zweiten Weltkrieg gefallenen Geistlichen (H. BAIER, Kirche [1979], S. 48). Für die Errechnung der Altersgruppen wurden die „Ostpfarrer" in jeder Gruppe entsprechend ihrem Gesamtanteil subtrahiert.

von 303). In etwa durchschnittlich vertreten waren die Jahrgänge 1866 bis 1870 (6 von 46) und 1891 bis 1895 (21 von 134). Leicht überrepräsentiert waren die Jahrgänge 1906 bis 1910 (48 von 297), deutlicher die Jahrgänge 1871 bis 1875 (8 von 46), 1876 bis 1880 (12 von 66) und 1881 bis 1885 (16 von 88). Auffallend überproportional vertreten waren die Pg.-Pfarrer mit über einem Fünftel der jeweiligen Altersgruppe in der jüngeren Vorkriegsgeneration der Jahrgänge 1886 bis 1890 (21 von 104) und besonders in der jüngeren Kriegsgeneration der Jahrgänge 1896 bis 1900 (30 von 139) sowie der älteren Nachkriegsgeneration der Jahrgänge 1901 bis 1905 (36 von 166).

Entsprechend der Altersstruktur waren 1948 nur noch fünf der Pg.-Pfarrer Kandidaten, 139 (62,1 %) bekleideten Gemeindepfarrstellen, jeweils acht davon als Senior und Dekan. Auffallend hoch ist der Anteil von Pfarrern, die nicht auf einer Pfarrstelle installiert waren (15 bzw. 6,7 %): Acht arbeiteten als Amtsaushilfen, einer vertrat ein Vikariat und sechs eine Pfarrstelle. Inwiefern ein Zusammenhang zwischen dieser außerordentlichen Verwendung und der Entnazifizierung bestand, wird weiter unten geklärt. Dasselbe gilt für die zehn Pg.-Pfarrer, die sich 1948 im Kontext von Selbstreinigung und Entnazifizierung vor Erreichen der Altersgrenze im Warte- oder Ruhestand befanden. Vier Pg.-Pfarrer waren in landeskirchlichen Einrichtungen tätig, einer davon als Oberkirchenrat. Mit fünf von 30 Pfarrern war die Innere Mission nur noch leicht überrepräsentiert. Auch unter den Religionslehrern (sieben von 45) und den Gefängnisseelsorgern (einer von sieben) war der Anteil auf den durchschnittlichen Prozentsatz zurückgegangen. Bei den Emeriten (37 von 254) entsprach der Anteil ebenfalls in etwa dem Durchschnitt[3]. Auf die kirchliche Karriere nach 1945 scheint eine NSDAP-Mitgliedschaft insgesamt keine nachteiligen Auswirkungen gehabt zu haben. In den leitenden Positionen waren die Pg.-Pfarrer nicht erheblich schwächer vertreten als in der Gesamtpfarrerschaft. Unter den Dekanen und Senioren lag ihr Anteil bei 11,3 %; einer der acht geistlichen Oberkirchenräte war NSDAP-Mitglied gewesen.

Die regionale Verteilung der Pg.-Pfarrer streute sich breit über die gesamte Landeskirche. Nur in den relativ kleinen fränkischen Dekanaten Münchberg und Rüdenhausen, ehemals NSDAP-Hochburgen, lebte 1948 kein Pfarrer mit NSDAP-Vergangenheit. Im Vergleich zu 1937 waren die Pg.-Pfarrer gleichmäßiger auf die Kirchenkreise verteilt, auch wenn sie immer noch in Ansbach (64 bzw. 28,6 %) leicht und in München (34 bzw. 15,2 %) stark unterrepräsentiert, in Bayreuth (78 bzw. 34,8 %) und Nürnberg (46 bzw. 20,5 %) deutlich überrepräsentiert waren[4]. Auf der Ebene der Regierungsbezirke ergeben sich größere Verschiebungen im Vergleich zu 1937: Mittelfranken (98 bzw. 43,7 %) wechselte vom leicht unter- zum deutlich überrepräsentierten Bezirk, die Oberpfalz mit Niederbayern (14 bzw. 6,2 %) von deutlich über- zu deutlich unterrepräsentierten Bezirken, Unterfranken (19 bzw. 8,5 %) von einem durchschnittlichen Anteil zur starken Unterrepräsentation. Oberfranken (61 bzw. 27,2 %) war nun nicht mehr stark, sondern nur noch deutlich überrepräsentiert.

---

[3] Vergleichswerte aus PERSONALSTAND 1948, S. 302; A. BURGER, Ergebnisse, S. 126.

[4] Vergleichszahlen der hauptamtlichen Stellen ohne Amtsaushilfen und Emeriten nach Personalstand 1948, S. 299-301: Ansbach 31,2 %; Bayreuth 28,6 %; München 23,4 %; Nürnberg 16,8 %.

Oberbayern (16 bzw. 7,1 %) und Schwaben (14 bzw. 6,2 %) blieben unterrepräsentiert[5]. Als Gesamttendenz läßt sich eine Abwanderung der Pg.-Pfarrer aus ihren regionalen „Hochburgen" im „Dritten Reich" feststellen. Auf der nächst kleineren regionalen Ebene waren die Pg.-Pfarrer in einigen Dekanaten stark überrepräsentiert. Mindestens doppelt so hoch wie in der Gesamtpfarrerschaft war ihr Anteil in Michelau (6), Eyrichshof (4), Weiden (8), Berneck (3), Thalmässing (3) und Fürth (10), mindestens eineinhalb mal so hoch in Lohr (5), Coburg (13), Burghaslach (3), Weißenburg (4), Erlangen (6), Gräfenberg (3), Windsbach (5) und Bamberg (5). Eine hohe absolute Zahl von Pg.-Pfarrern gab es außerdem in Ansbach (5), Uffenheim (6), Bayreuth (8), München (11), Hersbruck (6) und Nürnberg (15).

Auch bei der Ortsgröße gab es im Vergleich zu 1937 eine deutliche Verschiebung. Während die Groß- und Mittelstädte (11,2 % bzw. 13,5 %) unter den Wohnorten der Pg.-Pfarrer nun nicht mehr über-, sondern unterrepräsentiert waren, legten die Kleinstädte (11,7 %) stark und die Dörfer (63,2 %) deutlich zu und kamen nun auf eine Überrepräsentation. Gründe für diese Verschiebung lagen im Wechsel von Pg.-Pfarrern aus dem Staatsdienst, den sie als Lehrer, Dozenten und Militärgeistliche primär in Groß- und Mittelstädten geleistet hatten. Zudem hatten sich inzwischen viele Pg.-Pfarrer, die 1937 als Vikare überwiegend in Mittel- und Großstädten tätig gewesen waren, erfolgreich auf größtenteils ländlichen Raum angesiedelte Pfarrstellen beworben. Als Karriereabstieg läßt sich der Umzug auf das Land nur bei Pfarrern, die im Staatsdienst gewesen waren, werten.

Insgesamt befanden sich 1948 nur noch 108 Pg.-Pfarrer (48,2 %) in der Gemeinde, in der sie vor dem Kriegsende amtiert hatten. Die Gründe dürften neben Entnazifizierung und Selbstreinigung aber primär in der normalen Fluktuation durch Ruhestandsversetzungen und Pfarrstellenwechsel liegen. Am Ort der eigenen NSDAP-Vergangenheit war 1948 wiederum nur noch ein Teil der 108 Pfarrer tätig. Ein einziger wirkte nach wie vor in der Gemeinde, in der er schon vor der „Machtergreifung" als NSDAP-Mitglied aktiv war. 20 Gemeinden hatten ihren Pfarrer 1933 als Pg. erlebt, 41 Gemeinden 1935 und 56 Gemeinden 1937[6]. Bei diesen relativ niedrigen Zahlen ist zu berücksichtigen, daß 1945 zu Beginn der Entnazifizierung noch deutlich mehr Pg.-Pfarrer auf Stellen waren, die sie schon als NSDAP-Mitglieder bekleidet hatten. Andererseits hatten bei 20 der 108 Pg.-Pfarrer die Gemeinden mehr oder weniger intensiv miterlebt, wie ihr Pfarrer im „Dritten Reich" aus der NSDAP ausgeschieden war.

Bevor man sich intensiver den „äußerlichen" Auswirkungen der politischen Säuberung auf die Pfarrerschaft zuwendet, erscheint ein Blick auf die „innerliche" Aufarbeitung der nationalsozialistischen Vergangenheit sinnvoll: Wie deuteten die Pfarrer nach der Katastrophe rückblickend den Nationalsozialismus? Wie standen sie zu den Fragen nach der Schuld der Deutschen und damit auch nach ihrer eigenen Verstrickung in den Nationalsozialismus?

---

[5] Vergleichszahlen der Stellen: Mittelfranken 39,3 %; Oberfranken 22,5 %; Unterfranken 11,6 %; Oberpfalz und Niederbayern 7,8 %; Oberbayern 9,8 %; Schwaben 9,0 %.

[6] Bei diesen Angaben sind nur die Pg.-Pfarrer berücksichtigt, die im jeweiligen Stichjahr noch NSDAP-Mitglieder waren.

Schon vor dem Kriegsende hatte die Distanzierung vom Nationalsozialismus bei manchen Pfarrern zu selbstkritischen Reflexionen über die frühere eigene NS-Anfälligkeit geführt, die sich aus naheliegenden Gründen im NS-Überwachungsstaat aber nur vereinzelt in schriftlichen Quellen niedergeschlagen haben. In den Monaten nach dem Untergang des „Dritten Reiches" hat insbesondere die sogenannte Stuttgarter Schulderklärung, die der Rat der Evangelischen Kirche in Deutschland am 19. Oktober 1945 gegenüber Vertretern der weltweiten Ökumene abgegeben hatte, viele Pfarrer zu einer Auseinandersetzung mit diesen Fragen veranlaßt. Der Text der Erklärung ging allen Pfarrern mit dem landeskirchlichen *Amtsblatt* am 15. März 1946 zu, weil nach der Einschätzung des Landeskirchenrates die Erklärung „im Verlaufe der letzten Monate manchen Mißverständnissen und Fehldeutungen ausgesetzt gewesen"[7] war. Die bayerischen Pfarrer erfuhren aber schon wesentlich früher von der Stuttgarter Erklärung. Seit dem 27. Oktober 1945 berichteten nämlich viele Tageszeitungen auf ihren Titelseiten über die Erklärung[8]. Die Passagen der Erklärung, die in der deutschen Öffentlichkeit eine höchst kontroverse Diskussion auslösten, lauteten:

> „Wir sind für diesen Besuch [sc. der Vertreter der Ökumene] umso dankbarer, als wir uns mit unserem Volk nicht nur in einer großen Gemeinschaft der Leiden wissen, sondern auch in einer Solidarität der Schuld. Mit großem Schmerz sagen wir: Durch uns ist unendliches Leid über viele Völker und Länder gebracht worden. Was wir unseren Gemeinden oft bezeugt haben, das sprechen wir jetzt im Namen der ganzen Kirche aus: Wohl haben wir lange Jahre hindurch im Namen Jesu Christi gegen den Geist gekämpft, der im nationalsozialistischen Gewaltregiment seinen furchtbaren Ausdruck gefunden hat; aber wir klagen uns an, daß wir nicht mutiger bekannt, nicht treuer gebetet, nicht fröhlicher geglaubt und nicht brennender geliebt haben."[9]

Im weiteren Text wird ein Neuanfang in der Evangelischen Kirche in Deutschland und eine Reinigung von fremden Einflüssen angekündigt. Zum Abschluß bekundet der Rat wohl im Blick auf die bereits einsetzende Vertreibung der deutschen Bevölkerung aus den Ostgebieten und den alten deutschen Siedlungsgebieten in anderen mittel- und osteuropäischen Staaten und auf die alliierten Entnazifizierungsmaßnahmen seine Hoffnung, „daß durch den gemeinsamen Dienst der Kirchen der Geist der Macht und der Vergeltung, der heute von neuem mächtig werden will, in aller Welt gesteuert werde und der Geist des Friedens und der Liebe zur Herrschaft komme, in dem allein die gequälte Menschheit Genesung finden kann."

Die Befragungen bestätigen, daß die Stuttgarter Erklärung die große Mehrheit der Pfarrer und ihrer Gemeinden bewegte. Fast ein Drittel (32,9 %) der Befragten erinnerten sich an eine positive Aufnahme der Erklärung. Über die Hälfte (58,2 %) gaben an, daß sie die Erklärung mit gemischten Gefühlen zur Kenntnis nahmen. Auf entschiede-

---

[7] AMTSBLATT BAYERN 1946, S. 29.

[8] M. GRESCHAT (Hg.), Schuld, S. 110.

[9] AMTSBLATT BAYERN 1946, S. 30 f.; vgl. zur Stuttgarter Schulderklärung M. GRESCHAT (Hg.), Schuld, S. 91 ff.; G. BESIER/G. SAUTER, Christen; C. NICOLAISEN/N. A. SCHULZE (Bearb.), Protokolle, S. 23 ff.; B. MENSING, Entstehung.

ne Ablehnung stieß der Text bei fast jedem zehnten Pfarrer (8,9 %). Etwa zwei Drittel teilten demnach zumindest partiell die innerhalb und außerhalb der Kirche leidenschaftlich gegen die Erklärung vorgebrachte Kritik. Die Kirche habe sich mit dieser Verlautbarung im Sinne einer deutschen Kollektivschuld auf die Seite der Sieger und damit gegen das eigene Volk und Vaterland gestellt. Pfarrer Walter Höchstädter beschrieb rückblickend in seiner Autobiographie die kirchliche Stimmungslage, die er bei seiner Rückkehr aus der französischen Kriegsgefangenschaft zum Jahreswechsel 1945/46 antraf: „Von der Stuttgarter Schulderklärung redete man nur noch wenig und die Diskussion in den Gemeinden ging um die Frage, ob es eine Kollektivschuld gebe und man fing an, die Kriegsgreuel sich gegenseitig aufzurechnen."[10] Ein Kollege Höchstädters erinnerte sich dagegen an eine „Langzeitwirkung" der Erklärung; sie habe „zunächst kräftig schockiert, bald aber [...] heilsame Wirkung"[11] gezeigt. Insgesamt gesehen führte der Anstoß zu einer selbstkritischen Reflexion, den die Stuttgarter Erklärung mit ihren wenig konkreten Komparativen gegeben hatte, nicht zu einer breiten offenen Auseinandersetzung mit den eigenen NS-Verstrickungen.

In der weiteren Diskussion um die Schuldfrage schlossen sich die meisten Pfarrer der Linie ihrer Kirchenleitung an. Der Landeskirchenrat hatte schon zu der verspäteten Veröffentlichung der Stuttgarter Erklärung im *Amtsblatt* angemerkt, daß es sich um ein rein religiöses Wort von Christen zu Christen und um keine Stellungnahme zur Frage der politischen Kriegsschuld handle. Vor und nach der Erklärung wurden fast ausschließlich Stellungnahmen zitiert, die von einer allgemeinen Schuld aller, auch der Siegermächte, redeten[12]. Landesbischof Meiser, der als Mitglied des Rates der Evangelischen Kirche in Deutschland die Stuttgarter Erklärung mitunterzeichnet hatte, gehörte innerhalb des deutschen Protestantismus zu den einflußreichsten Vertretern einer der beiden antagonistischen Grundpositionen im Blick auf eine Erklärung der Ursachen des Nationalsozialismus: „Vor allem für [Theophil] Wurm, [Otto] Dibelius, [Hans] Meiser und [Hans] Asmussen lag die national nicht faßbare Ursache in einer ‚apokalyptisch' zu nennenden ‚Entblößung des Bösen', in der ‚Abkehr von Gott', in einem grundlegenden und globalen Säkularisierungsprozeß."[13] Diese dämonologische, von Eigengesetzlichkeiten geprägte Staats- und Geschichtsauffassung entband die Deutschen von einer konkreten Verantwortung, eliminierte faktisch die Schuldfrage und behinderte eine nüchterne Auseinandersetzung mit den eigenen NS-Verstrickungen. Es wurde vielmehr betont, daß die Bekennende Kirche sich im „Dritten Reich", wenn auch nicht stark genug, gegen das Unrecht eingesetzt habe. Statt die eigenen politischen Fehlentscheidungen in der Weimarer Republik und im „Dritten Reich" einzugestehen, verwies man auf die Schuld der anderen, die sich beispielsweise in der Entna-

---

10 W. HÖCHSTÄDTER, Strudel, S. 301; Höchstädter hatte bereits im Krieg ein Schuldbekenntnis geheim gedruckt und verschickt; EBD., S. 263. Vergleiche dazu M. GRESCHAT (Hg.), Schuld, S. 32 ff.

11 PFARRER 105, Brief an Verf., 9.1.1985.

12 Siehe die Zitate, die hauptsächlich aus Reaktionen aus der Ökumene auf die Stuttgarter Erklärung stammten, AMTSBLATT BAYERN 1946, S. 30 ff.

13 D. BUCHHAAS-BIRKHOLZ (Bearb.), Weg, S. 23; Buchhaas-Birkholz hat die beiden Grundpositionen herausgearbeitet.

zifizierungspraxis manifestiere und gegen deren neues Unrecht die Kirche als Anwalt des Volkes protestieren müsse.

Den Pfarrern wurde durch die Informationspolitik des *Amtsblattes* und insbesondere der vom Landeskirchenrat seit 1946 herausgegebenen *Nachrichten* einseitig diese Position Meisers vermittelt. Andere Ansichten zitierten die *Nachrichten* dagegen nur selten, teilweise mit negativen Bewertungen versehen. Da das *Korrespondenzblatt* des Pfarrervereins erst 1950 wieder erscheinen konnte und auch die sonstige Kirchenpresse erst wieder aufgebaut werden mußte, waren die *Nachrichten* in der Besatzungszeit die einzige kirchliche Informationsquelle, die allen Pfarrern zu Verfügung stand.

Im Juli 1946 zitierten die *Nachrichten* aus einem Vortrag von Walter Künneth. Künneth war bayerischer Pfarrer, wirkte aber von 1927 bis 1937 in Berlin in der Apologetischen Centrale und als Privatdozent für Systematische Theologie. Nach der Schließung der Zentrale durch die Gestapo und dem Entzug der Lehrbefugnis aus politischen Gründen kehrte er in den bayerischen Kirchendienst zurück. Seit 1944 amtierte er als Dekan in Erlangen, wo ihn die Fakultät 1946 zum nebenamtlichen Honorarprofessor berief. Der Kirchenleitung diente er in der Nachkriegszeit mit Auftragsgutachten als systematisch-theologischer Sachverständiger. In der von den *Nachrichten* abgedruckten Vortragspassage äußerte er sich zum Verhältnis zwischen Kirche und Politik. Die Kirche habe in der Zeit des Nationalsozialismus ihr Wächteramt wahrgenommen und habe auch jetzt wieder die Pflicht zum Wächteramt, wenn Unrecht geschehe. Legitimiert sei die Kirche dazu auch durch die Stuttgarter Erklärung: „In vollem Bewußtsein hat sich unsere Kirche auch zur Schuld unseres Volkes bekannt und das vor der christlichen Kirche der Welt – nicht vor der Weltpresse – bezeugt."[14] Aber die Kirche dürfe nicht immer nur von der deutschen Schuld reden, sondern müsse ebenso Anwalt der „Mühseligen und Beladenen" im eigenen Volke sein, allerdings „nicht in einem falschen Mitleid, das der strafenden Gerechtigkeit, welche alle verbrecherischen Machenschaften erreichen will, in den Arm fällt." Im November 1947 stellten die *Nachrichten* in einer Besprechung Künneths soeben erschienene Schrift „Der große Abfall – eine geschichtstheologische Untersuchung der Begegnung zwischen Nationalsozialismus und Christentum" vor. In dieser Untersuchung wurde die Vorgeschichte des großen „Abfalls" des Nationalsozialismus von Gott in der vermeintlichen Abfalltendenz und -bewegung des deutschen und insgesamt des menschlichen Geistes im Rahmen der Säkularisierung der abendländischen Kulturwelt gesehen[15].

Künneths These, daß der Nationalsozialismus seine Wurzeln in der Säkularisierung und im Abfall vom christlichen Glauben in der Weimarer Republik und auch schon in früheren Jahrhunderten gehabt habe, deckte sich mit der Position der Kirchenleitung, die sie in den *Nachrichten* und im *Amtsblatt* auch durch einschlägige Zitate von weiteren gleichgesinnten Autoren verbreitete. Auch in amtlichen Weisungen an die Pfarrer wurde diese dämonologische Deutung des Nationalsozialismus geradezu dekretiert. In den „Richtlinien für die Wortverkündigung in der gegenwärtigen Lage" vom März

---

14 NACHRICHTEN 1, 1946, S. 31; insgesamt 29-32; das folgende Zitat von S. 32.
15 EBD. 2, 1947, S. 139 f.

1946 legte der Landeskirchenrat den Pfarrern nahe, in ihren Predigten die deutsche Katastrophe als Gottes Gericht darüber zu deuten, „daß unser Volk (und nicht nur unser Volk) der Renaissance mit ihrer Leugnung des Ersten Gebotes verfallen ist in Rationalismus, Liberalismus, Nationalismus, Nationalsozialismus, Marxismus, Kommunismus."[16]

Zu der Linie der Kirchenleitung gehörte wie bei Künneth die Argumentation für das Wächteramt der Kirche, das mit dem Widerstand der Kirche gegen den Nationalsozialismus legitimiert wurde. „Beweise" für den Widerstand lieferten die *Nachrichten.* Im April 1946 wurde das Abschiedswort von Edward Edmund Turner an seine Freunde in der Bekennenden Kirche zitiert: „Ihr widerstandet sowohl der übermächtigen Verstrickung des entbrannten Nationalsozialismus und dem Kriege, die beide fast die größten Zerstörer christlicher Weltanschauung in der Geschichte sind."[17] Turner war 1930 bis 1934 Pastor der Amerikanischen Kirche in Berlin und 1934 bis 1945 Korrespondent der Zeitschrift *Religious Service* in Deutschland gewesen. In derselben Ausgabe wurden für die Zeit des „Dritten Reiches" 1.861 Maßnahmen von staatlicher Seite und 532 von Parteiseite gegen bayerische Pfarrer gemeldet und aus einem Brief des Erzbischofs von Canterbury an Wurm der Passus wiedergegeben, in dem die Standhaftigkeit der Bekennenden Kirche gegen den Nationalsozialismus gelobt wird.[18] Im Februar und April 1947 wurde von der Ausstellung „The Lutheran Church in Bavaria" in den Räumen der Militärregierung in München berichtet, in der der bayerische Kirchenkampf als politischer Widerstand gegen den Nationalsozialismus dargestellt wurde[19]. Im April 1947 wurde auch von Edmund Schlink, Theologieprofessor in Heidelberg, in einem Aufsatz der kirchliche Widerstand herausgestellt: „Zögernd, aber mit zunehmender Gewißheit begann so die Kirche im Dritten Reich in konkretem Widerstand des Zeugnisses vor der Welt und in der Hilfeleistung an den Verfolgten den allumfassenden Gehorsamsanspruch Gottes in Christo geltend zu machen."[20] Dr. Kurt Hutten berichtete am 15. August 1947 über die Rede Liljes auf der Tagung des Lutherischen Weltbundes im Juli 1947 in Lund, dessen Ausführungen über den Kirchenkampf er so wiedergab: „[...] die Kirche [stand] einsam und schwer angefochten im Kampf gegen die eigene Volksführung."[21]

Im April 1948 zeigten die *Nachrichten* das Erscheinen von Heinrich Schmids Buch „Apokalyptisches Wetterleuchten" an. Allen Pfarrämtern würden Berechtigungsscheine zugehen, mit denen das Buch aus Mitteln der Kirchengemeinde erworben werden

---

[16] AMTSBLATT BAYERN 1946, Beilage zu Nr. 5, S. 6.

[17] NACHRICHTEN 1, 1946, S. 7.

[18] EBD., S. 10; eine genaue Aufschlüsselung der Maßnahmen erschien am 25.5.1946, S. 20; als Grund für die Maßnahmen wird genannt: „[...] wegen ihrer seelsorgerlichen oder staatsbürgerlichen Tätigkeit". Als Quellengrundlage für diese Aufstellung dienten die Angaben der Pfarrer in einem Formular, in dem der LKR Ende 1945 diese Maßnahmen abfragte. Vgl. die Sammlung der Maßnahmenbogen in LKA NÜRNBERG, LKR IV, 550 (Slg.).

[19] NACHRICHTEN 2, 1947, S. 25; 44 ff.; die Ausstellung fand vom 1.-15.3.1946 statt.

[20] EBD., S. 44; insgesamt 41-44.

[21] EBD., S. 102.

könne[22]. Dieses Buch, das wohl auf die Empfehlung hin von vielen Pfarrämtern angeschafft worden war, hatte Kirchenrat Schmid im Auftrage des Landesbischofs verfaßt und mit einem Geleitwort von Meiser 1947 im Selbstverlag der Landeskirche veröffentlicht. Im Vorwort gab Schmid selbst die Intention des Werkes an. Dieses habe gegen die Angriffe auf die Kirche wegen ihres Versagens im „Dritten Reich" eine chronistisch-historische und eine apologetische Pflicht zu erfüllen[23]. Die Darstellung des Verhaltens der Kirche im NS-Staat fiel in diesem Werk denn auch reichlich tendenziös aus. Auch die nicht zu vertuschende anfängliche Begeisterung weiter evangelischer Kreise 1933/34 für den Nationalsozialismus legitimierte Schmid mit hoffnungsvollen Zeichen der Rechristianisierung; das Wesen des Nationalsozialismus habe zu dieser Zeit noch nicht durchschaut werden können[24]. Schmids diffamierende Äußerungen gegen Vertreter einer anderen, selbstkritischen Position in der Schuldfrage hatten bereits 1945/46 Stewart W. Herman an den Stil von Joseph Goebbels erinnert[25].

Die Informationspolitik und Öffentlichkeitsarbeit der Kirchenleitung scheint in der Pfarrerschaft den erwünschten Erfolg gehabt zu haben. Die Ergebnisse der Befragungen belegen dies. Nach ihrer Erinnerung beurteilten die Pfarrer damals die einschlägigen Äußerungen von Exponenten der dämonologischen Deutung, Hans Asmussen und Helmut Thielicke, mehrheitlich positiv. Zustimmung fanden diese bei etwa 80 % der Befragten.

Dem entspricht eine mehrheitliche Ablehnung der anderen protestantischen Grundposition zur Schuldfrage. Diese Gegenposition vertrat der bruderrätliche Reformflügel der Bekennenden Kirche um Martin Niemöller. Unter scharfer Zurückweisung jeder Form von Geschichtsoffenbarung und -metaphysik, die die eigenen NS-Verstrickungen nur verharmlose, fanden die Vertreter dieser Linie mit Hilfe einer kritischen Analyse der historischen Realität zu einem konkreten, auch politischen Schuldeingeständnis. Neben Niemöller zählen Karl Barth und Hermann Diem zu den Hauptrepräsentanten dieser Form von Vergangenheitsaufarbeitung.

Das wichtigste Dokument dieser Linie war das sogenannte Darmstädter Wort des Bruderrates der Evangelischen Kirche in Deutschland „zum politischen Weg unseres Volkes", das die Stuttgarter Erklärung konkretisieren, radikalisieren und vertiefen wollte. Als „falsche und böse Wege", „auf welchen wir als Deutsche in unserem politischen Wollen und Handeln in die Irre gegangen sind" und von denen sich die Christen durch Jesus Christus heimrufen lassen sollten, werden dort benannt: Der Traum einer besonderen deutschen Sendung, in dem „die Nation auf den Thron Gottes gesetzt" wurde, die Idealisierung einer Staatskonzeption, die sich innenpolitisch auf „eine starke Regierung" und außenpolitisch „allein auf militärische Machtentfaltung" gründete, die Beteiligung an der „christlichen Front" der konservativen politischen Kräfte gegen

---

[22] EBD. 3, 1948, S. 66; zur Entstehung dieses Buches vgl. H. HERMELINK (Hg.), Kirche, S. 5 f.

[23] H. SCHMID, Wetterleuchten, S. 2 f.

[24] EBD., S. 16 ff. Heftige Kritik an dieser Art der Geschichtsschreibung über den Kirchenkampf übte F. BAUMGÄRTEL, Kirchenkampf-Legenden, S. 41 ff.

[25] S. HERMAN, Rebirth, S. 131 f., der die Dämonisierung des Nationalsozialismus als „typically German conspiracy" bezeichnete und als übertrieben ablehnte.

„notwendig gewordene Neuordnungen im gesellschaftlichen Leben der Menschen", die Unterstützung oder doch Duldung der „Entwicklung zur absoluten Diktatur" und der mangelnde Einsatz für „die Sache der Armen und Entrechteten", der doch die einzig angemessene kirchliche Reaktion auf den Marxismus gewesen wäre. Mit Ausnahme des Antijudaismus bzw. Antisemitismus waren im Darmstädter Wort nahezu alle in dieser Studie herausgearbeiteten Gründe für die starke NS-Anfälligkeit der Pfarrerschaft als schuldhafte Verstrickungen bekannt worden.

In Bayern hatte das Wort, wie im gesamten Protestantismus, eine geringe Resonanz, die überwiegend negativ ausfiel. Als Vertreter des Bruderrates der Bayerischen Pfarrerbruderschaft stimmte Friedrich Schmidt zwar dem Wort bei der Verabschiedung in Darmstadt zu, aber schon bei der nächsten Sitzung des Bruderrates der Evangelischen Kirche in Deutschland im Oktober 1947 erklärte als bayerischer Delegierter Eduard Putz, er fühlte sich von dem Wort „wie erschossen": „Wir können das nicht von den Kanzeln verkündigen."[26] Putz stand damit im Einklang mit dem Landeskirchenrat, der dafür sorgte, daß das Darmstädter Wort im *Amtsblatt* und in den *Nachrichten* keinerlei Erwähnung fand. Walter Künneth übte in der *Evangelisch-Lutherischen Kirchenzeitung* im November 1947 scharfe Kritik am Darmstädter Wort, dem er theologische Entgleisungen, die die Merkmale einer „neuen DC-Theologie mit umgekehrten Vorzeichen [sc. aufweisen]"[27], vorwarf. Es ist kaum nachzuvollziehen, wie der ansonsten um intellektuelle Redlichkeit und theologische Präzision bemühte Künneth dem Darmstädter Wort unterstellen konnte, es läute die „Stunde des Sozialismus" ein.

Bei den Befragungen erinnerten sich nur noch relativ wenige Pfarrer an das Darmstädter Wort. Von denen wiederum gaben lediglich 25 % an, daß das Wort damals ihre Zustimmung gefunden habe. Die einschlägigen Stellungnahmen von Niemöller und Barth liegen mit einer Zustimmungsquote von etwa 30 % nahezu auf dem gleichen Niveau. Auf die gesamte Pfarrerschaft hochgerechnet ergeben die Ergebnisse der Befragungen im Blick auf die Schuldfrage, daß etwa vier Fünftel der Pfarrerschaft eher die von der Kirchenleitung favorisierte dämonologische Deutung des Nationalsozialismus mit all ihren Implikationen teilte, während rund ein Fünftel dem konkreten, auch politischen Schuldeingeständnis zuneigten. Zu dieser Minderheit gehörte Karl Steinbauer, der im Februar 1950 im neubegründeten *Korrespondenzblatt* in einer Replik auf Werner Elerts apologetischen Vortrag „Paulus und Nero" der Schuldfrage nachging[28]. Elerts Verwendung von Römer 13 als rückblickende theologische Legitimation seiner Loyalität zum NS-Staat, die gleichzeitig alle Vorwürfe einer Kollektivschuld der Deutschen am Nationalsozialismus widerlegen sollte, förderte nach Steinbauers Ansicht nicht ein fruchtbares Umdenken, sondern nur eine sterile Selbstrechtfertigung. Im Blick über Elerts Aufsatz hinaus resümierte Steinbauer:

---

[26] C. VOLLNHALS, Kirche (1989), S. 43. Vgl. zum Darmstädter Wort allgemein B. KLAPPERT, Kirche; G. BRAKELMANN, Kirche, S. 162 ff.

[27] Evangelisch-Lutherische Kirchenzeitung 1, 1947, Nr. 2/3.

[28] KORRESPONDENZBLATT 65, 1950, S. 9-11; 13-16. Den Vortrag „Paulus und Nero" hielt Elert am 25.3.1946 vor der Nürnberger Pfarrkonferenz; vgl. W. ELERT, Gnade, S. 38-71.

„Wir leben in einem Trümmerfeld, und viele sind eifrig dabei, aus den Trümmern genau das gleiche wiederaufzubauen, was Gott zerschlagen hat. Unter den Trümmern liegen auch kirchliche Kundgebungen, theologische Erklärungen, Gutachten von Universitäten, Fürbittgebete, welche die echte Fürbitte, daß auch die Obrigkeit zur Erkenntnis der rettenden Wahrheit komme, verwechselt haben mit nationalen, politischen Ovationen, auch Predigten liegen darunter – stoßweise [...]. Was ist das anders als falsche Prophetie! Kaum einer denkt hier an theologische Aufräumungsarbeit, zu der wir in sauberer, redlicher Arbeit allen Anlaß hätten."[29]

Neben Steinbauer befanden sich unter den Befürwortern solcher „Aufräumungsarbeiten" viele Pfarrer, die im „Dritten Reich" selbst mutig Repressionen wegen ihrer Widersetzlichkeiten in Kauf genommen und den Loyalitätskurs von Landesbischof Meiser kritisiert hatten. Zu diesen Pfarrern gehörten auch Wilhelm Grießbach und Waldemar Schmidt, die auf der ersten Tagung der Landessynode nach dem Zweiten Weltkrieg am 11. Juli 1946 davor warnten, der Buße für die konkreten Fehler der Kirche zwischen 1933 bis 1945 auszuweichen[30] – ohne Erfolg, wie sich zeigte.

Vergleicht man abschließend die Auswirkungen der beiden Grundpositionen zur Schuldfrage in der bayerischen Pfarrerschaft, bestätigt sich die These, die Mehlhausen nach der Analyse einiger früher Stimmen in der Schulddiskussion aufstellte:

„‚Schuld in der Geschichte' wird eher dann erkannt, wenn man von einer möglichst genauen Betrachtung der Fakten ausgeht und die theologische Rückfrage erst nachfolgen läßt, als wenn man von einer – noch so qualifiziert durchdachten – theologischen Geschichtsdeutung aus zu den historischen Fakten vorzudringen versucht."[31]

Besonders relevant hätte die Schuldfrage eigentlich bei den Pg.-Pfarrern sein müssen. Eduard Putz' völlig ablehnende Reaktion auf das Darmstädter Wort ist bereits zitiert worden. Da diese Pfarrer durch die Entnazifizierungspraxis in der amerikanischen Besatzungszone primär bemüht waren, ihre eigenen frühen Verstrickungen in den Nationalsozialismus herunterzuspielen und für sich selbst politisch entlastende Nachweise und Zeugnisse ihrer späteren Widersetzlichkeiten beizubringen, ist es nicht verwunderlich, daß sich in den Personalakten relativ wenig Hinweise auf womöglich selbstkritische Reflexionen zur Schuldfrage finden. Von den 224 Pg.-Pfarrern, die in der Besatzungszeit noch zur bayerischen Pfarrerschaft gehörten, liegen 39 (17,4 %) Stellungnahmen zur Schuldfrage vor. Die Mehrheit (22 bzw. 56,4 %) teilte die Grundposition der Dämonisierung, wobei drei die deutsche Katastrophe als göttliche Strafe für den Abfall von Gott deuteten, drei weitere dem Ausland und einer der KPD die Schuld an Hitlers Aufstieg zuwiesen. Neun waren sich selbst ausdrücklich keinerlei Schuld bewußt, sechs räumten eine geringe Schuld durch Mitläufertum ein. Auf der anderen Seite sahen vier Pg.-Pfarrer rückblickend Fehler im Verhalten der Kirche gegenüber dem Nationalsozialismus, 13 gestanden eigenes Versagen in ihrem politischen

---

[29] KORRESPONDENZBLATT 65, 1950, S. 16.

[30] Das berichtet der Augen- und Ohrenzeuge Pfarrer Ernst Henn (E. HENN, Führungswechsel, S. 433); zu Grießbachs Beitrag siehe auch LANDESSYNODE 1946, S. 33.

[31] J. MEHLHAUSEN, Wahrnehmung, S. 486 f.

Engagement für die NSDAP ein. Daß sich damit nur von 7,6 % der Pg.-Pfarrer in den Personalakten eine Einsicht in die eigenen schuldhaften und historisch verhängnisvollen NS-Verstrickungen findet, darf nach den Vorbemerkungen zur Entnazifizierungspraxis nicht als repräsentativ für die tatsächliche Bewußtseinslage der Pg.-Pfarrer in der Besatzungszeit gelten. Es ist wohl eher davon auszugehen, daß die Verteilung auf die beiden Grundpositionen in der Schuldfrage in etwa derjenigen der Gesamtpfarrerschaft entsprach.

Subjektiv hatten sich auch viele der Pg.-Pfarrer, die bis zum Ende in der NSDAP blieben, schon seit Jahren mehr oder weniger zu Recht als Verfolgte des kirchenfeindlichen NS-Staates gefühlt. Die Zeit ihrer aktiven Verstrickung in den Nationalsozialismus hatte bei den allermeisten 1934/35 geendet und lag zum Zeitpunkt der Entnazifizierung schon über zehn Jahre zurück. Eine Entnazifizierung im eigentlichen Sinne des Wortes hatte bei einem Großteil der Pg.-Pfarrer bereits das „Dritte Reich" mit seiner totalitären Kirchen- und Religionspolitik nach der Vollendung der „Machtergreifung" ausgelöst. Die letzten Loyalitäten hatte sich das NS-Regime in der Pfarrerschaft wie in der gesamten deutschen Bevölkerung durch seinen gegen die eigenen Bürger und Soldaten gerichteten Staatsterrorismus in der Endphase des Zweiten Weltkrieges selbst entzogen: „Unerhört dick und blutig geriet der Trennungsstrich, den das Regime im letzten Vierteljahr seiner Existenz zwischen sich und der Bevölkerung zog."[32] Dieser Erfahrungsschock wurde noch verstärkt durch die zu Tage tretende erbärmliche Unwahrhaftigkeit der politischen Elite des Nationalsozialismus. Während die „Bonzen" sogenannte Defätisten gnadenlos und willkürlich erhängen und erschießen ließen, versuchten sie selbst, wenn die Lage bedrohlich wurde, zu fliehen oder entzogen sich wie Hitler der Verantwortung für ihre Verbrechen durch Selbstmord.

Im Endeffekt bestätigte auch die Bilanz der Spruchkammerurteile die bei vielen Pg.-Pfarrern bereits vor dem 8. Mai 1945 erfolgte Distanzierung vom Nationalsozialismus. Nach dem Stand von Ende 1948 galt jeder vierte Pg.-Pfarrer als durch Widerstandshandlungen bzw. erlittene Verfolgungsmaßnahmen „entlastet" und jeder sechste fiel unter die verschiedenen Amnestiekriterien. Von den übrigen Pg.-Pfarrern befanden sich etwa die Hälfte in der relativ folgenlosen Kategorie der nationalsozialistischen „Mitläufer" und nur 6,0 % galten als politisch „Belastete" oder „Minderbelastete". Doch auf dem dreijährigen Weg zu dieser in der Gesamtbilanz wohl durchaus gerechten Einstufung der Pg.-Pfarrer hatte sich die Entnazifizierungspraxis bereits gründlich diskreditiert, und zwar nicht nur bei den ehemaligen Nationalsozialisten, sondern auch in weiten Kreisen der deutschen Nachkriegsgesellschaft.

In der Entnazifizierungspraxis der amerikanischen Besatzungszone, in der jeder erwachsene Bürger einen umfangreichen Fragebogen zu seiner politischen Vergangenheit auszufüllen hatte, diente als Ausgangspunkt für die Einstufung einer Person deren formale Belastung. Nach dem Gesetz zur Befreiung von Nationalsozialismus und Militarismus vom 5. März 1946 galten in der bayerischen Pfarrerschaft die acht Träger des Goldenen Parteiabzeichens solange als Hauptschuldige (Gruppe 1) und die übrigen

---

[32] K.-D. HENKE, Trennung, S. 31.

mindestens 203 NSDAP-Mitglieder mit einem Eintrittsdatum vor dem 1. Mai 1937[33] als Belastete (Gruppe 2), bis sie diese präsumtive Schuld widerlegen und damit gegebenenfalls ihre Einstufung als Minderbelastete (Gruppe 3), Mitläufer (Gruppe 4) oder Entlastete (Gruppe 5) erreichen konnten. In wie hohem Maße dies den Pg.-Pfarrern schon in ihrer ersten Spruchkammerverhandlung 1946 gelungen ist, zeigte sich an den 178 eruierten erstinstanzlichen Einstufungen: 6,7 % (12) in Gruppe 2, 18,6 % (33) in Gruppe 3, 43,3 % (77) in Gruppe 4, 23,6 % (42) in Gruppe 5, 6,7 % (12) erfüllten die Amnestiekriterien, 1,1 % (2) galten als vom Gesetz „nicht betroffen"[34]. Bis Ende 1948 wurden von den Belasteten einer zum Minderbelasteten und acht zu Mitläufern heruntergestuft. Von den Minderbelasteten wechselten 17 zu den Mitläufern, drei zu den Entlasteten und fünf zu den Amnestierten. Von den Mitläufern blieben die meisten in ihrer Gruppe (63), vier wurden zu Entlasteten heruntergestuft, zehn amnestiert. Die einzige Höherstufung erfuhr ein Entlasteter, der nun als Mitläufer galt[35]. Einschließlich der 21 Pg.-Pfarrer, von denen nur der Stand von Ende 1948 zu eruieren ist, ergibt sich Ende 1948 folgendes Gesamtergebnis: Von den 199 Pg.-Pfarrern befanden sich 1,5 % (3) in Gruppe 2, 4,5 % (9) in Gruppe 3, 51,8 % (103) in Gruppe 4 und 25,1 % (50) in Gruppe 5. Unter die Amnestiekriterien fielen 15,6 % (31) und 1,5 % (3) galten als „nicht betroffen".

Ziel der Spruchkammern war es, den Grad der individuellen Verstrickung in den Nationalsozialismus festzustellen und unter Berücksichtigung entlastender Momente entsprechend zu sühnen. In der Regel galt im Entnazifizierungsverfahren folgender Maßstab: Je früher ein NS-Engagement datierte, desto größer war die präsumtive Belastung. Es wäre demnach zu vermuten, daß Zeitpunkt und Intensität des nationalsozialistischen Engagements der Pg.-Pfarrer maßgeblichen Einfluß auf ihre Einstufung hatten. Im Hinblick auf den Zeitpunkt des NSDAP-Eintritts fällt diese Korrelation relativ schwach aus. Von den 54 Pg.-Pfarrern, die bereits vor 1933 in die NSDAP eingetreten waren und von denen der erstinstanzliche Spruch vorliegt, wurde etwa jeder dritte (35,2 % bzw. 19) zunächst in die Gruppen 2 und 3 eingestuft. Insgesamt lag der Anteil der Belasteten und Minderbelasteten unter den Pg.-Pfarrer bei 25,3 %. Ende 1948 waren die nun 62 „alten Kämpfer" mit einem Anteil von 8,1 % (5) weiterhin in den Gruppen 2 und 3 überproportional stark vertreten, während nur noch 6,0 % aller Pg.-Pfarrer einer solchen Einstufung unterlagen. Daß das frühe Eintrittsdatum sich nicht noch stärker auswirkte, dürfte an der Tatsache liegen, daß unter den „alten Kämpfern" der Anteil derer, die zu ihrer Entlastung auf einen Parteiaustritt und Kon-

---

[33] Eintritte bis einschließlich 1936; von den zehn 1937 eingetretenen Pg.-Pfarrern dürften einige auch vor dem 1.5.1937 erfolgt sein.

[34] Bei den vermeintlich nicht vom Gesetz betroffenen Pg.-Pfarrern handelte es sich um solche, die als Studenten für einige Monate der NSDAP angehört hatten und ausgetreten waren. Wahrscheinlich haben sie auf ihrem Entnazifizierungsfragebogen ihre kurzzeitige Mitgliedschaft gar nicht angegeben.

[35] LKAMT MÜNCHEN, PA 241; die Höherstufung erfolgte nach einer Berufung durch den öffentlichen Kläger 1947, weil in der ersten Verhandlung noch nicht berücksichtigt worden war, daß der Pfarrer von 1931-1932 Pg. gewesen war.

flikte mit Staats- und Parteistellen verweisen konnten, höher lag als unter den Pfarrern, die erst im „Dritten Reich" zur NSDAP stießen.

Als Widerlegung der Schuldvermutung war offensichtlich der Verweis auf das eigene Ausscheiden aus der NSDAP vor 1945 besonders plausibel. In die Gruppe 2 wurde auch in der ersten Instanz kein Pg.-Pfarrer eingestuft, der vor 1945 aus der Partei ausgeschieden war. In Gruppe 3 befanden sich nach dem erstinstanzlichen Urteil jeweils einer von 27 ausgetretenen und von 13 ausgeschlossenen Pg.-Pfarrern. Bis Ende 1948 waren auch diese beiden Minderbelasteten heruntergestuft worden. Auffällig anders verhält es sich bei den drei zurückgewiesenen Parteianwärtern. In ersten Instanz fanden sich zwei von ihnen und 1948 immer noch einer in Gruppe 3.

Erheblich belastender als frühes NSDAP-Engagement wog vor den Spruchkammern eine Zugehörigkeit zu den Deutschen Christen in einer Zeit, als diese in Opposition zu Landesbischof Meiser standen und sich im Kampf gegen die Bekennende Kirche mitunter auch der Partei und der politischen Denunziation bedienten. Die Distanzierung vom Nationalsozialismus war unter diesen 44 renitenten DC- und Pg.-Pfarrern im „Dritten Reich" deutlich schwächer ausgeprägt als bei ihren Parteigenossen, die der Bekennenden Kirche angehört hatten. Das Befreiungsgesetz wertete die Mitgliedschaft bei den Deutschen Christen nur in Verbindung mit einer gleichzeitigen NSDAP-Mitgliedschaft als formale Belastung[36]. Von den zwölf in erster Instanz als Belastete eingestuften Pg.-Pfarrern waren sechs Deutsche Christen gewesen. Drei dieser DC-Pfarrer befanden sich Ende 1948 als einzige bayerische Pg.-Pfarrer immer noch in Gruppe 2, während die übrigen inzwischen zu Mitläufern heruntergestuft worden waren. Unter den 33 zunächst in Gruppe 3 eingestuften Pg.-Pfarrern befanden sich zehn Deutsche Christen. Ende 1948 stellten diese DC-Pfarrer immerhin noch fünf der neun verbliebenen Minderbelasteten, vier waren zu Mitläufern herabgestuft worden und einer zum Entlasteten. Während unter allen Pg.-Pfarrern nur 25,3 % aus der ersten Instanz als Belastete oder Minderbelastete hervorgingen, waren es 36,4 % der DC-Pfarrer. Diese Diskrepanz erhöhte sich bis Ende 1948, als einem Gesamtanteil von 6,0 % ein DC-Anteil von 18,2 % gegenüberstand. Obwohl die DC-Pfarrer nur 22,1 % der Pg.-Pfarrer stellten, kamen aus ihrer Mitte Ende 1948 66,7 % (8) der zwölf verbliebenen Belasteten und Minderbelasteten. Drei dieser DC-Pfarrer befanden sich gleichzeitig im Rahmen der kirchlichen Selbstreinigung im Warte- oder Ruhestand.

Eine weitere Korrelation zu den „härteren" Einstufungen durch die Spruchkammern läßt sich bei der Art des kirchlichen Dienstes feststellen. Ende 1948 befanden sich in den Gruppen 2 und 3 noch drei der 27 Pg.-Pfarrer, die schon im Ruhestand waren, und einer von sechs Pg.-Pfarrern, die von der Landeskirche nur im Status einer Amtsaushilfe beschäftigt waren. Im Gegensatz dazu befanden sich von den festangestellt im aktiven landeskirchlichen Dienst stehenden 133 Pg.-Pfarrern Ende 1948 nur noch zwei in den Gruppen 2 und 3, beide als Minderbelastete. Der Grund für dieses statusspezifische Gefälle dürfte darin liegen, daß die betroffenen Gemeindepfarrer und die Kirchenleitung sehr viel mehr Energie in die Beibringung von entlastendem Mate-

---

[36] E. SCHULLZE (Hg.), Gesetz, S. 67; 112; 138; 177.

rial investierten, weil eine Einstufung in die Gruppen 2 und 3 für einen aktiven Pfarrer deutlich spürbarere Konsequenzen als für Amtsaushilfen oder Emeriten hatte. Aus kirchlicher Perspektive war es relativ irrelevant, wenn beispielsweise ein Ruhestands-geistlicher von der Spruchkammer mit Predigtverbot belegt wurde.

Auch bei den Altersgruppen gab es signifikante Unterschiede in der Einstufung. Die Geburtsjahrgänge der Vorkriegsgeneration und der älteren Kriegsgeneration befanden sich 1948 ganz überwiegend in Gruppe 4, mit einzelnen Abweichungen nach „unten" und „oben". Seit Jahrgang 1894 nahm der Anteil der Entlasteten deutlich zu, seit 1902 auch der Anteil der Amnestierten; seit 1909 gab es von wenigen Ausnahmen abgesehen nur noch Entlastete und Amnestierte. Die Spruchkammern gewährten den „jugendli-chen Idealisten" eindeutig „mildernde Umstände". Andererseits spiegelte dieses genera-tionsspezifische Gefälle der Einstufungen das Ausmaß der entlastenden Distanzierung im „Dritten Reich" wider. Wie oben gezeigt, waren die Pfarrer der jüngeren Kriegsge-neration und der Nachkriegsgeneration zwar zunächst besonders anfällig für den Na-tionalsozialismus gewesen, hatten sich aber später durch ihre Widersetzlichkeiten am häufigsten Repressalien des NS-Staates „eingehandelt".

Regional lassen sich auf der Ebene der Regierungsbezirke gewisse Wechselwirkun-gen feststellen. In den fränkischen, mehrheitlich evangelischen Bezirken wurden die Pg.-Pfarrer 1948 noch „strenger" eingestuft als in den übrigen Bezirken. In Oberfran-ken befanden sich Ende 1948 noch 67,9 % (36) der 53 Pg.-Pfarrer in den Gruppen 2 bis 4, in Mittelfranken 59,3 % (51 von 86), in Unterfranken 53,3 % (8 von 15), in Oberbayern 42,9 % (6 von 14) und in der Oberpfalz mit Niederbayern und in Schwaben jeweils 41,7 % (5 von 12). In Oberbayern und Schwaben galt Ende 1948 kein Pg.-Pfarrer mehr als Belasteter oder Minderbelasteter. Der Hauptgrund für dieses regionale Gefälle dürfte darin liegen, daß vielen fränkischen Spruchkammermitgliedern noch aus eigener Erinnerung bekannt war, daß in ihrer Heimat viele Pfarrer schon in der Weimarer Republik sehr offenkundig für die Nationalsozialisten geworben hatten. Auf der anderen Seite hatten möglicherweise die entsprechend der dortigen Konfessi-onsstatistik mehrheitlich katholisch besetzten Spruchkammern in Altbayern eine religi-ös begründete Scheu vor „harten" Urteilen gegen Pfarrer, von der nicht nur katholi-sche, sondern auch evangelische profitierten. Die Dekanate, aus denen für 1948 meh-rere Einstufungen von Pg.-Pfarrer vorliegen, bestätigen diese Korrelation zwischen Konfessionsstatitik und „Härte" der Spruchkammerurteile: In Uffenheim (5) und Co-burg (11), also ehemaligen Hochburgen der NSDAP, war kein Pg.-Pfarrer entlastet oder amnestiert worden, in Erlangen (6) nur einer. Auch in den übrigen fränkischen Dekanaten mit einer hohen Zahl von Pg.-Pfarrern galten weniger als die Hälfte als Entlastete oder Amnestierte: in Nürnberg fünf von 14, in Bayreuth zwei von sieben – einzig Fürth kam mit vier von acht auf die Hälfte. Anders fiel die Bilanz Ende 1948 in den Diasporadekanaten aus. Entlastet oder amnestiert waren in Bamberg drei von fünf Pg.-Pfarrern, in Weiden vier von sieben und in München fünf von zehn. Bei der Grö-ße der Wohnorte läßt sich kein so deutlicher Trend feststellen. Auffällig ist hier der Befund, daß sich in den Großstädten und in den Kleinstädten Ende 1948 kein einziger Pg.-Pfarrer mehr in den Gruppen 2 und 3 befand. Die drei noch als Belastete gelten-den Pg.-Pfarrer lebten auf dem Lande.

Die vorläufige Bilanz der Entnazifizierung von Ende 1948 suggeriert, daß nur ein Dutzend der Pg.-Pfarrer als Belastete und Minderbelastete mit gravierenden Sühnemaßnahmen belegt worden sind. Tatsächlich waren mindestens 40 Pg.-Pfarrer (17,9 %) deutlich spürbaren Entnazifizierungsmaßnahmen der Besatzungsmacht und der Spruchkammern ausgesetzt: Haft oder Hausarrest (16), Entzug des Religionsunterrichtes (7), Anordnung einer Amtsenthebung (10) und Verhöre oder andere unfreundliche Behandlung (7). Von den 16 arretierten Pg.-Pfarrern standen elf nicht im aktiven landeskirchlichen Dienst. Die meisten von ihnen waren DC-Pfarrer, die entweder schon vor 1945 aus der Landeskirche ausgeschieden oder nach dem Kriegsende in den Ruhestand versetzt worden waren. Für die meisten Pg.-Pfarrer im unmittelbaren Kirchendienst verlief die Entnazifizierung aber relativ „glimpflich". Während für die Mitläufer in der Regel nur eine Sühnezahlung verhängt wurde, waren die gegen die belasteten und minderbelasteten Pfarrer verhängten Sühnemaßnahmen der ersten Instanz relativ hart: Arbeitslager, Predigtverbot, Einzug eines beträchtlichen Teils des Vermögens und Streichung der Pensionsansprüche. Allerdings wurden die Maßnahmen aufgrund des Engagements der Kirchenleitung kaum „vollstreckt", so daß die Entnazifizierung auch für die meisten stark belasteten Pfarrer keine mittel- oder gar langfristigen Folgen hatte.

Leider finden sich in den Personalakten nur selten Urteile über das eigene Entnazifizierungsverfahren. Von den 22 diesbezüglichen Bemerkungen fielen zwölf positiv aus: Zwei Pg.-Pfarrer lobten die gute Atmosphäre in der Verhandlung, und zehn waren mit ihrem Spruchkammerurteil ausdrücklich einverstanden. Zehn Pg.-Pfarrer bekundeten ihren Unmut: Jeweils vier sahen sich ungerecht behandelt bzw. störten sich an den Kommunisten, die der Spruchkammer angehörten, und zwei nahmen eine explizit pfarrerfeindliche Stimmung in der Spruchkammer wahr. Die antibolschewistischen Ressentiments, die schon vor 1933 viele Pg.-Pfarrer zur NSDAP geführt hatten, wirkten hier noch deutlich nach. Es mußte für manchen Pg.-Pfarrer schmerzlich sein, daß nun mit Sozialdemokraten und Kommunisten auch die ehemaligen politischen und weltanschaulichen „Feinde" über ihre NS-Verstrickungen befanden.

Als Reaktion auf tatsächlich vorhandenen oder befürchteten Druck der Besatzungsmacht oder deutscher Stellen ergriff die Kirchenleitung Maßnahmen gegen elf Pg.-Pfarrer (4,9 %), die nicht nach 1934 bei den Deutschen Christen gewesen waren: zeitweises Predigtverbot (3), dringendes Anraten zur Bewerbung auf eine andere Stelle (5), Beurlaubung (1), forcierter Druck zur Beantragung der Ruhestandsversetzung (1) und Zwangspensionierung (1). Die Innere Mission München, die als Verein sehr viel weniger Möglichkeiten zum Schutz von politisch belasteten Mitarbeitern vor Entnazifizierungsmaßnahmen hatte als die Landeskirche, mußte ihren Ersten Vereinsgeistlichen entlassen.

Als kirchliche Selbstreinigung kann man aber diese von außen aufgezwungenen Maßnahmen kaum bezeichnen. Der Landeskirchenrat hielt ohnehin eine Säuberung der Pfarrerschaft nur im Blick auf die renitenten DC-Pfarrer aus disziplinarischen Gründen für erforderlich, bei der es ausdrücklich nicht um deren politische Belastung, sondern um eine ihrer kirchenpolitischen und theologischen Verfehlungen ging. Diese Form der Selbstreinigung führte im Kirchenkampf und in der Besatzungszeit zu 22 spürbaren Sanktionen gegen DC-Pfarrer, die auch Pg. waren: Entlassungen (9), Ruhestandsversetzungen ohne Anerkennung der Dienstleistung (7), forcierter Druck zur Beantragung der Ruhestandsversetzung unter Anerkennung der Dienstleistung (3) und Vermahnungen im Rahmen des Kirchenkampfes (3).

Zumeist in der Folge von Entnazifizierungs- und Selbstreinigungsmaßnahmen stellten 36 Pg.-Pfarrer in der Nachkriegszeit einen Wiederaufnahmeantrag an den Landeskirchenrat. 21 von ihnen waren als NSDAP-Mitglieder aus dem Staatsdienst und zwei aus dem Dienst der Inneren Mission entlassen worden. Auch fünf vor 1945 aus der Landeskirche ausgeschiedene und acht nach dem Kriege gemaßregelte DC- und Pg.-Pfarrer wagten, einen solchen Antrag zu stellen. Am 1. März 1946 verfügte der Landeskirchenrat, daß bei der Übernahme von außerbayerischen Geistlichen – als solche galten auch die vor 1945 aus dem unmittelbaren Dienst der Landeskirche ausgeschiedenen – in den Dienst der bayerischen Landeskirche alle Bewerber „lückenlose Erklärungen über ihre Haltung im Kirchenkampf abzugeben und dazu Bestätigungen durch ihre Kirchenleitungen oder ihre Gewährsmänner beizubringen"[37] hatten. Wer übernommen werden wollte, mußte vor einer definitiven Übernahme mindestens ein halbes Jahr in der Landeskirche als Amtsaushilfe zu arbeiten.

Definitiv abgelehnt wurde nur ein Wiederaufnahmeantrag. Kirchenpolitische oder parteipolitische Erwägungen spielten bei dieser Entscheidung keine Rolle. Allerdings signalisierte der Landeskirchenrat einigen potentiellen „Rückkehrern" im Vorfeld, daß wegen ihrer verheerenden DC-Aktivitäten in Bayern eine Wiederaufnahme für sie „derzeit" völlig ausgeschlossen und daher ein Aufnahmeantrag in einer anderen Landeskirche aussichtsreicher wäre. Alle übrigen Bewerber wurden zunächst als Amtsaushilfen verwendet. Als weitere Voraussetzungen für die volle Wiederaufnahme galten in der Regel der Abschluß der Entnazifizierung durch die Spruchkammer und bei DC-Pfarrern zusätzlich die Bereinigung ihrer Vergangenheit in den Gemeinden, die von ihnen „geschädigt" worden waren. So zog sich bei vielen Amtsaushilfen die volle Wiederaufnahme über Jahre hin. Sechs Pg.-Pfarrer mußten bis 1948 und sieben noch länger darauf warten. Zwei ehemalige DC-Aktivisten wurden 1951 als letzte dieser Bewerber wieder in den Dienst aufgenommen.

Im Blick auf die Konsequenzen, die eine tiefe Verstrickung in den Nationalsozialismus für die betreffenden Pg.-Pfarrer nach 1945 hatte, ergibt sich in der Zusammenschau ein teilweise paradoxer Befund. Ob ein Pg.-Pfarrer schmerzlich für seine politischen Irrwege zu „büßen" hatte, war weniger vom Ausmaß seiner früheren nationalsozialistischen Aktivitäten als von anderen Faktoren abhängig. Am ehesten in einem logischen Zusammenhang steht dabei noch der Faktor der fanatischen DC-Mitgliedschaft. Nur vereinzelt läßt sich ein solcher Zusammenhang sonst noch bei den Pg.-Pfarrern herstellen, die im „Dritten Reich" auf Studienrats- und Dozentenstellen gewechselt waren, sofern sie dabei von Parteistellen protegiert worden waren. Fast gänzlich losgelöst von objektiven Kriterien wurden die Pg.-Pfarrer „gestraft", die sich politisch im

---

[37] Den Geistlichen wurde diese Verordnung am 26.4.1946 im AMTSBLATT BAYERN 1946, S. 46, mitgeteilt.

Staatsdienst oder im Dienst der Inneren Mission außer einer „nominellen" NSDAP-Mitgliedschaft nichts hatten zu Schulden kommen lassen. Nur weil durch ihr Anstellungsverhältnis der Schutz des Landeskirchenrates für sie weniger wirksam war als für ihre ehemaligen Parteigenossen im unmittelbaren Kirchendienst, trafen sie die formalen Entlassungskriterien in der frühen Phase der Entnazifizierung in voller Härte. Diese Entlassungskriterien im öffentlichen Dienst führten auch in·der Gesamtgesellschaft zu einer einseitigen und damit ungerechten Bestrafung der „Dienstklasse". Durch ihre soziologische und soziokulturelle Nähe zu diesen Betroffenen erschien auch den bekenntnistreuen Gemeindepfarrern, die selbst vergleichsweise recht „glimpflich" davon kamen, die gesamte Entnazifizierungspraxis als verfehlt – eine Einschätzung, die sie mit weiten Kreisen der deutschen Bevölkerung teilten.

Das Grundproblem der Entnazifizierungspraxis in der amerikanischen Besatzungszone lag darin begründet, daß sie nicht an den Stand der mental faktisch schon vollzogenen Entnazifizierung vom Mai 1945 anknüpfte und nur diejenigen belangte, die sich aktiv an NS-Verbrechen beteiligt, sich im „Dritten Reich" unrechtmäßig bereichert oder andere geschädigt hatten. Die Befürwortung einer Bestrafung solcher „unanständiger Nazis" war *common sense* der breiten Bevölkerung nach dem Zusammenbruch[38]. Statt dessen behandelte die Entnazifizierungspraxis die Deutschen so, als hätte sich das NS-Regime bis zum 8. Mai 1945 solcher Akzeptanz erfreut wie auf dem Höhepunkt seiner Popularität im Frühjahr 1938 nach dem Anschluß Österreichs ohne jedes Blutvergießen[39]. Im Hinblick auf die Pfarrerschaft wird diese Diskrepanz noch größer, weil in ihr der Höhepunkt der Popularität des NS-Regimes bereits mit dem Beginn der massiven Parteiangriffe auf Kirche und Christentum 1935 überschritten war. Mit dieser verfehlten Ausgangsbasis für ein massenhaftes Entnazifizierungsverfahren, das die Selbstrechtfertigung geradezu notwendig machte, wurde indirekt eine Haltung gefördert, die in der Pfarrerschaft zu einer mehrheitlichen Ablehnung des Darmstädter Wortes und mithin einer selbstkritischen Aufarbeitung der eigenen Verstrickungen in den Nationalsozialismus führte. Die Kirchenleitung trug aus taktischen Erwägungen zum Schutz ihrer eigenen gesellschaftlichen Position und ihrer Pg.-Pfarrer durch ihr Agieren im Blick auf die Schuldfrage und die Entnazifizierungspraxis noch zur Verstärkung und theologischen Legitimierung dieser Haltung bei.

Die Befragungen haben gezeigt, daß es bei vielen Pfarrern vierzig Jahre dauerte, bis sie auch bei behutsamen und wissenschaftlich seriösen Anfragen an ihre NS-Verstrickungen nicht sofort in die in der Besatzungszeit eingeübten apologetischen Verhaltensmuster zurückfielen[40]. Viele der 110 Ruhestandspfarrer, die der Verfasser 1988 bis 1990 interviewt hatte, stellten gegen Ende des Gespräches erstaunt fest, daß sie gerade zum ersten Mal in ihrem Leben das Ausmaß und die Hintergründe ihrer NS-Anfälligkeit in der Weimarer Republik und in der Phase der nationalsozialistischen

---

[38] K.-D. HENKE, Trennung, S. 62.

[39] H.-U. THAMER, Verführung, S. 578.

[40] Heute finden sich diese Verhaltensmuster noch vereinzelt zur vermeintlichen Ehrenrettung von Vorfahren, hochverehrten theologischen Lehrern oder kirchenleitenden Persönlichkeiten. Es ist wohl zu befürchten, daß auch diese Studie wieder solche Reaktionen auslösen wird.

„Machtergreifung" selbstkritisch reflektiert hatten! Nur einzelne exkulpierten sich in den Gesprächen weiterhin mit der Dämonisierung des Nationalsozialismus. Ein „alter Kämpfer" blieb gar dabei, daß Hitler zunächst eine göttliche Sendung zur Rettung des deutschen Volkes gehabt habe. Erst später im „Dritten Reich" habe Gott Hitlers Herz verstockt, um ihn als Werkzeug seines Zorngerichtes über den großen Abfall zu gebrauchen[41].

Es ist betrüblich, daß bei einer ganzen Reihe von Pg.-Pfarrern bis zu ihrem Tode wegen der verfehlten Entnazifizierungspraxis und der dämonologischen Deutung des Nationalsozialismus eine ehrliche Aufarbeitung eines Teiles ihrer Biographie nicht stattgefunden hat. Doch mit diesen Überlegungen verläßt der Verfasser bereits den Rahmen einer geschichtswissenschaftlichen Studie.

---

[41] PFARRER 91, Interview.

QUELLEN- UND LITERATURVERZEICHNIS

I. UNVERÖFFENTLICHTE QUELLEN

a. Archivalische Quellen

Berlin Document Center (BDC)

Bestand NSDAP Master File [Zentrale Mitgliederkartei der NSDAP].

Privatsammlung Pfarrer i. R. Gerhard Schmidt, Krailing

Wingolfrundbrief. 31 Wachstuchhefte. 1923-1959.

Landeskirchenamt München (LKAmt München)

130 Pfarrerpersonalakten (PA) [da dem Verfasser die Auswertung der Personalakten vom Landeskirchenrat der Evangelisch-Lutherischen Kirche in Bayern nur unter der Auflage der Anonymisierung gestattet wurde, wird aus diesen nur mit „PA" und einer Nummer zitiert, die *keine* Archivsignatur ist. Eine Liste der entsprechenden Namen besitzt das Landeskirchenamt].

Evangelische Arbeitsgemeinschaft für Kirchliche Zeitgeschichte München (EvAG München)

A 30.3   Landeskirchenrat der Evangelisch-Lutherischen Landeskirche in Bayern. Rundschreiben. 1938-1956.

Bayerisches Hauptstaatsarchiv München (HStA München)

Bestand Ministerium für Sonderaufgaben (MSo):
1415   Verfahren gegen Geistliche (Spezialia). 1946-1947.
2377   Verfahren gegen Geistliche. 1946.

Bestand Ministerium für Inneres (MInn):
81606   NSDAP. Neugründung der SA, nun „Treuschaft Hitler". Reichsführerschule. SS. Bd. II. 1931-1932.

Staatsarchiv München (StA München)

Bestand Polizeidirektion München (Pol. Dir.):
6706   Maifeier 1.5.1923. Bd. II.

Privatsammlung Dr. Paul Kremmel, München (Sammlung P. Kremmel)

Recherchen in diversen Personalakten des Berlin Document Center.

Landeskirchliches Archiv Nürnberg (LKA Nürnberg)

Bestand LKR: Evangelisch-Lutherischer Landeskirchenrat München:

LKR I, 142 (B)	Entnazifizierung: Handakten Rusam. Verschiedenes. 1945-1948 (frühere Nummer: 214); Geistliche und NSDAP. 1945-1952 (216); Schriftwechsel mit der Militärregierung. 1946 (223).
LKR IV, 543a	Stellung der Geistlichen zur Reichs- und Landesverfassung, insbes. durch politische Betätigung von Geistlichen. 1921-1950.
LKR z. IV, 543a (Slg.)	Parteizugehörigkeit der Pfarrer. 1945.
LKR IV, 543 b	Eintritt von Geistlichen in eine vaterländische Organisation (SA oder Wehrverband). 1933-1939.
LKR IV, 550	Schutzhaft von Pfarrern. 1934-1939.
LKR IV, 550 (Slg.)	Maßnahmen gegen Geistliche. 1933-1945.
LKR XV, 1665a	Politische Parteien und Kirche. Soziale und kirchliche Bestrebungen. Soziales. Bd. I. 1920-1930; Bd. II. 1931-1932; Bd. III. 1933-1944.

Personen XXV: Nachlaß D. Hermann Steinlein:

Nr. 5	Korrespondenz. 1920-1925.
Nr. 16	Ev. Bund. 1901-1947.

Personen XXXI: Sammlung Pfarrer Bernhard Koch:

Nr. 1	Briefe und Predigten von Koch pro und kontra Nationalsozialismus und DC.

Personen XXXVI: Nachlaß Landesbischof D. Meiser:

Nr. 46	Bayerische Landeskirche. 6. Missionsanstalt Neuendettelsau.

Personen XLVII: Nachlaß Pfarrer Friedrich Wilhelm Auer:

Nr. 1	Korrespondenz. 1910-1932.
Nr. 3	Korrespondenz. 1934-1935.
Nr. 6	Korrespondenz. 1937-1938.
Nr. 7	Korrespondenz. 1939-1946.
Nr. 9	DC-Predigten. 1938-1945.

Personen LXXV: Nachlaß Pfarrer Ernst Henn:

Nr. 5	Kirchenkampf. 1933-1945.

Sammlung Kirchenkampf:

KKE 92b	Pfarrer Albrecht Köberlin: Konfuxia-Rundbrief Uttenruthia. 1931-1934.

Vorarbeiten für das bayerische Pfarrerbuch.

122 Pfarrerpersonalakten (PA) [vgl. zur Zitierung die Anmerkung zu LKAMT MÜNCHEN].

Staatsarchiv Würzburg (StA Würzburg)

Bestand Gestapostelle Würzburg:
272; 947; 1198; 2035; 2218; 2253; 2374; 2563; 2771; 3419; 3494; 3612; 3618; 3791; 3847; 4083; 4227; 4613; 4616; 5102; 5195; 5237; 5424; 6282; 6289; 6352; 6564; 6620; 6782; 7217; 7218; 7322; 7447; 7628; 8229; 8288; 8574; 8745; 9412; 9554; 9685; 10063; 10475; 10488; 10568; 10591; 10598; 10600; 11242; 11424; 11751; 11843; 12008; 12509; 12618;

12620; 12670; 12682; 12685; 12811; 13275; 13407; 13756; 13985; 14000; 14112; 14123; 14143; 14154; 14159; 14350; 14417; 14574; 14737; 14885; 14886; 15143; 15146; 15431; 15446; 15521; 16022; 16455; 16697; 17016; 17409; 17452; 17743; 17748; 17750; 17752; 17902.

b. Unveröffentlichte Manuskripte

ALT, Helmut: Er lebte im zwanzigsten Jahrhundert. Lebenswege. (Kempten ca. 1988).

AUER, Martin: Die evangelisch-lutherische Kirche in München in der Zeit des Nationalsozialismus 1933-1939 am Beispiel der Innenstadtgemeinden. (Magisterarbeit München 1994).

BOMHARD, Friedrich: Tagebuch 1901-1954. Auszugsweise übertragen von Helmut Bomhard. (Neuendettelsau 1986-1990).

EITEL, Bernhard: Herbstblätter. (Nürnberg 1988).

FISCHER, Ludwig: Der Kirchenkampf auf dem Lande im Dekanat Neustadt an der Aisch. (Oberasbach 1983).

GREIFENSTEIN, Hans: Ein Kleinbürger wird Pfarrer. Lebenserinnerungen. (o.O. 1958).

HECKEL, Friedrich: Lebenslauf. (Neuendettelsau 1968).

HELBICH, Hanns-Martin: Glockenabschiedspredigt. (Bad Steben 1943).

HELBICH, Hanns-Martin: Soldatenbriefe. (Bad Steben 1939).

HELL, Heinrich: Lebensbeschreibung. (Starnberg 1983).

HOFMANN, Karl: Erinnerungen aus dem Kirchenkampf in Remlingen 1933-1939. (Oberkotzau 1985).

KARRER, Max: Lebensbeschreibung. (Nürnberg 1967).

KERN, Georg: Predigt. Gehalten in der St. Johanneskirche Ansbach. Weihnachten 1936. (Ansbach 1936).

KIMMEL, Rainer: Die bayerische Pfarrerbruderschaft in der Zeit des Kirchenkampfes bis zum Ende des Zweiten Weltkrieges. (Magisterarbeit München 1994).

KLEIN, Kurt: Unter der Gnade der Bewahrung. (Traunstein 1988).

KORNACHER, Hermann: Chronik der Pfarrei Kempten St. Mang. 1929-1954. (Kempten 1929-1954).

KRAUSE, Christian: Tagebuch 1936/37. (Erlangen 1936-1937).

KREMMEL, Paul: Der Christliche Volksdienst in Bayern 1924-1933. (Seminararbeit München o.J.).

LODTER, Gustav: Aus meinem Leben. (Altdorf 1954).

LODTER, Theo: Aus meinem Leben. T. 1: Kindheit und Jugend. Die Jahre 1911 bis 1930; T. 2: Rüdenhausen. 1. Juni bis 31. Dezember 1934; T. 3: Altdorf. 1. April 1939 bis 15. April 1941. (Büchenbach 1986-1987).

MENSING, Björn: Entstehung und Funktion der Stuttgarter Schulderklärung vom 18./19. Oktober 1945 und die Diskussion um die Schuldfrage in der evangelischen Kirche (unter besonderer Berücksichtigung der Beiträge Hans Asmussens). (Wissenschaftliche Hausarbeit München 1988).

MENSING, Björn: Die Haltung der evangelisch-lutherischen Pfarrerschaft in Bayern zur „Entnazifizierung" 1945 bis 1949. (Magisterarbeit München 1987).

MÜNCHENBACH, Siegfried: Hans Meiser. Sein kirchliches und politisches Denken und Handeln von 1911 bis 1945. (Zulassungsarbeit Erlangen 1976).

NICOL, Wilhelm: Lebenslauf. (Nürnberg 1985).

PARTEI-STATISTIK. Stand 1. Januar 1935 (ohne Saargebiet). Bd. 1: Parteimitglieder. Hg. vom Reichsorganisationsleiter der NSDAP. (o.O. 1935).

PÜRCKHAUER, Walter: Eklat in der Studentenschaft Erlangen im Wintersemester 33/34. (o.O., o.J.).

PÜRCKHAUER, Werner: Erinnerungen an den Kirchenkampf im Coburger Land in den Gemeinden Meeder und Wiesenfeld (1934-1945) und in der Nachkriegszeit (1946-1953). (Bad Neustadt an der Saale 1983).

RIEDEL, Heinrich: Stationen und Erinnerungen aus meiner Arbeit in der Kirche. 1926-1978. (München 1988).

RIEGER, Christian: Tagebuchauszüge vom 20.3.1933 – 28.5.1934. (Ansbach 1989).

RIEGER, Ludwig: Lebenslauf. (Marktheidenfeld 1971).

RUCKDÄSCHEL, Johannes: Aus meinem Leben. Bd. 1-5. (o.O. 1967-1969).

RUPPRECHT, Walter: Wie ich den Kirchenkampf erlebte. (Coburg 1982).

RUPPRECHT, Walter: Das Dritte Reich. (Coburg 1982).

RUPRECHT, Reinhilde: Kirche und Staat in der Berichterstattung der Kirchenpresse in Bayern von 1933 bis 1941. (Magisterarbeit Erlangen 1988).

SCHATTENMANN, Johannes: Da führt er mich einen anderen Weg. Lebenserinnerungen. (München ca. 1955).

SCHMIDT, Alfred: Erinnerungen. (München 1984).

SCHMIDT, Friedrich: Praktische Theologie. Ausgeübt als Schüler und Student, Vikar und Pfarrverweser, Pfarrer in drei Gemeinden, als Pfarrer im Ruhestand. (Erlangen 1983).

SCHMIDT, Friedrich: Der Widerstand einer Rieser Gemeinde im Dritten Reich. (Erlangen o.J.).

SPERL, Marianne: Kriegsalltag – alltäglicher Krieg. Tagebücher und Briefe einer Jugend im Krieg. (Immenreuth 1983/84).

STÄDTLER, Ludwig: Lebenslauf. (Obristfeld ca. 1970).

STETTNER, Hans: Erinnerungen. (Feucht o.J.).

TRATZ, Max: Vortrag am 2.6.1981 auf dem Hesselberg zum Gedenken an Bischof Hans Meiser. (Ochsenfurt 1981).

WIEDEMANN, Hans: Splitter und Späne. Vortrag beim 75. Kirchenjubiläum der Täufer-Johannes-Kirche in Sonthofen am 28. Juni 1987. (Sonthofen 1987).

WUNDERLICH, Ernst: Erinnerungen. (Neumarkt o.J.).

ZAGEL, Konrad: Streiflichter aus meinen Aufzeichnungen. (Hohenstadt 1989).

ZAHN, Wilhelm: Eine Familienchronik. 3. Teil: Studien- und Vikarsjahre 1933-1941; 6. Teil: Bad Berneck 1946-1954. (Lindau 1986-1987).

c. Schriftliche und mündliche Auskünfte

Die im Folgenden aufgeführten bayerischen Ruhestandsgeistlichen beteiligten sich an den vom Verfasser 1984 und 1988 durchgeführten schriftlichen Befragungen. Ist in der ersten Spalte hinter dem Namen eine „1" vermerkt, so stellte dieser Zeitzeuge auch bisher unveröffentliches Quellenmaterial aus seinen privaten Beständen zur Verfügung; ist in der zweiten Spalte eine „1" vermerkt, so wurde er vom Verfasser interviewt. Ort und Datum des Interviews folgen in diesen Fällen hinter der zweiten Spalte. Wegen der zugesicherten Anonymisierung wird aus den Ergebnissen der Befragungen und dem Quellenmaterial, das im Rahmen der Befragungen zu Verfügung gestellt worden ist (einschließlich unveröffentlicher Manuskripte), nur mit „PFARRER" und einer Nummer zitiert. Eine Liste mit den entsprechenden Namen ist im Besitz des Verfassers.

Albrecht, Johannes	0	0	
Alt, Helmut	1	1	Kempten, 22.2.1989
Appoldt, Wilhelm	0	0	
Barth, Paul	0	1	Spardorf, 6.2.1989
Barth, Rudolf	0	0	
Bauer, Günter	0	1	Schwabach, 7.12.1988
Bauer, Herbert	0	0	
Beltinger, Werner	1	1	Neuendettelsau, 8.11.1988
Beuschel, Wilhelm	0	0	
Beyerlein, Martin	1	1	Kulmbach, 22.11.1988
Bezzel, Heinrich	0	1	Ansbach, 18.1.1989
Biesold, Richard Willy	0	0	
Blaser, Kurt, Dr.	0	1	Bayreuth, 23.11.1988
Blum, Paul	0	0	
Bönisch, Robert	0	0	
Braun, Helmut	0	0	
Brehm, Heinrich	0	1	Bayreuth, 21.11.1988
Breiter, Hans	0	1	Neustadt an der Aisch, 12.12.1988
Brendel, Hermann, Dr.	0	0	
Brenner, Walter	0	1	Schweinfurt, 16.1.1989
Brucker, Karl	0	0	
Brückner, Hans-Wolfgang	0	1	Bamberg, 29.11.1988
Brunner, Helmuth	0	0	
Brust, Helmut	0	0	
Bullemer, Karl	0	1	Schongau, 22.12.1988
Caselmann, Hermann	0	1	Höchberg, 16.1.1989
Czap, Georg	0	0	
Diegritz, Theodor	0	0	
Dietz, Otto	0	0	
Dorschky, Hans	0	0	
Drechsel, Friedrich	0	1	Bayreuth, 21.11.1988
Drescher, Ludwig	0	1	Rothenburg, 18.1.1989
Drescher, Wilhelm	0	0	
Eckardt, August	0	0	
Ehmcke, Heinz	0	0	
Eitel, Bernhard	1	1	Nürnberg, 4.11.1988
Endres, Hermann	0	1	Treuchtlingen, 8.2.1989
Enzner, Georg	0	1	Neuendettelsau, 7.11.1988
Eras, Martin	1	1	Sickershausen, 17.1.1989
Erlbacher, Wilhelm	0	0	
Eyselein, Hermann	0	0	
Feilitzsch, Robert von	0	0	
Fischer, Hellmut	0	0	
Fischer, Ludwig	1	1	Oberasbach, 7.2.1989
Fränkel, Fritz	0	0	
Frauenknecht, Hans	0	0	
Friederich, Paul	0	0	

Fries, Erich	0	0	
Fuchs, Karl	0	1	Neuendettelsau, 8.11.1988
Fuchs, Rolf	0	0	
Fürst, Dieter	0	0	
Gabriel, Wilhelm	1	1	Fürstenfeldbruck, 2.11.1988
Geister, Hans Joachim	0	0	
Gilardi, Ruprecht von	1	1	Traunstein, 24.1.1989
Glenk, Karl	0	0	
Greifenstein, Hermann	0	0	
Grieninger, Karl	0	1	Bayreuth, 30.1.1989
Grießhammer, Arno	0	1	Nürnberg, 5.12.1988
Grillenberger, Wilhelm	0	0	
Gußmann, Eduard	0	0	
Guth, Werner	0	1	Altdorf, 6.12.1988
Haas, Karl Eduard	0	0	
Habeland, Adolf	0	0	
Haberer, Hans	0	0	
Hacker, Hans	0	0	
Hanow, Wolfram	0	0	
Heckel, Friedrich	0	0	
Heim, Hellmut	0	0	
Held, Georg	1	1	Neuendettelsau, 8.11.1988
Hell, Heinrich	1	1	Starnberg, 18.10.1988
Heller, Hermann	1	1	Neustadt an der Aisch, 12.12.1988
Hemmert, Edmund	0	0	
Hempfling, Hans	0	0	
Henninger, Leonhard	0	0	
Henzler, Friedrich	0	1	Bamberg, 29.11.1988
Herold, Otto	0	0	
Herrmann, Hans Eckart	0	0	
Heß, Klaus	0	0	
Heun, Karl	0	1	Hof, 30.1.1989
Hildmann, Gerhard	0	0	
Höchstädter, Walter	1	1	Bubenreuth, 28.11.1988
Hölzel, Kurt	0	1	Coburg, 30.11.1988
Hoffmann, Wilhelm	1	1	Planegg, 22.10.1988
Hofmann, Friedrich, Dr.	0	1	Baudenbach, 13.12.1988
Hofmann, Karl	1	1	Oberkotzau, 30.1.1989
Horkel, Wilhelm	0	1	München, 25.10.1988
Horn, Arthur	0	1	Markt Erlbach, 13.12.1988
Horn, Kurt	0	0	
Hückmann, Helmut	0	0	
Huß, Hans-Siegfried	0	1	Würzburg, 14.11.1988
Illing, Erich	0	0	
Jäschke, Ernst	1	1	Erlangen, 6.2.1989
Jung, Karl	0	0	
Kalb, Karl	1	1	Bayreuth, 23.11.1988

Kammerer, Friedrich	0	0	
Kelber, Julius	0	0	
Kelber, Karl	0	1	Dießen, 21.12.1988
Kelber, Ludwig	0	0	
Keller, Johann	0	0	
Keller-Hüschemenger, Max, Dr.	0	0	
Kern, Gertraud	1	1	Erlangen, 4.5.1989
Klein, Kurt	1	1	Traunstein, 24.1.1989
Klein, Roland	0	1	München, 14.12.1988
Koch, Friedrich	0	1	Neuendettelsau, 7.11.1988
Köbler, Johann Paul	1	1	Erlangen, 28.11.1988
Kögel, Karl	0	0	
Kolb, Richard	0	1	Aschau, 23.1.1989
Kollert, August	1	0	
Krämer, Ludwig	0	0	
Kraus, Herbert	0	0	
Krause, Wolfram von, Dr.	0	0	
Krauß, Walter	1	1	Gunzenhausen, 7.2.1989
Krauß, Wilhelm	0	0	
Kreßel, Hans, Dr.	0	0	
Kretzschmar, Siegfried	0	0	
Krodel, Karl	0	0	
Kroll, Hans	0	0	
Kübel, Gerhard	1	1	Bayreuth, 22.11.1988
Künneth, Walter, Dr.	0	1	Erlangen, 1.3.1989
Kuhr, Georg	0	0	
Kunzendorf, Hellmuth	0	0	
Lammel, Reinhard	0	0	
Lechner, Christian	0	0	
Leitner, Theodor	1	1	Nürnberg, 4.11.1988
Lembke, Erich	0	0	
Lodter, Theo	1	1	Büchenbach, 1.2.1989
Löblein, Friedrich	0	0	
Lottner, Karl	0	0	
Lutz, Rudolf	0	0	
Lutze, Max	0	0	
Mädl, Wilhelm	1	1	Bayreuth, 22.11.1988
Markert, Rudolf	1	1	Forchheim, 6.2.1989
Maser, Hugo	1	1	München, 11.1.1989
Maßmann, Paul	1	1	München, 7.7.1989
Medicus, Erich	1	1	Neuendettelsau, 8.11.1988
Meisel, Hans	0	0	
Mötsch, Karl	0	0	
Müller, Friedrich	0	0	
Müller, Lorenz	0	0	
Müller, Wilhelm (geb. 1905)	0	1	Bayreuth, 31.1.1989
Müller, Wilhelm (geb. 1913)	0	0	

Nicol, Wilhelm (geb. 1884)	0	0	
Nicol, Wilhelm (geb. 1920)	1	1	Nürnberg, 6.12.1988
Nold, Hans	0	0	
Oberhäußer, Ernst	0	1	Stockdorf, 18.10.1988
Otte, Gerhard	0	0	
Pfalzer, Peter	0	0	
Pfeiffer, Adolf	1	1	Nürnberg, 1.3.1989
Pickel, Johann	1	0	
Preuß, Robert	0	0	
Pürckhauer, Walter	1	1	Baldham, 26.10.1988
Pürckhauer, Werner	1	1	Bad Neustadt an der Saale, 17.1.1989
Pusch, Walter	0	0	
Putz, Eduard	0	1	Erlangen, 25.10.1989
Rabenstein, Moritz	1	1	Bad Windsheim, 17.1.1989
Rappel, Ernst	0	0	
Rauh, Ernst	0	0	
Reichardt, Theophil	1	1	Bamberg, 29.11.1988
Renner, Wilhelm	0	0	
Rentsch, Johannes	0	0	
Renz, Georg	0	0	
Richter, Marie Luise	0	0	
Riedel, Heinrich	1	1	München, 19.4.1989
Rieger, Christian	1	1	Ansbach, 18.1.1989
Rieger, Ludwig	1	1	Würzburg, 15.11.1988
Rippel, Alfred	0	1	Gauting, 25.10.1988
Rohmeder, Walter	0	0	
Rohn, Friedrich	0	0	
Rohrbach, Oskar	0	0	
Roth, Theodor	0	1	Erlangen, 4.5.1989
Rothmund, Peter	0	0	
Rotter, Hans Dr.	0	0	
Rückert, Nikolaus	0	0	
Rückert, Norbert	1	0	
Ruf, Walther	0	0	
Sailer, Friedrich	0	0	
Schaffner, Hans	0	1	Neustadt an der Aisch, 12.12.1988
Schaller, Hermann	0	0	
Schattenmann, Johannes, Dr.	1	1	Ottobrunn, 9.11.1988
Schaudig, Oskar	0	0	
Schauer, Heinz	0	0	
Schiller, Adolf	1	1	Hersbruck, 15.2.1989
Schmidt, Alfred	1	1	München, 25.10.1988
Schmidt, Arthur	0	0	
Schmidt, Ernst	0	1	Neuendettelsau, 8.11.1988
Schmidt, Friedrich	1	1	Erlangen, 7.12.1988
Schmidt, Heinrich	0	1	München, 11.1.1989
Schmidt, Hermann	1	1	München, 2.11.1988

Schmidt, Hugo Karl	1	1	Schwabach, 7.12.1988
Schmidt, Waldemar	1	1	Nürnberg, 29.3.1990
Schöfthaler, Friedrich	1	1	Weißenburg, 1.4.1990
Schultz, Reinhold	0	0	
Schulze, Walter H.	1	1	Altdorf, 6.12.1988
Schwarz, Rudolf	1	1	Thannhausen, 8.2.1989
Schwinn, Adolf	0	0	
Seegmüller, Wilhelm	0	1	Oberbiberg, 18.11.1988
Seichter, Hans-Friedrich	0	0	
Seifert, Heinrich	1	1	Hersbruck, 31.1.1989
Seiler, Christian	1	1	Nürnberg, 24.10.1989
Seiler, Heinrich	1	1	München, 18.11.1988
Sperl, Waldemar	1	0	
Sperl, Walther	1	1	Coburg, 30.11.1988
Spiegel-Schmidt, Friedrich	0	0	
Stählin, Rudolf, Dr.	0	0	
Steiner, Otto	1	1	München, 19.10.1988
Stettner, Hans	1	1	Feucht, 1.2.1989
Tratz, Max	1	1	Ochsenfurt, 14.11.1988
Trautner, Erwin	0	0	
Viebig, Johannes	0	0	
Wallhofen, Arnold	0	0	
Walter, Friedrich W.	0	1	Bergen, 23.1.1989
Walther, Rudolf	1	0	
Weidt, Georg	0	1	Uffenheim, 16.1.1989
Weigel, Martin	0	0	
Weismann, Theodor	0	0	
Wiedemann, Hans	1	1	Sonthofen, 22.2.1989
Wilfert, Johannes	1	0	
Wittenberg, Martin, Dr.	1	1	Gräfenberg, 5.12.1988
Wolfrum, Heinrich	0	0	
Wolschendorf, Karl	0	0	
Wunderer, Eduard	0	1	Würzburg, 14.11.1988
Wunderer, Kurt	0	1	Nürnberg, 4.11.1988
Wunderlich, Ernst	1	1	Neumarkt, 7.2.1989
Zagel, Konrad	1	1	Hohenstadt, 31.1.1989
Zahn, Wilhelm	1	1	Lindau, 21.2.1989
Zehendner, Paul	0	0	
Zimmermann, Friedrich	0	0	

Weitere schriftliche und mündliche Auskünfte:

Düfel, Hans, Dr., Erlangen, 27.3.1990
Müller, Rolf, Hechendorf, 21.10.1988
Vogel, Gerhard, München, 21.10.1988
Wunderer, Hermann, Hof, 12.4.1989

II. VERÖFFENTLICHTE QUELLEN UND DARSTELLUNGEN

Titel von wissenschaftlichen Zeitschriften, Jahrbüchern, Reihen und Lexika werden nach Siegfried M. Schwertner, IATG, 2. Auflage (1992), abgekürzt.

ADAM, Uwe Dietrich: Hochschule und Nationalsozialismus. Die Universität Tübingen im Dritten Reich (Contubernium. 23). Tübingen 1977.

ALLGAIER, Walter: Die Pastoren und die Völkischen. Die Weimarer Zeit im Spiegel eines bayerischen Pfarrerblattes. In: Unser Bayern. Heimatbeilage der Bayerischen Staatszeitung, April 1990, S. 35-37.

ALT, KARL: Todeskandidaten. Erlebnisse eines Seelsorgers im Gefängnis München-Stadelheim mit zahlreichen im Hitlerreich zum Tode verurteilten Männern und Frauen. München 1946 (überarbeitete Neuauflage: Überschreiten von Grenzen. Strafgefängnis München-Stadelheim zwischen 1934 und 1945. Der evangelische Seelsorger und Zeitzeuge Karl Alt begleitet die zum Tode Verurteilten bis zu ihrer Hinrichtung. Texte, Briefe, Gespräche. München 1994).

AMTSBLATT DER EVANGELISCHEN KIRCHE IN DEUTSCHLAND. Hg. von der Kanzlei der Evangelischen Kirche in Deutschland in Hannover. 10. Jg. Hannover 1956.

AMTSBLATT FÜR DIE PROTESTANTISCHE LANDESKIRCHE IN BAYERN RECHTS DES RHEINS. Amtlich hg. vom Protestantischen Oberkonsistorium. 6. Jg. München 1919 f. Seit 8. Jg. 1921: Amtsblatt für die Evang.-Luth. Landeskirche in Bayern rechts des Rheins. Amtlich hg. vom Evang.-Luth. Landeskirchenrat. Seit 32. Jg. 1945: Amtsblatt für die Evang.-Luth. Kirche in Bayern rechts des Rheins. Seit 34. Jg. 1947: Amtsblatt für die Evang.-Luth. Kirche in Bayern.

ANDREAE, Julius/GRIESSBACH, Fritz: Die Burschenschaft der Bubenreuther 1817-1967. Erlangen 1967.

AUER, Friedrich: Das jüdische Problem. Ein wissenschaftlicher Versuch. Den Amtsbrüdern und wahrheitsliebenden Christen dargeboten von Pfarrer Auer – Geißlingen. Lorch 1921.

AUSSTELLUNG DES LANDESKIRCHLICHEN ARCHIVS. ... wo ist dein Bruder Abel? 50 Jahre Novemberpogrom. Christen und Juden in Bayern in unserem Jahrhundert (Ausstellungskataloge des Landeskirchlichen Archivs in Nürnberg. 14). Nürnberg 1988.

BAIER, Helmut: Die Deutschen Christen Bayerns im Rahmen des bayerischen Kirchenkampfes (EKGB. 46). Nürnberg 1968.

BAIER, Helmut: Kirche und Judentum in der bayerischen Landeskirche. Aspekte zum Verhalten vor und nach 1933. In: AUSSTELLUNG DES LANDESKIRCHLICHEN ARCHIVS, S. 11-21.

BAIER, Helmut: Kirche in Not. Die bayerische Landeskirche im Zweiten Weltkrieg (EKGB. 57). Neustadt an der Aisch 1979.

BAIER, Helmut: Die bayerische Landeskirche im Umbruch 1931-1934. In: Kirche und Nationalsozialismus. Zur Geschichte des Kirchenkampfes (TutzT. Sonderband 1). München 1969, S.31-86.

BAIER, Helmut: Pfarrer gegen Judenpogrome (Tafel 12). In: AUSSTELLUNG DES LANDESKIRCHLICHEN ARCHIVS, S. 103-110.

BAIER, Helmut: Der Pfarrerverein im „Dritten Reich". In: Kreßel, Konrad/Weber, Klaus (Hg.): 100 Jahre Pfarrer- und Pfarrerinnenverein in Bayern. 1891-1991. Stationen und Aufgaben. Nürnberg 1991, S. 34-44.

BAIER, Helmut/HENN, Ernst: Chronologie des bayerischen Kirchenkampfes 1933-1945 (EKGB. 47). Nürnberg 1969.

BAUM, Friedrich: Das evang.-luth. Pfarrhaus in Bayern r.d.Rh. In: Evangelische Pfarrerfamilienstatistik. 9. Bayern r.d.Rh. (Hefte zur evang. Kirchenstatistik. 11). Berlin 1937, o. P.

BAUMGÄRTEL, Friedrich: Wider die Kirchenkampf-Legenden. 2. Auflage. Neuendettelsau 1959.

BECKER, Karl-Heinz: Siebenkittel. Ein Kampf ums Recht. In: ZBKG 42, 1973, S. 260-324.

BESIER, Gerhard: Evangelische Kirche und Entnazifizierung in Hannover. Das britische Beispiel. In: Besier, Gerhard: Die evangelische Kirche in den Umbrüchen des 20. Jahrhunderts. Gesammelte Aufsätze. Bd. 2 (Historisch-Theologische Studien zum 19. und 20. Jahrhundert. 5/2). Neukirchen-Vluyn 1994, S. 13-41.

BESIER, Gerhard: „Selbstreinigung" unter britischer Besatzungsherrschaft. Die Evangelisch-lutherische Landeskirche Hannovers und ihr Landesbischof Marahrens 1945-1947 (SKGNS. 27). Göttingen 1986.

BESIER, Gerhard/SAUTER, Gerhard: Wie Christen ihre Schuld bekennen. Die Stuttgarter Schulderklärung 1945. Göttingen 1985.

BEYSCHLAG, Karlmann: In Sachen Althaus/Elert – Einspruch gegen Berndt Hamm. In: HoLiKo. NF 8, 1990/91, S. 153-172.

BEYSCHLAG, Karlmann: Die Erlanger Theologie (EKGB. 67). Erlangen 1993.

BLENDINGER, Hermann: Bruderschaft gegen die Ohnmacht. Sechzig Jahre Bayerische Pfarrerbruderschaft. In: KORRESPONDENZBLATT 109, 1994, S. 113-115; 134-137.

BLESSING, Werner K.: Kirchengeschichte in historischer Sicht. Bemerkungen zu einem Feld zwischen den Disziplinen. In: A. DOERING-MANTEUFFEL/K. NOWAK (Hg.), Zeitgeschichte, S. 14-59.

BLESSING, Werner K.: Kirchenglocken für Eisner? In: JFLF. 53, 1992, S. 403-420.

BLOHN, Fritz von: Die Entwicklung des höheren Knabenschulwesens in Bayern von 1902-1931 (Pädagogische Reihe. 15). München; Berlin 1931.

BOHRER, Hermann: 100 Jahre Pfarrwaisenhaus Windsbach. Festschrift. Windsbach 1937.

BORMANN-HEISCHKEIL, Sigrid: Die soziale Herkunft der Pfarrer und ihrer Ehefrauen. In: M. GREIFFENHAGEN (Hg.), Pfarrhaus, S. 149-174.

BRAKELMANN, Günter: Kirche in Konflikten ihrer Zeit. Sechs Einblicke. München 1981.

BRAKELMANN, Günter (Hg.): Kirche im Krieg. Der deutsche Protestantismus am Beginn des Zweiten Weltkriegs (SKZG. 1/2). 2. Auflage. München 1980.

BRAUN, Hannelore: Hans Meiser. In: NDB. 16, 1990, Sp. 687-689.

BRAUN, Hannelore/NICOLAISEN, Carsten (Bearb.): Verantwortung für die Kirche. Stenographische Aufzeichnungen und Mitschriften von Landesbischof Hans Meiser 1933-1955. Bd. 1: Sommer 1933 bis Sommer 1935 (AKZG. A 1). Göttingen 1985; Bd. 2: Herbst 1935 bis Frühjahr 1937 (AKZG. A 4). Göttingen 1993.

BREUER, Thomas: Kirchliche Opposition im NS-Staat. Eine Basisperspektive. In: G. HEYDEMANN/L. KETTENACKER (Hg.), Kirchen, S. 297-312.

BROSZAT, Martin: Zur Lage der evangelischen Kirchengemeinden. In: M. BROSZAT/E. FRÖHLICH/F. WIESEMANN (Hg.), Bayern, Bd. 1, S. 369-425.

BROSZAT, Martin: Ein Landkreis in der Fränkischen Schweiz. Der Bezirk Ebermannstadt 1929-1945. In: M. BROSZAT/E. FRÖHLICH/F. WIESEMANN (Hg.), Bayern, Bd. 1, S. 20-192.

BROSZAT, Martin/FRÖHLICH, Elke/WIESEMANN, Falk (Hg.): Bayern in der NS-Zeit. Bd. 1: Soziale Lage und politisches Verhalten der Bevölkerung im Spiegel vertraulicher Berichte. München; Wien 1977.

BRUNSTÄD, Friedrich: Völkisch-nationale Erneuerung. Berlin 1921.

BUCHHAAS-BIRKHOLZ, Dorothee (Bearb.): „Zum politischen Weg unseres Volkes". Politische Leitbilder und Vorstellungen im deutschen Protestantismus 1945-1952. Eine Dokumentation (Veröffentlichung der Kommission für Geschichte des Parlamentarismus und der politischen Parteien). Düsseldorf 1989.

BÜHLER, Anne Lore: Der Kirchenkampf im evangelischen München. Die Auseinandersetzung mit dem Nationalsozialismus und seinen Folgeerscheinungen im Bereich des Evang.-Luth. Dekanates München 1923-1950. Ein Kapitel der Geschichte des Evang.-Luth. Dekanates München (EKGB. F 5). Nürnberg 1974.

BURGER, Annemarie: Ergebnisse der Pfarrerfamilienstatistik für die Evang.-Luth. Kirche in Bayern. In: NACHRICHTEN 1954, S. 126-128.

BURGER, Annemarie: Die Herkunft der Pfarrer nach Ausbildung und Beruf der Väter verglichen mit den Theologiestudierenden des Wintersemesters 1954/55. In: KJ. 82, 1955, S. 398-402.

BURGER, Annemarie: Pfarrerfamilienstatistik. In: KJ. 80, 1953, S. 396-436.

DAHM, Karl-Wilhelm: Beruf: Pfarrer. Empirische Aspekte zur Funktion von Kirche und Religion in unserer Gesellschaft. München 1971.

DAHM, Karl-Wilhelm: Pfarrer III. Statistisch und soziologisch. In: RGG³. 5, 1961, Sp. 283-289.

DAHM, Karl-Wilhelm: Pfarrer und Politik. Soziale Position und politische Mentalität des deutschen evangelischen Pfarrerstandes zwischen 1918 und 1933 (Dortmunder Schriften zur Sozialforschung. 29). Köln; Opladen 1965.

DAUMILLER, Oscar: Geführt im Schatten zweier Kriege. Bayerische Kirchengeschichte selbst erlebt. München 1961.

DEHMEL, Alfred: Das deutsche evangelische Pfarrhaus. In: Evangelische Pfarrerfamilienstatistik. 20. Deutschland (Altreich) (Hefte zur evangelischen Kirchenstatistik. 22). Berlin 1941, S. 13-31.

DEUTSCHE HOCHSCHULSTATISTIK. Mit textlichen Erläuterungen und graphischen Darstellungen. Hg. von den Hochschulverwaltungen. Bd. 1-9. Berlin 1928-1933.

DIE BEVÖLKERUNG DES REICHS, DER REICHSTEILE, DER GRÖSSEREN UND KLEINEREN VERWALTUNGSBEZIRKE, DER GAUE DER NSDAP SOWIE DER GROSSTÄDTE NACH DER RELIGIONSZUGEHÖRIGKEIT AUF GRUND DER VOLKSZÄHLUNG VOM 17. MAI 1939. Sonderbeilage zu Wirtschaft und Statistik 21, 1941. Berlin 1941.

DIETZFELBINGER, Hermann: Veränderung und Beständigkeit. Erinnerungen. München 1984.

DINTER, Artur: Das Evangelium unseres Herrn und Heilandes Jesus Christus nach den Berichten des Johannes, Markus, Lukas und Matthäus im Geiste der Wahrheit, neu übersetzt und bearbeitet. Langensalza 1923.

DISTLER, Ulrich/KOLDER, Johann/MESTEL, Bernhard/SCHOLZ, Wilfried/SCHRÖTTEL, Gerhard: Zwischen Anpassung und Widerstand. Evangelische Kirche in der Auseinandersetzung mit dem Nationalsozialismus (Institut für Lehrerfortbildung Heilsbronn. Entwürfe und Materialien für den Religions- und Geschichtsunterricht). Heilsbronn 1988.

DOERING-MANTEUFFEL, Anselm/MEHLHAUSEN, Joachim (Hg.): Christliches Ethos und der Widerstand gegen den Nationalsozialismus in Europa. Mit Beiträgen von Joachim Mehlhausen u.a. (KoGe. 9). Stuttgart; Berlin; Köln 1995.

DOERING-MANTEUFFEL, Anselm/NOWAK, Kurt (Hg.): Kirchliche Zeitgeschichte. Urteilsbildung und Methoden. Mit Beiträgen von Werner K. Blessing u.a. (KoGe. 8). Stuttgart; Berlin; Köln 1996.

DOLLINGER, Robert: Das Evangelium in Regensburg. Eine evangelische Kirchengeschichte. Regensburg 1959.

EBERHARD, Ernst: Kirchenvolk und Kirchlichkeit. Eine Untersuchung über evangelische Kirchenzugehörigkeit mit besonderer Berücksichtigung der Evangelisch-Lutherischen Landeskirche Bayerns in der Nachkriegszeit. Erlangen 1938.

EGGER, Alois (Bearb.): Das Schulwesen in Bayern (Beiträge zur Statistik Bayerns. 118). München 1930.

ELERT, Werner: Zwischen Gnade und Ungnade. Abwandlungen des Themas Gesetz und Evangelium. München 1948.

EMMERT, Friedrich: „Laßt uns auf sein und bauen". Predigt am Feiertag der nationalen Arbeit, dem 1. Mai 1933, in der Martinskirche zu Memmingen. Memmingen o.J. (1933).

ENDRES, Rudolf: Hans Schemm (1891-1935). In: Wendehorst, Alfred (Hg.): Fränkische Lebensbilder. Neue Folge der Lebensläufe aus Franken. Bd. 15. Neustadt an der Aisch 1993, S. 265-284.

EPPELEIN, Friedrich: Das Neuendettelsauer Missionswerk und seine vier Arbeitsgebiete. Bericht 1933 der Gesellschaft für innere und äußere Mission im Sinne der Lutherischen Kirche. Neuendettelsau 1933.

ERICKSEN, Robert P.: Theologen unter Hitler. Das Bündnis zwischen evangelischer Dogmatik und Nationalsozialismus. Aus dem Amerikanischen von Annegrete Lösch. München; Wien 1986.

FALTER, Jürgen W.: Hitlers Wähler. München 1991.

FALTER, Jürgen W./LINDENBERGER, Thomas/SCHUMANN, Siegfried: Wahlen und Abstimmungen in der Weimarer Republik. Materialien zum Wahlverhalten 1919-1933 (Statistische Arbeitsbücher zur neueren deutschen Geschichte). München 1986.

FANDEL, Thomas: Konfession und Nationalsozialismus. Evangelische und katholische Pfarrer in der Pfalz 1930-1939 (VKZG. B 76). Paderborn; München; Wien; Zürich 1997.

FAUST, Anselm: Der Nationalsozialistische Deutsche Studentenbund. Studenten und Nationalsozialismus in der Weimarer Republik. Bd. 1-2 (GuG). Düsseldorf 1973.

FEIGE, Franz G. M.: The Varieties of Protestantism in Nazi Germany. Five Theopolitical Positions (TST. 50). Lewiston; Queenston; Lampeter 1990.

FLEISCHMANN-BISTEN, Walter: Der Evangelische Bund in der Weimarer Republik und im sog. Dritten Reich (1918-1945). In: Fleischmann-Bisten, Walter/Grote, Heinz: Protestanten auf dem Wege. Geschichte des Evangelischen Bundes (BenshH. 65). Göttingen 1986, S. 85-163.

FRANZE, Manfred: Die Erlanger Studentenschaft von 1918-1945 (Darstellungen aus der· fränkischen Geschichte. 30). Würzburg 1972.

FRIEDRICHS, Jürgen: Methoden empirischer Sozialforschung. Reinbek 1973.

FRÖHLICH, Elke/BROSZAT, Martin: Politische und soziale Macht auf dem Lande. Die Durchsetzung der NSDAP im Kreis Memmingen. In: VZG 25, 1977, S. 546-572.

FROMM, Hubert: Die Coburger Juden. Geschichte und Schicksal. Coburg 1990.

FÜHRERLEXIKON. Das deutsche Führerlexikon 1934/35. Berlin 1934.

GEISENDÖRFER, Robert: Aus dem Leben und Wirken unserer Landeskirche. In: NACHRICHTEN 1948, S. 149-150.

GENUNEIT, Jürgen: Methodische Probleme der quantitativen Analyse früher NSDAP-Mitgliederlisten. In: R. MANN (Hg.), Nationalsozialisten, S. 34-66.

GERLACH-PRAETORIUS, Angelika: Die Kirche vor der Eidesfrage. Die Diskussion um den Pfarrereid im „Dritten Reich" (AGK. 18). Göttingen 1967.

GEUDER, Karl: Ein Kampf um den Glauben. Wie ich die Bekennende Kirche erlebte. Erinnerungen und Dokumente aus der Zeit des „Dritten Reiches". Schweinfurt 1982.

GRASS, Hans: Paul Althaus. In: TRE. 2, 1978, S. 329-337.

GREIFFENHAGEN, Martin (Hg.): Das evangelische Pfarrhaus. Eine Kultur- und Sozialgeschichte. Stuttgart 1984.

GRESCHAT, Martin: Die Bedeutung der Sozialgeschichte für die Kirchengeschichte. Theoretische und praktische Erwägungen. In: A. DOERING-MANTEUFFEL/K. NOWAK (Hg.), Zeitgeschichte, S. 101-124.

GRESCHAT, Martin (Hg.): Die Schuld der Kirche. Dokumente und Reflexionen zur Stuttgarter Schulderklärung vom 18./19. Oktober 1945. In Zusammenarbeit mit Christiane Bastert (SKZG. 4). München 1982.

GRIESSBACH, Wilhelm: Bayerischer Beistand für Ostpreußen. In: H. WINTER (Hg.), Kanzel, S. 109-114.

GRÜNZINGER, Gertraud/NICOLAISEN, Carsten (Bearb.): Dokumente zur Kirchenpolitik des Dritten Reiches. Bd. III: 1935-1937. Gütersloh 1994.

GUTH, Klaus: Konfessionsgeschichte in Franken. 1555-1955. Politik, Religion, Kultur. Bamberg 1990.

HAAS, Karl Eduard: Die Evangelisch-Reformierte Kirche in Bayern. Ihr Wesen und ihre Geschichte. 2. Auflage. Neustadt an der Aisch 1982.

HÄUSLER, Michael: „Dienst an Kirche und Volk". Die Deutsche Diakonenschaft zwischen beruflicher Emanzipation und kirchlicher Formierung (1913-1947) (KoGe. 6). Stuttgart; Berlin; Köln 1995.

HAMBRECHT, Rainer: Der Aufstieg der NSDAP in Mittel- und Oberfranken 1925-1933 (Nürnberger Werkstücke zur Stadt- und Landesgeschichte. 17). Nürnberg 1976.

HAMM, Berndt: Der Christ als „Bürger zweier Welten". Werner Elerts Stellung zum Nationalsozialismus. In: WEHrmut 1, 1992. Sonderheft: Werner Elert. Erlangen 1992, S. 5-24.

HAMM, Berndt: Schuld und Verstrickung der Kirche. Vorüberlegungen zu einer Darstellung der Erlanger Theologie in der Zeit des Nationalsozialismus. In: Stegemann, Wolfgang (Hg.): Kirche und Nationalsozialismus. 2. Auflage. Stuttgart; Berlin; Köln 1992, S. 13-49.

HASS, Otto: Hermann Strathmann. Christliches Denken und Handeln in bewegter Zeit. Bamberg 1993.

HECKEL, Friedrich (Hg.): 50 Jahre Auferstehungskirche Lohr/Main. Lohr am Main 1984.

HEIBER, Helmut: Universität unterm Hakenkreuz. Teil 1: Der Professor im Dritten Reich. Bilder aus der akademischen Provinz. Teil 2: Die Kapitulation der Hohen Schulen. Das Jahr 1933 und seine Themen. Bd. 1-2 München; London; New York; Paris 1991; 1992; 1994.

HEIN-JANKE, Ewald: Protestantismus und Faschismus nach der Katastrophe (1945-1949). Stuttgart 1982.

HELLFELD, Matthias von: Bündische Jugend und Hitlerjugend. Zur Geschichte von Anpassung und Widerstand 1930-1939 (Edition Archiv der deutschen Jugendbewegungen. 3). Köln 1987.

HENKE, Klaus-Dietmar: Die Trennung vom Nationalsozialismus. Selbstzerstörung, politische Säuberung, „Entnazifizierung", Strafverfolgung. In: K.-D. HENKE/H. WOLLER (Hg.), Säuberung, S. 21-83.

HENKE, Klaus-Dietmar/WOLLER, Hans (Hg.): Politische Säuberung in Europa. Die Abrechnung mit Faschismus und Kollaboration nach dem Zweiten Weltkrieg. München 1991.

HENN, Ernst: Führungswechsel, Ermächtigungsgesetz und das Ringen um eine neue Synode im bayerischen Kirchenkampf. In: ZBKG 43, 1974, S. 325-443.

HENN, Ernst: Die bayerische Volksmission im Kirchenkampf. In: ZBKG 38, 1969, S. 1-106.

HERMAN, Stewart W.: The Rebirth of the German Church. New York; London 1946.

HERMELINK, Heinrich (Hg.): Kirche im Kampf. Dokumente des Widerstands und des Aufbaus in der Evangelischen Kirche Deutschlands von 1933 bis 1945. Tübingen; Stuttgart 1950.

HETZER, Gerhard: Kulturkampf in Augsburg 1933-1945. Konflikte zwischen Staat, Einheitspartei und christlichen Kirchen am Beispiel einer deutschen Stadt (Abhandlungen zur Geschichte der Stadt Augsburg. 28). Augsburg 1982.

HEYDEMANN, Günther/KETTENACKER, Lothar (Hg.): Kirchen in der Diktatur. Drittes Reich und SED-Staat. Fünfzehn Beiträge. Göttingen 1993.

HILDMANN, Gerhard: Pressearbeit in schwieriger Zeit. In: 50 Jahre Evangelischer Presseverband für Bayern. Publizistik als Aufgabe der Kirche. München 1983, S. 52-55.

HÖCHSTÄDTER, Walter: Durch den Strudel der Zeiten geführt. Ein Bericht über meinen Weg von der Monarchie und der Weimarer Republik durch das Dritte Reich und den Zweiten Weltkrieg. 2. Auflage. Bubenreuth 1985.

HOEFLER, Konrad: Protestantismus und völkische Bewegung. Nürnberg 1924.

HÖHNE, Ernst: Die Bubenreuther. Erlangen 1936.

IHLE, Werner: Zeit des Wandels – Zeit der Uttenruthia. 150 Jahre Uttenruthia im Bild. 150 Jahre nichtschlagende Studentenverbindungen in Deutschland. Erlangen 1986.

JAMIN, Mathilde: Zwischen den Klassen. Zur Sozialstruktur des SA-Führerschaft. Wuppertal 1984.

JAHRESBERICHT ÜBER DAS ALLGEMEINE PROTESTANTISCHE PFARRWAISENHAUS FÜR BAYERN D. D. RHEINS IN WINDSBACH. Windsbach 1919 ff.

JAHRESBERICHT ÜBER DAS GYMNASIUM ANSBACH. Ansbach 1919 ff.

JAHRESBERICHT ÜBER DAS GYMNASIUM BEI ST. ANNA IN AUGSBURG. Augsburg 1919 ff.

JAIDE, Walter: Generationen eines Jahrhunderts. Wechsel der Jugendgenerationen im Jahrhunderttrend. Zur Geschichte der Jugend in Deutschland von 1871 bis 1985. Opladen 1988.

JANSEN, Eva: Die soziale Herkunft der Studenten an den bayerischen Universitäten. In: Zeitschrift des Bayerischen Statistischen Landesamts 59, 1927, S. 449-484.

JANZ, Oliver: Zwischen Amt und Profession. Die evangelische Pfarrerschaft im 19. Jahrhundert. In: Siegrist, Hannes (Hg.): Bürgerliche Berufe. Zur Sozialgeschichte der freien und akademischen Berufe im internationalen Vergleich. Acht Beiträge (KSGW. 80). Göttingen 1988, S. 174-199.

JASPER, Gotthard: Die Universität in der Weimarer Republik und im Dritten Reich. In: H. KÖSSLER (Hg.), Friedrich-Alexander-Universität, S. 793-838.

JORDAN, Hermann: Von Deutscher Not und Deutscher Zukunft. Gedanken und Aufsätze. Leipzig; Erlangen 1922.

JÜNGEL, Eberhard: Karl Barth. In: TRE. 5, 1980, S. 251-268.

KADNER, Siegfried (Hg.): Jahrbuch für die evangelisch-lutherische Landeskirche Bayerns. 18.-20. Jg. München 1920-1926; 21. Jg. Rothenburg ob der Tauber 1927.

KAISER, Jochen-Christoph/GRESCHAT, Martin (Hg.): Holocaust und die Protestanten. Analysen einer Verstrickung (KoGe. 1). Frankfurt am Main 1988.

KANTZENBACH, Friedrich Wilhelm: Der Einzelne und das Ganze. Teil I: Pfarrerschaft und Kirchenleitung in Bayern in der Auseinandersetzung mit dem Nationalsozialismus (1930-1934). In: ZBKG 47, 1978, S. 106-228.

KANTZENBACH, Friedrich Wilhelm: Theologie in Franken. Der Beitrag einer Region zur europäischen Theologiegeschichte. Saarbrücken 1988.

KANTZENBACH, Friedrich Wilhelm: Widerstand und Solidarität der Christen Deutschlands 1933-1945. Eine Dokumentation zum Kirchenkampf aus den Papieren des D. Wilhelm Freiherrn von Pechmann (EKGB. 51). Neustadt an der Aisch 1971.

KARL, Willibald: Jugend, Gesellschaft und Politik im Zeitraum des Ersten Weltkrieges. Zur Geschichte der Jugendproblematik der deutschen Jugendbewegung im ersten Viertel des 20. Jahrhunderts unter besonderer Berücksichtigung ihrer gesellschaftlichen und politischen Relationen und Entwicklungen in Bayern (Miscellanea Bavarica Monacensia. 48). München 1973.

KATER, Michael H.: Bürgerliche Jugendbewegung und Hitlerjugend in Deutschland von 1926 bis 1939. In: ASozG. 18, 1977, S. 127-174.

KATER, Michael H.: The Nazi Party. A Social Profile of Members and Leaders 1919-1945. Cambridge/Massachusetts 1983.

KATER, Michael H.: Studentenschaft und Rechtsradikalismus in Deutschland 1918-1933. Eine sozialgeschichtliche Studie zur Bildungskrise in der Weimarer Republik (Historische Perspektiven. 1). Hamburg 1975.

KATER, Michael H.: Methodologische Überlegungen über Möglichkeiten und Grenzen einer Analyse der sozialen Zusammensetzung der NSDAP von 1925 bis 1945. In: R. MANN (Hg.), Nationalsozialisten, S. 155-185.

KELLER, Karl: Die soziale Schichtung der Studierenden an den deutschen wissenschaftlichen Hochschulen. In: DEUTSCHE HOCHSCHULSTATISTIK Sommerhalbjahr 1928, S. XI-XIV.

KERN, Helmut: Das Arbeitsgebiet in der Heimat. Die Neuendettelsauer Volksmission. In: F. EPPELEIN, Missionswerk, S. 16-40.

KERSHAW, Ian: Der Hitler-Mythos. Volksmeinung und Propaganda im Dritten Reich. Mit einer Einführung von Martin Broszat (VZG. S 41). Stuttgart 1980.

KERSHAW, Ian: Der NS-Staat. Geschichtsinterpretationen und Kontroversen im Überblick. Reinbeck 1994.

KIRCHLICHES JAHRBUCH. Hg. und begründet von Johannes Schneider. 40.-59. Jg. Berlin 1913-1932.

KIRCHLICHES JAHRBUCH FÜR DIE EVANGELISCHE KIRCHE IN DEUTSCHLAND. Hg. von Joachim Beckmann. 60.-71. Jg. 1933-1944. 2. Auflage. Gütersloh 1976; 72.-75. Jg. 1945-1948. Gütersloh 1950; 76. Jg. 1949. Gütersloh 1950; 77. Jg. 1950. Gütersloh 1951; 78. Jg. 1951. Gütersloh 1952; 80. Jg. 1953. Gütersloh 1954; 82. Jg. 1955. Gütersloh 1956.

KLAPPERT, Bertold: Bekennende Kirche in ökumenischer Verantwortung. Die gesellschaftliche und ökumenische Bedeutung des Darmstädter Wortes (ÖEH. 4). München 1988.

KLINGLER, Fritz (Hg.): Dokumente zum Abwehrkampf der deutschen evangelischen Pfarrerschaft gegen Verfolgung und Bedrückung 1933-1945. Nürnberg 1946.

KÖNIG, Hans: Burschen, Knoten und Philister. Erlanger Studentenleben von 1743 bis 1983. Nürnberg 1983.

KOEPPEN, Wolfhart: 50 Jahre Evangelisch-reformierte Gemeinde München 1926 bis 1976. Geschichte und Vorgeschichte. München 1976.

KÖSSLER, Henning (Hg.): 250 Jahre Friedrich-Alexander-Universität Erlangen-Nürnberg. Festschrift (ErF. Sonderreihe 4). Neustadt an der Aisch 1993.

KORRESPONDENZBLATT FÜR DIE EVANGELISCH-LUTHERISCHEN GEISTLICHEN IN BAYERN R.D.RH. Organ des Pfarrervereins der Evangelisch-Lutherischen Kirche in Bayern r.d.Rh. Hg. im Auftrage des Pfarrervereins von Wilhelm Ferdinand Schmidt. 55.-64. Jg. Nördlingen 1930-1939. Seit 65. Jg. 1950: Korrespondenzblatt für die evangelisch-lutherischen Geistlichen in Bayern. Zugleich Organ des Pfarrervereins und des Wirtschaftsverbandes der evangelischen Geistlichen. Seit 67. Jg. 1952: Korrespondenzblatt. Hg. vom Pfarrerverein in der Evangelisch-Lutherischen Kirche in Bayern.

KREMMEL, Paul: Pfarrer und Gemeinden im evangelischen Kirchenkampf in Bayern bis 1939. Mit besonderer Berücksichtigung der Ereignisse im Bereich des Bezirksamts Weißenburg in Bayern (SNKG. 1). Lichtenfels 1987.

KRENN, Dorit-Maria: Die christliche Arbeiterbewegung in Bayern vom Ersten Weltkrieg bis 1933 (VKZG. B 57). Mainz 1991.

KRODEL, Karl: Bericht über Verein und Philisterverband von 1910-1960. In: Zum 100jähri-gen Stiftungsfest des Theologischen Studentenvereins Erlangen und 60jährigen Jubiläum des Philisterverbandes Th.St.V. Erlangen. Erlangen 1960, S. 12-15.

KUCERA, Zdenek: Karl Heim. In: TRE. 14, 1985, S. 774-777.

KÜBEL, Johannes: 100 Jahre Uttenruthia. 1836-1936. Erlangen 1951.

KÜHNEL, Franz: Hans Schemm. Gauleiter und Kultusminister (1891-1935) (Nürnberger Werkstücke zur Stadt- und Landesgeschichte. 37). Nürnberg 1985.

KÜKENTHAL, Georg: Der Weg der selbständigen Coburger Landeskirche in die bayerische Landeskirche. In: Jahrbuch der Coburger Landesstiftung 16, 1971, S. 227-244.

KÜNNETH, Walter: Der große Abfall. Eine geschichtstheologische Untersuchung der Begeg-nung zwischen Nationalsozialismus und Christentum. Hamburg 1947.

KÜNNETH, Walter: Lebensführungen. Der Wahrheit verpflichtet. Wuppertal 1979.

KUESSNER, Dietrich: Landesbischof Dr. Helmuth Johnsen. Nationaler Lutheraner und Bischof der Mitte in Braunschweig (AGBELL. 1). Büddenstedt 1982.

KUHR, Georg: Julius Schieder 1888-1964, In: Fränkische Lebensbilder. Bd. 6. Würzburg 1975, S. 290-314.

KUNZE, Rolf-Ulrich: Theodor Heckel. 1894-1967. Eine Biographie (KoGe. 13). Stuttgart; Berlin; Köln 1997.

LANDESSYNODE. Die Landessynode in Ansbach. 9. bis 13. Juli 1946. Hg. vom Evang. Presse-verband für Bayern in München. München 1946.

LAUTER, Konrad: Kirchliche Rundschau für Bayern r. d. Rh. 1918/20. In: S. KADNER (Hg.), Jahrbuch 1919/20, S. 139-179; 1920/21. In: S. KADNER (Hg.), Jahrbuch 1921/22, S. 88-123; 1922 ff. In: S. KADNER (Hg.), Jahrbuch 1925/26, S. 131-157.

LEIPZIGER, Karl (Hg.): Helfen in Gottes Namen. Lebensbilder aus der Geschichte der bayeri-schen Diakonie. München 1986.

LIEDTKE, Max (Hg.): Handbuch der Geschichte des bayerischen Bildungswesens. Bd. 3: Ge-schichte der Schule in Bayern von 1918 bis 1990. Bad Heilbrunn 1997.

LOEWENICH, Walter von: Erlebte Theologie. Begegnungen. Erfahrungen. Erwägungen. Mün-chen 1979.

LOY, Friedrich: Hermann Lembert (1862-1933). In: Evangelische Diaspora in München und Altbayern. Geschichte und Gestalten. München o.J., S. 99-104.

MANN, Reinhard: Einleitung. In: R. MANN (Hg.), Nationalsozialisten, S. 9-18.

MANN, Reinhard (Hg.): Die Nationalsozialisten. Analysen faschistischer Bewegungen (Histo-risch-sozialwissenschaftliche Forschungen. 9). Stuttgart 1980.

MARHOLD, Wolfgang: Die soziale Stellung des Pfarrers. Eine sozialgeschichtlich und empirisch orientierte Skizze. In: M. GREIFFENHAGEN (Hg.), Pfarrhaus, S. 175-194.

MASER, Hugo: Die Evangelisch-Lutherische Kirche in Bayern rechts des Rheins zur Zeit der Weimarer Republik 1918-1933. Ein geschichtlicher Überblick. München 1990.

MASER, Hugo: Evangelische Kirche im demokratischen Staat. Der bayerische Kirchenvertrag von 1924 als Modell für das Verhältnis von Staat und Kirche. München 1983.

MASER, Werner: Der Sturm auf die Republik. Frühgeschichte der NSDAP. Frankfurt am Main; Berlin; Wien 1981.

MASSMANN, Paul: Die Kuhkette vor der Pfarrhaustür. Vor fünfzig Jahren: Kirchenkampf in Aschbach. In: Sonntagsblatt Oberfranken. 17.4.1988, S. I f.

MEDICUS, Erich: Als Schüler in Windsbach 1913 bis 1919. In: Windsbacher Blätter 25/26, 1989/90, S. 25-30.

MEHLHAUSEN, Joachim (Hg.): ... und über Barmen hinaus. Studien zur Kirchlichen Zeitgeschichte. Festschrift für Carsten Nicolaisen zum 4. April 1994 (AKZG. B 23). Göttingen 1995.

MEHLHAUSEN, Joachim: Nationalsozialismus und Kirchen. In: TRE. 24, 1994, S. 43-78.

MEHLHAUSEN, Joachim: Die Wahrnehmung von Schuld in der Geschichte. Ein Beitrag über frühe Stimmen in der Schulddiskussion nach 1945. In: J. MEHLHAUSEN (Hg.), Barmen, S. 471-498.

MEIER, Kurt: Die Theologischen Fakultäten im Dritten Reich (de Gruyter Studienbuch). Berlin; New York 1996.

MEIER, Kurt: Der evangelische Kirchenkampf. Bd. 1: Der Kampf um die ‚Reichskirche‘; Bd. 2: Gescheiterte Neuordnungsversuche im Zeichen staatlicher ‚Rechtshilfe‘; Bd. 3: Im Zeichen des zweiten Weltkrieges. Halle an der Saale; Göttingen 1976; 1984.

MEIER, Kurt: Kreuz und Hakenkreuz. Die evangelische Kirche im Dritten Reich. München 1992.

MEIER-REUTTI, Gerhard: Politik der Unpolitischen. Kirchliche Presse zwischen Theologie und Gemeinde (EPF. 3). Bielefeld 1976.

MEINZOLT, Hans: Die Gemeinden der bayerischen Landeskirche im Kirchenkampf. In: NACHRICHTEN 17, 1962, S. 66-68.

MEISER, Hans: Festpredigt. In: Das Pfarrwaisenhaus Windsbach 1937-1950. Windsbach 1950, S. 2-6.

MEISER, Martin: Paul Althaus als Neutestamentler. Eine Untersuchung seiner Werke, Briefe, unveröffentlichten Manuskripte und Randbemerkungen (CThM. A 15). Stuttgart 1993.

MEISIEK, Cornelius Heinrich: Evangelisches Theologiestudium im Dritten Reich (EHS. T 481). Frankfurt am Main; Berlin; Bern; New York; Paris; Wien 1993.

MELZER, Karl-Heinrich: Der Geistliche Vertrauensrat. Geistliche Leitung für die Deutsche Evangelische Kirche im Zweiten Weltkrieg? (AKZG. B 17). Göttingen 1991.

MENSING, Björn: „Hitler hat eine göttliche Sendung". Münchens Protestantismus und der Nationalsozialismus. In: Mensing, Björn/Prinz, Friedrich (Hg.): Irrlicht im leuchtenden München? Der Nationalsozialismus in der „Hauptstadt der Bewegung". Regensburg 1991, S. 92-123.

MENSING, Björn: Der Kirchenkampf in der oberbayerischen Diaspora. Eine Fallstudie. In: EvTh 51, 1991, S. 197-201.

MENSING, Björn: „Ohne jede Rücksicht auf etwaige schlimme Folgen". Walter Hildmanns Gautinger Kirchenkampf 1936-1939. In: J. MEHLHAUSEN (Hg.), Barmen, S. 334-341.

MERZ, Georg: Briefe vom 16.2.1922 und vom 2.9.1924. In: Weihnachtsgruß 1969 des Chr. Kaiser Verlages. München 1969, o.P.

MERZ, Georg: Was ich dem Münchener Predigerseminar verdanke. In: Daumiller, Oskar (Hg.): Das Predigerseminar in München. Festschrift anläßlich seines hundertjährigen Bestehens (1834-1934). München 1934, S. 51-90.

MERZ, Georg: Zur Münchner Tagung des Evangelischen Bundes. In: ChW 38, 1924, Sp. 803-805.

MEYER, Manfred: Vorra. Ein Heimatbuch. Vorra 1978.

MILDENBERGER, Friedrich/SEITZ, Manfred (Hg.): Gott mehr gehorchen. Kolloquium zum 80. Geburtstag von Karl Steinbauer. München 1986.

MÜLLER, Christine-Ruth/SIEMEN, Hans-Ludwig: Warum sie sterben mußten. Leidensweg und Vernichtung von Behinderten aus den Neuendettelsauer Pflegeanstalten im „Dritten Reich" (EKGB. 66). Neustadt an der Aisch 1991.

MÜNCHENBACH, Siegfried: Die Evangelische Landeskirche zwischen Anpassung und Widerstand. In: Widerstand gegen den Nationalsozialismus (Akademiebericht. 133). Dillingen 1988, S. 246-279.

MÜNCHENER JAHRBUCH. Ein Hand- und Nachschlagebuch für Büro, Kontor und Haus nebst Kalender. Hg. v. Wilhelm Morgenroth. 44. Jg. München 1933.

MUSTER, Kirsten: Die Reinigung der Evangelischen Landeskirche in Baden 1945-1950. Diss. Kiel 1989.

NACHRICHTEN FÜR DIE EVANG.-LUTH. GEISTLICHEN IN BAYERN. Im Auftrage des Evangelisch-Lutherischen Landeskirchenrates hg. vom Evangelischen Presseverband für Bayern, 1. Jg. München 1946 ff. Seit 6. Jg. 1951: Nachrichten der Evangelisch-Lutherischen Landeskirche in Bayern. Im Auftrage des Evangelisch-Lutherischen Landeskirchenrates hg. vom Verlag des Evangelischen Presseverbands für Bayern. Seit 8. Jg. 1953: Nachrichten der Evangelisch-Lutherischen Kirche in Bayern. Im Auftrage des Evangelisch-Lutherischen Landeskirchenrates hg. vom Verlag des Evangelischen Presseverbands für Bayern.

NICOL, Christian: Erinnerungen an Dr. Christian Lehmann. In: Windsbacher Blätter 1, 1964, S. 7.

NICOLAISEN, Carsten (Bearb.): Dokumente zur Kirchenpolitik des Dritten Reiches. Bd. I: 1933; Bd. II: 1934/35. München 1971; 1975.

NICOLAISEN, Carsten: Bischof Hans Meiser (1881-1956). Ein konservativer Lutheraner in den Herausforderungen des Nationalsozialismus. In: Haberer, Johanna (Hg.): Er liebte seine Kirche. Bischof Hans Meiser und die bayerische Landeskirche im Nationalsozialismus. München 1996, S. 16-60.

NICOLAISEN, Carsten: Zwischen Theologie und Geschichte. Zur „kirchlichen Zeitgeschichte" heute. In: EvErz 42, 1990, S. 410-419.

NICOLAISEN, Carsten: Der Weg nach Barmen. Die Entstehungsgeschichte der Theologischen Erklärung von 1934. Neukirchen-Vluyn 1985.

NICOLAISEN, Carsten/SCHULZE, Nora Andrea (Bearb.): Die Protokolle des Rates der Evangelischen Kirche in Deutschland. Bd. 1: 1945/46 (AKZG. A 5). Göttingen 1995.

NIETHAMMER, Lutz: Entnazifizierung in Bayern. Säuberung und Rehabilitierung unter amerikanischer Besatzung, Frankfurt am Main 1972 (Neuausgabe: Die Mitläuferfabrik. Die Entnazifizierung am Beispiel Bayerns. Berlin; Bonn 1982).

NORDEN, Günther van: Zwischen Kooperation und Teilwiderstand. Die Rolle der Kirchen und Konfessionen. Ein Überblick über Forschungspositionen. In: J. SCHMÄDEKE/P. STEINBACH (Hg.), Widerstand, S. 227-239.

NORDEN, Günther van: Der deutsche Protestantismus im Jahr der nationalsozialistischen Machtergreifung. Gütersloh 1979.

NORDEN, Günther van/WITTMÜTZ, Volkmar (Hg.): Evangelische Kirche im Zweiten Weltkrieg (SVRKG. 104). Köln 1991.

NOWAK, Kurt: Gesprächsbeitrag zu dem Arbeitspapier von Joachim Mehlhausen. In: Mitteilungen der Evangelischen Arbeitsgemeinschaft für Kirchliche Zeitgeschichte 10, 1990, S. 21-33.

NOWAK, Kurt: Evangelische Kirche und Weimarer Republik. Zum politischen Weg des deutschen Protestantismus zwischen 1918 und 1932. 2. Auflage. Göttingen 1988.

NOWAK, Kurt: Staatsbürger und Amtsträger. Der evangelische Pfarrer in politischen Entschei-
dungsprozessen. In: NACHRICHTEN 42, 1987, S. 44-47.

NÜTZEL, Gerdi: Die Entwicklung der Theologinnenarbeit in den intakten Kirchen am Beispiel
der Evangelisch-Lutherischen Kirche in Bayern. In: „Darum wagt es, Schwestern ...". Zur
Geschichte evangelischer Theologinnen in Deutschland (Historisch-Theologische Studien
zum 19. und 20. Jahrhundert. 7). Neukirchen-Vluyn 1994, S. 361-385.

ÖFFNER, Ernst: Helmut Kern. Der Volksmissionar. In: K. LEIPZIGER (Hg.), Helfen, S. 315-350.

PERSONALSTAND DER EVANGELISCH-LUTHERISCHEN KIRCHE IN BAYERN. Hg. vom Landeskirchenrat der Evangelisch-Lutherischen Kirche in Bayern. 23.-47. Ausgabe. München
1916-1996.

PETERS, Albrecht: Werner Elert. In: TRE. 9. Berlin; New York 1982, S. 493-497.

POLLMANN, Klaus Erich: Die Entnazifizierung in der Braunschweigischen Landeskirche nach
1945. In: Pollmann, Klaus Erich (Hg.): Der schwierige Weg in die Nachkriegszeit. Die
Evangelisch-lutherische Landeskirche in Braunschweig 1945-1950 (SKGNS. 34). Göttingen 1995, S. 26-99.

PREUSS, Hans: Luther und Hitler. Als Beigabe: Luther und die Frauen. Neuendettelsau 1933.

PREUSS, Hans: Miniaturen aus meinem Leben. Gütersloh 1938.

PUTZ, Eduard: Barmen 1934. Der Weg der bekennenden Evangelisch-Lutherischen Kirche
Bayerns nach Barmen in der Gemeinschaft der bekennenden Deutschen Evangelischen Kirche. In: NACHRICHTEN 9, 1954, S. 187-193.

PUTZ, Eduard: Völkische Religiösität und christlicher Gottesglaube (BeKi. 4). München 1933.

PUTZ, Eduard: Der Weg zum Barmer Bekenntnis. In: H. WINTER (Hg.), Kanzel, S. 24-32.

PUTZ, Eduard/TRATZ, Max: Bauern kämpfen für ihren Bischof. In: H. WINTER (Hg.), Kanzel, S. 9-23.

REBLE, Albert: Das Schulwesen. In: Spindler, Max (Hg.): Handbuch der Bayerischen Geschichte. Bd. 4: Das neue Bayern 1800-1970. Teilbd. 2. München 1975, S. 950-990.

RENNER, Michael: Nachkriegsprotestantismus in Bayern. Untersuchungen zur politischen und
sozialen Orientierung der Evangelisch-Lutherischen Kirche Bayerns und ihres Landesbischofs Hans Meiser in der Jahren 1945-1955 (TuSt. P 46). München 1991.

RIEDEL, Heinrich: Kampf um die Jugend. Evangelische Jugendarbeit 1933-1945. München
1976.

RINNEN, Anja: Kirchenmann und Nationalsozialist. Siegfried Lefflers ideelle Verschmelzung
von Kirche und Drittem Reich (FPDR. 9). Weinheim 1995.

RÖSSLER, Hans: Ein neues Dokument zur „Euthanasie"-Diskussion in Neuendettelsau 1939.
In: ZBKG 57, 1988, S. 87-91.

RUCKDESCHEL, Wilhelm: Leuchtzeichen in dunkler Zeit. In: KORRESPONDENZBLATT 112,
1997, S. 2 f.

RUDLOFF, Wilfried: Mächtige Verbände. In: München – „Hauptstadt der Bewegung". Ausstellungskatalog. München 1993, S. 53-70.

RUF, Walther: Eine Wehrkraftübung (Aus einem Brief vom 25. Mai 1926). In: H. BOHRER,
Pfarrwaisenhaus, S. 223-224.

SASSE, Hermann: Zeugnisse. Erlanger Predigten und Vorträge vor Gemeinden 1933-1944.
Hg. von Friedrich Wilhelm Hopf. Erlangen 1979.

SCHIEDER, Julius: Aber die Botschaft bleibt. Vorträge und Predigten. München 1966.

SCHIEDER, Julius: 1530-1937. Es gilt ein frei' Geständnis. Vortrag zur Kirchenwahl. Nürnberg
1937.

SCHIEDER, Julius: 50 Jahre Evangelisches Nürnberg. 1914-1964. Hg. von der Evangelisch-Lutherischen Gesamtkirchenverwaltung Nürnberg. Nürnberg o.J. (1964).

SCHIEDER, Rolf: Religion im Radio. Protestantische Rundfunkarbeit in der Weimarer Republik und im Dritten Reich. Stuttgart; Berlin; Köln 1995.

SCHMÄDEKE, Jürgen/STEINBACH, Peter (Hg.): Der Widerstand gegen den Nationalsozialismus. Die deutsche Gesellschaft und der Widerstand gegen Hitler. Mit einem Vorwort von Wolfgang Treue. Neuausgabe. München; Zürich 1994.

SCHMID, Heinrich: Apokalyptisches Wetterleuchten. Ein Beitrag der Evangelischen Kirche zum Kampf im „Dritten Reich". München 1947.

SCHMIDT, Waldemar: Wenn Deine Kinder fragen ... Was die Kirche (nicht) tat. In: Gemeinde St. Lorenz und Hl. Geist. Sonderheft Sommer 1985, S. 17-22.

SCHOLDER, Klaus: Die Kirchen und das Dritte Reich. Bd. 1: Vorgeschichte und Zeit der Illusionen 1918-1934. Frankfurt am Main; Berlin; Wien 1977; Bd. 2: Das Jahr der Ernüchterung 1934. Barmen und Rom. Berlin 1985.

SCHRÖTTEL, Gerhard: Christen und Juden. Die Haltung der Evangelisch-Lutherischen Landeskirche in Bayern seit 1933. In: Geschichte und Kultur der Juden in Bayern. Bd. 17: Aufsätze. München 1988, S. 479-489.

SCHULLZE, Erich (Hg.): Gesetz zur Befreiung von Nationalsozialismus und Militarismus mit den Ausführungsvorschriften und Formularen. Im amtlichen Auftrag hg. und mit Anmerkungen und Sachverzeichnis versehen. 2. Auflage. München 1947.

SCHWAB, Ulrich: Evangelische Jugendarbeit in Bayern 1800-1933. München 1992.

SCHWACKENHOFER, Hans: Festreden von 1737, 1837 und 1937. Betrachtungen zu deren Umfeld und Aussagen. In: Gymnasium Carolinum 1737-1987. Festschrift zur Erinnerung an die Einweihung des neuen Gymnasialgebäudes in Ansbach am 12. Juni 1737 (Jahresbericht über das Schuljahr 1986/87). Ansbach 1987, S. 5-51.

SCHWARKE, Christian: Paul Althaus und die Zwei-Reiche-Lehre. In: HoLiKo. NF 8, 1990/91, S. 141-152.

SEIDEL, J. Jürgen: Aus den Trümmern 1945. Personeller Wiederaufbau und Entnazifizierung in der evangelischen Kirche der Sowjetischen Besatzungszone Deutschlands. Einführung und Dokumente. Göttingen 1996.

SEIFERT, Heinz: Festschrift zum 125-jährigen Jubiläum des Pfarrwaisenhauses Windsbach am 20. September 1962. Windsbach 1962.

SIEGELE-WENSCHKEWITZ, Leonore: Die Evangelisch-theologische Fakultät Tübingen in den Anfangsjahren des Dritten Reichs. In: ZThK. B 4. 1978: Tübinger Theologie im 20. Jahrhundert, S. 34-80.

SIEGELE-WENSCHKEWITZ, Leonore: Geschichtsverständnis angesichts des Nationalsozialismus. Der Tübinger Kirchenhistoriker Hanns Rückert in der Auseinandersetzung mit Karl Barth. In: L. SIEGELE-WENSCHKEWITZ /C. NICOLAISEN, Fakultäten, S. 113-144.

SIEGELE-WENSCHKEWITZ, Leonore/NICOLAISEN, Carsten (Hg.): Theologische Fakultäten im Nationalsozialismus (AKZG. B 18). Göttingen 1993.

SIMON, Matthias: Die Evangelisch-Lutherische Kirche in Bayern im 19. und 20. Jahrhundert (Gemeinde und Theologie. 5). München 1961.

SIMON, Matthias: Die evangelische Kirche. Historischer Atlas von Bayern. Kirchliche Organisation. 1. Teil. München 1960.

SMID, Marikje: Deutscher Protestantismus und Judentum 1932/1933 (HUWJK. 2). München 1990.

SOMMERAUER, Adolf: Auf meine Art. Erinnerungen eines Unbequemen. München 1989.

SONDERMANN, Gustav: Vom Sinn der völkischen Sendung. München 1924.

SONNENBERGER, Franz: Die vollstreckte Reform. Die Einführung der Gemeinschaftsschule in Bayern 1935-1938. In: Prinz, Michael/Zitelmann, Rainer (Hg.): Nationalsozialismus und Modernisierung. Darmstadt 1991, S. 172-198.

SONTHEIMER, Kurt: Antidemokratisches Denken in der Weimarer Republik. Die politischen Ideen des deutschen Nationalismus zwischen 1918 und 1933. 2. Auflage. München 1983.

SPIEGEL-SCHMIDT, Friedrich: 75 Jahre Christuskirche München 1900-1975. Eine Chronik in Bildern und Zeitdokumenten. München 1975.

SPITZNAGEL, Peter: Studentenschaft und Nationalsozialismus in Würzburg 1927-1933. Diss. Würzburg 1974.

SPITZNAGEL, Peter: Studentenschaft und Nationalsozialismus in Würzburg 1927-1936. In: 1582-1982. Studentenschaft und Korporationswesen an der Universität Würzburg. Hg. zur 400 Jahrfeier der Alma Julia-Maximiliana vom Institut für Hochschulkunde an der Universität Würzburg. Würzburg 1982, S. 89-138.

STÄHLIN, Traugott: Zur Stellung Karl Fezers im Nationalsozialismus. In: WuD. NF 20, 1989, S. 121-138.

STÄHLIN, Wilhelm: Die völkische Bewegung und unsere Verantwortung. Sollstedt 1925.

STEINBAUER, Karl: Einander das Zeugnis gönnen. Bd. I-IV. Erlangen 1983-1987.

STEINER, Otto: Streifzug eines Pfarrers und Zeitgenossen am Hasenbergl. Rothenburg ob der Tauber 1987.

STRATHMANN, Hermann: Nationalsozialistische Weltanschauung? (Christentum und Volkstum. 1). Nürnberg 1931.

THAMER, Hans-Ulrich: Verführung und Gewalt. Deutschland 1933-1945 (Die Deutschen und ihre Nation. 5). 3. Auflage. Berlin 1992.

THIELICKE, Helmut: Zu Gast auf einem schönen Stern. Erinnerungen. Hamburg 1984.

THRÄNHARDT, Dietrich: Wahlen und politische Strukturen in Bayern 1848-1953. Historisch-soziologische Untersuchungen zum Entstehen und zur Neuerrichtung eines Parteiensystems (Beiträge zur Geschichte des Parlamentarismus und der politischen Parteien. 51). Düsseldorf 1973.

TITZE, Hartmut: Die zyklische Überproduktion von Akademikern im 19. und 20. Jahrhundert. In: GeGe 10, 1984, S. 92-121.

TRILLHAAS, Wolfgang: Aufgehobene Vergangenheit. Aus meinem Leben. Göttingen 1976.

ULBRICHT, Justus H.: Völkische Publizistik in München. Verleger, Verlage und Zeitschriften im Vorfeld des Nationalsozialismus. In: München – „Hauptstadt der Bewegung". Ausstellungskatalog. München 1993, S. 131-136.

VOGEL, Wieland: Katholische Kirche und nationale Kampfverbände in der Weimarer Republik (VKZG. B 48). Mainz 1989.

VOLLNHALS, Clemens: Entnazifizierung. Politische Säuberung unter alliierter Herrschaft. In: Volkmann, Hans-Erich (Hg.): Ende des Dritten Reiches – Ende des Zweiten Weltkrieges. Eine perspektivische Rückschau. München; Zürich 1995, S. 369-392.

VOLLNHALS, Clemens (Hg.): Entnazifizierung. Politische Säuberung und Rehabilitierung in den vier Besatzungszonen 1945-1949. München 1991.

VOLLNHALS, Clemens: Entnazifizierung und Selbstreinigung im Urteil der evangelischen Kirche. Dokumente und Reflexionen 1945-1949 (SKZG. 8). München 1989.

VOLLNHALS, Clemens: Evangelische Kirche und Entnazifizierung 1945-1949. Die Last der nationalsozialistischen Vergangenheit (Studien zur Zeitgeschichte. 36). München 1989.

WEHR, Gerhard: Gutes tun und nicht müde werden. Ein Jahrhundert Rummelsberger Diakone. München 1989.

WEIGELT, Horst: Karl Steinbauer und die Eidesfrage im Jahre 1938. Aspekte zum Kirchenkampf in Bayern. In: F. MILDENBERGER/M. SEITZ (Hg.), Gott, S. 12-30.

WENDEHORST, Alfred: Geschichte der Friedrich-Alexander-Universität Erlangen-Nürnberg 1743-1993. München 1993.

WIDERSTAND UND VERFOLGUNG IN BAYERN 1933-1945. Hilfsmittel im Auftrage des Bayerischen Staatsministeriums für Unterricht und Kultus hg. von der Generaldirektion der Staatlichen Archive Bayerns. Archivinventare. Bd. 1-3 und 5-7. München 1975-1977.

WINTER, Helmut (Hg.): Zwischen Kanzel und Kerker. Augenzeugen berichten vom Kirchenkampf im Dritten Reich. Mit Beiträgen von Helmut Baier u.a. München 1982.

WITETSCHEK, Helmut (Bearb.): Die kirchliche Lage in Bayern nach den Regierungspräsidentenberichten 1933-1943. Bd. 7: Ergänzungsband Regierungsbezirke Oberbayern, Ober- und Mittelfranken, Schwaben 1943-1945 (VKZG. A 32). Mainz 1981.

WITETSCHEK, Helmut (Bearb.): Die kirchliche Lage in Bayern nach den Regierungspräsidentenberichten 1933-1943. Bd. 1: Regierungsbezirk Oberbayern (VKZG. A 3). Mainz 1966.

WITETSCHEK, Helmut (Bearb.): Die kirchliche Lage in Bayern nach den Regierungspräsidentenberichten 1933-1943. Bd. 2: Regierungsbezirke Ober- und Mittelfranken (VKZG. A 8). Mainz 1967.

WITETSCHEK, Helmut (Bearb.): Die kirchliche Lage in Bayern nach den Regierungspräsidentenberichten 1933-1943. Bd. 3: Regierungsbezirk Schwaben (VKZG. A 14). Mainz 1971.

WITTSTADT, Klaus (Bearb.): Die kirchliche Lage in Bayern nach den Regierungspräsidentenberichten 1933-1943. Bd. 6: Regierungsbezirk Unterfranken 1933-1944 (VKZG. A 31). Mainz 1981.

WRIGHT, Jonathan R. C.: „Über den Parteien". Die politische Haltung der evangelischen Kirchenführer 1918-1933 (AKZG. B 2). Göttingen 1977.

WURM, Theophil: Erinnerungen aus meinem Leben. Ein Beitrag zur neuesten Kirchengeschichte. Stuttgart 1953.

ZEITSCHRIFT DES BAYERISCHEN STATISTISCHEN LANDESAMTS. Hg. vom Bayerischen Statistischen Landesamt. 55. Jg. München 1923 ff.

ZIEGLER, Walter (Bearb.): Die kirchliche Lage in Bayern nach den Regierungspräsidentenberichten 1933-1943. Bd. 4: Regierungsbezirk Niederbayern und Oberpfalz 1933 bis 1945 (VKZG. A 16). Mainz 1973.

ZOFKA, Zdenek: Die Ausbreitung des Nationalsozialismus auf dem Lande. Eine regionale Fallstudie zur politischen Einstellung der Landbevölkerung in der Zeit des Aufstiegs und der Machtergreifung der NSDAP 1928-1936. München 1979.

ZORN, Wolfgang: Kirchlich-evangelische Bevölkerung und Nationalsozialismus in Bayern 1919-1933. Eine Zwischenbilanz zu Forschung und Beurteilung. In: Albrecht, Dieter/ Hockerts, Hans Günter/Mikat, Paul/Morsey, Rudolf (Hg): Politik und Konfession. Festschrift für Konrad Repgen zum 60. Geburtstag. Berlin 1983, S. 319-340.

ZORN, Wolfgang: Bayerns Geschichte im 20. Jahrhundert. Von der Monarchie zum Bundesland. München 1986.

ZORN, Wolfgang: Die Sozialentwicklung der nichtagrarischen Welt (1806-1970). In: Spindler, Max (Hg.): Handbuch der Bayerischen Geschichte. Bd. 4: Das neue Bayern 1800-1970. Teilbd. 2. München 1975, S. 846-882.

ZWANZIG, Günter W.: Uttenreuther im Entscheidungsnotstand. Eine Verbindung im Dritten Reich. In: Uttenreuther-Blätter 62, 1993. Heft 2, S. 18-31.

ABKÜRZUNGEN

a.o.	außerordentlicher (Professor)
AStA	Allgemeiner Studentenausschuß
Bd.	Band; Bände
BDC	Berlin Document Center
BDM	Bund Deutscher Mädel
Bearb.	Bearbeiter(in)
BMP	Bayerische Mittelpartei
BVP	Bayerische Volkspartei
CVD	Christlicher Volksdienst; Christlich-sozialer Volksdienst
CVJM	Christlicher Verein Junger Männer
D.	Dr. theol. ehrenhalber
DAP	Deutsche Arbeiterpartei
DC	Deutsche Christen, deutschchristliche(r)
DCSV	Deutsche Christliche Studentenvereinigung
DD.	Doctor of Divinity
DDP	Deutsche Demokratische Partei
DEK	Deutsche Evangelische Kirche
DNVP	Deutschnationale Volkspartei
DVP	Deutsche Volkspartei
Ebd.; ebd.	ebenda
EDV	Elektronische Datenverarbeitung
EK; E.K.	Eisernes Kreuz
EKD	Evangelische Kirche in Deutschland
em.	emeritierter (Professor)
ev.; evang.	evangelische(r)
EvAG	Evangelische Arbeitsgemeinschaft für Kirchliche Zeitgeschichte
f.; ff.	folgende; fortfolgende
geb.	geboren
gest.	gestorben
Gestapo	Geheime Staatspolizei
Hg.; hg.	Herausgeber(in); herausgegeben
HJ	Hitlerjugend
HStA	Hauptstaatsarchiv
i.e.	id est
i.R.	im Ruhestand
Jg.	Jahrgang; Jahrgänge
Jungdo	Jungdeutscher Orden
KPD	Kommunistische Partei Deutschlands
Lic.	Lizentiat
LKA	Landeskirchliches Archiv
LKAmt	Landeskirchenamt

LKR	Landeskirchenrat
luth.	lutherische(r)
MdL	Mitglied des Landtags
MdR	Mitglied des Reichstags
MInn	Ministerium für Inneres
MSo	Ministerium für Sonderaufgaben
NS	nationalsozialistische(r)
NSDAP	Nationalsozialistische Deutsche Arbeiterpartei
NSDStB	Nationalsozialistischer Deutscher Studentenbund
NSEP	Nationalsozialistischer Evangelischer Pfarrerbund
NSLB	Nationalsozialistischer Lehrerbund
NSV	Nationalsozialistische Volkswohlfahrt
o.	ordentlicher (Professor)
o.D.	ohne Datum
o.J.	ohne Jahr
o.O.	ohne Ort
o.P.	ohne Paginierung
OKR	Oberkirchenrat
PA	Personalakte(n)
Pfr.	Pfarrer
Pg.	Parteigenosse(n) (der NSDAP)
Pol. Dir.	Polizeidirektion
RAD	Reichsarbeitsdienst
S.	Seite(n)
s.	siehe
SA	Sturmabteilung
sc.	scilicet
SD	Sicherheitsdienst
Slg.	Sammlung
SPD	Sozialdemokratische Partei Deutschlands
SS	Schutzstaffel
StA	Staatsarchiv
stud. theol.	Theologiestudent(en)
T.	Teil
theol.	theologische(r)
UdSSR	Union der sozialistischen Sowjetrepubliken
USPD	Unabhängige Sozialdemokratische Partei Deutschlands
VDA	Verein für das Deutschtum im Ausland
VDSt	Verein Deutscher Studenten
Verf.	Verfasser
vgl.	vergleiche

PERSONENREGISTER/BIOGRAPHISCHE ANGABEN

Dieses Register dient der Orientierung über die im Text oder in den Fußnoten genannten Personen. In der Regel werden nur die Daten für den Betrachtungszeitraum der vorliegenden Arbeit, 1919-1949, genannt. Bei Ortsangaben ohne weitere Zusätze handelt es sich um bayerische Orte - abgesehen von allgemein bekannten Städten. Bei den Pfarrern werden in der Regel die mitunter häufig wechselnden Studienorte und Verwendungen als Predigtamts- und Pfarramtskandidaten nicht aufgeführt. Die Pfarrer der bayerischen Landeskirche, bei denen kein Sterbejahr angegeben ist, leben noch (Stand: AMTSBLATT BAYERN Nr. 21 vom 10.11.1997).

Der Verfasser hat den überwiegenden Teil der biographischen Angaben eigens für diese Studie aus den handschriftlich fortgeschobenen Exemplaren der landeskirchlichen Personalstände im Archiv des Kreisdekans des Kirchenkreises Bayreuth und aus den kirchlichen Amtsblättern ermittelt. Es ist nicht auszuschließen, daß ihm dabei Irrtümer und Fehler unterlaufen sind. Vereinzelt bleiben die Angaben auch uneinheitlich und lückenhaft; manche Daten dürfen wegen der sonst möglichen „Deanonymisierung" von Pg.-Pfarrern nicht genannt werden. Jegliche Diffamierung von Personen aufgrund der Mitteilung von Daten liegt dem Verfasser fern.

Für Personen, die in gängigen allgemeinen oder kirchlichen Nachschlagewerken leicht zu finden sind, wurden keine weiteren Recherchen angestellt. Zahlreiche Angaben stammen aus den Registern der bereits erschienenen *Arbeiten zur Kirchlichen Zeitgeschichte*.

ALT, Karl, Dr. phil. Lic. theol. h.c.   85f., 108, 130, 176
   geb. 1897, gest. 1951, Pfarrer Kaufbeuren II 1923, Anstaltspfarrer an der Kreisheil- und Pflegeanstalt Ansbach 1929, Pfarrer München-Lutherkirche 1934.
ALTHAUS, Paul, D.   45, 56, 66ff., 133, 144, 163, 174, 189
   geb. 1888, gest. 1966, Professor für Systematische Theologie Rostock 1919, für Systematische Theologie und Neues Testament Erlangen 1925-1956 (Emeritierung, entlassen 1947-1948).
AMMON, Friedrich von, Dr. theol.   74
   geb. 1894, gest. 1967, Stadtvikar München-Matthäuskirche 1921, Pfarrer Memmingen III 1922, Memmingen II 1926, Dekan Pappenheim 1935, Dekan Rosenheim 1943-1955.
AMMON, Max(imilian) von, D.   129
   geb. 1866, gest. 1933, Konsistorialrat Ansbach 1911, Oberkirchenrat München 1921.
ARCO(-VALLEY), Anton Graf von   36
   geb. 1897, gest. 1945, Offizier, ermordete am 21.2.1919 den bayerischen Ministerpräsidenten Kurt Eisner.
AROLD, Friedrich   141
   geb. 1898, gest. 1980, Pfarrer Rüdenhausen 1926, Nürnberg-Reichenshof 1934, Dekan Wunsiedel 1949-1963 (Ruhestand).
ASMUSSEN, Hans, D. DD.   214, 217
   geb. 1898, gest. 1968, Pfarrer Diakonissenanstalt Flensburg 1923, Albersdorf 1925, Altona 1932-1933 (Amtsenthebung, Ruhestandsversetzung 1934), Leiter der theologischen Abteilung im Präsidium der Bekenntnissynode Bad Oeynhausen 1934, Leiter und Dozent Kirchliche Hochschule Berlin 1935, Gefängnisstrafe 1941, Aushilfspfarrer

Württemberg 1942, Präsident der Kirchenkanzlei der EKD in Schwäbisch Gmünd 1945, Propst Kiel 1948-1955 (Ruhestand).

AUER, Friedrich Wilhelm 115, 137, 209
geb. 1877, gest. 1970, Pfarrer Geißlingen 1912, Larrieden 1926-1945.

AUGUST WILHELM, Prinz von Preußen 102
geb. 1887, gest. 1949, Sohn von Kaiser Wilhelm II., Offizier, Verwaltungsdienst 1919, NSDAP- und SA-Mitglied 1929, SS-Obergruppenführer 1939.

BACHMANN, Philipp, Dr. theol. 45, 62
geb. 1864, gest. 1931, o. Professor für Systematische Theologie und Neues Testament Erlangen 1902, Präsident der Landessynode 1924-1931.

BACHMANN, Wilhelm, Dr. 31
Oberstudienrat, Direktor des Progymnasiums Windsbach 1925, Gymnasium Bayreuth 1929.

BARTH, Karl, D. 61, 69, 148, 170, 172, 175, 217
geb. 1886, gest. 1968, o. Professor für Systematische Theologie Göttingen 1921, Münster 1925, Bonn 1930-1934 (Suspendierung, Ruhestandsversetzung und Ausweisung aus Deutschland 1935), Basel 1935-1962 (Ruhestand).

BAUM, Karl, D. 99, 117, 128, 165, 190
geb. 1869, gest. 1942, Konsistorialrat Ansbach 1917, Oberkirchenrat und Kreisdekan München 1921-1934 (Ruhestand).

BAUMGÄRTNER, Johannes 88
geb. 1892, gest. 1943, Katechet, dann Studienrat Berufsfortbildungsschule Schweinfurt (Titel „Pfarrer") 1921, Vereinsgeistlicher Stadtmission Nürnberg 1930-1934 (Entlassung).

BECKER, Karl-Heinz 120, 127, 134, 136f., 144, 147, 206f.
geb. 1900, gest. 1968, Pfarrer Ezelheim 1930, Solnhofen 1949-1956.

BEER, Ludwig, Dr. jur. 149
geb. 1893, gest. 1949, Vereinsgeistlicher Landesverein für Innere Mission Nürnberg 1928, Pfarrer Nürnberg-Eibach 1932-1934 (Entlassung), Pfarrer für Volksmission Mecklenburg 1935, beurlaubt zur Dienstleistung als Pfarrer der Gesamtgemeinde Franken der Deutschen Christen Nürnberg-Eibach 1936, Superintendent Wernigerode (Provinz Sachsen) 1940-1945 (Amtsenthebung), Pfarrer Westfalen 1947.

BELZNER, Emil, Dr. 31
Studiendirektor, Direktor des Progymnasiums Windsbach 1929, Studienprofessor Neues Gymnasium Nürnberg 1933.

BERGER, Christian 73
geb. 1891, gest. 1977, Stadtvikar Weiden (Titel „Pfarrer") 1919, Pfarrer Obbach 1924, Marktsteft 1929-1951 (Ruhestand).

BEUSCHEL, August 118
geb. 1875, gest. 1950, Pfarrer Oberntief 1914, Schmähingen 1927-1939 (Ruhestand).

BEZZEL, Otto, D. 190
geb. 1893, gest. 1967, Studienrat Maria-Theresia-Schule Augsburg 1925, Pfarrer Augsburg-St. Ulrich II 1935, Oberkirchenrat und Kreisdekan Bayreuth 1937, Oberkirchenrat (Personalreferent) München 1947-1962 (Ruhestand).

BODELSCHWINGH, Friedrich von, D. 161
geb. 1877, gest. 1946, Leiter der Anstalten Bethel, Sarepta und Nazareth (seit 1921: von Bodelschwinghsche Anstalten) 1910-1946, Reichsbischof der DEK Mai/Juni 1933.

BOECKH, Friedrich, Dr. theol.   81
   geb. 1859, gest. 1930, Dekan Nürnberg-Lorenzer Seite (Titel „Kirchenrat") 1911,
   Oberkirchenrat München 1921-1928 (Ruhestand).

BÖHNER, Karl   159
   geb. 1872, gest. 1955, Weltlicher Konsistorialrat Ansbach 1915, Oberkirchenrat München 1921, Vizepräsident ebd. 1933-1935 (Ruhestand).

BÖRNER, Georg   172
   geb. 1900, gest. 1980, Pfarrer St. Helena zu Großengsee 1930-1968 (Ruhestand).

BOGNER, Wilhelm   209
   geb. 1897, gest. 1946, Pfarrer Göggingen 1923, Augsburg-St. Anna II 1933, Dekan
   Augsburg 1937, Vorsitzender des Landessynodalausschusses 1934-1945, Oberkirchenrat München (Stellvertreter des Landesbischofs) 1945.

BOHRER, Hermann   32, 103
   geb. 1882, gest. 1947, Pfarrer Selb II 1918, Selb I 1921, Dekan ebd. 1925, Dekan
   Windsbach 1935.

BOMHARD, Friedrich   17, 84, 94ff., 102, 107ff.
   geb. 1884, gest. 1956, Pfarrer Kleinhaslach 1916, Weihenzell 1929, Roßtal II 1936-1953
   (Ruhestand).

BRANDT, Christian Philipp Heinrich   32
   geb. 1790, gest. 1857, Pfarrer und Dekan Windsbach 1831-1845, Gründer des Pfarrwaisenhauses ebd.

BRAUN, Karl, Dr.   84
   Gründer des nationalen Wehrverbandes „Altreichsflagge".

BREIT, Thomas, D.   87f., 100, 134f., 159f., 191
   geb. 1880, gest. 1966, Pfarrer Augsburg-St. Ulrich II 1908, Dekan Hof 1925, Oberkirchenrat München 1933-1945 (Ruhestand), zwischendurch beurlaubt als Vorsitzender des Rates der Evangelischen-Lutherischen Kirche Deutschlands (Lutherrat) Berlin
   1936-1938, Mitglied des Bayerischen Senats 1947-1959, Leiter des Martin-Luther-
   Bundes 1947-1950.

BRÜNING, Heinrich, Dr. rer. pol.   139f., 142
   geb. 1885, gest. 1970, Geschäftsführer der Christlichen Gewerkschaften 1920-1930,
   MdR (Zentrum) 1924-1933, Reichskanzler 1930-1932, Emigration nach England
   1934, Professor für Politische Wissenschaften Harvard-Universität/USA 1937-1952.

BRUNSTÄD, Friedrich, D. Dr. phil.   62, 79
   geb. 1883, gest. 1944, a.o. Professor für Philosophie Erlangen, zugleich Leiter der
   Evangelisch-Sozialen Schule Spandau 1922-1934, o. Professor für Systematische Theologie Rostock 1925-1944.

BUB, Gustav, Dr. phil.   72f.
   geb. 1889, gest. 1956, Katechet Nürnberg 1915, Studienrat Berufsschule Nürnberg
   (Titel „Pfarrer" 1933) 1920-1938, „Gaugeistlicher" des Stahlhelm 1933, weltanschaulicher Schulungsleiter der NSDAP 1933, Verbindungsmann der Reichskirchenbewe-
   gung Deutsche Christen 1936, Kirchenaustritt 1938, Lehrer für nationalpolitischen
   Unterricht an den höheren Schulen der Stadt Nürnberg 1939-1945.

BUCHER, Walter   56
   Theologiestudent Erlangen, Studentenschaftsführer und NSDStB-Hochschulgruppenführer ebd. 1933-1934.

DOEHRING, Bruno 84
  geb. 1879, gest. 1961, Hof- und Domprediger Berlin 1914, Dozent und Professor für
  Praktische Theologie Berlin 1923-1953, MdR (DNVP) 1930-1933.
DÖRFLER, Karl 48
  geb. 1906, gest. 1968, Pfarrer Sommersdorf-Thann 1934, München-St. Matthäus III
  1936, München-St. Matthäus II 1946-1953.
DOLL, Ida 117
DORN, Ernst, D. 78, 83ff.
  geb. 1871, gest. 1939, Pfarrer Erlangen-Altstadt I 1918-1935 (Ruhestand).
DREXLER, Anton 100
  geb. 1884, gest. 1942, Schlosser, Gründer und Vorsitzender der DAP (der späteren
  NSDAP) 1919, politischer Ziehvater Hitlers, von diesem aus der Parteiführung ge-
  drängt 1921.
DUESTERBERG, Theodor 38, 108
  geb. 1875, gest. 1950, Offizier, Zweiter Vorsitzender des Stahlhelm-Bundes 1924,
  Präsidentschaftskandidat von DNVP und Stahlhelm 1932, vorübergehende KZ-Haft
  1934, Kontakte zum politischen Widerstand.
ECKART, Dietrich 78
  geb. 1868, gest. 1923, völkischer Publizist, Lehrer und Förderer Hitlers.
EDER, Emerich 79
  geb. 1885, gest. 1941, Pfarrer Lehenthal 1916, Gleißenberg 1927.
EICHNER, Günther, Dr. phil. 167
  geb. 1903, gest. 1997, Pfarrer Feuchtwangen III 1931, Nürnberg-Zerzabelshof 1939-
  1973 (Ruhestand).
EISENHUT, Hermann 89ff., 136, 140f., 168, 172ff., 201
  geb. 1900, gest. 1951, Pfarrverweser Burgfarrnbach 1923, Hilfsgeistlicher Röthenbach
  an der Pegnitz 1924, Pfarrer Wildenreuth 1927, Möttingen 1934.
EISNER, Kurt 26, 36
  geb. 1867, gest. 1919, Redakteur *Münchner Post* 1910, Vorsitzender der USPD in
  München 1917, bayerischer Ministerpräsident 1918, ermordet 21.2.1919.
ELERT, Werner, Dr. theol. et phil. 66, 68f., 110, 121, 147, 163, 174, 189, 218
  geb. 1885, gest. 1954, Direktor Evangelisch-lutherisches theologisches Seminar Breslau 1919, o. Professor für Kirchengeschichte Erlangen 1923 und für Systematische
  Theologie ebd. 1932-1954.
ELLWEIN, Theodor, Dr. theol. 88, 163
  geb. 1897, gest. 1962, Stadtvikar München-St. Matthäus 1922, Religionslehrer
  (Studienrat) Gymnasium Hof 1924, Gymnasium bei St. Anna Augsburg 1930, Professor Hochschule für Lehrerbildung Weilburg an der Lahn 1934, Oberkonsistorialrat
  (theologischer Referent) Kirchenkanzlei der DEK Berlin 1936, Leiter der „Volkskirch-
  lichen Arbeitsgemeinschaft der DEK", Religionslehrer Gymnasium München-Pasing
  1951-1954.
ENGELHARDT, Karl 85f.
  geb. 1899, gest. 1963, Hilfsgeistlicher Nürnberg-Maxfeld 1922, Pfarrer Gochsheim
  1928, Dekan Markt Einersheim 1947.
EPP, Franz, Ritter von 199
  geb. 1868, gest. 1946, General, Freikorpsführer 1918, MdR (NSDAP) 1928-1945,
  Reichskommissar in Bayern 1933 (seit 10.4.1933: Reichsstatthalter), Reichsleiter des
  Kolonialpolitischen Amtes der NSDAP 1934.

EPPELEIN, Friedrich, Dr. phil.   73, 131ff.
>geb. 1887, gest. 1969, Pfarrer Bayreuth-Altstadt 1922, Missionsinspektor Neuendettelsau 1926, Missionsdirektor ebd. 1928, Zirndorf I 1946-1957 (Ruhestand).

ERFFA, Karl Eduard von, Dr.   39
>Studienassessor Gymnasium bei St. Anna Augsburg, Direktor Protestantisches Kollegium (Schülerheim) bei St. Anna Augsburg 1939 (am Dienstantritt verhindert durch Wehrdienst).

EWALD, Gottfried, Dr. med.   56
>geb. 1888, gest. 1963, Habilitation für Psychiatrie Erlangen 1920, Oberarzt Psychiatrische Klinik ebd. 1922, Psychiater Göttingen 1934.

FABRI, Wilhelm   113
>geb. 1880, gest. 1960, Pfarrer Veitlahm 1912, Rothenburg-St. Jakob I 1922, Schweinfurt II 1926, Dekan ebd. (Titel „Kirchenrat") 1928-1950 (Ruhestand).

FEDER, Gottfried   94
>geb. 1883, gest. 1941, Bauingenieur, führender Wirtschaftstheoretiker in der Frühzeit der NSDAP, MdR (NSDAP) 1924-1936, Staatssekretär im Reichswirtschaftsministerium 1933, Reichskommissar für das Siedlungswesen 1934, Honorarprofessor Technische Hochschule Berlin 1936

FEZER, Karl, D. Dr. theol.   44
>geb. 1891, gest. 1960, Repetent und Assistent Tübingen 1919, Pfarrer Stuttgart 1920, Tübingen 1922, a.o. Professor für Praktische Theologie ebd. 1926, o. Professor für Praktische Theologie ebd. 1930-1959 (Emeritierung).

FICHTBAUER, Ludwig   141
>geb. 1863, gest. 1945, Pfarrer Wiesenbronn 1901, Dekan Rüdenhausen 1928-1933 (Ruhestand).

FIKENSCHER, Christoph, D.   84f.
>geb. 1869, gest. 1931, reformierter Stadtpfarrer Nürnberg und Schwabach 1911-1931 (Ruhestand).

FIKENSCHER, Ernst   38, 163
>geb. 1895, gest. 1970, Pfarrer Pfäfflingen 1927, Studienrat Oberrealschule und Gymnasium Ansbach 1929-1945, Pfarrer Landeskirchenrat München 1947, Kirchenrat und theologischer Hilfsreferent ebd. 1949-1964 (Ruhestand).

FLEISCHER, Friedrich   135
>geb. 1895, gest. 1966, Pfarrer Unterrodach 1924, Lindenhardt I 1934-1951.

FRANK, Karl   37
>Studienprofessor Gymnasium Ansbach in der Weimarer Republik, Oberstudiendirektor Gymnasium Bayreuth 1935-1945.

FREISLER, Roland, Dr. jur.   199
>geb. 1893, gest. 1945, Jurist, Rechtsanwalt 1921, NSDAP-Eintritt 1925, MdL Preußen 1932, Ministerialdirektor im preußischen Justizministerium 1933, Staatssekretär im preußischen (1933), dann im Reichsjustizministerium 1935, Präsident des Volksgerichtshofs 1942.

FRIES, Siegmund   147
>geb. 1884, gest. 1972, Pfarrer Traun (Österreich) 1922, Buch am Wald 1926, Leutershausen II 1933, Hechlingen 1948-1954 (Ruhestand).

FRITSCH, Theodor 78
geb. 1852, gest. 1933, antisemitischer Publizist, Nestor der völkischen Bewegung, MdR (NSDAP) 1924.

FRONMÜLLER, Paul 88
geb. 1864, gest. 1945, Pfarrer Fürth-St. Michael I 1914-1935 (Ruhestand).

GEBHARD, Karl, D. Dr. jur. h.c. 110, 133
geb. 1864, gest. 1941, Weltlicher Oberkonsistorialrat München 1915, Vizepräsident ebd. 1921-1933 (Ruhestand).

GEMÄHLICH, Hans 148
geb. 1890, gest. 1970, Pfarrer Bronn bei Pegnitz 1920, Geroldsgrün 1927, Nürnberhg-Ziegelstein 1936-1942 (Wartestand, ab 1950 Ruhestand).

GEYER, Paulus, Dr. 39
Geheimer Oberstudienrat, Rektor Gymnasium bei St. Anna Augsburg 1914-1924.

GILARDI, Ruprecht von 55, 63
geb. 1910, gest. 1990, Predigerseminar Nürnberg 1934, Lektor beim Reichsbund evangelischer Presse Berlin 1936, Pfarrer Oberhochstadt 1938-1956.

GIRSTENBREU, Karl 88
geb. 1871, gest. 1961, Pfarrer Feucht 1912-1935 (Ruhestand).

GLOEL, Johannes 88
geb. 1891, gest. 1959, Pfarrer Oberlaimbach 1920, Ostheim 1927, Puschendorf 1937-1950 (Ruhestand).

GOEBBELS, Joseph, Dr. phil. 217
geb. 1897, gest..1945, völkischer Publizist 1924, NSDAP-Gauleiter Berlin-Brandenburg 1926, MdR 1928-1945, Reichspropagandaleiter 1930, Reichsminister für Volksaufklärung und Propaganda 1933, Generalbevollmächtigter für den totalen Kriegseinsatz 1944.

GOLLNER, Werner 90f.
geb. 1897, gest. 1928, Pfarrverweser Lindau 1922, Exponierter Vikar Penzberg 1923, Pfarrer Lindenberg im Allgäu 1925.

GOLLWITZER, Hans 96, 144, 149, 158, 179
geb. 1896, gest. 1979, Exponierter Vikar Mühldorf (Titel „Pfarrer" 1926) 1922, Pfarrer ebd. 1931-1935 (Entlassung), Mitarbeit in der NSDAP-Kreisleitung ebd. 1935, hauptamtlicher Bürgermeister (NSDAP) ebd. 1937-1945, Kirchenaustritt 1939, Internierungslager Moosburg 1945-1948, Handelsvertreter 1948, Erster Bürgermeister (parteilos) ebd. 1952-1966 (Ruhestand).

GÖRING, Hermann 38
geb. 1893, gest. 1946, Offizier, NSDAP-Eintritt 1922, MdR 1928-1945, Reichstagspräsident 1932, Reichsminister der Luftfahrt (zunächst ohne Portefeuille) 1933, preußischer Innenminister (zunächst kommissarisch) und Chef der preußischen Geheimen Staatspolizei 1933-1934, preußischer Ministerpräsident 1933-1945, Generalbevollmächtigter für den Vierjahresplan 1936-1945.

GREIFENSTEIN, Hans 149, 190
geb. 1883, gest. 1959, Pfarrer Weißenstadt II 1913, Marktredwitz II 1916, Nürnberg-St. Peter I 1928-1934, Führer der Deutschen Christen auf der Landessynode im September 1933, stellvertretender Landesleiter der Deutschen Christen Herbst 1933, Vorsitzender des bayerischen Landessynodalausschusses 1933-1934, Oberkirchenrat München 1934-1945 (Ruhestand).

GREIFENSTEIN, Hermann 58
> geb. 1912, gest. 1988, Religionslehrer Altes Realgymnasium München 1936, Pfarrer Erlangen-Neustadt IV (zugleich Studentenpfarrer und Leiter des Studienhauses) 1939-1952.

GRIESSBACH, Wilhelm 219
> geb. 1907, gest. 1993, Pfarrer Balgheim 1933, theologischer Mitarbeiter beim Kreisdekan Nürnberg 1936, Pfarrer Nürnberg-Ziegelstein 1943-1957.

GRIMM, Hans 107f.
> geb. 1875, gest. 1959, Schriftsteller.

GRIMM, Wilhelm 131
> geb. 1889, gest. 1944, Beamter im mittleren Dienst, NSDAP-Ortsgruppenleiter Ansbach 1922, Kreisleiter ebd. 1926, Gauleiter Mittelfranken-West 1928-1929, MdL Bayern 1928-1933, Gausachbearbeiter für Beamtenfragen Franken 1930, Reichsleiter 1932, MdR 1933, Vorsitzender der Zweiten Kammer des Obersten Parteigerichts 1934.

GRISSHAMMER, Ferdinand 100, 135, 139
> geb. 1884, gest. 1943, Pfarrer Prichsenstadt 1914, Hof II 1924, Hof IV 1934.

GROSSMANN, Julius 95
> geb. 1862, gest. 1942, Pfarrer Ansbach-St. Gumbertus I (Titel „Kirchenrat" 1927) 1915-1930 (Ruhestand).

GÜNTHER, Gerhard 193f.
> geb. 1903. gest. 1944, Pfarrer Weingartsgreuth 1929, Murnau 1937-1939 („außer Dienst gesetzt").

GÜNTHER, Hans F. K. 86, 138
> geb. 1891, gest. 1968, Sozialanthropologe, seine „Kleine Rassenkunde des deutschen Volkes" (1922) galt als theoretisches Fundament des NS-Rassismus, o. Professor für Rassenkunde Jena 1930, Berlin 1934, Freiburg 1940.

HÄBERLEIN, Richard 58
> geb. 1915, gest. 1985, Pfarrer Wallesau 1946-1961.

HAHN, Friedrich 95
> geb. 1865, gest. 1932, Pfarrer Weihenzell 1912, Hohenstadt 1928-1931 (Ruhestand).

HALBACH, Kurt 87
> geb. 1891, Todesdatum nicht ermittelt, Pfarrer Dittlofsroda 1918, Münchberg II 1926, Erster Vereinsgeistlicher beim Landesverein für Innere Mission Nürnberg 1932, Direktor ebd. (zugleich Sudenprediger am Hospital zu Heilig Geist in Nürnberg) 1933-1934 (Entlassung), Vorsteher Diakonissenmutterhaus Potsdam 1935-1948 (Entlassung, rehabilitiert 1949), Pfarrer Berlin (Ost) 1949-1956 (Ruhestand).

HANEMANN, Friedrich 96, 114, 116, 149, 166, 190, 192, 210
> geb. 1889, gest. 1970, Pfarrer Pappenheim II 1917, Neudrossenfeld I 1926, Dekan Kulmbach 1932, Oberkirchenrat München 1934-1946, Mitglied des Reichskirchenausschusses 1935-1937.

HATZ, Gottlieb 39
> Oberstudienrat Gymnasium bei St. Anna Augsburg, Direktor Protestantisches Kollegium bei St. Anna 1909-1923.

HECKEL, Theodor, D. Dr. jur. h.c. 118, 125, 134f.
> geb. 1894, gest. 1967, Reiseprediger München-Solln (Titel „Pfarrer" 1924) 1922, Studienrat Lehrerinnenbildungsanstalt Erlangen 1925, Oberkonsistorialrat Deutsches

Evangelisches Kirchenbundesamt Berlin 1928, Leiter des Kirchlichen Außenamts der DEK (Amtsbezeichnung „Bischof") 1934-1945, Gründer und Leiter des Evangelischen Hilfswerks für Internierte und Kriegsgefangene Berlin 1939 (Erlangen 1945), Dekan München 1950-1964 (Ruhestand).

HEIM, Karl, D. Dr. phil. Lic. theol. DD.   44
geb 1874, gest. 1958, o. Professor für Systematische Theologie Tübingen 1920-1939 (Emeritierung).

HEIM, Walter, Dr.   39
Oberstudiendirektor Gymnasium bei St. Anna Augsburg 1928-1945.

HEINES, Edmund   48
geb. 1897, gest. 1934, Offizier, NSDAP- und SA-Eintritt 1921, MdR 1930, SA-Führer in Schlesien 1930, SA-Obergruppenführer, preußischer Staatsrat und Polizeipräsident von Breslau 1933, erschossen im Rahmen des „Röhm-Putsches" 30.6.1934.

HEISS, Adolf   94
Hauptmann, Führer des nationalen Wehrverbandes „Reichsflagge" 1923.

HELBICH, Hanns-Martin, D.   206
geb. 1906, gest. 1975, Pfarrer Bad Steben 1935, Landesjugendpfarrer 1943-1956.

HELL, Robert   135
geb. 1881, gest. 1936, Pfarrer Perlach 1912, Tauberzell 1926.

HELLER, Adolf   135
geb. 1875, gest. 1958, Pfarrer Starnberg 1911, Dekan Bamberg (Titel „Kirchenrat" 1935) 1921-1946 (Ruhestand).

HENSOLD, Karl, Dr.   40
Studienprofessor Gymnasium bei St. Anna Augsburg in der Weimarer Republik.

HENZLER, Michael   177
geb. 1866, gest. 1959, Pfarrer Wassermungenau 1898, Laubenzedel (Titel „Kirchenrat" 1934) 1925-1936 (Ruhestand).

HERMAN, Stewart Winfield, BD. Lit. D.   217
geb. 1909, amerikanischer Gesandtschaftspfarrer Berlin 1936-1941, Dozent Hamma Divinity School Springfield/Ohio 1942, Mitarbeiter im Office of Strategic Affairs 1944, stellvertretender Direktor Wiederaufbau-Abteilung des ÖRK 1945, Leiter Flüchtlingsdienstes des Lutherischen Weltbundes Genf 1948-1952.

HESS, Rudolf   93, 176
geb. 1894, gest. 1987, NSDAP-Eintritt 1920, Privatsekretär Hitlers 1924, seit 1931 sein persönlicher Adjutant, Stellvertreter des Führers und Reichsminister ohne Geschäftsbereich 1933-1941.

HEUBECK, Hermann, Dr.   51
AStA-Vorsitzender und NSDStB-Hochschulgruppenführer Erlangen 1930-1931.

HILDMANN, Gerhard   204
geb. 1907, gest. 1992, Geschäftsführer Evangelischer Presseverband München 1934, Pfarrer Buxach 1936, 1946 wie 1934, Buxach 1947, Leiter Evangelische Akademie Tutzing 1949-1968 (Ruhestand).

HILDMANN, Walter   193
geb. 1910, gest. 1940, Privatvikar Starnberg (Tochterkirchengemeinde Gauting) 1936-1939 (Beurlaubung).

HINDENBURG, Paul von Beneckendorff und von   79, 95, 108, 115, 118, 126, 135f., 138, 141, 143f., 146, 171, 173, 179 geb. 1847, gest. 1934, Generalfeldmarschall 1914, Chef der Obersten Heeresleitung 1916-1919, Reichspräsident 1925-1934.

HITLER, Adolf   9, 11, 13, 31, 33, 37-43, 46-51, 54f., 61, 63f., 66f., 70, 76-79, 81, 86, 89, 93ff., 99f., 102, 107-120, 126, 134-146, 148f., 154, 160ff., 166-175, 177ff., 186f., 189, 191, 193-198, 200, 202f., 206, 209, 219f., 227

    geb. 1889, gest. 1945, Führer der NSDAP seit 1920, Reichskanzler 1933.

HÖCHSTÄDTER, Walter   48, 137, 206f., 214

    geb. 1907, gest. 1994, Predigerseminar Nürnberg 1931, Stadtvikar Neu-Ulm 1932, Pfarrer Kulmbach III 1935, Diebach 1947-1956.

HOEFLER, Konrad   83-86, 93, 126

    geb. 1878, gest. 1958, Katechet Nürnberg 1904, Studienrat Mädchenlyzeum und Mädchenrealgymnasium ebd. 1920, Studienprofessor ebd. 1921-1944 (Ruhestand).

HOFER, Hans, Dr. phil.   78, 82, 85f.

    geb. 1887, gest. 1966, Pfarrer Nördlingen III 1919, Nördlingen II 1922, Leiter Evangelisch-lutherisches Missionsseminar Leipzig 1930, Fürth-Auferstehungskirche II 1940-1950 (Ruhestand).

HOFFMANN, Hans   133

    geb. 1892, gest. 1967, Pfarrer Kaltenbrunn 1922, Burk 1928, Coburg II 1933, Amtsaushilfe 1945, Coburg II 1947-1957 (Ruhestand).

HOLZ, Karl   43, 58f., 191

    geb. 1895, gest. 1945, Buchhändler, NSDAP-Eintritt 1922, Stadtrat Nürnberg 1925, MdL Bayern 1932-1933, MdR 1933, stellvertretender Gauleiter (Mittel-)Franken 1934.

HUGENBERG, Alfred, Dr. rer. pol.   63, 128, 139, 143

    geb. 1865, gest. 1951, Wirtschaftsführer und alldeutscher Politiker, Mitglied der Nationalversammlung (DNVP) 1919, MdR 1920-1945 (seit Sommer 1933 als „Gast der NSDAP"), DNVP-Vorsitzender 1928-1933 (bis zur Parteiauflösung), Reichsminister für Wirtschaft und Ernährung 1933 (erzwungener Rücktritt 27.3.1933).

HUTTEN, Kurt, D. Dr. phil.   216

    geb. 1901, gest. 1979, Geschäftsführer Evangelischer Preßverband für Württemberg 1933 (zeitweilig suspendiert 1934), Sekretär im Rat der Evangelisch-Lutherischen Kirche Deutschlands in Berlin 1941-1943, Leiter Evangelischer Preßverband für Württemberg 1945-1960.

ITTAMEIER, Matthias   87, 98, 116, 130, 148

    geb. 1847, gest. 1938, Pfarrer Erlangen-Neustadt II (Titel „Kirchenrat")1893-1907 (Ruhestand).

JÄGER, Adolf   106, 198

    geb. 1883, gest. 1963, Pfarrer Reichenhall 1913, Dekan Wunsiedel (Titel „Kirchenrat") 1922-1949 (Ruhestand).

JAN, Julius von   198

    geb. 1897, gest. 1964, Pfarrer Herrentierbach (Württemberg) 1925, Brettach 1928, Oberlenningen 1935, Ortenburg (Bayern) 1939-1945, Stuttgart 1949-1958 (Ruhestand).

JOCH, Martin   74

    geb. 1865, gest. 1945, Pfarrer München-St. Matthäus II 1905, München-St. Matthäus I (Titel „Kirchenrat") 1920-1931 (Ruhestand).

JOHNSEN, Helmuth, Dr. phil.   75f., 79f., 125, 127
   geb. 1891, gest. 1947, Pfarrer Gauerstadt 1920-1929, Komtur des Jungdeutschen Ordens in Franken bis 1923, MdL (Völkischer Block) Bayern 1924-1928, Hauptpastor Lübeck 1929, braunschweigischer Landesbischof 1934-1946 (Abberufung).
JORDAN, Hermann, Dr. theol.   62
   geb. 1878, gest. 1922, a.o. (ab 1914 o.) Professor für Kirchengeschichte Erlangen 1907.
KAAS, Ludwig, Dr. theol. et. jur.   142
   geb. 1881, gest. 1952, Priester, Professor für Kirchenrecht Bonn 1919, Mitglied der Nationalversammlung (Zentrum) 1919, MdR 1920-1933, Parteivorsitzender 1929-1933, ab Sommer 1933 lebte er als päpstlicher Hausprälat und Apostolischer Protonotar in Rom.
KAHR, Gustav Ritter von   37, 75, 176
   geb. 1862, gest. 1934, Verwaltungsjurist, Regierungspräsident von Oberbayern 1917, bayerischer Ministerpräsident 1920, Regierungspräsident von Oberbayern 1921, bayerischer Generalstaatskommissar 1923, Präsident des Bayerischen Verwaltungsgerichtshofs 1924-1930 (Ruhestand), ermordet im Rahmen des „Röhm-Putsches" 30.6.1934.
KALB, Heinrich   96, 116
   geb. 1887, gest. 1974, Pfarrer Kirchrüsselbach 1918, Weißenburg II 1926-1946 (Ruhestand), Obermögersheim 1950-1955 (Ruhestand).
KAPELLER, Rudolf   34
   Studienprofessor Progymnasium Windsbach, kommissarischer Schulleiter ebd. 1933.
KAPLER, Hermann, D. Dr. jur.   121
   geb. 1867, gest. 1941, weltlicher Vizepräsident Evangelischer Oberkirchenrat Berlin 1919, Präsident ebd. (zugleich Präsident des Deutschen Evangelischen Kirchenausschusses) 1925-1933 (Ruhestand).
KARRER, Max   154
   geb. 1885, gest. 1981, Pfarrer Mauren 1915, Auhausen 1928-1950 (Ruhestand).
KEIL, Friedrich   32
   geb. 1864, gest. 1945, Dekan Windsbach (Titel „Kirchenrat") 1912-1934 (Ruhestand).
KELBER, Karl   118
   geb. 1862, gest. 1954, Pfarrer Schönberg 1914, Holzingen 1923-1927 (Ruhestand).
KERN, Georg   38, 190f.
   geb. 1885, gest. 1947, Pfarrer Fünfbronn 1912, Vereinsgeistlicher Landesverein für Innere Mission Nürnberg 1919, Nürnberg-Steinbühl II 1922, Dekan Kempten 1928, Oberkirchenrat und Kreisdekan Ansbach 1934.
KERN, Helmut   33, 131f., 136, 163, 172, 205
   geb. 1892, gest. 1941, Pfarrer Schwarzach 1922, Inspektor für Heimatmission Neuendettelsau 1928, Pfarrer Augsburg-Göggingen 1933-1935, Sonderbeauftragter der Landeskirche für Volksmission 1933, Vorsitzender Arbeitsgemeinschaft Deutscher Volksmissionare 1934-1939, Leiter Amt für Volksmission Nürnberg 1935, Dekan Nördlingen 1939.
KERRL, Hanns   39
   geb. 1887, gest. 1941, Justizbeamter im mittleren Dienst, NSDAP-Eintritt 1923, MdL Preußen 1928-1933, Landtagspräsident 1932, MdR 1933, preußischer Justiz-

minister 1933, Reichsminister ohne Geschäftsbereich 1934, für kirchliche Angelegenheiten 1935-1941.

KESSEL, Fritz 55

geb. 1887, Todesdatum nicht ermittelt, Pfarrer Kaltwasser (Schlesien) 1917, Badenfurt (Brasilien) 1920, Parchwitz (Schlesien) 1926, Berlin-Spandau 1928, Mitbegründer der Glaubensbewegung Deutsche Christen 1932 und ihr Reichspropagandaleiter 1933, Bischof Königsberg 1933-1936 (Pensionierung), lebte später in Brasilien.

KLEIN, Friedrich 75, 94, 96, 100, 116, 119ff., 132f., 148f., 159f., 174, 179

geb. 1894, gest. 1946, Pfarrer Grafengehaig 1922-1934, Leiter (Reichs-)Arbeitsgemeinschaft nationalsozialistischer evangelischer Geistlicher 1931, Reichsführer NSEP 1933, Landesleiter der Deutschen Christen 1933, Mitglied des Landessynodalausschusses 1933-1934, Beauftragter des Reichsbischofs für das Evangelische Frauenwerk der Deutschen Evangelischen Kirche Berlin 1934, Oberpfarrer Bad Freienwalde an der Oder, Superintendent Wriezen und Superintendenturverwalter Strausberg 1934-1946, Mitglied des brandenburgischen Provinzialkirchenausschusses 1935.

KLEPPER, Jochen 201

geb. 1903, gest. 1942, Schriftsteller Berlin.

KLINGLER, Friedrich 135, 147ff., 160

geb. 1882, gest. 1951, Pfarrer Kammerstein 1915, Nürnberg-Wöhrd I (Titel „Kirchenrat" 1935) 1926-1951, Vorsitzender Pfarrerverein 1931, stellvertretender Präsident der Landessynode und Mitglied des Landessynodalausschusses 1933-1951, stellvertretender Vorsitzender Reichsbund der Deutschen Evangelischen Pfarrervereine 1934 und Reichsbundesführer 1935.

KNAPPE, Paul 196

geb. 1893, gest. 1971, Pfarrer Vorra 1924, Appetshofen 1936, Weilheim 1939, Baiersdorf 1948-1961 (Ruhestand).

KOCH, Bernhard 118ff.

geb. 1877, gest. 1966, Pfarrer Uffenheim II 1915, Würzburg-St. Stephan III 1922, Würzburg-Deutschhauskirche 1925, München-St. Matthäus (Pfarrstelle bei den Krankenhäusern) 1925, Schnabelwaid 1927, Elpersdorf 1937-1945 (Ruhestand).

KOCH, Hans Gerhard, Dr. phil. 55

geb. 1913, gest. 1975, Kreisführer Studentenkampfbund Deutsche Christen Erlangen 1933, später Pfarrer und Religionslehrer Rheinland.

KÖBERLIN, Christoph 98

geb. 1874, gest. 1942, Missionsinspektor Leipzig 1913, Pfarrer Pasing 1920, Dekan Regensburg 1928, Pfarrer Woringen (Titel „Kirchenrat") 1935-1939 (Ruhestand), Dienstleistung im Landeskirchenrat München 1936-1938.

KOLLER, Wilhelm 131f.

geb. 1894, gest. 1988, Pfarrer Miltenberg 1922, Missionsinspektor Neuendettelsau 1929, Pfarrer Göggingen 1936, Dekan Regensburg 1947-1952.

KORNACHER, August 82

geb. 1889, gest. 1939, Pfarrer Larrieden 1918, Wassermungenau 1925, Konrektor in Gallneukirchen (Österreich) 1929, Rektor ebd. 1933-1939.

KORNACHER, Hermann 131, 202f.

geb. 1886, gest. 1980, Pfarrer Großgründlach 1918, Erlangen-Neustadt II 1929, Dekan Kempten (Titel „Kirchenrat" 1948) 1934-1955 (Ruhestand).

KRAUSE, Reinhold, Dr. phil. 173

geb. 1893, gest. 1980, Studienassessor (Lehraufträge) an verschiedenen Berliner Gymnasien 1922-1932, NSDAP-Eintritt 1932, Gauhauptstellenleiter und Gauredner für evangelisch-kirchenpolitische Fragen 1933, Obmann der Glaubensbewegung Deutsche Christen im Großgau Berlin 1932-1933, nach der Sportpalastkundgebung 13.11.1933 Enthebung von allen kirchlichen Ämtern, Gründer der Glaubensbewegung Deutsche Volkskirche 1933, kommissarischer Leiter Elisabeth-Christinen-Lyceum Berlin-Niederschönhausen 1933, Studiendirektor ebd. 1934-1945, Internierung Landsberg an der Warthe und Buchenwald 1945-1950.

KRAUSS, Hugo 32
Präfekt Pfarrwaisenhaus Windsbach 1912-1914.

KÜHL, Theodor 90f., 142, 168-172, 176f., 195
geb. 1900, gest. 1991, Privatvikar Neunkirchen am Main 1924, Hilfsgeistlicher Schwarzenbach am Wald 1924, Pfarrer Thundorf 1928, Benk 1934-1970 (Ruhestand).

KÜHN, Georg 166
geb. 1900, gest. 1980, Pfarrer Kempten III 1929, Lindau-St. Stephan I 1935, Solnhofen 1936-1940 (Wartestand), Wirsberg 1941, Fürth-Burgfarrnbach 1949-1956.

KÜKENTHAL, Georg, Dr. phil. h.c. 75f.
geb. 1864, gest. 1955, Superintendent Coburg 1913, Generalsuperintendent ebd. 1920, Dekan ebd. 1921-1928 (Ruhestand).

KÜNNETH, Walter, D. Dr. phil. DD. 215f., 218
geb. 1901, gest. 1997, Predigerseminar München 1924, Hilfsgeistlicher München-St. Lukas 1926, Dozent Apologetische Centrale im Centralausschuß für Innere Mission Berlin 1927, Leiter ebd. 1932, zugleich Privatdozent für Systematische Theologie ebd. 1930-1937 (Entzug der Lehrbefugnis), Pfarrer Starnberg 1938, Dekan Erlangen 1944-1953, Honorarprofessor ebd. 1946, o. Professor für Systematische Theologie ebd. 1953-1969 (Emeritierung).

KUTTER, Ernst 154
geb. 1883, gest. 1953, Pfarrer Füssen 1915, München-Christuskirche I (Titel „Kirchenrat") 1929-1951 (Ruhestand).

KYROS II. von Persien 130
König ca. 559-530, Begründer des persischen Weltreichs.

LANGENFASS, Friedrich, D. 74, 118, 125f., 133ff., 137f., 144f.
geb. 1880, gest. 1965, Pfarrer Rothenburg-St. Jakob II 1917, München-St. Matthäus II 1920, Dekan ebd. (Titel „Kirchenrat" 1935) 1930-1950 (Ruhestand).

LANZENSTIEL, Georg 40
geb. 1909, gest. 1983, Pfarrer Nördlingen IV 1936-1954.

LAUERER, Hans, D. 171, 177
geb. 1884, gest. 1953, Rektor der Diakonissenanstalt Neuendettelsau (Titel „Kirchenrat" 1936) 1918-1953.

LAUTER, Konrad 36ff., 83, 86, 88
geb. 1875, gest. 1946, Pfarrer, Direktor Protestantisches Alumneum Ansbach 1912-1935 (Beurlaubung, umgewandelt in Ruhestandsversetzung 1936).

LEFFLER, Siegfried 32ff., 39, 98f.
geb. 1900, gest. 1983, Präfekt Pfarrwaisenhaus Windsbach 1923, Stadtvikar Augsburg-St. Ulrich 1925-1927 (freiwilliges Ausscheiden aus dem Dienst der Landeskirche), Pfarrer Niederwiera (Thüringen) 1928, mit Julius Leutheuser Begründer, später Reichsleiter der Thüringer Deutschen Christen Anfang der 30er Jahre, weitergeführt

als Kirchenbewegung Deutsche Christen, Nationalkirchliche Bewegung bzw. Natio-nalkirchliche Einung, Beurlaubung aus dem Kirchendienst und Regierungsrat (später Oberregierungsrat) Volksbildungsministerium Weimar 1933-1945 (Entlassung), Lei-ter des Instituts zur Erforschung des jüdischen Einflusses auf das deutsche kirchliche Leben 1939, Internierungslager Ludwigsburg 1947-1948, Amtsaushilfe in der bayeri-schen Landeskirche 1949, Übernahme ebd. 1951, Pfarrer Hengersberg 1959-1970 (Ruhestand).

gelisch-Lutherischen Kirche Deutschlands 1948, erster Leitender Bischof der Vereinigten Evangelisch-Lutherischen Kirche Deutschlands (VELKD) 1949-1955.

MEISSNER, Wilhelm   177, 199
  geb. 1899, gest. 1944, Predigerseminar Nürnberg 1922, Präfekt Windsbach 1924, Pfarrer Joditz 1926, Mengersdorf 1933.

MERKEL, Paul Ritter von   160
  geb. 1864, gest. 1949, Verwaltungsjurist, Präsident des Landesfinanzamtes Nürnberg 1919-1929 (Ruhestand), Mitglied, später Vorsitzender des Landessynodalausschusses der Evang.-Luth. Kirche in Bayern 1924-1933.

MERZ, Georg, D.   73f., 77, 83f., 96
  geb. 1892, gest. 1959, Religionslehrer München (Titel „Pfarrer") 1918, Studienrat 1920, Studienprofessor 1924, München-St. Markus III (Studentenpfarrer) 1926, Dozent für Praktische Theologie, Kirchen- und Konfessionskunde Theologische Schule Bethel 1930, Rektor ebd. 1936 bis zur Auflösung durch die Gestapo 1939, Pfarrer Bethel-Zionskirche und Leiter des Katechetischen Amtes der Bekennenden Kirche Westfalen 1939, Dekan Würzburg 1942, Rektor des Pastoralkollegs Neuendettelsau 1946, zugleich der Augustana-Hochschule ebd. 1947-1956 (Ruhestand).

MEYER(-ERLACH), Wolf(gang), Dr.   76, 179
  geb. 1891, gest. 1982, Pfarrer Fessenheim 1918, Heidingsfeld 1929-1933, Rundfunkprediger 1931-1933, Führer der Glaubensbewegung Deutsche Christen in Mittel- und Unterfranken 1933, Übertritt zu den Thüringer Deutschen Christen, o. Professor für Praktische Theologie Jena 1933-1945 (Amtsenthebung), danach ebd. zeitweise Lagerarbeiter, Heizer und Hausmeister, theologischer Sachbearbeiter beim Martin Luther-Bund Erlangen 1950, Pfarrer mit Vorbehalt Wörsdorf (Hessen-Nassau) 1951-1961 (Ruhestand).

MÖBUS, Friedrich   46, 85, 120, 131, 135, 179
  geb. 1890, gest. 1945, Pfarrer Kairlindach 1924, Goldkronach 1932-1945, NSEP-Landesleiter 1934.

MONNINGER, Hans   48f., 57
  geb. 1906, gest. 1944, Pfarrer Fischbach 1933.

MONNINGER, Heinrich   55
  geb. 1913, Pfarrer Pegnitz II 1945-1956.

MÜLLER, Karl, Dr. theol.   62, 72f.
  geb. 1863, gest. 1935, o. Professor der reformierten Theologie Erlangen 1896-1934 (Emeritierung).

MÜLLER, Ludwig   52, 137, 162, 166, 168, 176, 186
  geb. 1883, gest. 1945, Garnisonspfarrer Cuxhaven, Stationspfarrer Wilhelmshaven 1920, Wehrkreispfarrer Königsberg (Ostpreußen) 1926, Mitbegründer der Deutschen Christen und Landesleiter der Deutschen Christen in Ostpreußen 1932, Schirmherr der Glaubensbewegung Deutsche Christen 1933, Bevollmächtigter Hitlers für Fragen der evangelischen Kirche 1933, Reichsbischof 1933, Entzug der Befugnisse 1935.

MÜNCHMEYER, Ludwig   104
  geb. 1885, Todesdatum nicht ermittelt, Pfarrer auf Borkum (Hannover), nach Entlassung wegen sittenwidrigen Verhaltens 1926 NSDAP-Redner, MdR 1930.

NEUNHÖFFER, Gerda   197
  Pfarrfrau, Ehegattin von Rudolf Neunhöffer.

NEUNHÖFFER, Rudolf   90f., 139f., 176f., 195-199, 202
  geb. 1900, gest. 1953, Hilfsgeistlicher Augsburg-Lechhausen 1923, Exponierter Vikar Miesbach 1926, Pfarrer ebd. 1929, Erlangen-Neustadt II 1946-1952.

NICOL, Christian 34
Lehramtskandidat, Präfekt Pfarrwaisenhaus Windsbach 1923-1928.

NICOL, Wilhelm 88
geb. 1884, gest. 1986, Pfarrer Buch am Forst 1915, Hof III 1927, Hof-St. Michaelis II 1947-1954 (Ruhestand).

NIEKISCH, Ernst 108
geb. 1889, gest. 1967, Volksschullehrer, SPD-Eintritt 1917, USPD 1919, Alte Sozialistische Partei 1926, nationalbolschewistischer Schriftsteller und Herausgeber der Zeitschrift *Der Widerstand*, Haft 1937-1945, KPD-Eintritt, Mitglied und Volkskammerabgeordneter der SED 1949, Professor Berlin (Ost) 1948.

NIEMÖLLER, Martin, D. 217f.
geb. 1892, gest. 1984, Geschäftsführer der Inneren Mission Münster 1924, Pfarrer Berlin-Dahlem 1931-1937 (Verhaftung), Gründer und Leiter des Pfarrernotbunds 1933, Häftling in Sachsenhausen und Dachau 1938-1945, Leiter des Kirchlichen Außenamts und Mitglied des Rates der Evangelischen Kirche in Deutschland 1945-1955, Präsident der hessisch-nassauischen Kirche 1947-1964 (Ruhestand).

OBERNDÖRFER, Johann 87, 91, 133
geb. 1890, gest. 1943, Pfarrer Münchberg 1916, Studienrat Realgymnasium Nürnberg 1921, 1934 Studienprofessor ebd., Wilhelmsgymnasium München 1938.

PAPEN, Franz von 108f., 146, 168
geb. 1879, gest. 1969, Offizier, MdL (Zentrum) Preußen 1920-1928; 1930-1932 (Bruch mit dem Zentrum), Reichskanzler 1932, Vizekanzler 1933, Botschafter in Wien 1934, Ankara 1939-1944, Freispruch im Nürnberger Prozeß 1946.

PAULUS 95, 142, 218
Apostel.

PIPER, Otto A., Dr. theol. DD. 61
geb. 1891, gest. 1982, Privatdozent für Systematische Theologie Göttingen 1920, a.o. (seit 1930 o.) Professor Münster 1929-1933, Gastprofessor Swansea/Großbritannien 1934, a.o. Professor Bangor/Großbritannien 1936, Gastprofessor Princeton/USA 1937, o. Professor ebd. 1941-1962 (Emeritierung).

PÖSL, Ludwig 113, 127
geb. 1903, Todesdatum nicht ermittelt, NSDAP-Stadtrat Schweinfurt 1929, stellvertretender Gauleiter Mainfranken 1931-1937, MdL Bayern 1932-1933, Erster Bürgermeister, dann Oberbürgermeister Schweinfurt 1933, MdR 1936.

PREISS, Heinz, Dr. phil. 59
geb. 1910, gest. 1977, Stadtvikar Nürnberg-Steinbühl 1934, Privatvikar Schirnding 1934-1935 (Entlassung).

PREUSS, Hans, D. Dr. phil. 45, 65f.
geb. 1876, gest. 1951, a.o. Professor für Kirchengeschichte und Kunstarchäologie Erlangen 1914, o. Professor 1919-1945 (Emeritierung, 1947 umgewandelt in eine Entlassung, 1949 umgewandelt in eine Ruhestandversetzung).

PRIESER, Karl, D. 75, 87, 100, 113, 126f., 134, 136, 160, 164f., 190, 199
geb. 1872, gest. 1946, Dekan Bamberg 1912, Oberkirchenrat und Kreisdekan Bayreuth 1921-1936 (Ruhestand).

PROBST, Hans 36
Oberstudiendirektor Gymnasium Ansbach 1915-1926.

PROCKSCH, Otto, D. Dr. phil.   63-66, 110
> geb. 1874, gest. 1947, o. Professor für Altes Testament Greifswald 1909, Erlangen 1925-1939 (Emeritierung).

PÜRCKHAUER, Werner   49
> geb. 1906, Predigerseminar Nürnberg 1929, Stadtvikar Pasing 1930, Pfarrer Meeder 1934-1953.

PUTZ, Eduard   47ff., 55, 57, 96, 129-132, 147ff., 162f., 192, 205, 218f.
> geb. 1907, gest. 1990, Predigerseminar München 1929, Stadtvikar München-Himmelfahrtskirche 1931, theologischer Hilfsreferent Landeskirchenrat München (Titel „Pfarrer") 1933-1935, zur vorübergehenden Dienstleistung bei der Vorläufigen Kirchenleitung I nach Berlin abgestellt 1934, Pfarrer Fürth-St. Michael II 1935-1947, zur vorübergehenden Dienstleistung beim Rat der Evang.-Luth. Kirche Deutschlands abgestellt 1936, Fürth-St. Michael I 1947-1953.

RAHNER, Paul   116, 135
> geb. 1893, gest. 1958, Pfarrer Illertissen 1923, Wettringen 1926, Leipheim I 1935-1951.

RATZ, Hilmar   90f., 139f., 172, 176, 200f.
> geb. 1900, gest. 1977, Pfarrer Zeitlofs 1930, Direktor der männlichen Pflegeanstalten Bruckberg 1935, Direktor aller Neuendettelsauer Pflegeanstalten 1937, Konrektor ebd. 1947-1968 (Ruhestand).

RENDTORFF, Heinrich, D. Lic. theol.   127, 136
> geb. 1888, gest. 1960, Volksmissionar Landesverein für Innere Mission Neumünster 1921, Studiendirektor Predigerseminar Preetz 1924, Professor für Praktische Theologie und Neues Testament Kiel 1926, mecklenburg-schwerinscher Landesbischof 1930-1933, Pfarrer Stettin-Braunsfelde 1934, Professor für Neues Testament und Praktische Theologie Kiel 1945-1956 (Emeritierung).

RICHTER, Christian   83, 90
> geb. 1895, Todesdatum nicht ermittelt, Hilfsgeistlicher Weiden 1924-1925 (Entlassung), Pfarrer der Deutschen Evangelischen Kirche in Böhmen, Mähren und Schlesien 1925, Stadtvikar Hof-Moschendorf (probehalber) 1933-1934 (Entlassung), Pfarrer in Lobenstein (Thüringen) 1934.

RIEDEL, Heinrich   18, 164f.
> geb. 1903, gest. 1989, Pfarrer Thuisbrunn 1930, Landesjugendpfarrer Nürnberg 1934, Dekan Kulmbach 1943, Oberkirchenrat München (Personalreferent 1962) 1947-1972 (Ruhestand).

RIEGEL, Wilhelm   144
> geb. 1892, gest. 1952, Pfarrer Dörflis 1922, Stammbach 1933.

RIEGER, Hermann   38
> Studienrat Gymnasium Ansbach im „Dritten Reich".

RINGLER, Friedrich   109
> geb. 1862, gest. 1940, Dekan Ingolstadt (Titel „Kirchenrat") 1915-1932 (Ruhestand).

RÖDEL, Friedrich   39
> Studienrat Gymnasium bei St. Anna Augsburg, Direktor Protestantisches Kollegium bei St. Anna ebd. 1928-1930.

ROEDL, Alfred   80
> völkischer Lehrer.

RÖVER, Carl   169
> geb. 1889, gest. 1942, Kaufmann, NSDAP-Eintritt 1923, MdL Oldenburg und Gau-

leiter Weser-Ems 1928, MdR 1930, Ministerpräsident Oldenburg 1932, Reichsstatthalter Oldenburg und Bremen 1933.

ROHN, Friedrich (Fritz)   83, 90f., 139, 174, 176, 201
geb. 1899, gest. 1996, Stadtvikar Weiden 1923, Exponierter Vikar Trogen 1925, Pfarrer ebd. 1928, Straubing 1936-1969 (Ruhestand).

ROSENBAUER, Fritz   36, 39
Studienrat Gymnasium Ansbach, Direktor Alumneum ebd. seit 1936.

ROSENBERG, Alfred   56, 110, 138, 140f., 168, 170, 173f., 200
geb. 1893, gest. 1946, Architekt, antisemitischer Publizist, DAP-Eintritt 1919, Hauptschriftleiter des *Völkischen Beobachters* 1921, einer der führenden Ideologen der NSDAP (Hauptwerk „Der Mythus des 20. Jahrhunderts" 1930), MdR 1930, Leiter des Außenpolitischen Amtes der NSDAP 1933, Beauftragter Hitlers für die Überwachung der gesamten geistigen und weltanschaulichen Schulung und Erziehung der NSDAP 1934, Reichsminister für die besetzten Ostgebiete 1941-1945.

ROTTLER, Adolf   147
geb. 1896, gest. 1975, Pfarrer Uettingen 1926, Weißenburg III 1932, Georgensgmünd 1947-1959.

RUCK, Josef   111
geb. 1877, gest. 1958, Pfarrer Ludwigsmoos 1912, Nennslingen 1924-1945 (Ruhestand).

RÜDEL, Eberhard   121
geb. 1903, gest. 1945, Pfarrer Burkersdorf 1931, Bayreuth IV 1939.

RÜDEL, Wilhelm, D.   106, 108, 127, 136, 190
geb. 1871, gest. 1934, Pfarrer München-Erlöserkirche 1911, Dekan Würzburg 1922, Oberkirchenrat und Kreisdekan Ansbach 1925-1934 (Ruhestand).

RUPPRECHT, Johannes, Lic. theol.   76
geb. 1864, gest. 1964, Pfarrer Wunsiedel III 1917, Studienrat an der Kreisoberrealschule Augsburg 1923, Studienprofessor St. Anna-Gymnasium Augsburg 1925, Oberrealschule III München 1930, Wilhelmsgymnasium ebd. 1945-1950 (Ruhestand).

RUPPRECHT, Kronprinz von Bayern   77
geb. 1869, gest. 1955, Generalfeldmarschall 1916-1918.

SALING, Werner   64
AStA-Vorsitzender und NSDStB-Hochschulgruppenführer Erlangen 1932-1933, Studentenschaftsältester ebd. 1933-1934.

SAMMETREUTHER, Julius   118, 126, 135f.
geb. 1883, gest. 1939, Pfarrer Schweinfurt IV 1917, Schweinfurt III 1921, Schweinfurt II 1924, München-St. Markus II 1926, München-St. Matthäus II 1930, München-St. Matthäus I 1931, Oberkirchenrat München 1935-1939 (Ruhestand).

SASSE, Hermann, D. Lic. theol.   45, 64, 134
geb. 1895, gest. 1976, Pfarrer Templin (Brandenburg) 1920, Oranienburg 1921, Berlin 1928, a.o. Professor für Kirchengeschichte, Dogmengeschichte und Symbolik Erlangen 1933, o. Professor ebd. 1946, Austritt aus der bayerischen Landeskirche und Anschluß an die altlutherische Freikirche 1948, Professor Prospect/North Adelaide (Australien) 1949.

SAUCKEL, Fritz   171
geb. 1894, gest. 1946, Seemann, Fabrikarbeiter, Leiter des Deutsch-völkischen Schutz- und Trutzbundes in Unterfranken 1919-1920, NSDAP-Eintritt 1923, Gaugeschäfts-

führer Thüringen 1925, Gauleiter Thüringen 1927-1945, MdL Thüringen 1927-1933, Ministerpräsident und Innenminister 1932, Reichsstatthalter (1935-1937 auch in Anhalt) und MdR 1933, Generalbevollmächtigter für den Arbeitseinsatz 1942-1945.

SAUERTEIG, Max   93f., 100, 108, 116, 120, 126, 130, 135
   geb. 1867, gest. 1963, Pfarrer Ansbach-St. Johannis II 1915-1933 (Ruhestand).

SCHATTENMANN, Johannes, Dr. theol.   77
   geb. 1895, gest. 1991, Predigerseminar München 1921, Hilfsgeistlicher München-St. Lukas 1923, Pfarrer Nürnberg-St. Egidien III 1924, Markt Berolzheim-St. Michael 1930, München-Solln 1936-1962 (Ruhestand).

SCHELTER, Wilhelm, Dr.   31
   Direktor Progymnasium Windsbach 1937-1941.

SCHEMM, Hans   48, 63f., 97, 100, 102, 104f., 112ff., 116, 118f., 131ff., 138, 147, 156f., 171, 173, 180f., 184, 190, 195, 201
   geb. 1891, gest. 1935, Volksschullehrer, Eintritt in den Völkischen Bund Bayreuth (NSDAP-Tarnorganisation) 1924, NSDAP-Ortsgruppenleiter ebd. 1925, Gauleiter Oberfranken 1928, Bayerische Ostmark (Oberfranken, Oberpfalz und Niederbayern) 1933, MdL Bayern 1928, MdR 1930, Gründer und Reichswalter des NSLB 1929, bayerischer Staatsminister für Unterricht und Kultus 1933.

SCHIEDER, Julius, D.   99f., 111, 190ff., 205
   geb. 1888, gest. 1964, Pfarrer Augsburg-St. Jakob II 1915, Direktor des Predigerseminars Nürnberg 1928, Oberkirchenrat und Kreisdekan Nürnberg 1935-1958 (Ruhestand), Mitglied des Reichsbruderrates 1935.

SCHILLER, Wilhelm, D.   109, 165
   geb. 1870, gest. 1947, Pfarrer Augsburg-St. Anna I 1912, Dekan ebd. (Titel „Kirchenrat") 1921-1937 (Ruhestand).

SCHIRACH, Baldur von   48, 51, 168, 173
   geb. 1907, gest. 1974, NSDAP-Eintritt 1925, Führer des NSDStB 1928, Reichsjugendführer der NSDAP 1931-1940, MdR 1932, Jugendführer des Deutschen Reiches 1933-1940, Reichsstatthalter und Gauleiter von Wien 1940-1945, Veurteilung zu 20 Jahren Haft im Nürnberger Prozeß 1946.

SCHLAGETER, Albert Leo   35, 65
   geb. 1894, gest. 1923, Offizier, NSDAP-Eintritt 1922, wegen Beteiligung an Sabotageunternehmen im „Ruhrkampf" von einem französischen Militärgericht zum Tode verurteilt, nach der Hinrichtung zum Nationalhelden stilisiert.

SCHLATTER, Adolf von, D.   44
   geb. 1852, gest. 1938, o. Professor für Systematische Theologie und Neues Testament Tübingen 1898-1922 (Emeritierung).

SCHLINK, Edmund, D. Dr. phil. DD.   216
   geb. 1903, gest. 1984, Pfarrer in Hessen 1931, Privatdozent Gießen 1934, Entzug der Lehrbefugnis aus politischen Gründen, Dozent Kirchliche Hochschule Bethel 1935, Visitator der Bekennenden Kirche 1939, Direktor Predigerseminar der westfälischen Kirche 1945, o. Professor für Systematische Theologie Heidelberg 1946-1971.

SCHMID, Franz   109
   geb. 1875, gest. 1954, Pfarrer Traunstein 1915, Dekan Neu-Ulm 1926, Pfarrer Rosenheim 1932, Dekan ebd. (Titel „Kirchenrat" 1935) 1933-1943 (Ruhestand).

SCHMID, Heinrich   216f.
   geb. 1885, gest. 1967, Pfarrer Lindau II 1914, Berchtesgaden 1922, Augsburg-

St. Ulrich II 1926, Augsburg-St. Ulrich I (Titel „Kirchenrat" 1942) 1934-1950 (Ruhestand).

SCHMIDT, Friedrich   137f., 169f., 176, 201
geb. 1900, gest. 1989, Predigerseminar Nürnberg 1924, diverse Einsätze als Vikar 1925-1928, Pfarrer Friesenhausen 1928, Wechingen 1934-1952.

SCHMIDT, Friedrich   218
geb. 1901, gest. 1969, Pfarrer Weiden II 1928, Miltenberg 1933, Nürnberg-Christuskirche II 1939, Nürnberg-Christuskirche I 1946-1952.

SCHMIDT, Martin Adolf   170
geb. 1933, Sohn von Friedrich Schmidt, geb. 1900.

SCHMIDT, Robert   132, 148
geb. 1878, gest. 1963, Pfarrer Bronn bei Emskirchen 1909, Busbach 1923-1945 (Ruhestand).

SCHMIDT, Theodor   32, 35
geb. 1904, Inspektor Pfarrwaisenhaus Windsbach (Titel „Pfarrer") 1938, Pfarrer Heilsbronn 1941-1973 (Ruhestand).

SCHMIDT, Waldemar   193, 219
geb. 1909, Pfarrer Wald 1937-1952.

SCHMIDT, Wilhelm Ferdinand, D. Lic. theol.   120, 130, 136
geb. 1899, gest. 1980, Pfarrer Wechingen 1927, München-St. Matthäus III 1933, Beurlaubung zur Dienstleistung bei der Vorläufigen Kirchenleitung I Berlin 1935, theologischer Hilfsreferent Landeskirchenrat München 1936 und Geschäftsführer der Landeskirchlichen Pressestelle bis zum Publikationsverbot für kirchliche Gemeindeblätter 1941 (1943), kommissarischer Dekan Selb 1942, Dekan Regensburg 1945, Oberkirchenrat München 1946-1969 (Ruhestand).

SCHNEIDER, Max   57
geb. 1913, vermißt 1944, Vikar Partenkirchen 1938, Katechet München-Berg am Laim/Trudering 1939.

SCHNEIDER, Willy   46
geb. 1898, gest. 1965, als Theologiestudent in Erlangen Führer der SA 1922-1923, später Studienrat Rheinland.

SCHÖFTHALER, Friedrich   191
geb. 1910, Predigerseminar Nürnberg 1933, Stadtvikar Erlangen-Altstadt 1934, Exponierter Vikar Beilngries 1936, Pfarrer Bachhausen 1938-1950.

SCHOLZ, Gustav, D.   131
geb. 1864, gest. 1939, Oberkonsistorialrat Deutsches Evangelisches Kirchenbundesamt Berlin.

SCHORN, Heinrich   89, 91, 140, 168f., 197ff.
geb. 1900, gest. 1967, Predigerseminar Nürnberg 1923, Hilfsgeistlicher Naila 1924, Exponierter Vikar Mellrichstadt 1925, Hilfsgeistlicher Nürnberg-Zerzabelshof 1928, Pfarrer Lohr-Bockenfeld 1930, Schweinfurt III 1942-1950.

SCHORNBAUM, Karl, D. Dr. phil.   103
geb. 1875, gest. 1953, Pfarrer Alfeld 1907, Dekan Roth 1922, Direktor Landeskirchliches Archiv Nürnberg 1931-1946 (Ruhestand), Lehrauftrag für bayerische Kirchengeschichte Erlangen 1933, Honorarprofessor ebd. 1945.

SCHOTT, Georg, Dr.   76
geb. 1882, Todesdatum nicht ermittelt (nach 1956), Exponierter Vikar Starnberg

1906, Pfarrer Röthenbach 1911-1912 (Entlassung), sammelte um sich in München eine „Gemeinde" aus theologisch liberalen Protestanten, später aktiver Nationalsozialist ebd.

SCHREIBER, Hermann   102, 138f., 167f., 171, 174, 200
geb. 1900, gest. 1974, Pfarrverweser Larrieden 1923, Hilfsgeistlicher Pasing 1924, Pfarrer Dentlein am Forst 1928, Diakonissenanstalt Neuendettelsau 1936, Meinheim 1945-1955.

SCHREIBMÜLLER, Hermann, Dr. phil. h.c.   36-39
geb. 1874, gest. 1956, Oberstudiendirektor Gymnasium Ansbach 1926-1945.

SCHULZ, Heinrich   41, 47, 118
geb. 1903, gest. 1972, Vikar Immenstadt 1927, Stadtvikar Nürnberg-St. Johannis 1928, Zweiter Hausgeistlicher Diakonissenanstalt Augsburg (Titel „Pfarrer") 1931, Studienrat Maria-Theresia-Schule Augsburg 1935, Studienprofessor ebd. 1936, hauptamtlicher NSDAP-Kreisleiter Nördlingen 1938-1945, Internierungslager, Vertreter 1945-1969 (Ruhestand).

SCHUNCK, Max, Dr.   39
Oberstudiendirektor Gymnasium bei St. Anna Augsburg 1924-1928.

SCHWAB, Otto   57
Leiter des Wissenschaftlichen Arbeitsamtes der Deutschen Burschenschaft und des Akademischen Wissenschaftlichen Arbeitsamtes 1931, NSDAP-Mitglied und SA-Führer, Bundesführer der Deutschen Burschenschaft 1933.

SCHWARZ, Rudolf   58
geb. 1910, Stadtvikar Augsburg-Lechhausen 1933, Leiter Studienhaus Erlangen 1936, Pfarrer Alfeld 1938, Wehrmachtspfarrer Traunstein1939, Amtsaushilfe 1945, Pfarrer Bad Steben 1947-1963.

SEILER, Johannes   167
geb. 1867, gest. 1961, Pfarrer Dillingen 1912, Dekan Feuchtwangen (Titel „Kirchenrat") 1924-1937 (Ruhestand).

SEISSER, Hans, Ritter von   37
geb. 1874, gest. 1973, Offizier, Chef der bayerischen Landespolizei 1923, später Fabrikant, Polizeipräsident von München 1945.

SIEBERT, Ludwig   161, 166
geb. 1874, gest. 1942, Jurist, Erster Bürgermeister Lindau 1919, dort Oberbürgermeister 1924-1933, NSDAP-Eintritt 1931, MdL 1932-1933, MdR 1933, bayerischer Staatsminister der Finanzen 1933, bayerischer Ministerpräsident und Finanzminister 1933, dazu ab 1936 Wirtschaftsminister.

SIMON, Matthias, D. Lic. theol.   87, 133, 146
geb. 1893, gest. 1972, Predigerseminar München 1920, Exponierter Vikar Erding (Titel „Pfarrer") 1921, Arzberg II 1925, Studienrat am Real- und Reformgymnasium Nürnberg 1932, Augsburg-St. Matthäus 1936, Direktor Landeskirchliches Archiv Nürnberg 1947-1963 (Ruhestand).

SÖLLNER, Valentin   80f.
geb. 1896, gest. 1990, Stadtvikar Erlangen-Neustadt 1923, Pfarrer Großbirkach 1924, Nürnberg-Christuskirche II 1929, Nürnberg-Christuskirche I 1934, Dekan Hersbruck (Titel „Kirchenrat" 1952) 1946-1963 (Ruhestand).

SOMMERER, Hans   139
geb. 1892, gest. 1968, Pfarrer Obernzenn 1919, Vorstand der Pflegeanstalt Bruckberg

1923-1934 (Entlassung), Anstaltspfarrer Diakonissenanstalt Neinstedt (Kirchenprovinz Sachsen) 1936, Direktor ebd. 1938-1945 (Entlassung), Pfarrer Kirchohmfeld im Eichsfeld 1947.

SONDERMANN, Gustav, Dr. med.   80, 86
völkischer Arzt und Schriftsteller.

SPERL, Otto   208
geb. 1881, gest. 1956, Pfarrer Aufseß 1909, Roßtal I 1930-1949 (Ruhestand).

SPERL, Wilhelm   127, 166
geb. 1872, gest. 1956, Pfarrer München -St. Markus II 1911, Dekan Gunzenhausen (Titel „Kirchenrat" 1935) 1921-1937 (Ruhestand).

STÄHLIN, Rudolf, Dr. theol.   58
geb. 1911, Leiter Studienhaus Erlangen 1937, Pfarrer Thüngen 1939, Neusitz 1941, Dozent an der Augustana-Hochschule Neuendettelsau 1947-1951.

STÄHLIN, Wilhelm, D. DD.   81
geb. 1883, gest. 1975, Pfarrer Nürnberg-St. Lorenz II 1916, o. Professor für Praktische Theologie Münster 1926, oldenburgischer Bischof 1945-1952 (Ruhestand).

STAHL, Heinrich   32f.
geb. 1875, gest. 1951, Inspektor Pfarrwaisenhaus Windsbach 1917, Pfarrer Gollhofen (Titel „Kirchenrat") 1926-1945 (Ruhestand).

STECK, Karl   75
geb. 1873, gest. 1952, Erster Missionsinspektor (Pfarrer) Missionsanstalt Neuendettelsau 1912, Theologischer Berufsarbeiter Zentralmissionsverein für Bayern (Titel „Kirchenrat") 1928-1942 (Ruhestand).

STEGMANN, Wilhelm   105
geb. 1899, vermißt 1944, Diplomlandwirt, NSDAP-Ortsgruppenleiter Schillingsfürst 1926, Leiter NSDAP-Bezirk Rothenburg-Ansbach-Feuchtwangen-Uffenheim 1929, Führer SA-Gausturm Franken 1930, MdR 1930, nach Zerwürfnis mit Julius Sreicher Ausscheiden aus den SA- und NSDAP-Ämtern 1933, im „Dritten Reich" mehrere Jahre in Haft.

STEINBAUER, Georg   36
geb. 1895, gest. 1958, Inspektor Alumneum Ansbach 1919, Hilfsgeistlicher Altdorf (Titel „Pfarrer"), Pfarrer Altenthann 1926, Repperndorf 1938.

STEINBAUER, Johann   31, 33f.
geb. 1867, gest. 1947, Pfarrer, Studiendirektor Progymnasium Windsbach 1909, Studienprofessor Neues Gymnasium Nürnberg 1924-1933 (Ruhestand).

STEINBAUER, Karl   31f., 37, 107, 166, 169, 193, 195, 218f.
geb. 1906, gest. 1988, Pfarrvikar Heiligenstadt 1931, Predigerseminar Nürnberg 1932, Exponierter Vikar Penzberg (Titel „Pfarrer" 1937) 1933-1938 (zeitweilige Absetzung 1934, Beurlaubung 1938), Haft u.a. in Dachau, Pfarrer Lehengütingen 1946-1951.

STEINLEIN, Hermann, D.   73, 84f., 95
geb. 1865, gest. 1947, Pfarrer Ansbach-St. Gumbertus II 1909-1935 (Ruhestand).

STELZNER, Edgar   79, 88, 90f.
geb. 1892, gest. 1959, Jurist, schon als Student in Erlangen völkischer Aktivist 1919, MdL (Völkischer Block) Bayern 1924-1928, Erster Bürgermeister (CVD) Neustadt bei Coburg 1929, Landgerichtsrat Würzburg 1934, später dort Landgerichtsdirektor.

habilitierung 1946), Bundesleiter des Martin Luther-Bundes Erlangen 1928-1938, Vorstandsmitglied des Lutherischen Einigungswerkes.

VEIT, Friedrich, D. 73, 75, 78, 102, 111, 117, 120, 125-128, 134f., 137, 141, 148, 158, 160f., 164, 191
geb. 1861, gest. 1948, Präsident des Oberkonsistoriums München 1917, Kirchenpräsident ebd. 1921-1933 (Rücktritt und Ruhestand), Präsident des Deutschen Evangelischen Kirchenbundesrates 1924-1933.

VOGEL, Fritz 138
geb. 1899, Todesdatum nicht ermittelt, Theologiestudent Erlangen, später Pfarrer in Thüringen.

VOLLRATH, Wilhelm, D. Dr. phil. 45, 65
geb. 1887, Todesdatum nicht ermittelt, Repetent Erlangen 1919, a.o. Professor für Religionssoziologie und die Grenzgebiete der Systematischen Theologie ebd. 1924, Lehrstuhlvertretung Gießen1939.

WAGNER, Adolf 43, 208
geb. 1890, gest. 1944, Bergwerksdirektor, NSDAP-Eintritt 1922, Gauleiter München-Oberbayern 1929, bayerischer Innenminister und stellvertretender Ministerpräsident 1933, 1936 auch Kultusminister.

WEBER, Bernhard 77
geb. 1897, gest. 1964, Hilfsgeistlicher München-St. Johannes 1923, Pfarrer München-Christuskirche II 1924, Studienrat Hans-Schemm-Aufbauschule (seit 1945: Oberrealschule) ebd. 1936, Maria-Theresia-Oberrealschule 1949-1960 (Ruhestand).

WEBER, Eduard 90, 142, 174-177, 194, 199f.
geb. 1899, gest. 1984, Predigerseminar München 1923, Hilfsgeistlicher Diakonissenanstalt Neuendettelsau 1924, Pfarrer ebd. 1927, München-St. Markus III (Studentenpfarrer) 1930, München-St. Markus II 1935, Dekan Gunzenhausen 1937-1953.

WEBER, Friedrich 47, 80, 86
geb. 1892, gest. 1955, Tierarzt, Vorsitzender des völkischen Bundes Oberland 1922-1929, Teilnahme am Hitler-Putsch 1923.

WEGENER, Hans 97f.
geb. 1869, gest. 1946, verschiedene freiberufliche Tätigkeiten 1921, Pfarrverweser reformierte Gemeinde Dresden 1925, reformierter Pfarrer München 1926-1945 (Ruhestand).

WEIGEL, Erhard, D. 97
geb. 1866, gest. 1950, Pfarrer Nürnberg-St. Peter 1911, Dekan Nürnberg (Titel „Kirchenrat") 1921-1935 (Ruhestand).

WEIGEL, Martin, Dr. phil. 93f., 100, 116, 120, 135
geb. 1866, gest. 1943, Pfarrer Rothenburg-St. Jakob I 1919, Nürnberg-St. Leonhard 1921-1925 (Ruhestand).

WEINRICH, Hans 39
Studienprofessor Gymnasium bei St. Anna Augsburg, Direktor des Protestantischen Kollegiums bei St. Anna ebd. 1930-1939.

WERLIN, Georg 87
geb. 1858, gest. 1940, Pfarrer Engelthal 1915, Berolzheim-St. Maria 1922-1928 (Ruhestand).

WESSEL, Horst 40
geb. 1907, gest. 1930, NSDAP-Eintritt 1926, SA-Mann, in einer privaten Auseinan-

dersetzung 1930 tödlich verwundet, von Goebbels zum Märtyrer hochstilisiert (Horst-Wessel-Lied).

WIEDEMANN, Hans 58, 209

geb. 1913, Katechet Markquartstein 1936, Hausgeistlicher Wichernhaus Altdorf (Titel „Pfarrer" 1941) 1937, Pfarrer Vilshofen 1950-1961.

WIEGEL, Wilhelm 208

geb. 1888, gest. 1960, Pfarrer Waldsassen 1916, München-St. Matthäus III, Dekan Hof (Titel „Kirchenrat" 1948) 1933-1949.

WILHELM II. 64

geb. 1859, gest. 1941, deutscher Kaiser und König von Preußen 1888-1918 (Abdankung), im holländischen Exil 1918-1941.

WUNDERER, Hermann 194

geb. 1929, Pfarrer Kirchrimbach 1955, Schweinfurt-Gustav-Adolf-Kirche 1967, Dekan Hof 1974-1992 (Ruhestand).

WURM, Theophil, D. 188, 214, 216

geb. 1868, gest. 1953, Pfarrer Ravensburg (Württemberg) 1913, MdL (DNVP) Württemberg 1920, Dekan Reutlingen 1920, Prälat Heilbronn 1927, württembergischer Kirchenpräsident 1929-1949 (seit 1933 mit dem Titel „Landesbischof").

ZEZSCHWITZ, (Herr) von 74

völkischer Justizrat München 1921.

ZWÖRNER, Richard 100

geb. 1892, gest. 1972, Pfarrer Zeitlofs 1926, Selb II 1930, Studienrat Gymnasium Bayreuth 1935, Oberrealschule Würzburg 1937-1945 (Entlassung), Amtsaushilfe 1948-1949 (Ruhestand).

INSTITUTIONEN-, ORTS- UND SACHREGISTER

Kursiva sind für Namen von Zeitungen und Zeitschriften verwandt.

Arbeiten zur kirchlichen Zeitgeschichte

Vandenhoeck
& Ruprecht

Kirchlicher Widerstand

Verantwortung für die Kirche

Stenographische Aufzeichnungen und
Mitschriften von Landesbischof Hans Meiser
1933-1955.

Band 1: **Sommer 1933 bis Sommer 1935.**
Bearbeitet von Hannelore Braun und
Carsten Nicolaisen. (Arbeiten zur kirch-
lichen Zeitgeschichte. Reihe A, Bd. 1). 1985.
XLIV, 590 Seiten, 1 Porträt, geb.
ISBN 3-525-55751-5

Band 2: **Herbst 1935 bis Frühjahr 1937.**
Bearbeitet von Hannelore Braun und
Carsten Nicolaisen. (Arbeiten zur kirch-
lichen Zeitgeschichte. Reihe A, Bd. 4). 1993.
XXXII, 723 Seiten, 15 Abb., geb.
ISBN 3-525-55755-8

Günther Heydemann/
Lothar Kettenacker (Hg.)

Kirchen in der Diktatur

Drittes Reich und SED-Staat. Fünfzehn
Beiträge. (Sammlung Vandenhoeck). 1993.
370 Seiten, Paperback
ISBN 3-525-01351-5

Mit dem nationalsozialistischen und
ebenso mit dem marxistisch-leninisti-
schen Staat mußten die christlichen Kirchen zwangsläufig in Konflikt geraten.
Wie ist es ihnen in den beiden totalitären Herrschaftssystemen ergangen? Und
wie haben sie sich gegenüber den beiden Diktaturen verhalten?

Wolfgang Schieder (Hg.)

Die evangelischen Kirchen nach dem Nationalsozialismus

(Geschichte und Gesellschaft 1/1992). 1991.
140 Seiten, kartoniert. ISBN 3-525-80595-0

Edwin H. Robertson

Dietrich Bonhoeffer

Leben und Verkündigung. Mit einer Einführung von Renate Bethge. Aus dem Engli-
schen von Marianne Mühlenberg. 1989.
(2. Nachdruck 1995). 335 Seiten, kartoniert
ISBN 3-525-55417-6

Bonhoeffers Wirkung auf die Generationen seit dem Krieg reicht weit über
die Grenzen Deutschland hinaus. Der
Autor zeichnet sehr lebendig und psy-
chologisch einfühlsam Bonhoeffers
Persönlichkeit und Wirken nach.

Georg-Siegfried Schmutzler

Gegen den Strom

Erlebtes aus Leipzig unter Hitler und der
Stasi. 1992. 232 Seiten, kartoniert
ISBN 3-525-55420-6

Am Leben des Leipziger Pädagogen und
Studentenpfarrers wird hier das dunkle
Stück deutscher Geschichte zwischen
Hitlers Machtergreifung und Ulbrichts
Mauerbau exemplarisch deutlich.

Peter Maser (Hg.)

Der Kirchenkampf im deutschen Osten und in den deutschsprachigen Kirchen Osteuropas

(Kirche im Osten 22). 1992. 265 Seiten,
kartoniert. ISBN 3-525-56440-6

V&R
Vandenhoeck
& Ruprecht